Janna Stoll • Auf der Spur der Schattenschwester

Janna Stoll

Auf der Spur der Schattenschwester

Erfahrungen einer Borderline-Patientin

FRIELING

Die Schreibweise in diesem Buch entspricht den Regeln der neuen Rechtschreibung.

Die Deutsche Bibliothek CIP-Einheitsaufnahme
Stoll, Janna:
Auf der Spur der Schattenschwester : Erfahrungen einer Borderline-Patientin / Janna Stoll. Orig.-Ausg., 1. Aufl. Berlin : Frieling, 2002
ISBN 3-8280-1797-5

Hünefeldzeile 18, D-12247 Berlin-Steglitz
Telefon: 0 30 / 76 69 99-0
www.frieling.de

ISBN 3-8280-1797-5
1. Auflage 2002
Umschlaggestaltung: Michael Reichmuth

Printed in Germany

1

Schweigend sitzen wir im Auto. Gedankenlos starre ich aus dem Fenster und lasse, ohne es wirklich zu bemerken, Häuser und Bäume an mir vorüberziehen. Ich achte nicht auf die mir seit frühester Kindheit vertrauten Straßen, durch die meine Mutter unseren Wagen lenkt. Ich sitze wie eine Steinstatue auf dem Beifahrersitz und verspüre weder Freude noch Traurigkeit, geschweige denn ein Gefühl dazwischen. Innere Leere verbreitet sich wieder in mir.

Meine Mutter dreht das Radio in voller Lautstärke auf. Die dröhnende Musik der Rolling Stones lässt mich aus meiner Starrheit erschrecken. Ich wende den Blick meiner Mutter zu, die verkrampft das Lenkrad mit beiden Händen umklammert und scheinbar gedankenverloren auf die Straße schaut. An ihrem ständigen Augenzwinkern merke ich, dass sie nervös ist. Überhaupt sieht sie heute schlecht aus. Die sonst vom Solarium stark gebräunte Haut wirkt blass und alt. Dunkle Ringe zeichnen sich unter ihren Augen ab. Sie hat in letzter Zeit viel geweint.

Ungeduldig spiele ich an den Riemen meines vollgepackten Rucksackes herum. Dieses bedrückende Schweigen zwischen uns kann ich nicht länger ertragen. Ich bin froh, als wir endlich durch das Tor, auf dem ein Schild „Arnsbergklinik“ angebracht ist, in die Einfahrt einbiegen. Bei dem Lesen des Schildes kann ich mir ein Grinsen nicht verkneifen. Ich erinnere mich, wie wir uns als Kinder über die Patienten lustig machten und sie als Verrückte bezeichneten. Obwohl ich jahrelang in Grünwald zur Schule ging, und wir oft Leuten, die uns merkwürdig erschienen, „Arnsberg“ hinterher schrien, bekam ich die Klinik noch nie zu Gesicht.

Nun bin ich also selbst eine Verrückte, denke ich ein wenig belustigt. Ich halte nach der berüchtigten „Klapse“ Ausschau, doch vor lauter Bäumen, die sich seitlich des Asphaltes befinden, ist sie nicht zu sehen. Plötzlich steigt Angst in mir auf. Angst vor dem, was mich erwarten wird. Wir fahren weiter die Einfahrt hinauf, und plötzlich taucht auf der rechten Seite ein großes Gebäude auf. In seiner zartgelben Farbe und mit den vielen weißen Sprossenfenstern gleicht es eher einem Luxushotel als einer Psychiatrie. Vorne hinaus ist ein kleiner gepflegter Rosengarten angelegt. Als ich das sehe, sind die Horrorvorstellungen von Fenstern hinter Gittern und Gummizellen wie weggeblasen.

Wir fahren hinter das Klinikgebäude, wo sich der Haupteingang befindet. Meine Mutter hält den Wagen direkt vor der Tür.

„Ich komme dich morgen Nachmittag besuchen", sagt sie und stellt den Motor ab.

„Ich möchte aber noch keinen Besuch bekommen", erwidere ich.

„In Ordnung", antwortet sie knapp, und ich sehe an ihrem Gesichtsausdruck, dass sie beleidigt ist. Ich greife ihr an die Schulter.

„Mutti! Das geht doch nicht gegen dich. Ich möchte die erste Zeit nur einmal für mich sein. Ich brauche Ruhe, um über mich nachzudenken und zu mir zu finden. Kannst du das denn nicht verstehen?"

Meine Mutter drückt meine Hand und bringt ein verkrampftes Lächeln hervor.

„Natürlich kann ich dich verstehen. Denk doch einmal an mich. Glaubst du etwa, dass ich so einfach mit dem Gedanken klar komme, dass meine Tochter für die nächste Zeit in eine Psychiatrie muss? Was soll ich bloß den Nachbarn sagen?"

Ich antworte nicht auf ihre Frage. Ich spüre deutlich die Scham, die meine Mutter quält. Die Scham, keine vorbildliche Tochter zu besitzen. Das trügerische Bild, eine glückliche Familie zu sein, die keine Probleme haben darf, hat einen Sprung bekommen.

Mit gemischten Gefühlen lade ich meine zwei Koffer und eine große Reisetasche aus dem Auto. So viel Gepäck hatte ich noch nie, nicht einmal bei unserem vierwöchigen Urlaub auf Sylt im vergangenen Jahr.

Was würde mich hier erwarten? Wie lange müsste ich bleiben? Ich frage mich, ob die Patienten alle so verrückt sind, wie ich es bisher aus Büchern und Filmen kenne. Ich sehe innerlich Menschen vor mir, die wirres Zeug reden, die Stimmen im Kopf hören und unkontrollierte Handlungen ausüben.

Ist es denn wirklich so notwendig, dass mir nur noch ein stationärer Aufenthalt in einer Psychiatrie helfen kann? Ich fühle mich gerade im Moment eigentlich ziemlich normal, wie jede andere Zwanzigjährige, die sich auf dem Weg des Erwachsenwerdens und der Selbständigkeit befindet, auch.

Viele Leute machen mir Komplimente über mein Aussehen. Mädchen beneiden mich um mein angeblich hübsches Gesicht und meine langen Beine. Sie würden es nicht verstehen, wenn sie wüssten, dass ich meinen Körper hasse und ihn mit Rasierklingen verunstalte. Mir macht meine Berufsausbildung zur Erzieherin Spaß, und ich habe ein eigenes Pferd und einen Hund. Meine Tiere sind mein Leben. Den größten Teil des Tages verbringe ich mit ihnen. Die Liebe, die ich ihnen gebe, bekomme ich zurück, und das ist für mich so wertvoll. Ich habe eigentlich alles, was man für ein schönes Leben braucht. Verdammt noch mal, warum kann ich denn nicht einfach glücklich sein?

Ich bin nicht krank, sage ich mir, doch leider muss ich im selben Moment zugeben, dass mein Verhalten oft von der Normalität abweicht.

Koffer schleppend treten meine Mutter und ich an einen kleinen Empfangsschalter. Hinter einer Glasscheibe sitzt eine ältere dickliche Frau mit langen blonden Locken. Sie schiebt das Fenster zurück, als sie uns bemerkt.

„Guten Tag, sind sie Frau Stoll?", fragt sie mit einem ausländischen Akzent und schaut uns mit einem aufgesetzten Lächeln an.

„Ja, meine Tochter ist heute für einen stationären Aufenthalt angemeldet", erwidert meine Mutter, ehe ich antworten kann.

„Nehmen Sie doch bitte einen kurzen Augenblick in der Halle Platz. Ich komme sofort zu ihnen. Das Gepäck können Sie hier stehen lassen!"

Sie nickt uns kurz zu und schiebt die Glasscheibe wieder vor.

Meine Mutter und ich treten durch eine aus Milchglas bestehende Schwingtür und können unseren Augen nicht trauen, als wir schließlich in der Aufenthaltshalle stehen. Die Halle ist halbkreisförmig, wobei die runde Seite aus einer großen Fensterfront besteht, die dem Raum viel Licht spendet. In der Mitte stehen zwei schwarze Flügel, und von der Decke hängt ein prunkvoller Kronleuchter herab. Vor den großen Fenstern befindet sich eine lange blaue Couch, die sehr bequem wirkt. Ansonsten sind noch weitere Sitzgelegenheiten vorhanden. Ich stelle mir vor, wie sich hier abends die Patienten treffen, um sich mit Brettspielen die Zeit zu vertreiben. Im Augenblick ist keine Menschenseele zu sehen. Eigentlich mag ich keinen Luxus, denn ich bin immer noch durch die Urlaube in kinderfeindlichen Nobelhotels geprägt. Ich habe es verabscheut, als Kind jeden Abend in feinen Kleidern stundenlang im Speisesaal zu sitzen.

Obwohl der Raum edel und vornehm gestaltet ist, erscheint er mir jedoch keineswegs kalt, sondern richtig gemütlich. Hier kann ich mich wohlfühlen. Ich frage mich, wie mein Zimmer erst aussehen wird.

„Das kann man ja fast mit einem unserer Urlaubshotels vergleichen", meint meine Mutter.

„Aber auch nur fast", entgegne ich mit einem schnippischen Unterton.

„Na ja, jedenfalls kannst du dir sicher sein, dass hier kein primitives Volk herumläuft. Es ist immerhin eine Privatklinik", erwidert sie.

Wie ich ihre Einstellung hasse! Ich habe schließlich keine Lust, mir den ganzen Tag Themen wie Aktien und Geldgeschäfte anzuhören. Doch bevor ich mich über sie aufregen kann, kommt die Empfangsdame von eben hereingeeilt.

„Setzen Sie sich", ruft sie außer Atem und deutet mit einem Formular in der Hand auf die nächstgelegene Sitzgruppe. Als wir uns setzen, legt sie das Formular vor uns auf den Tisch.

„Wenn Sie dies hier bitte ausfüllen würden. Ich muss noch einmal kurz ans Telefon, aber ich bin gleich wieder da. Dann wird auch die Schwester kommen und Sie auf Ihr Zimmer bringen, nicht wahr?" Sie strahlt mich wie ein Honigkuchenpferd an.

Die deutlich spürbare, aufgesetzte Freundlichkeit weckt in mir schlechte Laune. Will die mich auf den Arm nehmen? Ich habe das Gefühl, wie ein kleines Kind behandelt zu werden. Mit gerunzelter Stirn schaue ich mir den Zettel an, auf dem ich meine Personalien angeben soll.

Ein paar Minuten später, nachdem ich das Formular ausgefüllt habe, kommt die Frau erneut herein, diesmal in Begleitung einer Krankenschwester.

„So, da bin ich wieder. Das ist Schwester Erika, die Sie nun auf Ihr Zimmer bringen wird."

„Guten Tag Frau Stoll, herzlich willkommen!" Schwester Erika lächelt mir freundlich zu und schüttelt mir die Hand.

„Hallo", erwidere ich leise.

Sie erinnert mich an die altmodische, autoritäre Erzieherin aus dem Film Heidi. Doch trotzdem macht sie einen vertrauenswürdigen Eindruck auf mich.

„Würden Sie bitte mitkommen? Ich bringe Sie auf Ihr Zimmer!"

Sie nimmt mich an die Hand, und wir verlassen die schöne Halle. Vorne am Empfang nehmen meine Mutter und ich wieder die Koffer.

„Sie sind nicht hier im Haupthaus, sondern im Nebengebäude untergebracht. Das Zimmer liegt direkt unter dem Dach und ist sehr gemütlich. Es wird Ihnen gefallen."

Die blonde Frau ruft uns noch hinterher: „Wenn Sie Fragen haben, können Sie später zu mir kommen!"

Sie winkt noch kurz mit dem von mir ausgefüllten Formular, ehe sie wieder hinter ihrer Scheibe verschwindet.

Wir gehen hinaus und ein paar Schritte über den mit Kopfstein gepflasterten Hof zu einem Anbau, der genauso altertümlich wirkt wie das Haupthaus. Mit seinem Türmchen und einer blau gestrichenen Holzveranda gleicht er einer alten Villa.

„Wir müssen in den dritten Stock", kündigt Schwester Erika an. „Wir haben hier leider keinen Fahrstuhl, aber wenn Ihnen das Gepäck zu schwer ist, lassen Sie es hier unten stehen. Der Hausmeister wird es später auf Ihr Zimmer bringen!"

Ich lasse meine Sachen nur ungern unbeaufsichtigt, deswegen mache ich mir die Mühe und schleppe alles bis in den dritten Stock.

Völlig außer Atem kommen meine Mutter und ich, der Schwester gefolgt, oben an. Auf dem Flur, der sehr breit ist und eher einer großen Diele ähnelt, befinden sich acht Zimmer und zwei Toiletten mit einer Dusche. Es sieht keineswegs aus wie ein Krankenhaus, sondern wie ein Hotel. Der rot gemusterte Teppichboden sorgt für eine angenehme und wohnliche Atmosphäre.

Schwester Erika steuert geradewegs auf das Zimmer mit der Nummer 108 zu. Sie öffnet die Doppeltür, und wir treten ein.

„Ist es nicht süß?" Die Schwester hat die Hände gefaltet und strahlt mich mit großen Augen an.

Es ist wirklich reizend. Man kann es nicht als groß bezeichnen, doch dafür ist es hell und liebevoll eingerichtet. Links von der Tür steht ein Bett und ein dazugehöriger Nachttisch. Am Fußende des Bettes befindet sich in der Ecke ein Schreibtisch und daneben, gegenüber der Tür, kann man aus einem Giebelfenster, das mit gelben Vorhängen versehen ist, direkt auf den Hof sehen. Vor dem Fenster steht ein kleiner runder Tisch und ein kuscheliger Ohrensessel. An der rechten Wand befinden sich ein großer Kleiderschrank und ein Waschbecken.

Auf Anhieb bin ich begeistert von diesem Zimmer. Ich bin froh, dass ich es für mich alleine habe und nicht mit jemandem teilen muss. Meine größte Angst war nämlich, in einem Mehrbettzimmer zu liegen. Die Vorstellung, keine Privatsphäre zu besitzen und sich nicht in Ruhe zurückziehen zu können, quälte mich immer wieder. Meine Mutter kann die Tränen nicht länger zurückhalten.

„Tschüss Janna, mach es gut!" Sie drückt mir einen Kuss auf die Wange und eilt aus dem Zimmer. Obwohl wir kein gutes Mutter- Tochterverhältnis zueinander haben, empfinde ich in diesem Augenblick einen Hauch von Mitleid. „Oh, da ist aber jemand traurig", meint Schwester Erika in mütterlichem Ton.

Ein wenig hilflos zucke ich mit den Schultern.

„Ich werde Sie jetzt auch verlassen. In ungefähr einer Stunde wird der für Sie zuständige Arzt zu Ihnen auf das Zimmer kommen. Bis dahin können Sie schon einmal die Koffer auspacken. Ach so, wenn etwas sein sollte, können Sie jederzeit die Klingel drücken."

Ich bedanke mich bei ihr, und sie geht aus dem Zimmer. In einer Stunde würde mein Arzt kommen. Ich möchte nicht von einem Arzt, sondern von einer Ärztin betreut werden. Ich kann mit Männern nicht reden und habe kein Vertrauen zu ihnen. Ich kann mir nicht vorstellen, irgendeinem Psychiater mein ganzes Leben zu erzählen.

Ich schaue auf die Uhr, es ist kurz vor drei. Ich verspüre das dringende Bedürfnis, eine Zigarette zu rauchen.

Als ich die Treppe hinuntergehe, treffe ich auf eine Frau. Sie steht mitten auf den Stufen und hält den Kopf gesenkt. Mit dem ganzen Körper wiegt sie sich hin und her.

„Hallo", sage ich freundlich und gleichzeitig vorsichtig, um sie nicht zu erschrecken. Sie starrt mich an, ohne meinen Gruß zu erwidern. Fettiges Haar bedeckt ihren Kopf. Ihr rundliches Gesicht wird von einer Brille mit dicken Gläsern geprägt. Ich kann ihr Alter nicht einschätzen. Abrupt wendet sie ihren Blick wieder dem Boden zu. Allerdings steht sie jetzt ganz ruhig. Ich gehe langsam weiter. In mir wächst das schlechte Gewissen, sie gestört zu haben. Dabei war das sicherlich nicht meine Absicht. Ich frage mich, ob ich hier richtig aufgehoben bin.

Draußen ist ein warmer und sonniger Junitag. Ich laufe über den Hof. Das Auto meiner Mutter ist längst verschwunden. Ich möchte mir das Klinikgelände anschauen. Zum Glück ist das hier keine geschlossene Anstalt, denke ich, während ich irgendwelche Stufen hinaufgehe. Unerwartet treffe ich auf eine große wildwachsende Wiese. Sie grenzt direkt an den Wald und wird somit von Bäumen eingerahmt. Der Anblick ist traumhaft idyllisch und friedvoll. Neben mir steht eine Bank. Ich setze mich und zünde mir eine Zigarette an. Hier treffen sich also die Raucher, bei den vollen Aschenbechern, die hier herumstehen.

Wieder bin ich mit den Gedanken bei der Frau auf der Treppe. Mich interessiert ernstlich, was mit ihr los ist. Ob sich hier viele Menschen so merkwürdig verhalten? Mir schießen etliche Fragen durch den Kopf. Was werden die Ärzte und Psychologen mit mir machen? Welche Diagnose werden sie stellen? Gibt es überhaupt eine zu stellen? Ich möchte unbedingt all diese Fragen beantwortet haben. Ich verspüre das dringende Bedürfnis, mit jemandem zu reden, und sei es nur ein Patient, der mir den Tagesablauf dieser Klinik erklärt. Doch kein Mensch ist weit und breit zu sehen. Ich fühle mich allein und völlig unwissend, was mit mir geschehen wird.

Bei dem Anblick der Wiese bekomme ich plötzlich Sehnsucht nach meinem Pferd. Ich weiß nicht, wann ich es wieder sehen werde. Der Stall ist mit dem Auto in nur wenigen Minuten erreichbar, doch ich glaube nicht, die Zeit zum Reiten zu finden. Vielleicht an den Wochenenden. Der Gedanke, nicht mehr täglich bei meinen Tieren sein zu können, stimmt mich traurig. Sie sind so wichtig für mich. An wen soll ich mich nun kuscheln, wenn es mir schlecht geht? Am liebsten würde ich meine Koffer nehmen und wieder abreisen.

Fröhlich klingende Stimmen reißen mich abrupt aus meiner Traurigkeit. Zwei Jugendliche, die etwa im meinem Alter sind, kommen um die Ecke und setzen sich neben mich auf die Bank. Ohne mich zu beachten, führen sie ihre Unterhaltung fort. Ich nehme den letzten Zug von meiner Zigarette, bevor ich sie im Aschenbecher ausdrücke. Ich bin erleichtert, dass es hier doch Menschen gibt, die meiner Vorstellung von Normalität entsprechen.

„Du bist neu hier, stimmt's?" Der Junge neben mir lächelt mich freundlich an. Er hat ein sehr ordentliches und gepflegtes äußeres Erscheinungsbild.

„Ja, ich bin vor einer Stunde angekommen", erwidere ich.

„Wir freuen uns immer, wenn junge Leute kommen. Die gibt es hier nämlich eindeutig in der Minderzahl. Ich heiße übrigens Thorsten!"

„Und ich bin die Funny!", ruft das Mädchen, das neben Thorsten sitzt. Es hat blaugefärbte Haare und einen Ring durch die Unterlippe.

„Ich heiße Janna. Mir gefällt es zwar ganz gut hier, aber ich glaube, ich muss mich erst einmal daran gewöhnen, in einer Klapse zu sein. Die ganze Situation ist ziemlich neu für mich", antworte ich.

„Wir sind hier in einer Edelklapse", ergänzt Funny und bricht in schallendes Gelächter aus.

„Weswegen bist du hier, wenn ich fragen darf?" Thorsten tritt mir mit dieser Frage zu nahe. Ich habe keine Lust, ihm von meinen Problemen zu erzählen. Ich kenne ihn ja kaum. Außerdem fällt es mir schwer, Dinge von mir preiszugeben, die ich sorgsam hüte und nur wenigen Menschen anvertraue. Deshalb antworte ich nur: „Das ist alles etwas kompliziert. Ich blicke in diesem Gefühlswirrwarr selber nicht durch. Ich erzähle es euch ein anderes Mal. Und ihr, weswegen seid ihr hier?“

Die 26-jährige Funny ist fresssüchtig, was man ihr auch stark ansieht, und Thorsten leidet unter ständigem Schwindel, der psychisch bedingt ist.

Wir unterhalten uns noch eine Weile über die Klinik. Funny ist schon seit einigen Wochen da und kennt sich somit bestens aus. Doch die mir so wichtigen Fragen kann sie mir natürlich nicht beantworten.

Ich schaue auf die Uhr. Mein Arzt wird gleich kommen. Ich verabschiede mich von den beiden und mache mich auf den Weg in mein Zimmer. Die beiden sind mir sympathisch, und ich freue mich, die ersten Kontakte geknüpft zu haben.

2

Während ich die Koffer auspacke und meine Wäsche in den Kleiderschrank sortiere, klopft es an der Tür. Bevor ich „Herein!“ rufen kann, steht bereits ein Mann in weißem Kittel in meinem Zimmer. Er gibt mir die Hand.

„Guten Tag, mein Name ist Fock, ich werde Sie während Ihres Klinikaufenthaltes betreuen.“

Ich lächle ihn unsicher an. Der Arzt ist ungefähr zwei Köpfe größer als ich. Ich fühle mich direkt klein neben ihm, was mir erstaunlicherweise nicht unangenehm ist. Sein kurzes dunkelblondes Haar, das seine Halbglatze umrandet, und die rechteckige Brille, die er auf der Nase trägt, lassen ihn interessant erscheinen. Ich schätze ihn Mitte 30. Statt bedrohlich, was ich zu Anfang befürchtete, wirkt er in meinen Augen eher attraktiv.

„So, junges Fräulein, dann wollen wir uns mal unterhalten“, sagt Dr. Fock in einem fröhlichen und unbefangenen Ton. Mir gefällt seine Art.

Ich setze mich in den Ohrensessel und mache es mir bequem, indem ich meine typische Schneidersitzhaltung einnehme. Dr. Fock nimmt sich den Schreibtischstuhl und setzt sich mir gegenüber.

„Was kann ich für sie tun, Frau Stoll?“ fragt er mich freundlich und hält einen Notizblock in der Hand.

„Ist es okay für Sie, wenn Sie mich bei meinem Vornamen nennen und mich duzen?“ frage ich zurück. Ich hasse es, gesiezt zu werden. Ich möchte noch keine Frau sein.

„Das ist kein Problem. Wenn du dich damit besser fühlst, duze ich dich gerne“, erwidert er.

Der Mann ist mir sympathisch.

„Also, was kann ich für dich tun, Janna?“ wiederholt er seine Frage.

Ich atme tief durch. Es fällt mir schwer mit einer fremden Person, dazu noch mit einem Mann zu sprechen. Ich weiß nicht, wie ich anfangen soll. Dr. Fock spürt meine Unsicherheit sofort. Er schaut mich verständnisvoll an. Ich sehe an seinem Blick, dass ich mir Zeit lassen darf. Geduldig sitzt er mit übereinandergeschlagenen Beinen auf dem Stuhl und überlässt es mir, wann ich beginne zu reden. Ich verspüre ein Gefühl von Geborgenheit. Mir ist klar, dass ich um meinetwillen alle meine Probleme erzählen sollte. Ich bin in dieser Klinik, damit mir geholfen wird und ich wieder gesund werde. Wenn ich den Ärzten etwas verschweige, belüge ich mich im Grunde nur selbst. Und wie können sie mir helfen, wenn sie die wichtigsten Dinge von mir nicht wissen? Also muss ich heraus mit der Sprache.

„Ich habe Selbstmordgedanken!" höre ich mich sagen. Wieder erfüllt Stille den Raum. „Ich will nicht mehr leben", füge ich leise hinzu.

Nach einer Weile fragt Dr. Fock: „Gibt es einen Grund, warum du nicht mehr leben möchtest?"

„Eben nicht, das ist ja mein Problem. Ich bin oft so unglücklich und weiß nicht warum. Ich habe wirklich ein schönes Leben, worum mich viele beneiden." Ich erzähle ihm von meinen Tieren, von den guten Noten in der Ausbildung und von meinen Freunden. Ich bin so undankbar.

„Hast du schon einmal versucht, dich umzubringen?" fragt er.

Ich nicke langsam.

„Mit siebzehn habe ich ungefähr sechzig Schlaftabletten geschluckt. Wenn meine Mutter mich nicht gefunden hätte, wäre ich jetzt nicht mehr am Leben. Die Ärzte später im Krankenhaus meinten, ich hätte Glück gehabt. Als Glück empfand ich es nicht gerade. Ein halbes Jahr zuvor hatte ich auch schon eine Überdosis Tabletten eingenommen. Ich kam zwar ins Krankenhaus, aber es war nicht lebensbedrohlich." Ich erzähle ihm noch von meinen zahlreichen Versuchen, mir die Pulsadern aufzuschneiden, die allerdings nie erfolgreich waren. Dr. Fock schreibt sich einige Notizen auf.

„Warst du schon einmal in ambulanter Psychotherapie?"

„Nach meiner zweiten Tablettenintoxikation war ich ein dreiviertel Jahr bei einer Psychologin, einmal die Woche."

Dr. Fock möchte wissen, warum ich nur für so kurze Zeit in Therapie war.

„Ich verliebte mich und war dadurch so glücklich, dass ich die Therapie nicht mehr für nötig hielt. Ich schwebte ein Jahr und drei Monate auf Wolke sieben. Er war der Mann meiner Träume und mein erster richtiger Freund. Wir hatten eine wundervolle Beziehung, in der ich lernte, einem Mann zu vertrauen."

„Warum ist diese Beziehung auseinander gegangen?"

„Mein über alles geliebtes Pferd starb. Mein Pferd, das mich seit meiner Kindheit begleitete. Ich wurde mit dem Tod nicht fertig und bemerkte selbst, wie ich mich veränderte. Ich wollte nur noch alleine sein, wollte niemanden an mich heran lassen. Es klingt unglaublich, aber seit dem Tod meines Pferdes konnte ich keine Liebe mehr für meinen Freund empfinden. Ich beendete schließlich die Beziehung."

Die Erinnerung an meine Stute Anuschka versetzt mir einen Stich in mein Herz. Mittlerweile habe ich ein neues Pferd, doch trotzdem habe ich den Tod nach einem Jahr immer noch nicht verkraftet. In Gedanken verloren kratze ich an meinen Schnittwunden am Unterarm.

„Was ist denn da passiert?" Dr. Fock sieht mich fragend an.

Beschämt versuche ich mit dem anderen Arm meine Narben von Schnitten und Verbrennungen zu verdecken.

„Da habe ich mich geschnitten und mit Zigaretten verbrannt", gestehe ich widerwillig. Mir ist es peinlich, dass ich so etwas tue. Ich schäme mich dafür.

„Ich habe oft solche Anspannungen in mir, die ich nur auf diesem Wege loswerden kann. Der innerliche Druck ist dann so groß, dass ich mich schneiden oder verbrennen muss." Ich achte auf seine Reaktion. Eifrig beschreibt der Arzt seinen Block.

„Erzähl mir mehr davon", fordert er mich in ruhigem Ton auf.

„Es ist wie eine Sucht. Mich überkommen regelrechte Ritzanfälle. Von einer Sekunde zur anderen verspüre ich das dringende Bedürfnis, mich zu verletzen. Ich kann an nichts anderes mehr denken und suche krampfhaft nach Messern, Rasierklingen oder Feuerzeugen. Wenn mich jemand dabei beobachten würde, der würde mich nicht wiedererkennen. Ich bin in der Situation nicht mehr ich selber und kann es somit nicht kontrollieren. Ich habe das Gefühl, neben meinem Körper zu stehen."

„Gibt es bestimmte Situationen, in denen solche Anfälle auftreten?"

„Nein, das ist unterschiedlich. Wenn ich aus irgendwelchen Gründen traurig, wütend oder verzweifelt bin, kann ich durch die Selbstverletzung meinen Schmerz herauslassen. Danach bin ich entspannt und erleichtert. Oft kommt solch ein Anfall aber auch aus heiterem Himmel. Egal wo ich bin, überall kann es passieren."

Ich erzähle ihm, wie ich mich letztens auf einer Party ganz plötzlich merkwürdig fühlte und sich meine Gedanken nur noch um das Ritzen drehten. Ich konnte mir nicht erklären warum. Auf der Party war nichts vorgefallen, im Gegenteil, ich hatte mich köstlich amüsiert, aber abrupt merkte ich, wie mein Körper starr wurde. Ich fuhr sofort nach Hause, wo ich mir dann meinen Oberschenkel zerschnitt. Es hätte mich niemand aufhalten können. Ich drifte oft dermaßen ab, dass ich mich hinterher manchmal an nichts mehr erinnern kann.

Verzweifelt sehe ich den Arzt an.

„Ich halte das nicht mehr aus. Der Zwang mich selbst zu verletzen, macht mich fertig. Er bestimmt mein Leben." Ich empfinde absolute Machtlosigkeit.

„Wissen deine Eltern davon?" fragt Dr. Fock leise.

„Meine Mutter weiß es. Sie hat mich einmal beim Ritzen erwischt und war völlig geschockt. Sie jammerte darüber, wie hässlich das aussehe und machte sich darüber Sorgen, dass ich mich später einmal als Braut in ärmellosem Kleid blamieren könnte. Mein Vater, glaube ich, weiß nichts davon."

Wut steigt in mir auf. Dr. Fock schüttelt ungläubig mit dem Kopf.

„Du hast wohl kein sehr gutes Verhältnis zu deinen Eltern", schließt er aus meiner Aussage.

„War das schon immer so?"

Ich nicke. Er fragt mich, ob ich als Kind eine Bezugsperson gehabt hätte. Ich muss einen Moment überlegen, bis mir mein Onkel einfällt, der Bruder meines Vaters.

„Er war immer für mich da und war der einzige, der mir das Gefühl gab, wichtig zu sein. Wenn ich Probleme im Kindergarten oder später in der Schule hatte, war er derjenige, der zuhörte und mich ernst nahm. Ich liebte ihn sehr."

Dr. Fock schaut mich nachdenklich an. Ich fühle mich durchschaut und somit unwohl. Was denkt er oder weiß er über mich? Nervös kaue ich auf meinen Fingernägeln herum.

„Hast du ihn wirklich geliebt?" hakt er nach.

„Natürlich und wie!" ereifere ich mich. „Obwohl er …" Ich halte inne. Scheiße!

„Obwohl er was?" fragt Dr. Fock vorsichtig.

Ich möchte nicht weitersprechen und schaue aus dem Fenster. Verdammte Scheiße, ich sitze in der Falle.

„Er war manchmal etwas merkwürdig zu mir. Er …" Aus unerklärlichem Grunde beginne ich heftig zu lachen. Ich halte mir den Bauch und kann nicht mehr aufhören. Dr. Fock starrt mich verdutzt an. Er muss mich für verrückt halten. Aber ich kenne dieses Lachen. Es ist hysterisch und unkontrolliert. Ich lache, damit ich nicht weinen muss.

Langsam beruhige ich mich wieder. In Dr. Focks Mundwinkeln ist ein leichtes Schmunzeln zu sehen. Halb belustigt, halb verdattert sitzt er mir erwartungsvoll gegenüber. Sein Gesichtsausdruck sieht so witzig aus, dass ich von einem neuen Lachkrampf geschüttelt werde. Oh Gott, ist mir das peinlich. Ich glaube, ich bin wirklich gestört.

„Was ist eigentlich so lustig?“ fragt er, mittlerweile selbst ein wenig lachend.

„Ich weiß nicht … ’tschuldigung … die Nerven …“ Ich bin nicht in der Lage, einen vernünftigen Satz herauszubringen. Ich bin völlig durcheinander.

Nach ein paar Minuten wische ich mir erschöpft die Tränen aus den Augen. Ich kann manchmal wirklich albern sein. Ich schaue ihm von nun an nicht mehr ins Gesicht, aus Angst, erneut lachen zu müssen. Beschämt zupfe ich an der Tischdekke. So plötzlich wie das Gelächter kam, so steigt nun auf einmal bodenlose Traurigkeit in mir hoch. Innerhalb von kurzer Zeit erlebe ich zwei extreme Stimmungen. Eigentlich beängstigend, doch für mich ist es zum Alltag geworden.

„Ist alles in Ordnung?“ Ich spüre besorgte Blicke, doch ich traue mich nicht Dr. Fock anzusehen.

Ich nicke eifrig, um meine Traurigkeit zu verbergen. Unangenehmes Schweigen herrscht zwischen uns.

„Er hatte mich sehr lieb.“ Von mir selbst überrascht greife ich das Gespräch von vorhin wieder auf.

„Du sagtest, er sei auch merkwürdig zu dir gewesen. Inwiefern?“ Dr. Fock bohrt in einer meiner schmerzhaftesten Wunden.

„Na ja, also … ich meine“, druckse ich herum. „Er hat mich angefasst und ich musste ihn auch berühren.“ Durch schnelles Sprechen bringe ich es hinter mich. Ich möchte nicht ins Detail gehen und verschränke die Arme vor der Brust.

„Er hat dich also sexuell missbraucht?“

Trotz seiner einfühlsamen Stimme bekomme ich bei diesen Worten eine Gänsehaut auf dem Rücken. Ich hasse diese Worte und möchte es nicht wahrhaben, dass die einst wichtigste Person in meinem Leben so etwas mit mir gemacht hat. Dr. Fock möchte wissen, wie alt ich damals war.

„Ich glaube, ich war drei als es anfing. Ich war elf Jahre als es aufhörte. Dann ist er verschwunden. Niemand weiß, wo er nun steckt. Einfach abgehauen.“

„Hast du noch Geschwister?“

„Ich habe einen 25-jährigen Bruder. Ich weiß nicht, ob mein Onkel mit ihm das gleiche machte wie mit mir. Hoffentlich nicht.“ Meine Stimme bebt. Der Gedanke daran, dass meinem Bruder ähnliches wiederfahren sein könnte, ist unerträglich.

„Was empfindest du heute für deinen Onkel?"

„Ich liebe und hasse ihn gleichzeitig. Manchmal bin ich dadurch regelrecht verwirrt."

Dr. Fock nickt. Er scheint mich zu verstehen, was mich stark beeindruckt. Wer kann dieses Gefühlswirrwarr schon nachvollziehen? Viele Menschen können es nicht glauben, dass man jemanden lieben kann, der einen quält. Manchmal empfinde ich meinem Onkel gegenüber auch Hass- und Ekelgefühle, für das, was er mir getan hat, doch im nächsten Moment weiß ich wieder, dass er mich liebte. Und diese Liebe wollte ich nicht missen.

„Ich hatte die Geschehnisse alle vergessen, einfach aus meinem Gedächtnis gestrichen, so als ob nie etwas passiert wäre." Ich halte inne.

...Ich wusste nicht, ob ich in Rene verliebt war oder ob ich einfach nur die ersten Erfahrungen sammeln wollte, die andere Mädchen in meinem Alter schon längst hinter sich hatten. Vielleicht wollte ich einen Freund, damit ich bei den anderen über die erste Liebe mitreden konnte. Ich war nie an Jungen interessiert gewesen, was ich mir nicht erklären konnte. Ich dachte, mit spätestens 15 müsse man sich einfach verlieben, sonst wäre man nicht normal.

Jedenfalls waren Rene, der zwei Jahre älter war, und ich ein Paar. Er wohnte nur wenige Straßen von mir entfernt, so dass wir uns oft trafen. Wir liefen händchenhaltend durch die Gegend und küssten uns vor allen Leuten. Rene sah mit seinen blondgefärbten Haaren und seinem gutgebauten Körper attraktiv aus. Viele Mädchen beneideten mich um ihn. Er sagte mir ständig, wie sehr er mich liebe und dass ich seine Traumfrau sei. Ich konnte seine Gefühle nicht erwidern, was ich mir jedoch nicht anmerken ließ.

Eines Abends, als Renes Eltern bei Bekannten eingeladen waren, schauten wir beide bei ihm Video. Das Flackern des Fernsehbildschirms sorgte für geringe Helligkeit in dem dunklen Zimmer. Rene begann mich zu küssen und zu streicheln. Ich wollte es eigentlich nicht, machte jedoch mit, um keine Spielverderberin zu sein. Irgendwann lagen wir knutschend aufeinander, und Rene fasste mir unter meinen Pullover. Innerlich sträubte ich mich dagegen, doch ich war wie gelähmt.

Als Rene schließlich meine Hand ergriff und sie zwischen seine Beine führte, explodierte plötzlich irgendetwas in mir. Bilder stiegen in meinem Kopf auf, Bilder von denen ich nichts wusste, die ich nicht sehen wollte. Ich musste weg hier. Woher kamen nur diese schrecklichen Bilder? Ich rannte nach Hause, vollkom-

men verwirrt. Zum Glück waren meine Eltern nicht da, und ich stürzte ins Badezimmer, wo ich mich übergab. Ich versuchte diesen in mir ablaufenden Film herauszukotzen.

Ich kotzte und kotzte. Irgendwann saß ich erschöpft neben der Toilette und musste mir eingestehen, dass diese furchtbaren Bilder Erinnerungen waren …

„Jetzt einmal tief durchatmen!" Ich atme tief ein und aus. Das kalte Stethoskop fühlt sich unangenehm auf meinem Rücken an. Verkrampft halte ich mein T-Shirt hoch, denn ich weigere mich, es auszuziehen. Zynisch überlege ich, was die Lunge wohl mit der Psyche zu tun hat.

„Lege dich jetzt bitte auf das Bett, damit ich deinen Bauch untersuchen kann", sagt Dr. Fock anschließend, und ich begebe mich seufzend zum Bett. Was soll das? Ich bin nicht körperlich krank, sondern habe psychische Probleme, schimpfe ich gedanklich.

Widerwillig lege ich mich hin und ziehe erneut das T-Shirt nur so weit hoch, dass meine Brust noch bedeckt ist. Als Dr. Fock auf meinem Bauch herumdrückt, spanne ich meine Muskeln an, die sich mit der Zeit durch das täglich Reiten aufgebaut haben.

„Du musst schon locker lassen, sonst kann ich ja nichts ertasten", meint er lachend.

Du sollst auch nichts ertasten, denke ich trotzig.

Kaum ist mein Bauch entspannt, kitzelt jede kleinste Berührung. Kichernd zappele ich wie ein Fisch hin und her.

„Du bist echt gut drauf!" Dr. Fock sieht mich belustigt an.

„Ich bin nicht gut drauf, sondern einfach nur kitzelig", entgegne ich ihm giftig.

Die meisten Menschen halten mich für ein fröhliches und unbefangenes junges Mädchen, das sein Leben genießt. Ich bin ständig gut gelaunt und lächle im Beisein anderer, die mich um meine scheinbare sprühende Lebensfreude beneiden. „Die Janna strahlt immer", höre ich oft meine Klassenkameradinnen reden. Innerlich amüsiere ich mich über sie, denn sie kennen mich nicht. Und ich bin stolz darauf! Es wäre nämlich unerträglich, wenn sie alle wüssten, wie wahnsinnig ich sein kann. Außerdem *will* ich glücklich sein. Nur die wenigsten Menschen dürfen mich kennen und an meiner wirklichen Gefühlswelt teilhaben. Ich denke dabei an drei wundervolle Freundinnen, die ich als ein großes Geschenk betrachte. Ihnen kann ich alles erzählen und schamlos meine Narben zeigen, während ich bei anderen Ausreden erfinden muss.

„Da hat mich eine Katze gekratzt" oder „ich bin als Kind in einen Dornenbusch gefallen" sind meine häufigsten Sprüche.

Dass mich allerdings Dr. Fock als „gut drauf" einschätzt, kränkt mich. Ich bin schließlich nicht in einer Psychiatrie, weil ich gut drauf bin. Wahrscheinlich bin ich aber selbst daran Schuld, denn ich habe es mir angewöhnt, fröhlich und lustig aufzutreten. Dennoch hoffe ich, dass er mich durchschaut und mir somit helfen kann.

„Ich würde mir gerne noch deine Oberschenkel ansehen. Danach bist du von mir erlöst." Dr. Fock schmunzelt. Auch das noch! Nur ungern ziehe ich meine Jeans und die sich darunter befindliche Leggings hinunter. Ich hoffe, dass er seine Untersuchung bald beendet.

„Du hast bei der Hitze draußen eine lange Unterhose an?" fragt er sichtlich verdutzt.

Lange Unterhose! Was denkt er denn von mir? Ich merke, wie mir die Schamesröte ins Gesicht steigt.

„Das ist eine Leggings!", berichtige ich ihn. „Die trage ich immer unter langen Hosen. Ich fühle mich sonst so nackig!"

„Schwitzt du denn nicht darin?" An seinem Gesicht lese ich deutliche Verständnislosigkeit ab.

Ich grinse, denn seine Art ist wirklich witzig.

„Nein, ich habe mich daran gewöhnt." Seit ich ein Kind bin, trage ich Leggings unter Hosen.

„Die Narben sind ganz schön tief. Dass sich so eine schöne Frau dermaßen verunstaltet, ist traurig für die Männerwelt." Behutsam streicht Dr. Fock über die Narben und schaut mich mit wehmütigem Blick an. In dem Moment spüre ich, dass er mich versteht und mich ernst nimmt.

Ich glaube, ich könnte ihm vertrauen.

Es ist Punkt 18 Uhr, als ich vor dem Speisesaal, der unmittelbar an die Aufenthaltshalle grenzt, stehe und auf Schwester Erika warte. Sie möchte mir meinen Sitzplatz während des Essens zeigen. In der Zwischenzeit beobachte ich die Patienten, die, ohne mich wahrzunehmen, an mir vorübereilen. Keinem dieser Menschen sehe ich auf dem ersten Blick eine psychische Störung an, was mich ein wenig verwundert. Obwohl, sieht man sie mir etwa an? Hinsichtlich des bisherigen Verhaltens meiner Mitmenschen scheinbar nicht.

„Frau Stoll, warten Sie schon lange?“ höre ich Schwester Erika hinter mir gehetzt rufen.

Wir betreten den Speisesaal, und sie führt mich an zahlreichen Tischen vorbei zu einem kleinen Tisch, an dem zwei ältere Damen sitzen.

„Oh, wir bekommen eine neue Tischnachbarin, Frau Sabel!“ flüstert die Schwarzhaarige der kleinen schmalen Grauhaarigen deutlich hörbar ins Ohr.

„Zu dritt ist es doch viel zu eng an dem Tisch!“ murrt Frau Sabel mit unfreundlichem Gesicht.

Was für eine Begrüßung! Am liebsten würde ich wieder gehen. Um diese frühe Zeit kann ich sowieso noch nichts essen.

Aber ich setze mein „ach wie reizendes“ Lächeln auf, und während ich die Folie von der Wurstplatte, die neben dem Teller platziert ist, abdecke, stelle ich mich höflich vor. Die Schwarzhaarige zeigt mit vollem Mund auf ihre Stoffserviette, auf der ein Schildchen mit ihrem Namen angebracht ist. Aha, Frau Bosner also. Frau Sabel erwidert nichts, sondern stellt ihr Geschirr eng zusammen, um mir zu verdeutlichen, dass ich ihr zuviel Platz einnehme. Anstatt mich von ihrem Getue beeindrucken zu lassen, bin ich eher an den restlichen nahezu 90 Menschen im Speisesaal interessiert. Ich befinde mich in einer geeigneten Ecke, von der ich den gesamten Saal überblicken kann. Funny, die einige Tische von mir entfernt sitzt, winkt mir fröhlich zu. Ich bedauere es, nicht mit ihr zusammen an einem Tisch zu essen. Aber vielleicht könnte man ja daran etwas ändern. Ansonsten, wie Thorsten vorhin schon sagte, sehe ich nur zwei oder drei weitere Jugendliche. Die meisten Leute sind ungefähr um die Mitte vierzig. Da ich einige erwachsene Freunde und Bekannte habe, die schon über 30 sind, stört mich das nicht. Ich kann mir nicht erklären warum, aber ich komme mit älteren besser aus als mit gleichaltrigen. Vielleicht liegt es an den Gesprächsthemen. Mir hat noch nie viel daran gelegen, mich über Diskotheken, neueste Trends und Flirtereien zu unterhalten. Dennoch habe ich natürlich auch Freunde in meinem Alter.

Als ich der Bedienung, die mir den Brotkorb reicht, ins Gesicht schaue, kann ich meinen Augen nicht trauen. Sie war früher einmal in meiner Parallelklasse. Ich weiß ihren Namen nicht mehr, jedenfalls scheint sie mich auch noch zu kennen, was ihr spöttisches Grinsen verrät. Schnell nehme ich zwei Scheiben Weißbrot und versuche, sie nicht weiter zu beachten. Das hat mir gerade noch gefehlt. Dass ich hier bin, wird sie bestimmt überall herum erzählen.

Frau Bosner ist darum bemüht, mich in ein Gespräch zu verwickeln, doch mir ist jetzt absolut nicht danach, über Dinge wie beispielsweise das Wetter zu reden. Deswegen lächele und nicke ich ihr nur höflich zu, ohne auf ihre Kommentare näher einzugehen.

Als ich meine Brote fertig gegessen habe, verabschiede ich mich von meinen beiden Tischnachbarinnen und gehe hinaus. Vor dem Speisesaal wartet Funny.

„Kommst du mit eine Zigarette rauchen?" fragt sie mich.

Ich freue mich darüber, dass sie auf mich gewartet hat.

Wir gehen gemeinsam zu der Bank an der Wiese, auf der wir uns heute Mittag kennen gelernt haben. Mittlerweile befinden sich dort jetzt viele Leute, die nach dem Abendessen eine Zigarette zur angeblichen Verdauung rauchen.

„Das ist Janna! Sie ist heute erst angekommen!" stellt sie mich laut der Runde vor.

Ich werde von allen herzlich begrüßt, was mir gleich ein Gefühl von Geborgenheit vermittelt.

„Woher kommst du?"

„Wie alt bist du?"

Ich bin überrascht, mit welchem Interesse und welcher Herzlichkeit ich empfangen werde. Ich spüre, dass ich willkommen bin und bewundere gleichzeitig die Offenheit gegenüber anderen und die Gesprächigkeit dieser Menschen. Das bin ich nicht gewohnt. Größtenteils erlebte ich bisher, wie Leute mit Skepsis Fremden begegnen.

Ich fühle mich aufgehoben und hoffe, dass ich mir ihre Offenherzigkeit auch aneignen werde.

Wir sitzen alle in einem Boot, was hier jeder zu wissen scheint.

Funnys Zimmer befindet sich auf demselben Flur wie meines. Ihres ist weitaus größer, mit einem Balkon und einem eigenem Badezimmer. Ich bin überwältigt von diesem Überfluss, der dieses Zimmer einer Hotelsuite gleichen lässt. Sehr gemütlich wirkt es allerdings nicht.

Wir setzen uns auf den Balkon, auf dem eine Sonnenliege und ein weißer Gartenstuhl aus Plastik stehen. Von hier aus hat man einen herrlichen Ausblick über den gesamten Rosengarten, welcher im Gegensatz zu der wildwachsenden Natur hinter dem Haus wohl für die gediegenen älteren Herrschaften gedacht ist.

„Schon cool, oder?“ Funny merkt mir meine Begeisterung an.

„Eine Psychiatrie habe ich mir ganz anders vorgestellt“, stimme ich ihr nickend zu. Ich könnte meinen, im Urlaub zu sein.

„Funny hat aber auch eines der schönsten Zimmer im Haus. Ich muss mir meines mit einem anderen Mann teilen. Das stinkt mir gewaltig.“ Thorsten, der auf dem Stuhl sitzt und die Beine auf das Balkongeländer legt, verzieht das Gesicht. Ich kann ihm nachfühlen. Es muss schrecklich sein, wochenlang keine Nacht alleine zu sein.

„Als ich letztes Jahr hier war, war ich drüben im Haupthaus untergebracht, unter dem Dach im dritten Stock.“ Er zeigt auf die obere Reihe des Haupthauses, was wir von hieraus sehen können.

„Du warst schon einmal hier?“ Fassungslos starre ich ihn an.

„Ja, von Mitte März bis Juli im vergangenen Jahr.“

Ich bin schockiert darüber, denn ich war im Glauben, dass man nach solch einem Klinikaufenthalt als „geheilt“ entlassen wird.

„Hat das denn nichts gebracht?“ frage ich ängstlich.

„Schon, aber die Schwindelgefühle kamen nach ein paar Monaten wieder. Es ist unerträglich, wenn einem pausenlos schwindelig ist. Ich wurde ständig untersucht, aber die Ärzte konnten körperlich nichts feststellen. Also kommt es von der Psyche. Durch den zweiten Aufenthalt erhoffe ich mir, dass der Schwindel nicht nur für kurze Zeit, sondern ein für alle Mal beseitigt wird.“ Thorsten seufzt.

Er tut mir richtig Leid. Es muss eine furchtbare Behinderung im Alltag sein.

„Weißt du denn jetzt, woher das kommt?“

„Ich habe schon seit ich ein kleines Kind war eine schlechte Beziehung zu meinen Eltern. Deshalb ist viel Wut und Enttäuschung in mir aufgestaut. Dadurch wird der Schwindel hervorgerufen. Viele Menschen leiden unter psychosomatischen Störungen. Es entstehen körperliche Beschwerden, die nicht organisch, sondern psychisch bedingt sind. Die Seele sendet über den Körper Hilferufe aus.“ Thorsten zieht an seiner Zigarette.

Betretenes Schweigen herrscht zwischen uns.

„Ich hoffe auch, dass mich meine Fressattacken bald nicht mehr überkommen werden“, unterbricht Funny die Stille.

„Manchmal esse ich zehn Tüten Chips, dazu noch fünf Tafeln Schokolade und unzählige Käsebrötchen. Alles auf einmal.“

Schon alleine bei dem Gedanken wird mir übel. Die Frage, ob sie alles wieder erbreche, verneint sie.

„Wenn ich kotzen würde, wäre ich sicherlich nicht so fett.“ Funny kneift in ihre Speckfalte am Bauch und lacht laut. Ihr Gelächter, was unüberhörbar ist, fiel mir heute Nachmittag schon auf. Es klingt so frei und unbeschwert, und es passt zu ihrem äußeren ausgeflippten Erscheinungsbild. Funny wirkt überaus lebensfroh und ungetrübt. Man merkt ihr, wie auch mir, nichts an.

Ich wüsste gerne, woher die Fresssucht bei ihr kommt, doch ich brauche sie nicht zu fragen, denn Funny beginnt von selbst zu berichten:

„Als ich drei Jahre alt war, ließen sich meine Eltern scheiden. Mein Vater starb wenige Jahre später an Krebs, was ich bis heute noch nicht verkraftet habe.“ Sie holt tief Luft und schildert uns, wie sie mit zwölf Jahren von ihrem Onkel sexuell missbraucht wurde. Als ich das höre, stockt mir der Atem.

Es ist das erste Mal, dass ich ein Mädchen kennen lerne, dem das gleiche passiert ist wie mir. Ich bin sprachlos. Während Funny erzählt, schwirren mir die verschiedensten Gedanken durch den Kopf. Einerseits will ich das nicht hören, weil ich an meine eigene Erfahrungen nicht erinnert werden möchte, aber andererseits bin ich erleichtert, dass ich nicht die einzige Betroffene bin. Ich bewundere Funny, mit welcher Offenheit sie über ihre Vergangenheit spricht. Ich bin dazu noch nicht fähig, doch ich bin sicher, dass ich es Funny irgendwann erzählen kann. Aber nur, wenn wir zwei alleine sind. Ich kann es nicht glauben, dass ich nun jemanden kenne, der mich wirklich verstehen wird. Ich verspüre eine große Erleichterung. Es kann nämlich keiner richtig nachvollziehen, der es nicht am eigenen Leib erlebt hat.

Es ist weit nach Mitternacht, als ich leise über den Flur in mein Zimmer schleiche. Trotz dieser belastenden Gesprächsthemen war es ein wertvoller Abend. Thorsten, Funny und ich saßen bei den milden Temperaturen bis eben auf dem Balkon und unsere Gedanken kreisten die ganze Zeit um den Sinn des Lebens. Ich bin froh darüber, die beiden kennen gelernt zu haben. Zu Funny verspüre ich eine starke innere Verbindung, wir werden uns gut verstehen.

Während ich mir die Zähne putze, suche ich mein Feuerzeug in den Hosentaschen. Ich kann es nicht finden. Es liegt sicherlich noch auf dem Balkon. So ein Mist! Hastig durchwühle ich meinen noch nicht ausgepackten Rucksack nach einem zweiten. Zum Glück werde ich gleich fündig. Behutsam lege ich es auf den Nachttisch und ziehe mein Nachthemd an.

Als ich im Bett liege, nehme ich das Feuerzeug und starre in die kleine auflodernde Flamme. Sie fasziniert mich täglich immer wieder, und ich schaue sie liebevoll an. Nach ungefähr zwei Minuten puste ich sie vorsichtig aus und presse das glühend heiße Metallstück des Feuerzeuges langsam und direkt in mein Handgelenk. Ich spüre den unglaublichen Schmerz und beiße die Zähne fest zusammen. Ich fühle nichts mehr außer diesem Schmerz, der meinen inneren „Dreck“ überflutet. Mit dem allmählichen Abkühlen des Metalls fließt meine Anspannung aus dem Körper. Nun bin ich ruhig und erleichtert. Sorgsam lege ich das Feuerzeug in meine Nachttischschublade. Innerhalb weniger Minuten bildet sich eine dicke Brandblase an meinem Handgelenk. Das halte ich nicht weiter für tragisch, denn morgen ziehe ich wieder meine Armbanduhr darüber. Es fällt dann nicht weiter auf. Zufrieden knipse ich das Licht aus. Jetzt kann ich ohne Probleme einschlafen.

3.

... Es war ein sonniger und warmer Tag im Mai. Zitternd saß ich an meinem Lieblingsort, dem kleinen versteckten Teich, der in der Nähe des Reitstalles liegt. Hier befinde ich mich immer, wenn ich alleine sein oder nachdenken will. In dem saftig grünen Gras wuchsen unzählige Löwenzahnblumen, und die frischen Blätter der Bäume wiegten sich in einer leicht wehenden Brise sanft hin und her. Eigentlich liebte ich solche Frühlingstage, doch heute konnte ich mich nicht einmal über mein Pferd freuen, das ich in der Ferne auf der Koppel sah. Nervös riss ich nacheinander einzelne Grasbüschel hinaus. Ich konnte keinen klaren Gedanken fassen und spürte eine immer größer werdende Unruhe in mir. Unglaublicher Hass stieg in mir hoch, Hass auf alles in der Welt und besonders auf mich selbst. Das Schlimmste war, ich wusste in diesem Moment nicht, woher er kam, und ich konnte ihn nicht bremsen. Am liebsten hätte ich laut geschrieen, aber ich brachte keinen Ton heraus. Dieses beschissene Leben, was eigentlich gar nicht beschissen war, wollte ich nicht mehr leben. Das Gefühl durchzudrehen, zu explodieren und keinen Boden mehr unter den Füßen zu spüren. Verdammt noch mal, warum bist du so, schrie es in mir. Warum kannst du nicht glücklich sein? Ich versuchte mir einzureden, wie gut ich es doch habe, und wie schlecht es anderen Menschen ginge. Es half nicht. Ich hasste mich und mein Leben und wollte es nur noch so schnell wie möglich beenden. Hastig holte ich ein altes Küchenmesser, was ich immer bei mir trug, aus meiner Jackentasche und schnitt verzweifelt an meinem Handgelenk. Es war viel zu stumpf, um mir nur die kleinste Schnittwunde zuzufügen. Ich ritzte und ritzte, doch außer dass nur winzig kleine Blutstropfen heraus quollen, hatte ich kein Erfolg. Hemmungslos fing ich an zu weinen und ließ das Messer aus der Hand fallen. Ich konnte einfach nicht mehr. Wenn ich wenigstens gewusst hätte, warum es mir so mies ging. Das Bedenkliche daran war, dass ich mich selber nicht verstand und mich unendlich allein fühlte. Jetzt wollte ich nur noch einen bestimmten Menschen bei mir haben. Innerlich bebend zog ich mein Handy hervor und wählte die Nummer meiner Freundin Katja. Als ich ihre Stimme hörte, brachte ich vor lauter Schluchzen kein Wort heraus.

„Wo bist du?“ sie reagierte sofort.

„Am Teich“, antwortete ich kaum verständlich.

„Ich komme!“

Meine liebste Freundin. Jetzt konnte nichts mehr passieren. Katja war meine engste Vertraute. Sie wusste alles über mich und hatte mich mehrfach in solch aussichtslosen Situationen erlebt. Bei ihr durfte ich so sein, wie ich wirklich war und wie ich anderen nicht begegnete.

Wenige Minuten nach unserem Telefonat sah ich Katja eilig durch die Wiese zum Teich hinauflaufen. Sie setzte sich zu mir ins Gras und nahm mich in den Arm. Sie sagte nichts, denn sie kannte diese extreme Stimmung. Sie war einfach nur da und hielt mich fest. Heulend lag ich mit meinem Kopf auf ihren Oberschenkeln, und Katja streichelte mir sanft den Nacken. Ich fühlte mich geborgen und geschützt. Bei ihr konnte ich meinen Kummer herauslassen. Für diesen Augenblick war ich so dankbar. Ich vertraute ihr vollkommen, dabei kannten wir uns noch nicht lange. Katja war Tierärztin, und hatte im vorigen Jahr meine Stute eingeschläfert. In dieser für mich schweren Zeit stand sie mir mit großem Einfühlungsvermögen bei und fing mich auf. Um von dem Tod des Pferdes abgelenkt zu werden, durfte ich sie oft auf ihren tierärztlichen Besuchsfahrten, „auf Tour", begleiten. Dann waren wir den ganzen Tag unterwegs. Durch die teilweise langen Strekken hatten wir viel Zeit, um uns zu unterhalten und uns richtig kennen zu lernen. Katja machte solch einen vertrauensvollen Eindruck auf mich, dass ich mit ihr über meine Kindheitserinnerungen sprechen konnte. Sie hörte mir geduldig zu und nahm mich ernst. Zwischen uns entstand eine ganz besondere Freundschaft, die ich nicht einmal mit meiner besten Freundin pflegte. Wir sahen uns nicht oft, aber wenn wir beisammen waren, führten wir sehr tiefgründige Gespräche. Schamlos konnte ich mit ihr über meine Selbstmordgedanken und meine Selbstverletzung reden. Ihre mitfühlende und verständnisvolle Art faszinierte mich. Sie war 15 Jahre älter als ich, vielleicht war es auch ihre mir fehlende mütterliche Wärme, die sie mir schenkte. Jedenfalls konnte ich mit jedem Problem zu ihr kommen, und hinterher, nachdem ich es mit ihr besprochen hatte, fühlte ich mich erheblich besser. Ich liebte sie wie eine große Schwester und wollte sie nie wieder verlieren.

Wir saßen lange so am Teich und schwiegen. Ich hörte auf zu weinen und genoss nur noch Katjas Nähe.

„Janna, du brauchst unbedingt Hilfe", sagte sie behutsam. „Du weißt, dass ich immer für dich da bin, aber ich glaube, nur das allein kann dir auf Dauer nicht helfen. Du bräuchtest psychologische Unterstützung, um an dein Grundproblem

heranzukommen. Wenn du deine Kindheit verarbeitet hast, wird es dir allgemein viel besser gehen."

Ich setzte mich auf und nickte langsam. Sie hatte Recht, so konnte es nicht weitergehen.

„Rufe doch mal deine ehemalige Therapeutin an", schlug sie vor.

Doch das war keine gute Idee, denn ich war der Meinung, dass mich die Sitzungen bei der Bearbeitung meiner Probleme keinen Schritt weitergebracht hatten. Wir hatten uns noch nicht einmal an die Ursache meiner heftigen Gefühlsausbrüche herangetastet, was sicherlich nicht allein

die Schuld der Therapeutin gewesen war. Es gehörte für mich ein dreiviertel Jahr zum Alltag, einmal die Woche die Therapiestunde, einer langweiligen Klavierstunde ähnlich, zu absolvieren.

An die Inhalte unserer Gespräche konnte ich mich heute kaum noch erinnern. Zu austauschbar, zu belanglos hatte ich die Unterhaltungen empfunden. Die Geschehnisse, die mich in frühester Kindheit geprägt hatten, das merkwürdige Verhältnis zu meinem Onkel und die unpersönliche Beziehung zu meinen Eltern waren zwar zur Sprache gekommen, hatten meine Einstellung aber nicht verändert. So war es für mich keine Überwindung gewesen, die Therapie abrupt abzubrechen, als ich meine erste große Liebe, Tim, gefunden hatte, und mich somit glücklich und stabil fühlte.

Nun war ich aber bereit, erneut Hilfe anzunehmen, weil mich meine Zustände zusehends beängstigten. Allerdings hatte ich Angst vor der Reaktion meiner Eltern. Sie glaubten, meine Selbstmordgedanken und meine Autoaggression wären mit dem Beenden der Therapie überstanden. Ich teilte ihnen nie mit, wenn es mir schlecht ging.

„Du hast doch alles! Du hast keinen Grund depressiv zu sein!" oder „Stell dich nicht so an, du bist undankbar uns gegenüber!" Diese Vorwürfe wollte ich nicht hören. Ich durfte nicht traurig sein.

„Soll ich mit deinen Eltern reden?" fragt Katja.

Ich schüttelte den Kopf. Das würde alles schlimmer machen. Wenn meine Eltern wüssten, dass ich mit anderen Leuten über meine Probleme spreche, würden sie mir unterstellen, dass ich unsere Familie schlecht machte. Familie Stoll war nämlich die harmonischste und glücklichste Familie der Welt!

„Ich werde zu meinem Hausarzt gehen und mal schauen, was er sagt", antwortete ich entschlossen.

Im nächsten Moment verließ mich wieder meine Kraft.

„Ich schäme mich so sehr für mein Verhalten, Katja!" jammerte ich.

Katja nahm mich in den Arm.

„Das brauchst du nicht, jedenfalls nicht vor mir. Ich mag dich so wie du bist. In irgendeiner Weise mag ich sogar deine miesen Stimmungen." Sie lächelte mich aufmunternd an.

„Weißt du was?" sie warf einen Blick auf die Uhr. „Ich muss jetzt auf Tour, und du kommst mit, okay? Dann kommst du auf andere Gedanken."

Ich tat nichts lieber als das. Jetzt ging es mir schon ein wenig besser, und ich freute mich richtig darauf, mit Katja durch die Gegend zu fahren. Allerdings ließ mich der Gedanke nicht los, eine neue Therapie zu beginnen. Ich ahnte, dass mir mein Hausarzt empfehlen würde, mich in einen stationären Klinikaufenthalt zu begeben ...

Genüsslich atme ich die frische Morgenluft ein und gehe den Trampelpfad, der um die Wiese führt, entlang. Einzelne Sonnenstrahlen schimmern durch die Blätter der Bäume und lassen die kleinen Tautropfen an den Grashalmen glitzern. Außer dem Singen der Vögel ist es angenehm still. In einiger Entfernung ragt das Dach der Klinik aus den Baumkronen hervor und an dem Raucherörtchen machen sich die ersten Patienten zum Joggen bereit. Diese friedliche Idylle bereitet mir die beste Laune, und für kurze Zeit vergesse ich die quälenden Gedanken, in einer Psychiatrie zu sein und die Angst vor den kommenden Wochen oder Monaten. Ich fühle mich so wohl wie schon lange nicht mehr und erfreue mich an jeder kleinsten Blume. Durch meine Tiere bin ich täglich draußen in der Natur, es wäre das Schlimmste für mich, eingesperrt zu sein. Ich verspüre die Freiheit, welche ich befürchtete zu verlieren, und in diesem Augenblick bin ich so glücklich, dass ich meinen Klinikaufenthalt wieder nicht für notwendig halte. Ich bin doch gesund, denke ich mir. Ein Mensch, der solche positiven Gefühle in sich trägt, kann einfach nicht krank sein, oder?

Nach ungefähr 20 Minuten ist mein Wiesenrundgang beendet, und ich setze mich zu ein paar anderen Rauchern und zünde mir eine Zigarette an. Mir ist gestern vor lauter Aufregung gar nicht der kleine Pavillon aufgefallen, in dem man bei Regen seiner Sucht nachkommen kann. Er befindet sich unmittelbar neben der Bank. Wie blind man doch durch die Gegend läuft.

Schwitzend und keuchend kommt Funny aus dem Wald gelaufen.

„Hey Janna“, japst sie außer Atem und lässt sich erschöpft auf dem großen Stein gegenüber der Bank nieder. Schweißperlen stehen ihr auf der Stirn. Ich stelle es mir anstrengend vor, mit den vielen Pfunden zu joggen. Andererseits mache ich trotz meines Fliegengewichtes schon nach wenigen Metern schlapp. Funny hat sogar sicher noch mehr Kondition als ich. Hoffentlich gehört das Joggen nicht zum Pflichtprogramm.

„Na, wie hast du deine erste Nacht überstanden?“ fragt sie mich.

„Ich schlafe in fremden Betten nicht sonderlich gut. Um sieben Uhr wurde ich durch die Schwester geweckt, die das Frühstückstablett hereingebracht hat. Muss man jeden Morgen um diese Zeit aufstehen?“

„Nein, es kommt darauf an, welche Termine du vormittags hast. Deswegen frühstücken die Patienten hier auch auf ihren Zimmern, weil jeder zu unterschiedlichen Zeiten Therapien hat.“

„Kommst du auch zu uns in die Emo?“ fragt mich ein Mädchen, das neben mir auf der Bank sitzt. Es ist ganz fürchterlich dürr. Ich dachte immer, ich hätte nichts auf den Rippen, aber dagegen bin ich richtig dick. Es stellt sich als Irena vor und ist ein Jahr jünger als ich. Irena ist sicherlich magersüchtig.

„Emo? Was ist das?“ Ich kann mir unter dem Begriff nichts vorstellen.

„Das ist die emotionale Gruppe. Wir treffen uns jeden Vormittag unter der Aufsicht eines Therapeuten und drücken unsere Gefühle durch wildes Herumschreien und durch Kisseneinschlagen aus“, Irena kichert.

Ach du lieber Gott! Ich glaube nicht, dass ich so etwas kann. In der Hinsicht bin ich viel zu gehemmt.

„Ich weiß noch gar nicht, welche Therapien mir bevorstehen“, meine ich skeptisch.

„Thorsten und ich sind auch in der Emo. Die Gruppe bringt mir wirklich viel. Dort kann man all seine Aggressionen herauslassen. Hinterher bin ich zwar erschöpft, aber unheimlich locker und ausgeglichen“, sagt Funny.

Ich weiß nicht so recht. Das Schreien ist sicherlich nur eine Gewöhnungssache, aber ich kann meine Gefühle doch nicht vor anderen zeigen. Vielleicht könnte ich es aber in dieser Gruppe lernen, um auch mit meinen Aggressionen anders umzugehen, als sie gegen mich zu richten. Ich werde Dr. Fock fragen, was er dazu meint.

Funny fügt hinzu: „In den ersten Tagen hast du noch keine Therapien. Das für jeden Patienten individuell erstellte Programm beginnt meistens in der zweiten Woche."

„Wieso das denn?" Ich bin ein wenig entsetzt.

Was soll ich hier den ganzen Tag machen? Nichts tun? Das kann ich nicht.

„Die Patienten sollen sich zuerst erholen und neue Kraft für die bevorstehende Therapie sammeln. Das ist bei jedem am Anfang so", erklärt Irena.

Ich verdrehe die Augen. Das klingt zwar ziemlich verlockend, aber ist es nicht vergeudete Zeit? Ich möchte meinen Aufenthalt so schnell wie möglich hinter mich bringen. Auf diese Art verkürzt er sich bestimmt nicht. Ich war der Meinung, schon heute mit einem durchorganisierten Therapieprogramm zu beginnen.

„Dann kann ich ja auch zum Reiten gehen", erwidere ich mit einem trotzigen Unterton.

Der Gedanke daran, dass ich hier faul in der Sonne liege und nur wenige Kilometer mein Pferd im Stall steht, beunruhigt mich. Ich bekomme sofort ein schlechtes Gewissen meinen Tieren gegenüber. Den Vormittag verbringt Glamour zwar auf der Koppel, und mein Reitlehrer reitet ihn täglich für mich, aber wenn ich sowieso den ganzen Tag Zeit habe, kann ich mich auch selber um ihn kümmern. Er fehlt mir jetzt schon.

„Eben nicht. Du sollst zu dir finden und dich nicht durch irgendwelche Aktivitäten ablenken. Nutze diese freie Zeit, um einmal über dich nachzudenken." Irena und Funny schauen mich ernst an.

Ich seufze und sehe ein, dass die beiden eigentlich Recht haben. In erster Linie muss ich jetzt an mich denken und darf nicht vor mir selber weglaufen. Es ist schwer mir vorzustellen, einfach mal nichts zu tun. Ich war immer in jeder Minute mit irgend etwas beschäftigt, sei es mit Reiten, mit dem Hund laufen, mit Freunden treffen und anderen Kleinigkeiten, wie Zimmer aufräumen oder Hausaufgaben erledigen. Ich bin ein Mensch, der meistens in Bewegung ist. Das Schlimmste für mich ist, ein paar Tage mit einer Grippe im Bett zu liegen. Hoffentlich würde ich mit dem Nichtstun in diesen Tagen zurecht kommen. Ein paar Bücher, die ich mitgebracht habe, könnte ich lesen, oder vielleicht aber Topflappen häkeln? Über mich nachdenken werde ich in den kommenden Wochen noch genug.

„So, ich muss jetzt duschen. Wir haben gleich Emo", sagt Funny und steht auf.

Ich werfe einen Blick auf die Uhr. Es ist neun Uhr. Um halb zwölf habe ich mit

Dr. Fock einen Termin vereinbart. Was soll ich bis dahin machen? Langeweile ist angesagt.

„Geh doch heute Vormittag in die Beschäftigungstherapie", bietet Funny mir an.

Das ist eine gute Idee. Dann kann ich wenigstens etwas tun und fühle mich nicht so nutzlos.

„Kann ich da denn ohne weiteres hingehen?" frage ich.

„Na klar. Die BT wird nicht verordnet und ist für jedermann offen", versichert sie mir.

Mein Vormittag ist gerettet.

Der Raum, in dem die Beschäftigungstherapie stattfindet, liegt im Keller des Haupthauses. Er ist sehr groß und gleicht einem Saal. In der Mitte sind lange Holztische zusammengestellt, an welchen vereinzelt Patienten sitzen, die malen und töpfern. Ich stehe vor einer Glasvitrine, in der mehr und weniger gelungene Tonfiguren ausgestellt sind. Überall an den Wänden, zwischen den Materialregalen, hängen bunt bemalte T-Shirts und Seidentücher zum Trocknen.

„Kann ich Ihnen helfen?" spricht mich eine junge Frau an, die hinter einem kleinen Schreibtisch sitzt.

Ich möchte mir erst einmal alles genau ansehen, bevor ich eine Tätigkeit beginne.

Langsam gehe ich zwischen den Regalen, in denen sich Stoffmal- und Seidenmalereifarben stapeln, entlang. Zahlreiche Kartons sind mit Speckstein, Holzklötzen und frischem Ton gefüllt. In einer Ecke des Raumes befindet sich sogar eine kleine Hobelbank. Bei den ganzen Angeboten kann ich mich auf Anhieb gar nicht entscheiden, was ich machen soll. Als ich sehe, wie eine ältere Frau ein großes Seidentuch bemalt, könnte ich mir vorstellen, auch eines zu gestalten. Früher, in meiner Kindheit, habe ich mich oft stundenlang mit Seidenmalerei beschäftigt. Es würde mir nun also sicherlich Spaß machen.

„Ich möchte auch ein Seidentuch bemalen." Ich trete an den Schreibtisch der Therapeutin.

Frau Guenther, den Namen kann ich auf einem kleinen Schildchen an ihrer Bluse ablesen, zieht die Brille ab. „Das halte ich für keine gute Idee. Sie sind neu hier, und es ist sinnvoll, wenn Sie mit etwas Kleinem beginnen, was schnell fertig ist.

Ein Seidentuch zu bemalen, braucht viel Zeit. Es ist wichtig, dass Sie am Anfang ein Erfolgserlebnis verspüren. Deswegen würde ich ihnen raten, vielleicht mit einem T-Shirt zu beginnen. Das zu bemalen dauert nämlich nicht so lange wie ein Seidentuch.“ Sie lächelt mich an.

Ich ziehe die Augenbrauen hoch. Das fängt ja gut an. Jetzt wird mir noch vorgeschrieben, was ich zu tun habe. Brauche ich denn ein solches Erfolgserlebnis? Andererseits bin ich froh, dass ich mich überhaupt mit irgendetwas beschäftigen kann.

„Ich zeige Ihnen mal die T-Shirts!“ Frau Guenther steht auf und geht zu einem kleinen Schrank, in dem sich lauter verpackte weiße Stoffe befinden. Sie zeigt mir die unterschiedlichen Größen, und ich entscheide mich für ein Kinder T-Shirt. Das könnte ich meiner zweijährigen Cousine Nanni schenken. Jetzt muss ich mir nur noch ein Motiv überlegen. Frau Guenther reicht mir einen Karton mit unzähligen Bildvorlagen. Von Comicfiguren bis hin zu klassischen Blümchenmustern ist alles vertreten. Nach langem Überlegen entscheide ich mich für einen Ernie aus der Sesamstraße. Der würde meiner kleinen Cousine bestimmt gefallen. Als ich alle notwendigen Materialien zusammengesucht habe, setze ich mich auf einen freien Platz und beginne eifrig meine Arbeit. Allerdings beobachte ich aus den Augenwinkeln hin und wieder die Patienten und die Therapeutin.

Ich bin ernsthaft daran interessiert, wie eine Beschäftigungstherapie abläuft. Ob Frau Guenther die Art des Gestaltens analysiert und mit den Patienten psychologische Gespräche führt? Wie ich sehe, sitzt sie jedoch, in ein Buch vertieft, an ihrem Schreibtisch und die anderen stumm hinter ihren Kunstwerken. Nur manchmal, wenn jemand Hilfe benötigt, steht sie auf, um kleine Probleme wie Farbtuben auffüllen oder bei älteren zitterigen Leuten einen exakten Pinselstrich durchführen, zu beseitigen. Dann geht sie noch einmal durch die Runde und schaut sich die Werke der restlichen Anwesenden an, die ohne Ausnahme hoch gelobt werden. Die Beschäftigungstherapie könnte man also als Freizeitaktivität der Klinik bezeichnen.

Nach einiger Zeit bin ich so in das Malen vertieft, dass ich nicht bemerke, wie Dr. Fock den Raum betritt.

„Hey, das ist ja cool!“ Er zeigt mit dem Finger auf mein T-Shirt und kommt zu meinem Platz. „Malst du mir auch so eines?“

Ich schaue zu ihm auf und muss lächeln. „Mal sehen“, antworte ich nur.

„Wir sehen uns um halb zwölf", sagt er, kneift mir leicht ins Ohrläppchen und geht zu einem anderen Patienten. Ich beobachte ihn heimlich und muss mich beherrschen, nicht zu lachen. Ein verrückter Arzt. Als er geht, rufe ich ihm noch hinterher: „Welche Größe haben Sie denn?"

Mit halblauter Stimme hinter vorgehaltener Hand antwortet er: „XL"!

Wie verabredet, klopft es pünktlich um halb zwölf an der Tür, und Dr. Fock betritt mein Zimmer.

„Na Herzchen, alles klar?" begrüßt er mich.

„Mir geht es bestens, und Ihnen?" antworte ich ehrlich und merke, wie mir leichte Röte ins Gesicht steigt. Durch seine Begrüßung fühle ich mich ein wenig geschmeichelt.

Dr. Fock lässt sich in den Ohrensessel fallen und schüttelt meine Schneekugel, die ich zur Dekoration auf den Tisch gestellt habe. Die Kugel scheint ihn sichtlich zu faszinieren, denn er betrachtet sie lange und intensiv und dreht sie nach allen Seiten, ohne nur ein einziges Wort zu sagen.

„So eine Kugel ist schon interessant", unterbreche ich gelangweilt die Stille.

Dr. Fock nickt grinsend und stellt die Kugel wieder zurück auf den Tisch.

„Und, hast du schon ein paar nette Leute kennen gelernt?" fragt er mich und legt die Hände gefaltet auf seinen Bauch.

Ich erzähle ihm von dem gestrigen unterhaltsamen Abend mit Funny und Thorsten.

„Das habe ich mir gleich gedacht, dass du dich mit Funny anfreundest. Die ist nämlich ein genauso verrücktes Huhn wie du. Ihr werdet euch sicherlich gut verstehen", meint er lachend.

Woher will er wissen, dass ich ein verrücktes Huhn bin? Er kennt mich gerade mal seit gestern. Psychiater scheinen ihre Patienten nur anschauen zu müssen, um sie zu kennen. Wie beängstigend!

Ich lenke vom Thema ab, indem ich frage, ob ich auch zu dieser Emo-Gruppe gehen werde.

Dr. Fock schüttelt den Kopf. „Nein, wahrscheinlich nicht. Diese Art von Therapie ist nicht geeignet für dich. Ich denke, dass du sehr sensibel bist und deshalb mit diesen harten Gefühlsausbrüchen nicht umgehen kannst. Ich möchte nicht, dass du nach der Gruppe noch mehr belastet bist als vorher."

„Eigentlich bin ich von dieser Gruppe auch abgeneigt, aber andererseits: Könnte ich nicht dort lernen, mit meinen Aggressionen anders umzugehen als sie gegen mich zu richten? Ich könnte mir schon vorstellen, dass ich durch Schreien einen Teil des Druckes loswerden könnte." Insgeheim graut mir der Gedanke in die Emo zu gehen, doch wenn sie hilft, würde ich in den sauren Apfel beißen.

„Wir versuchen es erst einmal mit der sanften Methode. Ich bin mir sicher, dass du ohne die Emo-Gruppe auch gesund wirst, nicht wahr?"

Ich bin sehr erleichtert. Dr. Fock macht solch einen vertrauenswürdigen und kompetenten Eindruck auf mich. Ich seufze zufrieden. Wieder einmal habe ich mich davor gedrückt, meine Gefühle vor anderen zu zeigen.

„Wie lange muss ich eigentlich bleiben?" Endlich kann ich eine der mir wichtigsten Fragen loswerden.

„Das weiß ich noch nicht genau, aber mit sieben Wochen musst du schon rechnen."

Sieben Wochen sind eine lange Zeit. Länger kann ich auch auf keinen Fall bleiben, denn dann beginnt wieder meine Fachschule für Sozialpädagogik. Den Unterricht dürfte ich nicht versäumen, weil mir im nächsten Jahr das Examen bevorsteht. Durch die Klinikeinweisung musste ich schon mein sechswöchiges Praktikum im Kindergarten ein paar Tage früher abbrechen. Hoffentlich gibt es deswegen keine Probleme in der Schule. Da ich offensichtlich die ganzen Sommerferien hier in der Klinik verbringen werde, bietet sich nicht die Möglichkeit, die fehlende Zeit im Kindergarten nachzuholen. Meine Lehrerin wird mich heute Nachmittag besuchen. Mit ihr muss ich unbedingt über meine Bedenken sprechen.

„Macht dir die Ausbildung Spaß?" Dr. Fock schüttelt wieder die Schneekugel hin und her.

„Und ob", antworte ich begeistert. „Ich bin unheimlich gerne mit Kindern zusammen, aber ich möchte nicht mein Leben lang als Erzieherin arbeiten. Nach meiner Ausbildung möchte ich noch Psychologie studieren. Mein Traumberuf ist nämlich Kinderpsychologin." Ich bemerke, mit welcher Euphorie ich erzähle. Ein wenig beschämt darüber räuspere ich mich. Seit ich denken kann, ist das mein Berufswunsch. Zuhause stehen zahlreiche Psychologiebücher in meinem Regal, die ich bereits mit großem Interesse von vorne bis hinten durchgelesen habe. Meine Freunde bezeichnen mich schon als Hobbytherapeutin, weil ich jedes kleinste

Problem zu analysieren beginne. Vielleicht könnte ich den Klinikaufenthalt sogar als Chance nutzen, um meinen Horizont zu erweitern.

„Was diagnostizieren Sie bei mir?“ frage ich, in der Hoffnung, nachher in einem meiner Bücher darüber nachlesen zu können. Wenn es nicht mich persönlich treffen würde, fände ich diese ganze Situation hoch spannend.

„Du stellst Fragen! Das kann ich dir noch nicht sagen, ich kenne dich doch kaum. Du willst wohl alles ganz genau wissen?“ Dr. Fock schmunzelt.

„Es geht immerhin um mich“, verteidige ich mich. „Wenn Sie mit Bauchschmerzen zum Arzt gehen, möchten Sie schließlich auch wissen woran Sie leiden, oder etwa nicht?“ Halb belustigt halb beleidigt verschränke ich die Arme vor der Brust.

„Okay, okay. Du musst dich mit der Diagnose aber noch gedulden, denn ich muss dich wirklich erst besser kennen lernen. Vielleicht hast du auch von mehreren Krankheiten ein bisschen was. Sobald ich eine Ahnung habe, lasse ich dich es wissen, einverstanden?“ Dr. Fock schmunzelt immer noch.

Ich nicke zustimmend, denn ich sehe ein, dass er nach so wenigen Gesprächen noch kein genaues Bild von mir hat. Vielleicht bin ich ja auch nicht krank und kann bald wieder nach Hause gehen.

„Am Montag beginnen deine Therapien“, sagt er und holt einen Zettel aus seiner Kitteltasche hervor. Ich werde aufmerksam.

„Ich habe gehört, dass du Frau Grünert kennst“, fügt Dr. Fock nachdenklich hinzu.

Verdutzt schaue ich ihn an. Frau Grünert reitet in demselben Stall wie ich, wir kennen uns schon seit einigen Jahren. Ich wusste zwar, dass sie Psychologin ist, aber dass sie hier in der Klinik arbeitet, war mir nicht bekannt.

„Würde es dir etwas ausmachen, wenn du zu ihr in die Gesprächstherapie gingest?“

Ich bin zu überrascht, um gleich zu antworten. Frau Grünert ist sehr nett, aber kann ich mit ihr über meine tiefgründigsten Probleme sprechen? Ich stelle es mir schwierig vor, mit einer Person, die ich auch im Privatleben sehe, zu reden. Bei engen Freunden ist das etwas anderes, aber es ist sicher ein komisches Gefühl, sie beim Reiten zu treffen, und zu wissen, dass sie mein komplettes Seelenleben kennt.

„Ich weiß nicht so recht“, antworte ich zögernd.

„Willst du es nicht einmal probieren? Ich habe mit Frau Grünert gesprochen, und sie würde dich sehr gerne therapieren. Sie mag dich.“ Dr. Fock sieht mich aufmunternd an.

„Na gut, ich versuche es“, willige ich ein. Sie therapiert mich gerne, und sie mag mich. Das zu wissen gibt mir irgendwie ein Gefühl von Geborgenheit.

„Ansonsten möchte ich noch, dass du zur Musiktherapie und zur Kunsttherapie gehst. Die Termine werden dir kurz vorher von den jeweiligen Therapeuten gesagt.“ Er steckt seinen Zettel wieder ein. Die Angebote finde ich richtig aufregend, und in gewisser Weise freue ich mich sogar auf sie. Ich bin sehr gespannt.

Als unser Gespräch beendet ist, und Dr. Fock gerade zur Tür hinausgeht, bemerkt er noch: „Übrigens, ab Montag ist für dich auch jeden Morgen Gymnastik angesagt!“

Ich verdrehe die Augen.

„Keine Widerrede! Wir wollen doch, dass du in Form bleibst!“ er zwinkert mir zu. Na ja, besser Gymnastik als Waldlauf.

„Tschüß, Frau Kollegin“, verabschiedet er sich und schließt die Tür.

Es ist zwölf Uhr, und ich muss zum Mittagessen.

4

„Du darfst dich nicht bewegen“, sagt Funny, während sie mir konzentriert mit einem wasserfestem Filzstift ein verschnörkeltes Muster um den Bauchnabel zeichnet. Sie möchte Tätowiererin werden, und ich biete ihr mich gerade als Versuchskaninchen an. Solange sie nur malt, soll es mir Recht sein. Im ganzen Zimmer sind Tatoo-Magazine und von Funny selbst gestaltete Motive verteilt. Stolz hat sie mir die Bilder gezeigt. Ich finde, sie hat wirklich Talent, was ich an den exakt gezeichneten Blumen und Tieren sehen kann.

„Wenn ich meinen eigenen Tatoo-Laden eröffne, bist du die erste, die ich tätowiere. Du musst auch nichts dafür zahlen“, verspricht Funny und spielt mit der Zunge an ihrem Lippenring.

Ein wenig neidisch schaue ich ihr dabei zu. Ich bin absolut begeistert von Piercings und hätte auch so gerne eines.

... „Wenn du nicht sofort diesen Ring herausnimmst, packe ich deinen Hund ein und bringe ihn ins nächste Tierheim! Du siehst aus wie eine Asoziale!“ Mein Vater, vom Brüllen rot angelaufen, kam auf mich zugestürzt. Schützend hielt ich die Hände vor mein Gesicht, doch er riss sie beiseite.

„Ich meine es ernst“, drohte er mit gefährlich leiser Stimme.

Meine Mutter saß hinter ihm auf der Couch und jammerte immer wieder: „Janna, warum tust du uns das an?

„Ich wollte doch nur ...“, versuchte ich mich weinend zu verteidigen, aber im selben Moment packte mein Vater Elmo so stark am Halsband, dass er ihn fast würgte.

„Noch ein Ton, und der Scheißköter ist weg!“ schrie er.

„Bitte, bitte nicht! Ich mache alles, was du willst, aber lass Elmo los!“ flehte ich ihn an. Ich wusste, dass ich trotz meiner Volljährigkeit, ihm gegenüber machtlos war. Meinen Hund zu verlieren, wäre das Schlimmste, was mir passieren könnte.

Schnell lief ich in mein Zimmer und setzte mich vor einen Spiegel, um das kleine Piercing aus meinem Lippenbändchen zu entfernen. Wehmütig betrachtete ich es ein letztes Mal. Es war gerade mal wenige Stunden alt. Stolz hatte ich heute Nachmittag das Piercing- Studio verlassen. Auf der Heimfahrt hatte ich ständig in den Rückspiegel gegrinst, nur um den kleinen Schmuckstein zwischen meinen Schneidezähnen glitzern zu sehen.

Es war wirklich ein unauffälliges Piercing, das in dem Lippenbändchen oberhalb der Schneidezähne angebracht war. Man sah es also nur, wenn ich lachte. Ich verstand nicht, was meine Eltern so fürchterlich daran fanden und hasste sie in diesem Moment dafür. Sie mussten den Ring doch nicht tragen. Warum konnten sie mir diese Freude nicht lassen? Doch bevor ich Elmo hergeben musste, trennte ich mich lieber von dem Piercing.

Nachdem ich den Ring und den kleinen Glitzerstein, der als Verschluss diente, sorgfältig in mein Schmuckkästchen gelegt hatte, ging ich zurück ins Wohnzimmer, um mich zu entschuldigen. Ich wusste zwar, dass es keinen Grund zu einer Entschuldigung gab, doch ich wollte keinen Streit mehr. Ich wollte mich mit meinen Eltern wieder versöhnen.

„Verschwinde! Ich will dich vorerst nicht sehen!" entgegnete mein Vater, ohne den Blick vom Fernseher zu wenden. Es hatte keinen Sinn weiterzureden. Meine Mutter saß immer noch auf der Couch und heulte. Wieder kamen mir die Tränen, und ich ging in mein Zimmer. Dort vergrub ich mein Gesicht in Elmos weiches Fell und weinte. Ich wollte nur noch weg ...

Äußerst zufrieden betrachtet Funny meinen Bauch und reibt sich die Hände.

„Gefällt es dir?" fragt sie. Ich höre deutlich den Stolz in ihrer Stimme.

Das aufgemalte Tatoo sieht täuschend echt aus und ist dazu noch genau nach meinem Geschmack.

„Wenn ich wieder abgenommen habe und so dünn bin wie du, lasse ich mich auch um den Bauchnabel herum tätowieren", sagt Funny seufzend. Sie klingt nicht sehr hoffnungsvoll. Ich setze mich auf.

„Funny, du darfst nicht aufgeben. Das schaffst du! Du musst nur wollen!" Meine Worte werden ihr nicht weiterhelfen, aber ich möchte sie auf irgendeine Weise aufbauen. Ich weiß nur nicht wie. Funny holt Fotos aus ihrer Nachttischschublade heraus.

„Schau mal, so habe ich früher ausgesehen." Ein bildhübsches, schlankes Mädchen mit langen blonden Haaren lacht mir entgegen. Es ist kaum zu glauben, dass Funny und dieses Mädchen dieselbe Person sind.

„Diese Scheiß Fressattacken", murmelt sie. Ihr stehen die Tränen in den Augen. Die Fröhlichkeit und die Unbefangenheit sind verschwunden. Ihre Heißhungerattacken sind sicherlich mit meinen Ritzanfällen zu vergleichen. Der seelische

Schmerz wird am eigenen Körper abreagiert. Es ist wie eine Sucht, aus der man ohne fremde Hilfe nur schwer herauskommt.

Gerade als ich Funny in den Arm nehmen möchte, klopft es an der Tür. Funny wischt sich die Tränen aus den Augen und steht auf um sie zu öffnen. In der Tür steht die Frau, der ich gestern auf der Treppe begegnet bin. Ihr Blick ist wieder auf den Boden gerichtet.

„Hallo Tanja, komm rein!“ ruft Funny freudig. Genauso wie ich kann sie ihre wahren Gefühle gut überspielen.

„Ich wollte dich besuchen“, erwidert Tanja langsam und monoton und setzt sich zögernd auf das Sofa.

„Das ist Janna. Sie ist eine neue Patientin“, stellt Funny mich vor.

Skeptisch schaut mich Tanja kurz an und wendet den Blick gleich wieder ab. Sie scheint sehr unsicher gegenüber Fremden zu sein. Unsere Unterhaltung entpuppt sich als schwierig, da sie nur spricht, wenn sie direkt gefragt wird. Diese Monotonie in ihren Sätzen ist stark auffällig, und es ist richtig anstrengend, ihr zuzuhören. Die ganze Zeit schaut sie weder Funny noch mir einmal in die Augen. Was hat Tanja? Ist sie vielleicht sogar behindert? Als sie sich nach einer halben Stunde verabschiedet, kann ich es kaum erwarten meine brennenden Fragen an Funny loszuwerden.

„Tanja ist zweiundzwanzig Jahre alt und Autistin“, erklärt sie mir. „Sie hat starke Kontaktschwierigkeiten. Aber sie hat hier schon große Fortschritte gemacht. Dass sie vorhin an meiner Tür geklopft hat, um mich zu besuchen, ist eine tolle Leistung.“

Ich habe schon viel über Autismus gelesen. Dass Tanja von sich aus auf andere Menschen zugeht, ist wirklich faszinierend. Autisten zeigen nämlich in der Regel schwere Kontaktstörungen zu ihrer Umwelt. Von Geburt an leben sie völlig in sich zurückgezogen und von ihren Mitmenschen isoliert.

Sie sind für keinen zugänglich, meistens nicht einmal für die eigene Mutter. Die Ursache ist bis heute nicht bekannt.

Jetzt kann ich Tanjas Verhalten verstehen und nachvollziehen. Ich habe zum ersten Mal in meinem Leben ein autistisches Mädchen erlebt.

Es ist bereits später Nachmittag, als ich auf der Treppe vor dem Klinikgebäude sitze und auf meine Lehrerin warte. Ich freue mich, dass sie mich besuchen kommt.

Sie unterrichtet das Fach Psychologie und ist sehr sympathisch. Wenn es mir schlecht ging, führten wir oft nach Schulschluss Gespräche. Sie kannte meine Problematik.

Während ich dasitze und warte, kommt Dr. Fock vorbei.

„Na Prinzessin?“ Er lächelt mir freundlich zu.

„Schauen Sie mal“, erwidere ich und ziehe mein T-Shirt ein Stück hoch, um ihm meinen bemalten Bauch zu zeigen.

„Wow, ist das echt?“

Blöde Frage. Gestern hat er meinen Bauch untersucht, und da war ja wohl nichts zu sehen.

„Natürlich ist es nicht echt, aber vielleicht lasse ich es mir nachtätowieren“, antworte ich mit leicht erhobenem Kopf.

„Ich würde mir aber erst mal überlegen, ob ich bei dem Wetter nicht die lange Unterhose unter der Jeans ausziehe“, meint er trocken und geht weiter.

Verdutzt schaue ich ihm hinterher. Mit solch einem Spruch habe ich nicht gerechnet.

Kurz darauf sehe ich meine Lehrerin über das Kopfsteinpflaster laufen. Freudig gehe ich ihr entgegen. Wir umarmen uns herzlich, und sie überreicht mir eine kleine Rose. Anschließend spazieren wir durch den nahegelegenen Wald, der uns bei den warmen Temperaturen angenehme Kühle bietet, und neben dem Weg plätschert ein kleiner Bach munter vor sich hin. Die ganze Atmosphäre wirkt unheimlich entspannend, und gutgelaunt erzähle ich Frau Seifert von den Ereignissen in den ersten beiden Tagen, und dass ich ungefähr sieben Wochen in der Klinik bleiben muss.

„Ich kann die versäumten Tage im Kindergarten wahrscheinlich nicht in den Sommerferien nachholen. Könnte das in der Schule Probleme geben?“ Unsicher bleibe ich stehen.

„Eigentlich wird man nicht versetzt, wenn man die Fehltage bis zum neuen Schuljahresbeginn nicht nachgeholt hat. Das steht so in der Schulordnung.“ Frau Seifert sieht mich mitfühlend an. „Ich versuche aber alles Erdenkliche, damit wir in deinem Fall eine Ausnahme machen können. Ich werde mich für dich einsetzen, das verspreche ich dir.“

Ich habe befürchtet, dass es Probleme geben wird, aber dass gleich meine Versetzung gefährdet ist, schockiert mich. Heißt das etwa, mein erstes Schuljahr, geprägt durch intensives nervenaufreibendes Lernen und anspruchsvolle Klausuren, war völlig umsonst, nur weil ich ein paar Tage früher das Praktikum beenden musste? Ich glaube, mir wird schwindelig. Meine guten Noten, die ich teilweise hart erarbeitet habe, sind nichts mehr wert? Wenn das alles wirklich so wäre, würde für mich eine Welt zusammenbrechen. Wie schrecklich ist die Vorstellung, noch einmal von vorne anzufangen, und nur, weil ich so bescheuert im Kopf bin. Ich bekomme plötzlich eine riesige Wut auf mich, und wieder stelle ich mir die Frage, ob ich vielleicht nicht doch meine Probleme ohne die Klinik in den Griff bekommen könnte, damit ich wenigstens meine Ausbildung abschließen kann. Es muss doch irgendeine Lösung geben. Ich weiß nicht, wie ich mich entscheiden soll. Entweder Ausbildung oder Gesundheit.

Frau Seifert scheint mir meine rotierenden Gedanken anzumerken.

„Jetzt mach dir nicht so viele Gedanken. Wir werden eine Lösung finden. Ich setze mich nächste Woche mit dem Direktor zusammen und werde mit ihm über dich sprechen. Verlass dich auf mich. Konzentriere dich erst einmal auf dich, du allein bist jetzt wichtig. Belaste dich nicht mit der Schule, sie ist momentan zweitrangig. Wir schaffen das irgendwie, okay?“ Frau Seifert wirkt sehr überzeugend. Sie hat Recht, es bringt nichts, wenn ich mir jetzt Gedanken über meine Versetzung mache. Bis dahin sind es noch sieben Wochen, und vielleicht könnte es ja eine Ausnahme für mich geben. Meine Lehrerin klingt jedenfalls ziemlich zuversichtlich, und ich hoffe, dass sie mir helfen kann. Langsam gehen wir wieder zurück in Richtung Klinik, und allmählich erhole ich mich von diesem Schock.

5

Es ist Montagmorgen, und mein Leben in der Klinik beginnt. Nach dem Frühsport, der in einer kleinen Turnhalle stattfindet, laufe ich frisch geduscht und beinahe erwartungsvoll durch den Rosengarten zum separat gelegenem Therapiehaus. Ich habe jetzt einen Termin bei der Kunsttherapeutin. Die Gymnastik hat wider Erwarten großen Spaß gemacht, und ich glaube, ein bisschen Bewegung am Morgen bekommt mir sehr gut. Ich fühle mich jedenfalls wohl und ausgeglichen. Endlich ist das langweilige Wochenende vorüber. Auf Anraten meines Arztes habe ich die Klinik nicht verlassen und mir mit Faulenzen und viel Lesen die Zeit vertrieben. Funny und Thorsten durften über das Wochenende nach Hause, somit hatte ich kaum Kontakt zu Mitpatienten und war die meiste Zeit mit mir alleine, woran ich mich noch gewöhnen muss. Ich wäre gerne geritten, doch Dr. Fock war der Meinung, ich sollte die freie Zeit zum Einleben in der Klinik nutzen. Trotz der Langeweile war ich psychisch stabil und positiv gestimmt. Von den allabendlich entstehenden Brandblasen abgesehen, habe ich bisher noch nicht den unwiderstehlichen Drang verspürt, mir meine Gliedmaßen zu zerschneiden. Ob ich hier in der Klinik überhaupt ein starkes Stimmungstief erleben werde? Wenn nicht, dürfte ich vielleicht, ohne dass die Ärzte jegliche Diagnose stellen können, nach wenigen Tagen oder Wochen entlassen werden.

... Nervös saß ich im Wartezimmer meines Hausarztes. Achtlos blätterte ich in den herumliegenden Zeitschriften und überlegte krampfhaft, was ich dem Arzt sagen sollte. Etwa, dass ich glaubte, verrückt zu sein? Er kannte mich bereits seit meiner frühesten Kindheit. Ich hatte mir Mühe gegeben, auch wenn ich die dickste Grippe hatte, stets fröhlich und unbefangen zu wirken. Was würde er also sagen, wenn ich ihm erzählte, dass ich keine Freude am Leben habe? Würde er mir glauben oder eine bedeutungslose spätpubertäre Identitätskrise diagnostizieren? Ich wusste es nicht.

Als mich die Arzthelferin aufrief, ging ich mit weichen Knien in das Sprechzimmer.

„Hallo Janna! Wo drückt denn der Schuh?“ begrüßte mich Dr. Fuhrmann freundlich und schüttelte mir die Hand. Er setzte sich an seinen Schreibtisch und rückte seine Brille zurecht. Er war ein sehr sympathischer Mann Anfang 60, und ich hatte großes Vertauen zu ihm, was meine körperlichen Beschwerden angingen.

Hoffentlich würde er mir auch bei meinen psychischen Problemen weiterhelfen können.

„Eigentlich bin ich nicht richtig krank", begann ich mit einem beschämten Lächeln zu berichten.

Dann erzählte ich ihm von meinen Symptomen, der Lebensunlust und den extremen Stimmungsschwankungen. Ich hatte allerdings nicht den Mut, über meine Kindheitserlebnisse und mein selbstzerstörerisches Verhalten zu sprechen. Dr. Fuhrmann hörte mir aufmerksam zu, und an seinem nachdenklichen Gesichtsausdruck sah ich, dass er mich ernst nahm.

„Das hört sich ganz nach einer Depression an", sagte er, während ich schweigend und betreten auf den Boden schaue.

„Dein Zustand ist besorgniserregend. Ehrlich gesagt, habe ich direkt Angst um dich. Ich hätte ein ruhiges Gewissen, wenn ich dich für eine gewisse Zeit in eine Psychiatrie überweisen würde. Du hast doch sicherlich schon von der Arnsbergklinik gehört. Sie hat einen sehr guten Ruf. Ich bin überzeugt, dass dir dort auf professionelle Art geholfen werden kann."

Ich hatte befürchtet, dass er mich in eine Klapse stecken wird, aber mir war mittlerweile alles egal. Ich wusste nur eines, entweder musste ich mir helfen lassen, um somit meine ständigen Abstürze zu beseitigen, oder ich würde mir diesmal endgültig das Leben nehmen.

Auf dem Heimweg überlegte ich, wie ich die ganze Situation meinen Eltern beibringen sollte, die von nichts eine Ahnung hatten und dachten, ich hätte mein Leben nach dem Beenden der letzten Therapie wieder im Griff. Sie hatten nie gemerkt, wenn es mir schlecht ging. Aber ich hasste es auch, mit ihnen über meine Gefühle zu reden.

„Was?" Meine Mutter riss die Augen auf und ließ sich auf den Küchenstuhl sinken.

„Ja, so ist es! Mir geht es beschissen, und das wieder seit längerem. Ich kann nicht mehr!" Ich konnte die Tränen nicht mehr zurückhalten.

„Muss es denn gleich eine Klinik sein?" Meine Mutter heulte jetzt auch.

„Du musst dich da an den eigenen Haaren wieder herausziehen", war der unsensible Kommentar meines Vaters.

„Was ist denn mit deiner Ausbildung? Willst du dich etwa wieder umbringen?" Meine Mutter war nicht zu beruhigen.

„Ich gehe in eine Klinik, damit es erst gar nicht mehr so weit kommt. Und was die Ausbildung betrifft, ich habe sechs Wochen Sommerferien. Die Zeit kann ich doch nutzen, um mein Leben wieder geregelt zu bekommen", versuchte ich meine Eltern zu besänftigen, doch sie konnten mich nicht so recht verstehen. Psychisch krank waren doch andere und nicht ihre Tochter. Trotz allem wurde ich eine Woche später stationär in der Arnsbergklinik aufgenommen.

Die Kunsttherapeutin, die sich als Frau Zapper vorstellt, ist eine große hagere Frau mit strengen Gesichtszügen, die von einer dicken Lockenpracht umgeben sind. Bei der Begrüßung merke ich, wie sie mich skeptisch von oben bis unten mustert. Mir ist das unangenehm, und ich frage mich, ob ihr vielleicht mein äußeres Erscheinungsbild nicht gefällt. Durch den bewertenden Blick verunsichert, wandern auch meine Augen automatisch an mir herunter. Mit meinen neuen Jeans und meinem weißen Shirt sehe ich meiner Meinung nach eigentlich ganz ordentlich aus. Warum schaut sie mich also so komisch an?

Ich fühle mich wie gefangen und würde am liebsten wieder gehen.

Als ich der Therapeutin im Sessel gegenüber sitze, weiß ich gar nicht, was ich ihr erzählen soll. Sie wirkt so unsympathisch auf mich. Ich komme mir vor wie ein kleines Mädchen, dass ängstlich vor seiner Lehrerin sitzt. Es ist schlimm, dass ich mich immer so schnell einschüchtern lasse, aber ich kann nichts dagegen tun. Schweigend nehme ich erst einmal den kleinen Raum wahr, in dem wir uns befinden.

An dem großen Maltisch und an den zwei großen Regalen, auf welchen die verschiedensten Farbtuben platziert sind, erkennt man sofort, dass hier Kunsttherapie stattfindet. Auf der Fensterbank stehen viele Tonfiguren, die Menschenkörper darstellen. Ich schätze, dass sich einige Patienten selbst formen sollten. Eine Figur, die ganz klein und zierlich getöpfert ist, fällt mir besonders auf.

„Wollen Sie mir nicht sagen, weshalb Sie hier sind?" Frau Zapper reißt mich aus meinen Gedanken.

Ihr Kopf ist im Sessel zurückgelehnt, somit beobachtet sie mich hinter ihren gesenkten Augenlidern.

Ich habe überhaupt kein Vertrauen zu der Therapeutin und erzähle ihr deshalb nur kurz und oberflächlich, warum ich hier bin. Die anschließende Frage, ob sie mich nicht duzen wolle, verneint sie.

„Sie sind schließlich eine erwachsene Frau!“ entgegnet sie kühl. Dieser Satz bereitet mir eine Gänsehaut. Verdammte Scheiße, ich will keine Frau sein.

„Wollen Sie die Gefühle, die Sie während der depressiven Stimmungen erleben, einmal aufmalen?“ fordert mich Frau Zapper auf. Ich nicke zustimmend, denn Malen ist besser als Reden.

Frau Zapper holt einen großen Bogen Papier, Farbtuben und Pinsel aus dem Regal, und ich setze mich an den Tisch. Auf der Stelle zeichne ich mit tiefschwarzer Farbe unterschiedliche Symbole wie Wolken, Kreuze, Blitze und Messer. Ich bin ganz in meine Arbeit vertieft, es tut gut, die eigenen Gefühle einmal bildlich vor sich zu sehen. Zum Schluss verteile ich mit roter Farbe viele Flecken und Kleckse auf das Papier. Das soll das Blut sein, was ich am Ende immer fließen lasse.

Als ich mit dem Malen fertig bin, lege ich den Pinsel zur Seite und betrachte zufrieden mein Bild. Ich finde, dass ich meine Gefühle treffend dargestellt habe.

„Erzählen Sie mir von dem Bild“, sagt Frau Zapper ruhig.

„Es ist so, als ob sich plötzlich schwarze Wolken über mich legen. Ich sehe nichts Schönes mehr im Leben, alles ist dunkel und wie vernebelt. Dann denke ich nur noch an Selbstmord, weil ich meine, dass das Leben keinen Sinn mehr hat. Die Kreuze, die ich hier gemalt habe, stehen für den Tod, meinen innigsten Wunsch zu sterben. In mir bauen sich unbeschreiblich massive Aggressionen auf, so dass ich bald platze. Wenn ich mir die Haut aufschneide, habe ich das Gefühl, die ganze Wut fließt mit dem Blut aus mir heraus, und anschließend fühle ich mich viel besser. Der Schmerz tut mir gut. So plötzlich die schwarzen Wolken gekommen sind, so schnell verfliegen sie auch wieder. Manchmal hält solch ein Tief nur wenige Stunden an, oft aber auch einige Tage. Das ist immer unterschiedlich.“ Ich beiße mir auf die Lippen. Viel zu viel habe ich erzählt.

Ein Stockwerk über mir höre ich auf einmal lautes Stampfen und jemand brüllt unaufhörlich: „Du Arschloch! Du Arschloch! Du Arschloch!“ Entsetzt starre ich nach oben. Was ist denn das für ein Irrer? Ich bekomme es beinahe mit der Angst zu tun.

„Das ist die Emo-Gruppe über uns. Kein Grund zur Panik. Daran werden Sie sich schnell gewöhnen“, erklärt mir Frau Zapper lächelnd. Stimmt, Funny hat mir ja von der Gruppe erzählt. Ich bin erleichtert.

Frau Zapper schaut weiterhin nachdenklich auf das Bild.

„Die roten Kleckse gefallen mir. Sie wirken so positiv“, meint sie. Überrascht blicke ich auf. Was wirkt denn an Blutspuren positiv? Frau Zapper bemerkt meinen verwirrten Gesichtsausdruck und lächelt. „Ich finde, in dem Bild steckt eine ganze Ladung Hoffnung drin. Blut steht nämlich für Leben, und ich glaube auch, dass Sie eigentlich leben wollen“, behauptet sie.

Nachdenklich kratze ich mich an der Stirn. Ich sehe ein, dass das Blut ein positives Zeichen ist, weil ich mich ja immer entspannter fühle, wenn es geflossen ist. Aber leben will ich in diesen Situationen bestimmt nicht. Frau Zapper kennt mich eben noch nicht richtig.

„Sind Sie magersüchtig?“ Abrupt wechselt sie das Thema.

„Nein“, entgegne ich leicht genervt. „Ich bin schon seit Geburt so dünn.“ Ich hasse es! Ständig werde ich darauf angesprochen. Oft merke ich sogar, wie die Leute hinter meinem Rücken tuscheln, ‚Oh mein Gott, ist die dürr‘, oder ‚Die hungert sich bestimmt zu Tode!‘ Sie glauben mir dann nicht, wenn ich ihnen sage, dass ich nicht essgestört bin. Ich kann soviel essen, wie ich möchte, ich nehme einfach nicht zu. Bei meiner Größe von 1,77 m wiege ich nur sechsundfünfzig Kilogramm. Das ist schon sehr wenig, ich finde das auch nicht schön, aber was soll ich denn machen?

Als Kind wurde ich deswegen immer gehänselt. ‚Skelett‘ riefen mir die anderen Kinder immer nach. Ich litt sehr darunter und traute mich im Sommer kaum ins Schwimmbad zu gehen, aus Angst, die anderen würden mich ärgern. Man glaubt es nicht, aber dünne Menschen werden mindestens genauso verspottet wie dicke. Mittlerweile kann ich mit den gaffenden Blicken und den unangenehmen Äußerungen umgehen. Ich bin nicht mehr davon verletzt, sondern einfach nur noch genervt.

Jetzt weiß ich auch, warum mich Frau Zapper vorhin von oben bis unten gemustert hat. Ich weiß nicht, ob sie mir geglaubt hat, aber es ist mir egal. Soll sie doch denken, was sie will. Ich bin nicht magersüchtig, und das ist die Hauptsache.

Nach der Kunsttherapie gehe ich gleich in die Beschäftigungstherapie, um mein T-Shirt weiter zu malen. Die Beschäftigungstherapie ist beinahe rund um die Uhr geöffnet, und man kann dort hingehen, wie man Lust und Zeit hat. Ich hätte nicht gedacht, dass ich solch einen großen Spaß an der Stoffmalerei habe. Hier werde ich in nächster Zukunft mit Sicherheit viel Zeit verbringen. Als ich mir die Farben zusammensuche, betritt eine Krankenschwester mit einem Mädchen in meinem Alter den Raum.

„Frau Guenther, darf ich ihnen eine neue Patientin überlassen?" ruft sie.

Das Mädchen bekommt auch ein T-Shirt in die Hand gedrückt und setzt sich neben mich. Ich schaue zu ihr hinüber, lustlos sitzt es vor dem Tisch.

„Ich heiße Janna", sage ich und lächele sie an.

„Hallo, ich bin Aischa." Aischa erwidert mein Lächeln mit leidendem Blick. Dunkle Ränder unter ihren Augen prägen ihr Gesicht. Sie sieht sehr traurig aus.

Während des Malens kommen wir allmählich ins Gespräch, und Aischa erzählt mir ihre ganze Geschichte. Sie ist Türkin, aber hier in Deutschland geboren. Sie lebt wie ein deutsches Mädchen und muss sich nicht den strengen muslimischen Traditionen unterordnen. Aischa trägt kein Kopftuch, darf abends mit Freunden ausgehen und hat gerade ihr Abitur gemacht (viele türkische Mädchen würden sie bestimmt um die Freiheit beneiden). Das einzige, was ihr die Eltern verbieten, ist die Liebe zu einem deutschen Mann. Und Aischa hat seit kurzem einen deutschen Freund. Deshalb gab es große Auseinandersetzungen mit ihren Eltern.

„Ich liebe meinen Freund und will ihn nicht verlieren, verstehst du? Meine Eltern akzeptieren ihn einfach nicht. Sie wollen, dass ich, wenn überhaupt, mit einem Türken zusammen bin. Sie haben mich deswegen sogar geschlagen!" Aischas Stimmlage wird immer höher und lauter. Einige Patienten drehen sich zu ihr um.

„Ich werde von meinen eigenen Eltern misshandelt, ist das nicht furchtbar?" Mit einem Ich-Bin-So-Arm-Dran-Blick schaut sie mich an. Ich habe ihr geduldig zugehört, doch komischerweise lässt mich ihre Geschichte kalt. Ich kann mir nicht erklären warum, aber ich kann ihr kein Mitgefühl entgegen bringen.

Aischa fährt fort: „Letztes Jahr hat dann ein Bekannter versucht, mich zu vergewaltigen. Es war so schrecklich, das kannst du dir nicht vorstellen. Es war so schrecklich …" Aischa schüttelt fassungslos den Kopf. Ihre Erzählungen haben etwas Dramatisches an sich.

„Du konntest dich wehren?" frage ich.

„Ja, aber wirklich erst in allerletzter Minute", antwortet sie jammernd.

Sei froh, dass du dich überhaupt wehren konntest, denke ich im Stillen. Irgendetwas mag ich an Aischa nicht. Ich kann allerdings nicht sagen, was es ist. Vielleicht weil ich das Gefühl habe, dass sie mit ihrem Schicksal Mitleid erregen möchte, und so etwas kann ich auf den Tod nicht ausstehen.

Es ist bereits spät am Abend, als es leise an meiner Zimmertür klopft. Wer kann das um diese Zeit noch sein? Irgendein Verrückter? Ich merke, wie meine Beine weich werden und wie plötzlich die Angst durch meinen Körper fährt. Die Türen sind nämlich nicht abzuschließen, und im Prinzip kann hier jeder herein kommen, wann er will. Das zu wissen, lässt mich nachts unruhig schlafen, und ich wache bei dem kleinsten Geräusch auf. Der Gedanke, dass plötzlich eine fremde Person vor meinem Bett steht, ist grauenhaft. Wieder klopft es an der Tür, und diesmal nehme ich meinen ganzen Mut zusammen und rufe: „Herein!".

Funnys Kopf erscheint im Türspalt.

„Bist du noch wach?" fragt sie leise.

Mir fällt ein Stein vom Herzen. Schon ärgere ich mich darüber, dass ich immer so überängstlich bin. Ich hätte es mir doch denken können, dass es Funny ist.

Wir setzen uns auf mein Bett, und Funny beginnt nervös mit einem Zipfel der Decke zu spielen.

„Ich kann nicht schlafen", sagt sie. Dann entsteht ein längeres Schweigen zwischen uns. Ich spüre, dass Funny etwas stark belastet und warte, bis sie anfängt zu reden. Ich möchte nicht mit unpassenden Fragen aufdringlich sein.

„Ich muss die ganze Zeit an meinen Vater denken. Ich vermisse ihn so sehr, weißt du?" Funny schaut mich an, und eine dicke Träne kullert an ihrer Wange herunter. „Er ist so plötzlich gestorben, ich konnte mich noch nicht einmal von ihm verabschieden. Es ging so schnell."

Sie lässt den Kopf auf die Brust sinken und weint. Ich nehme sie ganz fest in den Arm und streiche ihr zart über die Haare. Sie schmiegt sich an meinen Hals, und ich merke, wie meine Haut und mein Nachthemd von ihren Tränen befeuchtet werden. Der Tod eines geliebten Menschen muss etwas Furchtbares sein.

„Warst du denn nicht auf seiner Beerdigung?" frage ich vorsichtig.

„Nein, ich habe erst von seinem Tod erfahren, nachdem er schon zwei Wochen beerdigt war." Funny kann vor Weinen kaum sprechen. Ich halte sie noch fester.

„Das war damals eine beschissene Zeit. Meine Stiefmutter hatte mir unerklärlicherweise den Kontakt zu meinem Vater verboten. Ich konnte nichts dagegen tun, ich war doch erst zwölf. Ich habe sie dafür gehasst. Kurz darauf fing mein Onkel an, mich zu missbrauchen. Zwei ganze Jahre lang. Ich wollte nur noch sterben! Es war doch alles scheiße."

„Was ist mit deinem Onkel passiert?" frage ich nach. Ich hoffe, dass Funny mein leichtes Zittern nicht bemerkt.

„Nichts ist passiert. Irgendwann hat er mit seinen Spielchen aufgehört, und alles ging so weiter wie zuvor, als ob nichts gewesen wäre. Immer wenn ich ihn sehe, könnte ich ihn umbringen. Ich hasse ihn!“

Es wäre unvorstellbar für mich, wenn ich meinen Onkel noch sehen würde. Ich wüsste nicht, wie ich reagieren würde, zumal ich ihm gegenüber keine Hassgefühle entwickelt habe, was ich selber nicht verstehe. Ist es nicht krank, jemanden zu lieben, der einen foltert und quält? Bin ich denn normal? Warum kann ich keinen Hass empfinden? Vielleicht würde es mir dann besser gehen.

Ich glaube, jetzt ist der richtige Zeitpunkt, Funny von meiner Vergangenheit zu erzählen.

„Ich bin auch von meinem Onkel missbraucht worden“, sage ich mit dem Blick auf den Boden gerichtet.

Funny schaut mich entsetzt an. Damit hat sie offenbar nicht gerechnet.

„Du auch?“ fragt sie nur.

Ich nicke langsam, doch ich bin unfähig, ihr von den Einzelheiten zu berichten. Ich habe bisher noch niemandem in meinem Leben von diesen schrecklichen Einzelheiten erzählt. Nicht einmal Katja. Ob ich im Laufe der Therapie das Eis brechen werde?

Wir halten uns noch lange ganz fest im Arm, ohne auch nur ein einziges Wort zu reden. Wir müssen nicht sprechen, denn jedes Wort wäre jetzt sicherlich zu viel. In Gedanken sind wir eins, und dieses Gefühl ist unbeschreiblich. Ich glaube, ich werde verstanden.

Als Funny schließlich gehen möchte, drücke ich sie noch einmal und sage ihr zum Abschied: „Funny, du bist ein wundervoller und besonderer Mensch. Ich möchte, dass du das weißt!“

In Funnys Augen ist ein strahlender Glanz zu sehen, sie lächelt.

„Ich bin froh, dass du da bist“, flüstert sie und verschwindet.

Seit langem gehe ich, ohne mir die geringste Verletzung zuzufügen, ins Bett.

6

Allmählich habe ich mich hier eingelebt und mich damit abgefunden, dass die Klinik für die nächste Zeit mein Zuhause sein wird. Mein Zimmer ist bereits mit meinen persönlichen Postern und Fotos dekoriert, so dass ich mich darin immer mehr heimisch fühle. Daran, dass die Tür nicht abzuschließen ist, werde ich mich wahrscheinlich nie gewöhnen, und deshalb wird wohl auch die Angst bleiben, dass nachts einmal jemand vor meinem Bett stehen könnte. Eigentlich traue ich es keinem Patienten, den ich bisher kennen gelernt habe, zu, aber man weiß ja nie. Wem kann man schon trauen? Es ist aber immerhin gut zu wissen, dass auf meinem Flur nur Frauen untergebracht sind. Das gibt mir ein bisschen Sicherheit.

Von dieser beinahe hysterischen Angst abgesehen, komme ich mit meinen neuen Mitmenschen, den Krankenschwestern und den Patienten, bestens aus. Von Anfang an ist mir aufgefallen, dass sie anders sind, als die, denen ich „draußen" begegne. Hier interessiert sich der eine für den anderen. Man wird nicht als bekloppt dargestellt, wenn man von seinen Problemen, Phobien oder irrealen Ängsten erzählt. Auch wenn ich nicht viel von mir preisgebe, kann ich trotzdem, ohne meine Schnittwunden zu verstecken, mit kurzärmeligen T-Shirts herumlaufen. Mir werden keine dummen Fragen gestellt. Ich werde damit akzeptiert und toleriert. Hier darf ich so sein, wie ich wirklich bin, ohne dass ich gleich als „bescheuert" abgestempelt werde. Das tut mir gut. Ich fühle mich geborgen, wie sich andere in einer Familie geborgen fühlen.

Auch die Krankenschwestern sind sehr freundlich. Mit einem fröhlichen „Guten Morgen, wie geht es dir, Janna?" bringen sie jeden Tag das Frühstück in mein Zimmer. Ich genieße ihre mütterliche Fürsorge, die ich bei meiner Mutter immer vermisst habe. Die eine Nachtschwester mag ich besonders gerne. Sie hat mir sogar angeboten, dass ich jederzeit mit ihr reden kann, wenn es mir nicht gut geht. Dieses Angebot werde ich mit Sicherheit irgendwann annehmen. Zur Zeit fühle ich mich jedoch rundum wohl und bin sogar mit meiner momentanen Lebenslage zufrieden. Ich kann mittlerweile sagen, dass es mir hier gefällt. Am meisten freue ich mich aber darüber, dass ich endlich einmal andere Menschen kennen lerne, die sicherlich einen großen Teil zu meiner positiven Stimmung beitragen. Vielleicht liegt es auch an ihnen, dass allmählich die starke Sehnsucht nach meinen Tieren nachlässt.

Ich denke, ich muss mit meinem Leben, welches ich bisher gelebt habe, abschließen. Die Klinik sollte ich als Chance sehen, um einen Neubeginn zu starten. Deshalb möchte ich im Moment keinen großen Kontakt zu meiner Außenwelt pflegen. Auch mit meiner Mutter habe ich seit der Einlieferung nicht mehr gesprochen. Das ist besser so, denn ich muss mich jetzt auf mich konzentrieren und sollte nicht abgelenkt werden. An diesen meiner Meinung nach egoistischen Gedanken musste ich mich erst gewöhnen, doch ich sehe ein, dass diese Einstellung die Genesung fördert. Außerdem habe ich einen vollgestopften Therapieplan, der mir kaum Zeit lässt, die Klinik zu verlassen. Der Plan sieht folgendermaßen aus:

Kunst-Einzeltherapie und Musik-Gruppentherapie sind jeweils zweimal die Woche. Gesprächs-Einzeltherapie ist außer montags täglich, und Musik- Einzeltherapie ist einmal wöchentlich. Dazu kommen noch Entspannungsübungen und tägliche Visiten von Dr. Fock.

So „stressig" habe ich mir den Aufenthalt nicht vorgestellt.

Der erste Termin bei Frau Grünert steht mir bevor. Ein bisschen aufgeregt sitze ich vor ihrem Sprechzimmer und warte darauf, dass sie mich hereinholt. Was wird sie sagen, wenn sie mich sieht? Ich weiß, dass sie nichts im Stall erzählen wird, weil sie der Schweigepflicht unterliegt, trotzdem fühle ich mich irgendwie unwohl. Doch bevor ich mir weiter darüber Gedanken mache, geht schon die Tür auf, und Frau Grünert lächelt mir freundlich zu.

„Grüß dich, Janna, komm herein", sagt sie und gibt mir die Hand.

„Hallo", erwidere ich nur und merke, wie mir die Schamesröte ins Gesicht steigt. Mir ist das so unangenehm, dass ich ihr jetzt als Patientin gegenüber stehe.

„Setz dich und mach es dir bequem", Frau Grünert deutet auf einen Sessel und zündet eine kleine Kerze auf dem Tisch an. Die Atmosphäre wirkt sehr gemütlich und vertraulich.

„Und, haben Sie einen großen Schock bekommen, als sie gehört haben, dass ich hier bin?" frage ich gleich und bin auf ihre Antwort gespannt.

„Nein, geschockt war ich nicht direkt, aber überrascht. Ich habe dich doch letzte Woche noch beim Reiten gesehen." Sie lacht.

Ich zucke mit den Schultern und grinse.

„Ich wusste auch nicht, dass Sie hier in dieser Klinik arbeiten", entgegne ich.

Die Lage lockert sich, und ich sitze nicht mehr ganz so angespannt im Sessel.

Bevor wir über mich sprechen, unterhalten wir uns erst mal über Pferde. Ich erzähle ihr von Glamour, und dass sich nun der Reitlehrer um ihn kümmert. Am liebsten würde ich die ganze Zeit über das Thema reden, doch Frau Grünert kommt bald zum eigentlichen Punkt.

„Was fühlst du, wenn es dir schlecht geht?“ fragt sie.

„Ich fühle mich absolut beschissen“, antworte ich seufzend. „Ich will dann nicht mehr leben und zerstückele mich. Selbsthass und Selbstzweifel steigen in mir auf, und ich bin davon überzeugt, zu allem unfähig zu sein. Ich habe das Gefühl, dass ich nichts kann.“

„Was glaubst du, kannst du nicht?“ fragt sie nach.

„Na ja, ich denke, ich bin zu blöd zum Reiten, oder ich habe Angst, in der Schule zu versagen.

Alles was ich mache, ist nicht gut genug.“

„Also ich finde, dass du toll reitest“, meint sie.

„Aber nicht so gut, wie ich es gerne hätte.“ Ich schaue zu Boden. Ich weiß, dass ich einen Hang zum Perfektionismus habe. Meine Schulnoten sind gut bis sehr gut, trotzdem plagen mich Versagensängste. Genauso ist es beim Reiten. Wenn mein Pferd einmal nicht so geht, wie ich das gerne hätte, würde ich das Hobby am liebsten gleich aufgeben. Sofort zweifle ich an mir selbst und glaube, nichts wert zu sein.

„Wie verstehst du dich mit deinen Eltern?“

„Wir haben nicht gerade das beste Verhältnis“, antworte ich. „Wir sind völlig verschiedener Meinungen. Das Schlimme daran ist, dass sie meine Ansichten nicht akzeptieren.“

„Kannst du mir dafür ein Beispiel geben?“ fordert mich Frau Grünert auf.

Ich muss kurz überlegen. „Wenn ich zum Beispiel geweint habe, darf ich vorerst nicht aus dem Haus, weil die Leute mein verheultes Gesicht sehen könnten. Denn die würden vielleicht denken, wir hätten Probleme in der Familie. Ich finde das nicht so schlimm, wenn jemand meine verquollenen Augen sehen würde, zumal das heutzutage sowieso keinem auffällt. Die anderen sind immer wichtig. Gefühle sind bei uns zuhause auch nicht gerade erwünscht. ‚In meinem Haus wird nicht geheult‘, pflegt mein Vater immer zu sagen.“

„Wie war das Verhältnis früher zu deinen Eltern?“ hakt sie nach.

„Es war schon immer schlecht. Als Kind fühlte ich mich nie geborgen. Mein

Vater war kaum da und gab sich auch sonst nicht mit uns Kindern ab. Ich glaube, mein Bruder und ich nervten ihn. Meine Mutter spielte immer vor anderen die Bilderbuch-Mammi, aber zu Hause war sie nicht sonderlich an uns interessiert." Die Sätze tun weh.

„Hast du dich denn nicht verstanden gefühlt?" Frau Grünert schaut mich mitfühlend an.

Ich schüttele langsam den Kopf.

„Wenn ich Probleme hatte, zum Beispiel einen Streit mit einer Freundin, und meiner Mutter davon erzählte, sagte sie grundsätzlich, ich wäre selbst daran schuld. Irgendwann vertraute ich ihr dann nichts mehr an."

„Ich brauche dich ja jetzt nicht zu fragen, ob du früher eine Bezugsperson hattest. Dr. Fock hat mir nämlich schon ein bisschen was von dir berichtet. Dieses Problem besprechen wir später." Verdutzt sehe ich Frau Grünert an. Dr. Fock hat ihr offenbar von der Sache mit meinem Onkel erzählt. So schnell macht das also seine Runde. Einerseits bin ich ein wenig sauer, dass er es weiter erzählt hat, aber andererseits bin ich froh darüber, weil ich dann nicht immer wieder von vorne anfangen muss. Die Ärzte müssen sich auch bestimmt mit den Therapeuten regelmäßig über die Patienten austauschen. Ich finde es jedenfalls gut, dass wir erst später damit beginnen, dieses Problem auseinander zu nehmen. Dann kann ich mich davor noch ein wenig drücken.

„Ich hatte immer das Gefühl, meinen Eltern nicht wichtig zu sein", fahre ich fort. „Wenn ich etwas gebastelt oder gemalt hatte, wurde es kaum beachtet und selten gelobt. Ich habe mir so oft eine Anerkennung gewünscht."

„Daher kommen deine starken Selbstzweifel", analysiert Frau Grünert. „Du hattest nie das Gefühl, etwas gut gemacht zu haben. Wenn ein Kind nicht gelobt wird und eher Abneigung erfährt, speichert es sich in seinem Kopf: ‚Egal was ich mache, es wird mir nicht gelingen'. Das bleibt bis ins erwachsene Alter gespeichert. Es ist also kein Wunder, dass dich immer solche Selbstzweifel quälen!"

Ich schaue Frau Grünert überrascht an und merke, wie meine Kinnlade nach unten klappt. So habe ich das noch nie gesehen, aber es klingt logisch. Sofort plagen mich jedoch wieder Schuldgefühle, weil ich meine Eltern „verraten" habe, sie tun nämlich auch einiges für mich.

„Aber eigentlich kann ich mich über meine Eltern nicht beschweren, denn sie ermöglichen mir fast alles. Sie bezahlen mein Pferd, mein Auto und meine

Handyrechnung. Deswegen habe ich es im Grunde genommen gut“, verteidige ich sie.

„Das Materielle allein macht nicht glücklich. Was bringt dir der größte Luxus, wenn du keine Liebe erfährst?“ Frau Grünert pustet die Kerze aus, die bis zum Docht heruntergebrannt ist.

„Vielleicht zeigen meine Eltern mir durch die materiellen Gaben ihre Liebe?“ Meine Frage klingt wie ein Vorschlag. Frau Grünert zuckt mit den Schultern. Sie sieht nicht begeistert aus.

Nachdenklich spaziere ich durch den Rosengarten und genieße meine Zigarette. Das Gespräch mit Frau Grünert hat mich stark beeindruckt. Dieses eine Gespräch hat mir mehr gebracht als das ganze dreiviertel Jahr bei meiner ehemaligen Psychologin. Ich glaube, Frau Grünert ist sehr kompetent. Mir ist zumindest einiges klar geworden. Wie soll *ich* meine Leistungen anerkennen, wenn sie nie beachtet wurden? Vielleicht darf ich in Zukunft nicht mehr so streng zu mir selber sein und muss mir kleinere Ziele setzen, die ich dann mit Sicherheit erreichen werde. Mit Perfektionismus werde ich nie glücklich und zufrieden werden. Das schlechte Verhältnis zu meinen Eltern wurde mir heute erst mal richtig bewusst. So genau dachte ich darüber noch gar nicht nach. Ich war immer der Meinung, ich hätte es mit meinen Eltern gut getroffen, weil sie mir so viel bieten. Wenn sie mich nicht lieben würden, hätten sie mir bisher bestimmt nicht jeden Wunsch erfüllt, oder? Ich bin den Tränen nahe. Es tat früher so weh, wenn meine Kinderzeichnungen abwertend betrachtet und in die Abstellkammer gehängt wurden. Ich hatte das alles vergessen und jetzt sind die Erinnerungen so gegenwärtig, als ob sie gestern erst gewesen wären.

...Es war am Geburtstag meiner Mutter. Ich war damals ungefähr sechs Jahre alt und hatte ihr ein Bild gemalt, welches ich mit einigen Stickern beklebt hatte. Ich war stolz darauf und konnte es kaum erwarten, es meiner Mutter zu überreichen. Als ich meiner Mutter endlich das Geschenk gab, nahm sie es, schaute es kurz an und legte es beiseite. Das Bild sah ich nie wieder ...

Am Pavillon treffe ich auf einige Raucher. Hier, an diesem Ort ist fast immer jemand anwesend. Eigentlich hatte ich vor, während des Klinikaufenthaltes mit dem Rauchen aufzuhören, aber das kann ich wohl vergessen. Bei dem schönen

Wetter sitze ich nämlich die meiste Zeit hier und unterhalte mich mit den Patienten. Wenn alle um mich herum rauchen, ist es schwierig für mich, mir die Zigaretten abzugewöhnen. Man soll auch nicht alles auf einmal machen. Das sagen sich die Patienten zumindest untereinander immer.

Manchmal nehmen Funny und ich eine Wolldecke und legen uns ins hohe Gras. Wir lesen dann Bücher und Zeitschriften, oft liegen wir aber auch nur auf dem Rücken, schauen in den Himmel und träumen. Wir erzählen uns, wie unsere Ehemänner einmal aussehen sollen und wie viele Kinder wir haben möchten. Es ist schön, mit Funny zusammen zu sein. Wir haben ähnliche Vorstellungen vom Leben, und wir können viel miteinander lachen. Ich glaube, es entwickelt sich gerade eine tiefe und innige Freundschaft zwischen uns beiden. Vielleicht verbindet uns auch unsere Vergangenheit.

Die Sonne versinkt langsam hinter dem Wald, doch es ist noch angenehm warm. Ich setze mich neben Elke, eine dickliche Frau Ende 30, auf die Bank.

„Na, Janna, wo kommst du gerade her?“ begrüßt sie mich und drückt leicht meine Hand.

„Ich hatte gerade meine erste Gesprächstherapie“, sage ich matt und schlage die Beine übereinander. Ich bin erschöpft.

„Du siehst ziemlich fertig aus. War es sehr anstrengend?“ Die hessische Aussprache passt zu Elke. Sie ist einer der wenigen Menschen, bei denen ich den Dialekt gerne höre.

„Nein, eigentlich nicht so sehr, aber ich bin müde“, antworte ich und zünde mir eine Zigarette an. Es ist wirklich erschreckend, wie viel ich hier rauche.

„Warte mal ab, bis du mitten in der Therapie bist. Das wird happig. Dann sind Tage wie dieser absolute Glückstage“, Elke grinst wissend.

Davor graut es mir jetzt schon. Ich stöhne übertrieben auf.

„Beate wird morgen entlassen. Wir wollen heute Abend zum Abschied noch etwas trinken gehen. Was ist, kommst du mit?“ Elke wechselt abrupt das Thema. Ich nicke. Mit Beate hatte ich zwar bisher kaum etwas zu tun, aber ich freue mich, heute Abend in die Stadt zu gehen. Ich habe nämlich knapp eine Woche die Klinik nicht verlassen.

In der Regel haben wir abends Ausgang bis um 22 Uhr. Bis dahin können wir tun und lassen was wir wollen. Es ist nur wichtig, dass wir pünktlich um diese Zeit wieder in der Klinik sind. Die Türen werden nämlich abgeschlossen, und wer zu spät kommt, muss an der Pforte klingeln. Das wird auch gleich vermerkt. Außerdem gehen die Nachtschwestern jeden Abend ihren Rundgang, um zu schauen, ob die Patienten in ihren Zimmern sind. Einige Patienten haben Ausgangssperre. Das betrifft am häufigsten die Alkoholiker und die Drogenabhängigen. Die Gefahr ist einfach zu groß, dass sie „draußen" ihrer Sucht nachgehen.

Wir sind eine fröhliche Gruppe von zwölf Personen, als wir nach dem Abendessen durch das Kliniktor gehen. Wir möchten in ein nettes Gartenlokal gehen, das in nur zehn Minuten zu Fuß zu erreichen ist. Das liebe ich am Sommer. Es ist lange warm und hell, und man kann sich bis in die Nacht hinein draußen aufhalten. Funny und ich laufen eng eingehakt den anderen voraus. Wir erzählen uns Witze und albern herum wie kleine Kinder. Funnys Lachen übertönt natürlich alle Stimmen, und einige Passanten schauen sich erstaunt nach uns um.

„Was gucken Sie denn so? Wir sind aus der Klapse und dürfen so sein!" ruft Funny hinter ihnen her. Ich kann mich vor Lachen kaum halten. Funny ist einmalig.

Im Restaurant stellen wir drei Tische zusammen, so dass wir alle daran passen. Wir sind hier mit Abstand die lautesten und die lustigsten. Sogar Andreas, der fast immer schweigende und ernste Hals-Nasen-Ohrenarzt, lässt öfter ein Kichern von sich hören. Ich fühle mich pudelwohl in der Runde und meine Gedanken über das Therapiegespräch sind längst vergessen. Ob die anderen Gäste uns anmerken, dass wir aus der Arnsbergklinik kommen?

7

Der Raum, in dem die Musiktherapie stattfindet, wirkt mit dem gelben Teppichboden hell und freundlich. An der einen Wandseite stehen und liegen zahlreiche Musikinstrumente. Von der Triangel bis hin zum Kontrabass ist alles vertreten. Einige Instrumente habe ich noch nie gesehen und habe nicht die leiseste Idee, wie diese klingen, geschweige denn, wie man mit ihnen umgeht. Ich würde sie alle gerne einmal ausprobieren.

Herr Felix, der Therapeut, bemerkt meine interessierten Blicke.

„Wenn Sie wollen, können Sie auf einem der Instrumente spielen", schlägt er vor, nachdem wir uns die ersten zehn Minuten angeschwiegen haben. Er sitzt mir auf einem Kissen gegenüber und beobachtet mich. Ich schüttele den Kopf und spiele an meinen Socken herum.

„Lieber nicht, ich bin total unmusikalisch", antworte ich mit meinem typischen Lächeln im Gesicht. Ich habe keine Lust mich zu blamieren.

„Sie müssen keineswegs musikalisch sein. Sie sollen mit den Instrumenten ihre Gefühle ausdrücken", erklärt er mit auffallend ruhiger Stimme. Seine gerade Sitzhaltung ist unverändert. Seit ich hier bin, hat er sich kaum bewegt. Wieder entsteht Schweigen zwischen uns, das ich kaum ertragen kann. Was erwartet Herr Felix jetzt von mir? Dass ich vielleicht anfange zu reden? Ich habe keine Lust, mit ihm zu sprechen. Er wirkt nämlich nicht so vertrauensvoll wie Dr. Fock. Ich verschränke die Arme vor der Brust.

Wieder vergehen ein paar Minuten, und als Herr Felix immer noch wie ein Buddha- Mönch vor mir sitzt, kann ich das Lachen nicht mehr zurückhalten. Ich kann nicht mehr aufhören, und bald schießen mir die Tränen in die Augen. Es ist wieder einer meiner Lachkrämpfe, den ich nur schwer stoppen kann. Die ganze Situation ist aber auch wirklich komisch. In Herrn Felixs Gesicht ist nun auch ein breites Grinsen zu sehen.

„Was ist jetzt so lustig?" fragt er unwissend.

„Ich kann keine Stille ertragen. Außerdem ist es schwierig für mich, mit Männern über meine Gefühle zu sprechen", gluckse ich und atme tief durch. Langsam beruhige ich mich wieder.

„Es ist völlig verständlich, dass Sie kein Vertrauen zu Männern haben", beginnt er, doch ich drehe den Kopf zur Seite und winke leicht ab. Ich möchte mit ihm nicht darüber reden, was er sofort zu verstehen scheint. Er führt den Satz jedenfalls nicht weiter aus. Stattdessen sagt er: „Ich schlage Ihnen vor, dass wir gemeinsam musizieren. Sie suchen sich ein Instrument aus, und ich begleite Sie auf einem anderen, okay?“ Ich sehe einen Funken Hoffnung in seinen Augen, deswegen willige ich ein. Ich möchte schließlich nicht zu unhöflich ein. Also schaue ich mir die Instrumente genauer an und entscheide mich nach kurzer Zeit für einen großen hohlen Holzkasten, der mit vielen Saiten bespannt ist. Herr Felix erklärt mir, es sei eine japanische Harfe und somit ein Zupfinstrument. Eigentlich würde ich lieber kräftig auf die Pauke hauen, aber ich möchte nicht gleich bei der ersten Sitzung so vorlaut sein. Ich setze mich mit der Harfe in die hinterste Ecke des Raumes, und Herr Felix nimmt vorne am Klavier Platz. Wieder entsteht für ein paar Minuten eine angespannte Stille. Jeder wartet darauf, bis der andere anfängt zu spielen. Schließlich beginnt Herr Felix, und ich zupfe auch zarte Töne dazu. Ich zupfe und zupfe, und bald bringe ich so etwas wie ein Melodie zustande. Es macht Spaß, und ich versinke immer mehr in der Harmonie der Klänge.

Meine Gedanken verselbständigen sich langsam, aber ich halte sie nicht auf. Irgendwann sehe ich plötzlich das Bild meines alten Pferdes vor meinen Augen. Es ist wie in einem schönen Traum. Davon, dass ich eigentlich im Therapiezimmer sitze, bekomme ich nichts mehr mit. Bei solchen Tagträumen vergesse ich Zeit und Raum und letztlich auch mich selbst.

Als Herr Felix aufhört zu spielen, platzt alles wie eine Seifenblase, und ich werde wieder in die Realität zurückgeholt. Er dreht sich mit dem Drehhöckerchen zu mir um. Ich schaue ihn, noch ein wenig benommen, an.

„Was haben Sie während des Spiels gespürt?“ fragt er mich. So eine Frage musste ja kommen.

„Ich habe an mein totes Pferd gedacht“, antworte ich automatisch. Ich merke, wie sich meine Augen mit Tränen füllen. Bloß nicht weinen, sage ich mir krampfhaft. Ich möchte nicht, dass Herr Felix mich weinen sieht.

„Wann ist es gestorben?“ Herr Felix nimmt sich wieder das Kissen und setzt sich in gleicher Haltung wie vorhin an denselbenn Platz. Ich bleibe jedoch in meiner Ecke sitzen.

„Och, das ist schon ein Jahr her“, sage ich lachend. Lachen ist mir lieber als Weinen. Er würde es bestimmt nicht verstehen, wenn ich wegen des Todes eines Tieres heulen würde.

„Das habe ich schon längst überwunden“, höre ich mich sagen. Ich weiß, dass ich lüge, und an Herrn Felixs Gesichtsaudruckes lese ich auch Ungläubigkeit ab, aber ich will nicht mit *ihm* darüber reden.

Schweigend zähle ich die blauen Punkte auf dem Teppich. Hoffentlich ist die Stunde bald vorbei.

Als Herr Felix „So, die Zeit ist um“ sagt, atme ich erleichtert auf, erhebe ich mich von meinem Kissen und lege es in die Ecke zu den anderen.

„Dienstag und Donnerstag ist die Musikgruppe jeweils um 16.30 Uhr. Und wir zwei allein sehen uns nächste Woche wieder um dieselbe Zeit!“ Er gibt mir einen Erinnerungszettel mit. Ich bedanke mich und gehe hinaus. Geschafft!

Immer noch schmunzelnd verlasse ich das Therapiehaus. Herr Felix ist wirklich ein merkwürdiger Typ. Mit seiner äußerst ruhigen und besinnlichen Art werde ich mit Sicherheit nicht klar kommen.

Was will ich denn mit so einem Softi? Es bringt doch nichts, wenn wir uns den größten Teil der Stunde nur anschweigen. Außerdem kann ich mir nicht vorstellen, ihm von meinen Problemen zu erzählen. Es ist mir peinlich, mit einem Mann über meine Vergangenheit zu reden. Ich schäme mich dafür, und Herr Felix würde mein Problem bestimmt nicht verstehen. Er ist eben ein Mann, und ich glaube kaum, dass sich Männer in die Lage einer Frau versetzen können. Dr. Fock ist der einzige, der anders ist als die üblichen. Das habe ich von Anfang an gemerkt. Ich kann nicht sagen *was* anders ist, aber jedenfalls bin ich mir ziemlich sicher, dass ich ihm vertrauen kann.

Die nächste Stunde bei Herrn Felix werde ich mir noch anschauen, und wenn sie wieder so abläuft wie die heutige, werde ich Dr. Fock fragen, ob es unbedingt nötig ist, dort weiter hinzugehen. Wenn nicht, kann ich vielleicht meine Zeit dann sinnvoller nutzen. Hoffentlich ist wenigstens die Musikgruppe besser gestaltet.

„Herr Felix ist ein komischer Vogel. Ich gehe auch zur Musiktherapie und muss jede Stunde wieder über ihn lachen. Ich glaube, er kann mich deswegen schon nicht mehr leiden. Jedenfalls schaut er mich immer so böse an“, meint Funny, nachdem ich ihr von meinem Erlebnis erzählt habe.

„Da bin ich echt froh, dass es nicht nur mir so ergeht“, erwidere ich erleichtert und packe mein gerade eben fertig gewordenes T-Shirt in eine Plastiktüte. Was ein

Glück, dass wir nicht gemeinsam zur Gruppentherapie gehen. Herr Felix würde uns wahrscheinlich hinauswerfen.

„Dein T-Shirt sieht aus wie gedruckt. Das hast du gut hinbekommen“, lobt mich Funny, während sie sorgfältig einen Aschenbecher aus Ton formt.

„Naja, ich weiß nicht. Hier ist ein bisschen Farbe übergelaufen. Das stört mich.“ Ich halte Funny das T-Shirt hin.

„Also, da braucht man ja eine Lupe, um dieses winzige Fleckchen sehen zu können“, sagt sie und blinzelt übertrieben mit den Augen. „Es sieht doch perfekt aus. Ich weiß gar nicht, was du hast!“

Ich aber ärgere mich über diesen Fleck, würde das T-Shirt am liebsten wegwerfen. Es gefällt mir nicht.

Kurz darauf bitte ich Frau Guenther um ein neues T-Shirt, diesmal in ein paar Nummern größer.

„Für wen soll das werden?“ fragt mich Funny und blickt von ihrer Beschäftigung auf.

„Das will ich Katja schenken.“ Ich durchsuche den Karton nach einem geeigneten Motiv.

„Sie wird mich heute Abend besuchen“, sage ich mit einem Strahlen im Gesicht. Ich kann nicht beschreiben, wie sehr ich mich freue, sie zu sehen. Funny lächelt mich verständnisvoll an. Ihr habe ich schon viel von Katja erzählt. Sie weiß, was mir unsere Freundschaft bedeutet. Das T-Shirt wird bis heute Abend allerdings nicht fertig sein. Dieses Mal werde ich es aber noch genauer und konzentrierter malen, damit mir nicht wieder so ein Missgeschick passiert.

Nach dem Abendessen gehe ich mit hüpfendem Herzen hinunter zum Kliniktor, um dort auf Katja zu warten. Ich bin gut gelaunt und sogar richtig glücklich. Über eine Woche habe ich Katja jetzt nicht gesehen und außer bei kurzen Telefonaten kaum gesprochen. Ich habe ihr viel zu erzählen. Bei dem schönen Wetter kann ich ihr das Klinikgelände zeigen, und wir könnten um die große Wiese spazieren gehen. Hoffentlich treffen wir Funny, damit sich Katja und sie kennen lernen. Ich weiß nicht warum, aber das wäre mir sehr wichtig. Vielleicht sehen wir ja auch Herrn Dr. Fock.

Mir schwirren tausend Gedanken durch den Kopf, ich bin vor Freude kaum zu halten.

Als Katja endlich im Tor erscheint, laufe ich ihr entgegen, und wir umarmen uns ganz fest.

„Es ist so schön, dass du da bist", sage ich. Meine Stimme überschlägt sich beinahe.

Sie hat zwei Puzzle- Spiele unter dem Arm. Puzzlen ist meine große Leidenschaft. Seit ich klein bin, kann ich mich damit stundenlang beschäftigen. Das ist meine Art zur Ruhe zu kommen und zu entspannen. Katja ist auch so ein Puzzle- Fanatiker.

„Es ist wirklich hübsch hier", meint sie, während wir die Einfahrt hinaufgehen. In dem Moment kommen uns, wie erhofft, Funny und Thorsten entgegen. Ich stelle Katja den beiden kurz vor.

„Wir gehen noch ins Städtchen, wollt ihr mitkommen?" fragt Thorsten. Ich lehne dankend ab, schließlich habe ich Katja ganz viel zu erzählen.

„Kommst du später zu mir ins Zimmer? Dagmar legt Tarot- Karten. Es dürfen aber nur Frauen anwesend sein." Funny grinst geheimnisvoll. Thorsten verdreht die Augen.

Ich verspreche ihr zu kommen und dann verabschieden wir uns.

Nachdem ich Katja mein Zimmer gezeigt habe, gehen wir gemütlich den Trampelpfad, der rund um die Wiese führt, entlang. Ich berichte ihr von den Ereignissen der ersten Woche, und sie hört mir aufmerksam zu. Endlich kann ich mit Katja mal wieder in aller Ruhe reden. Auf diesen Moment habe ich mich so gefreut. Denn wenn Katja da ist, geht es mir gut. Ich fühle mich geborgen und beschützt. Dann kann nichts mehr passieren.

Wir setzen uns auf eine Bank, auf der wir die letzten warmen Sonnenstrahlen des Tages genießen. Ich strecke genüsslich meine Beine aus und zünde mir eine Zigarette an. Das Leben kann so schön sein.

„Du kannst dir nicht vorstellen, wie erleichtert ich bin, dass du hier in der Klinik bist und dir helfen lässt. Ich habe mir in der letzten Zeit solche Sorgen um dich gemacht", beginnt Katja seufzend.

Ich schlucke. Belasten wollte ich sie auf keinen Fall.

„Jetzt brauchst du dir aber keine Sorgen mehr zu machen, denn ich bin mittlerweile fest davon überzeugt, dass die mir hier helfen können", versichere ich ihr. „Ich glaube, ein Klinikaufenthalt wird mir viel mehr bringen, als eine ambulante Psychotherapie. Mir geht es zur Zeit zwar gut, aber trotzdem habe ich das Gefühl, dass meine Seele wie ein Schlachtfeld aussieht, auf dem ein neues Fundament gebaut werden muss. Die Klinik sollte ich als eine Art Intensivkurs betrachten, der mein Chaos zum größten Teil aufräumt und einen neuen Grundboden schafft. Wenn ich erst einmal halbwegs wieder geordnet bin, kann ich die Therapie ambulant fortsetzen. Weißt du, was ich meine?" Katja nickt zustimmend. Zwei Patienten gehen grüßend an uns vorbei. Gedankenverloren schaue ich ihnen nach.

Zu einer ambulanten Therapie geht man ungefähr zweimal die Woche hin, redet eine Stunde und macht sich auf dem Heimweg wieder darüber Gedanken, was man für den heutigen Tag noch zu erledigen hat, und das Therapiegespräch ist vergessen. So war das bei mir jedenfalls immer. Was bringt eine Therapie, wenn man sich danach keine Gedanken mehr darüber macht? In einer Klinik werde ich automatisch dazu gezwungen, weil ich da auch einfach die nötige Zeit habe, über mich nachzudenken.

„Du hast einen riesigen Eisberg um dich herum, der jetzt allmählich zum Schmelzen gebracht werden muss. Ich denke, um so mehr er taut, desto besser wirst du dich fühlen. Wenn er geschmolzen ist, kannst du anfangen zu leben." Katja schaut mich ernst an.

„Ich habe einen ganz tollen Arzt, bei dem ich sicherlich in guten Händen bin. Ich habe großes Vertrauen zu ihm. Ich glaube, ihm kann ich alles erzählen." Ich ertappe mich, wie ich ins Schwärmen komme und reiße einen langen Grashalm ab.

„Du bist für mich wie eine kleine Schwester, und ich möchte unbedingt, dass du gesund wirst." Katja streicht mir sanft über den Arm. Ich bekomme trotz des schönen Wetters eine Gänsehaut über den Rücken. Das war der schönste Satz, den sie mir sagen konnte. Ich fühle mich so gut. Am liebsten würde ich einen Luftsprung machen. Dieses Gefühl, dass es eine Person gibt, die mir zuhört, mich versteht und ernst nimmt, ist einfach fantastisch. Zu spüren, dass ich nicht allein auf der Welt bin, macht mich glücklich.

Bestens gelaunt gehe ich, nachdem ich Katja verabschiedet habe, die Einfahrt hinauf zurück zur Klinik. Das Gespräch mit ihr hat mir viel Kraft gegeben, und ich könnte jetzt Bäume ausreißen. Der Abend ist gerettet. Heute muss ich meinen Arm vor dem Zubettgehen bestimmt nicht verbrennen. Ich bin total gut drauf und könnte laut jubeln.

Als ich gerade zu meinem Zimmer gehen möchte, höre ich plötzlich eine tiefe Stimme hinter mir. Ich fahre vor Schreck zusammen und drehe mich ruckartig um.

„Ich bin es nur, keinen Grund zur Panik.“ Dr. Fock grinst.

„Müssen Sie mich so erschrecken?“ frage ich erleichtert.

„Ich wollte dich eigentlich nur fragen, ob du eine Zigarette mit mir rauchst“, entgegnet Dr. Fock mit einer Unschuldsmine. Ich muss lachen. Und ob ich eine Zigarette mit ihm rauche.

Wir gehen nicht wie erwartet nach draußen, sondern in die Stationsküche.

„Dürfen wir hier denn rauchen?“

„Es muss ja keiner wissen. Wir sollten nur das Fenster öffnen“, antwortet Dr. Fock flüsternd.

Er schließt die Tür, und wir setzen uns an den kleinen runden Küchentisch. Ich schaue auf die Uhr. Es ist weit nach einundzwanzig Uhr.

„Haben Sie heute Nachtdienst?“ frage ich und zünde mir eine Zigarette an, die Dr. Fock mir angeboten hat. Er nickt schweigend. Sein Blick ist auf die gegenüberliegende Wand gerichtet. Nachdenklich bläst er den dichten Rauch in die Luft. Ich beobachte ihn aus den Augenwinkeln. Irgendwie sieht er schon gut aus, genau mein Typ. Ob er eine Freundin hat? Hoffentlich nicht, denke ich insgeheim.

„Wie war denn dein Gespräch mit Herrn Felix heute?“ unterbricht er der Stille.

Ich grinse. „Na ja, ich weiß nicht so recht“, druckse ich herum. „Ich glaube, er ist kein Mensch, mit dem ich über alles reden könnte.“ Ich traue mich nicht zu sagen, dass ich keine Lust habe, weiterhin zur Musiktherapie zu gehen. Vielleicht würde Dr. Fock dann denken, ich wäre mit allem unzufrieden.

„Herr Felix ist ein sehr guter und erfahrener Therapeut. Schau dir die Therapie wenigstens noch ein paar Mal an, bevor du sie aufgibst. Gib ihm eine Chance. Ein männlicher Therapeut ist nämlich ganz sinnvoll für dich.“ Dr. Fock hält den glühenden Zigarettenstummel unter den laufenden Wasserhahn.

„Wieso ist das sinnvoll?“ frage ich nach.

„Du Nasenbär sollst schließlich lernen, dass es auch Männer gibt, mit denen man reden kann und zu denen man Vertrauen aufbauen kann. Es wäre therapeutisch gut, wenn du eine männliche Bezugsperson hättest.“ Dr. Fock kneift mir leicht ins Ohr.

„Aber ich habe doch Sie als Bezugsperson!“ Ich verstehe nicht worauf er hinaus will.

„Ich bin dein Arzt und nicht dein Therapeut. Eigentlich bin ich nur für dein allgemeines Wohlbefinden zuständig. Ich achte darauf, dass deine Therapien erfolgreich verlaufen, dass bei Bedarf bestimmte Medikamente eingesetzt werden, und dass du dich wohl fühlst."

Ich bin zutiefst enttäuscht. Jetzt habe ich so ein großes Vertrauen zu ihm aufgebaut, und jetzt möchte er mich nicht therapieren. Er ist einer der wenigen Menschen, dem ich alles sagen würde. Ich könnte auf der Stelle losheulen. Dr. Fock scheint mir meine Enttäuschung anzumerken. Auf seiner Stirn werden weiche Sorgenfalten sichtbar.

„Hey", sagt er liebevoll. „Das heißt nicht, dass du mir nichts erzählen kannst. Ich komme weiterhin jeden Tag zu dir auf dein Zimmer, und wir werden auch lange und tiefgründige Gespräche führen. Das verspreche ich dir." Er nimmt mich in den Arm. Trotz meiner automatischen innerlichen Abwehr, spüre ich mein Herz höher schlagen. Jedoch bin ich unfähig, seine Umarmung zu erwidern.

„Wenn du mich brauchst, ich bin immer für dich da." Dr. Focks Stimme klingt beruhigend. Er würde mich also doch nicht alleine lassen.

Dagmar ist schon eifrig dabei, Funny die Karten zu legen, als ich ins Zimmer eintrete. Sie legt den Finger auf den Mund, ich darf nichts sagen. Auf dem Tisch stehen überall kleine Duftkerzen, die die ganze Atmosphäre auf eine gewisse Art geheimnisvoll wirken lassen. Leise und unauffällig setze ich mich zu den beiden. Es herrscht starke Konzentration und Anspannung im Raum. Ich weiß nicht, ob ich an das Übersinnliche glauben soll, zumindest finde ich es ab und zu mal witzig, Gläser zu rücken oder zu pendeln. Dagmar hingegen ist ein richtiger Esoterik-Freak und nimmt die Sache sehr ernst. Sie trägt stets besondere Heilsteine und andere kleine Wundermittelchen bei sich. Egal unter welchen körperlichen Beschwerden ein Patient leidet, er wird sofort von Dagmar mit homöopathischen Kügelchen versorgt. Dagmars offene und wuselige Art ist hier beliebt. Sie wirkt immer gut gelaunt und ist sportlich, fast hyperaktiv. Keiner weiß, warum sie wirklich in der Klinik ist. Sie redet nicht über ihre Probleme, spielt immer die Starke. Ob sie wirklich so stark ist, wie sie sich gibt? Vielleicht trägt sie, wie fast alle Menschen, eine gut versteckende Maske, damit keiner merkt wie es ihr in Wirklichkeit geht.

Ein bisschen verrückt ist sie allerdings. Mit ihren bald 40 Jahren färbt sie sich blaue Strähnen in ihr blondes streichholzlanges Haar und trägt kurze Höschen aus Leder, die gerade ihren Po verdecken. Auf der Straße wird ihr oft kopfschüttelnd hinterher geschaut. Dagmar lacht darüber. „Ich bin nicht verrückt, ich bin nur anders“, pflegt sie immer belustigt zu sagen. Ich mag Dagmar, und ich finde, ohne Verrücktheit ist das Leben nicht lebenswert.

„So, Janna, jetzt bist du dran.“ Dagmar mischt erneut die Karten.

„Warum dürfen keine Männer anwesend sein?“ möchte ich wissen.

„Das sind spezielle Tarot-Karten, die nur für Frauen geeignet sind. Männer bringen die Schwingungen durcheinander“, antwortet sie in sachlichem Ton. Ich nicke, doch verstehen muss ich das jetzt nicht, oder?

Sie hält mir die Karten in gefächerter Form hin. Ich muss drei ziehen und sie in bestimmter Reihenfolge vor mir auf den Tisch legen. Nachdem ich noch weitere gezogen habe, deckt Dagmar sie auf. Sie starrt mit hoher Konzentration auf die Karten. Funny und ich trauen uns nicht, einen Mucks von uns zu geben.

Nach einer Weile beginnt Dagmar mir die Zukunft zu deuten.

„Die kommenden Wochen werden hart für dich. Es werden Dinge aufgedeckt, die dich stark belasten. Du wirst viel über dich und dein Leben nachdenken müssen und vor allem solltest du dich von deinem jetzigen Leben verabschieden. Hier auf dieser Karte sehe ich, dass dir ein Neustart bevorsteht.“ Sie zeigt auf eine Karte, auf der ein Sensenmann abgebildet ist.

„Außerdem wird dich starker Liebeskummer quälen“, sagt sie plötzlich.

Ich stutze und sehe Funny an, die genauso wie ich überrascht ist. Liebeskummer? Warum sollte mich denn der belasten? Ich hatte noch nie Liebeskummer und konnte bisher auch nicht verstehen, wenn Freundinnen wegen einem Typen heulten.

Ich schüttele ungläubig den Kopf. Liebeskummer kenne ich nicht, und ich kann mir auch nicht vorstellen, dass ich ihn je kennen lernen werde. Man sollte den Karten eben doch nicht glauben.

8

Es ist wieder einer dieser langweiligen Sonntage. Die meisten Patienten sind über das Wochenende nach Hause gefahren, somit ist die Klinik wie ausgestorben. Der kleine Pavillon, der sonst fast ständig überfüllt ist, steht allein und verlassen auf der Wiese. Nur vereinzelt rauchen Patienten dort in Ruhe eine Zigarette oder gehen im Rosengarten spazieren. Es sind Patienten, die man unter der Woche nie zu Gesicht bekommt. Offenbar ziehen sie sich in sich selbst zurück und verkriechen sich in ihren Zimmern, um den Kontakt zu ihren Mitmenschen zu vermeiden. Deshalb scheinen sie die Einsamkeit am Wochenende zu genießen, weil sie dann selten jemandem begegnen. Eigentlich traurig, aber alle haben hier irgendein Problem, das toleriert werden muss. Jedes auffallende Verhalten hat seinen persönlichen Grund, keiner ist zum Spaß in einer Psychiatrie.

Ich allerdings bin gerne unter Menschen und liebe es, neue interessante Leute kennen zu lernen und mich mit ihnen zu unterhalten. Deswegen kommen mir die Wochenenden auch so öde vor. Ich bin jetzt zehn Tage in der Klinik, und das Bedürfnis wird immer größer, hinaus zu gehen und meine Tiere und meine Freunde zu sehen. Heute Mittag nach dem Essen kommt meine Mutter das erste Mal zu Besuch. Sie bringt meinen Hund mit. Ich freue mich sehr auf Elmo, habe jedoch ein wenig Angst vor der Begegnung mit meiner Mutter. Ich weiß nicht, worüber ich mit ihr reden soll. Von den Therapiesitzungen werde ich ihr garantiert nichts erzählen, sie würde es nicht verstehen und mir vorwerfen, wie undankbar ich mit dem ganzen Luxus doch sei, den mir meine Eltern bieten. Wir würden wahrscheinlich wie immer aneinander vorbei reden. Ihr Funny vorzustellen brächte bestimmt auch nichts, meine Mutter wäre mit großer Sicherheit der Meinung, sie wäre mit ihrem Piercing und den blauen Haaren kein Umgang für mich. Dass immer nur auf das Äußerliche geachtet wird. Ein Glück, dass Funny erst heute Abend wiederkommt.

Ohne Appetit und mit den Gedanken bei dem bevorstehenden Besuch meiner Mutter sitze ich am Mittagstisch. Lustlos stochere ich mit meiner Gabel im Kartoffelbrei herum und merke, wie mich meine beiden Tischnachbarinnen skeptisch beobachten.

„Haben wir denn heute gar keinen Hunger?“ fragt mich Frau Bosner mit gespielter Mütterlichkeit und beugt sich zu mir. Ich schüttele nur den Kopf. Lass mich bloß in Ruhe, denke ich im Stillen. Ich habe nicht die geringste Lust, mich auf ein Gespräch einzulassen. Mir ist im Moment gerade alles zu viel. Das Stimmengewirr der wenigen Patienten im Speisesaal dröhnt in meinen Ohren. Am liebsten würde ich sie mir zuhalten. Könnt ihr nicht einmal still sein, schreit es in mir. Normalerweise stört mich die Geräuschkulisse keineswegs, doch heute kann ich sie nicht ertragen.

Schließlich schiebe ich mir doch eine Portion Kartoffelbrei in den Mund, um mich somit von dem Lärm abzulenken und um die Mahlzeit schnell hinter mich zu bringen. Während ich die zähe, widerliche Masse hinunter würge, überfällt mich plötzlich eine Atemnot. Es ist so, als wenn mir jemand mit einem dicken Ledergürtel den Brustkorb zuschnürt. Ich versuche panisch, nach Luft zu schnappen, doch das Gefühl zu ersticken wird immer stärker. Abrupt lasse ich meine Gabel fallen und stehe hastig auf.

„Mir geht es nicht gut“, murmele ich und eile aus dem Speisesaal. Ich spüre die neugierigen Blicke der Patienten auf meinem Rücken, doch das ist mir egal. Ich muss nur eines, hinaus an die frische Luft.

Draußen ist es heiß und sonnig. Diese Hitze scheint meine Brust noch mehr zu beengen, und ich fliehe in den Schatten des Pavillons. Zum Glück ist hier niemand. Langsam lasse ich mich auf eine Bank sinken und versuche, mich zu beruhigen. Tief durchatmen, sage ich mir immer wieder. Mir ist noch nie die Luft weggeblieben, ich kenne dieses unangenehme Gefühl nicht.

Nach ein paar Minuten geht es mir immer noch nicht besser, und ich entschließe mich, zur Schwester zu gehen. Auf dem Weg zum Schwesternzimmer denke ich, dass mir mein Atem ganz stehen bleibt. Was ist das nur? Ich bin kurz davor hysterisch zu werden. Mir steigen die Tränen in die Augen.

Schwester Karin, eine sehr freundliche Frau mittleren Alters, sortiert gerade Tablettenschachteln, als ich ins Zimmer platze.

„Janna, du bist ja so weiß wie die Wand! Was ist denn passiert?“ begrüßt sie mich besorgt und stürzt auf mich zu.

„Ich bekomme keine Luft mehr“, japse ich. Mir stehen dicke Schweißperlen auf der Stirn. Schwester Karin nimmt meinen Arm und führt mich zu einer Liege.

„Setz dich erst einmal und versuche in Ruhe ein und aus zu atmen“, sagt sie beschwichtigend.

Ich stütze mich mit den Armen auf meinen Oberschenkeln ab, meine Tränen laufen mir nur so die Wangen hinunter.

„Tun Sie bitte was, ich ersticke gleich!“ Ich bin voller Panik. Das Gefühl ist grauenhaft.

Schwester Karin geht zum Medikamentenschrank und holt eine kleines Tablettendöschen heraus.

Sie gibt mir eine weiße Pille und einen Becher mit Wasser.

„Nimm sie, dann wird es dir gleich besser gehen“, meint sie liebevoll und setzt sich neben mich. Obwohl ich absolut gegen Medikamente bin, und noch nicht einmal bei Kopfschmerzen eine Aspirin einnehme, schlucke ich sie ohne zu zögern. Ich weiß zwar nicht, was es für eine Tablette ist, aber mir ist es in diesem Moment auch egal. Schlimmer konnte es nicht werden.

„Hast du dich über irgendwas aufgeregt?“ fragt die Schwester.

Ich schüttele den Kopf. Hoffentlich ist diese schreckliche Atemnot bald vorbei, denke ich krampfhaft.

„Machst du heute Nachmittag noch etwas Schönes?“ Sie versucht mich abzulenken.

„Meine Mutter kommt zu Besuch“, entgegne ich knapp. Schwester Karin nickt langsam. Sie glaubt sicherlich, dass dieses Erstickungsgefühl mit dem Besuch zusammenhängt. Ich kann mir aber keineswegs vorstellen, dass ich deshalb keine Luft mehr bekomme. So schlimm ist meine Mutter nun auch wieder nicht.

„Sie bringt meinen Hund mit.“ Ich bringe ein Lächeln über meine Lippen.

„Das ist ja toll. Ich habe auch einen Hund!“ Schwester Karin ist sofort begeistert, und wir haben gleich ein Gesprächsthema. Die Ablenkung tut gut, und allmählich wird es mit meiner Luft wieder besser. Ich spüre eine angenehme Leere in meinem Kopf, die sich langsam im ganzen Körper ausbreitet. Mir ist leicht schwindelig, und ich fühle mich wie benebelt.

Als ich einen Blick auf die Uhr werfe, erschrecke ich. „Meine Mutter ist sicher schon längst da und wartet vor dem Eingang auf mich.“ Ich stehe auf und merke wie wackelig meine Beine sind. Die Schwester stützt mich.

„Mach nur langsam, deine Mutter läuft schon nicht weg“, rät sie mir und begleitet mich nach draußen. Dort wartet meine Mutter bereits mit Elmo. Mein Vater ist, wie geahnt, nicht mitgekommen. Er möchte mit einer psychiatrischen Klinik nichts zu tun haben. Schwanzwedelnd kommt Elmo mir entgegen. Ich bücke mich zu ihm hinunter und begrüße ihn. Währenddessen höre ich, wie die Schwester zu meiner Mutter sagt, dass ich mich auf keinen Fall aufregen dürfe.

„Ich habe bis heute Abend Dienst, falls etwas sein sollte", verabschiedet sie sich, und meine Mutter und ich gehen mit Elmo in den Wald. Dort ist es schön schattig und kühl. Vielleicht liegt es an der Hitze, dass ich so schlecht Luft bekomme.

„Was war denn um Gottes Willen?" fragt sie in schriller Tonlage. Sie hakt mich ein.

„Nichts Besonderes", sage ich nur. Ich bin zu müde, um ihr die ganze Geschichte zu erzählen. Die Tablette hat mich äußerst träge gemacht. Benommen und immer noch kurzatmig laufe ich neben ihr her. Alle hundert Meter müssen wir eine kleine Pause einlegen, damit ich tief Luft holen kann.

„Janna", beginnt meine Mutter. „Papa und ich glauben, es wäre besser, wenn du von zu Hause ausziehst." Sie hält inne und kickt kleine Kieselsteine vor sich her. Wankend bleibe ich stehen und lehne mich an einen Baum. Habe ich mich verhört? Mein Hund bringt mir ein Stöckchen, das ich für ihn ins Unterholz werfe.

„Sag das bitte noch einmal", fordere ich sie verdattert auf. Sie wiederholt den Satz. Ich kann meinen Ohren immer noch nicht trauen. Meine Eltern möchten, dass ich ausziehe? Ich erinnere mich, wie ich vor einem halben Jahr mit Anke, der Reitlehrerin, die Wohnung über dem Stall zusammen beziehen wollte. Meine Eltern veranstalteten deswegen ein riesiges Theater. „Du bist viel zu jung" oder „was denken die Leute, wenn unsere Tochter im Reitstall wohnt?" warfen sie mir damals vor. Wir hatten wochenlangen Streit wegen dieser Wohngemeinschaft. Anke zog somit alleine in die Wohnung, „mein" Zimmer steht immer noch leer.

„Darf ich etwa zu Anke ziehen?" frage ich ungläubig.

Meine Mutter nickt. Ich spüre, wie schwer ihr die Entscheidung fällt. Ich kann es nicht fassen, dass ich so plötzlich ohne Probleme ausziehen darf, und dazu noch auf den Hof. Es ist eine wunderschöne Drei-Zimmer-Wohnung mit neuer Küche und Badezimmer. Die Wohnung ist frisch renoviert, und die Zimmer sind groß und hell. Mit Anke verstehe ich mich bestens, wir sind Freundinnen geworden. Wir würden sicherlich gut miteinander auskommen. Katja und ihr Mann wohnen auch am Hof, ich wäre also nie ganz alleine. Die Vorstellung, meine eigenen vier Wände zu haben, und gleich morgens nach dem Aufstehen zu meinem Pferd gehen zu können, ist einfach traumhaft.

„Aber wie soll ich die Wohnung bezahlen? Ich verdiene doch nichts während der Ausbildung." Sofort kommen Zweifel in mir hoch.

„Mach dir darüber keine Gedanken, dein Vater wird die Miete zahlen.“ Wir legen eine kleine Pause ein und setzen uns auf eine Bank. Ich bin von der Tablette zu erschöpft, um mich richtig freuen zu können. Vielleicht kann ich es aber auch noch nicht richtig glauben. Ist das nicht der Wahnsinn, dass mir meine Eltern neben meinem Pferd noch zusätzlich eine Wohnung bezahlen? Wie viele Jugendliche würden mich darum beneiden. Ich weiß allerdings nicht, ob ich so glücklich damit bin. Wenn mir meine Eltern alles bezahlen, bleibe ich in dieser Abhängigkeit. Ich muss ewig dafür dankbar sein, muss das tun, was meine Eltern wollen und werde niemals richtig selbständig. Ist das Gefühl nicht wesentlich befriedigender, wenn man sich seine Träume selbst erarbeitet? Ich bekomme alles in den Hintern geschoben und lerne somit nicht, die Dinge, die ich habe, wirklich zu schätzen.

Vielleicht bin ich deshalb so unglücklich. Ich möchte kein verwöhntes Gör sein, das aus der Tasche von Mami und Papi lebt. Ich will eigenständig mein Leben leben. Doch wie soll ich so viel Geld verdienen, um mir die Dinge leisten zu können? Ich weiß nur eines, ich muss von meinen Eltern weg. Ich hoffe nur, dass ich eine geeignete Arbeit finde, damit ich wenigstens die Miete für meine Wohnung zahlen kann. Es ist wie ein Teufelskreis. Mein Pferd könnte ich auf keinen Fall verkaufen, ich habe schon mal eines verloren. Wenn ich mir irgendwann Pferd und Wohnung leisten kann, werde ich mich endlich von meinen Eltern lösen können. Hoffentlich dauert das nicht allzu lange.

Nach unserem Spaziergang fahren wir in den Stall, um Glamour zu besuchen. Sonntags ist dort immer viel los, Spaziergänger kommen von überall her, um sich das historische Hofgut anzusehen und die herrliche Natur zu genießen. Uns Reiter stören diese Touristen, weil sie ohne zu fragen in die Ställe gehen und Pferde einfach mit Kuchen füttern. Heute ist mir das völlig egal, ich laufe immer noch wie auf Watte. Bald werde ich hier wohnen. Ich schiele zu den Fenstern über dem Stall. Die pralle Sonne blendet mir in den Augen. Starke Lichtempfindlichkeit ist anscheinend eine Nebenwirkung der Medikation. Seit zehn Jahren bin ich fast täglich hier, es ist eigentlich mein Zuhause, doch heute fühle ich mich eigenartig fremd, als ob ich nicht hierher gehören würde. Es ist ein unangenehmes Gefühl. Vielleicht liegt es daran, dass ich schon beinahe zwei Wochen weg bin.

Glamour steht erwartungsvoll in seiner Box, als wir den Stall betreten. Ich öffne seine Tür und begrüße ihn liebevoll. Sofort durchsucht er mit seiner Schnauze meine Jeans nach etwas Fressbarem. Ich muss ihn leider enttäuschen, denn ich habe den Apfel vom Frühstück vergessen. Während ich ihm zart über sein Fell streichle, kommt ein anderer Pferdebesitzer, mit Sattel und Trense bepackt, an mir vorüber.

„Janna“, ruft er freudig. „Ich habe dich schon lange nicht mehr gesehen. Wie geht es dir?“ Er legt den Sattel ab und drückt mich. Ich versuche, einigermaßen normal zu wirken. Er weiß nicht, dass ich in einer Klinik bin. Hoffentlich bemerkt er nicht meinen starren Blick, der durch die Tablette hervorgerufen wurde. Ich erzähle ihm, wie gut es mir ging.

Meine Mutter beobachtet uns skeptisch. Sie passt genau darauf auf, dass ich mich nicht verplappere. Davor braucht sie aber keine Angst haben, ich bin jetzt sowieso viel zu faul um große Gespräche zu führen. Außerdem möchte ich auch nicht, dass jemand etwas von meinem Zustand mitbekommt.

Ich bin heilfroh, als sie mich in die Klinik zurückbringt. Da kann ich wenigstens so sein, wie ich bin und muss mich nicht verstellen.

Seit dem Sonntag, an dem meine Mutter zu Besuch kam, plagt mich nun bei jedem Mittagessen erneut diese Erstickungsangst. Ich traue mich schon kaum mehr in den Speisesaal zu gehen. Kaum sitze ich beim Essen meine ich gleich, keine Luft mehr zu bekommen. Es ist allerdings nicht so schlimm wie beim ersten Mal, deswegen sage ich auch keiner Schwester Bescheid. Die glauben hinterher noch, ich wolle mich damit interessant machen. Also halte ich dieses bedrückende Gefühl aus, bis ich letztendlich doch wieder nach Luft ringend aus dem Speisesaal renne. Warum hört das denn nicht auf? Ich hatte doch früher nie Atemprobleme.

Japsend lehne ich an der schattigen Hauswand und merke nicht wie Dr. Fock auf mich zu kommt.

„Wieso bist du nicht beim Mittagessen?“ fragt er nichtsahnend.

Ich schaue überrascht zu ihm auf.

„Ich habe wieder diese beschissene Atemnot“, stöhne ich.

„Geh in dein Zimmer, ich komme gleich.“ Dr. Fock geht eilenden Schrittes davon.

Der Gedanke an die vielen Treppen, raubt mir die letzte Kraft. Wie soll ich denn da hochkommen? Schließlich gehe ich langsam hinauf und lege nach jeder Stufe eine kleine Pause ein.

Oben angekommen, schalte ich sofort den Fernseher an. Ablenkung ist das Beste, was ich jetzt tun kann. Solange ich nicht daran denke, ist die Atemnot nur halb so schlimm. Ich steigere mich aber meistens in dieses Gefühl hinein, und dann gerate ich in Panik, und die Beklemmungen werden natürlich noch intensiver.

Nach zehn Minuten betritt Dr. Fock ohne anzuklopfen mein Zimmer.

„Ist es immer noch so schlimm?“ fragt er.

„Nein, jetzt ist es schon ein bisschen besser“, antworte ich ehrlich. Ich schalte den Fernseher ab und drehe mich zu ihm um.

„Wir arbeiten trotzdem daran. Schauen wir mal nach, woher die Erstickungsangst kommt. Lege dich dazu am besten auf dein Bett. Mach dir keine Sorgen, das werden wir schon in den Griff bekommen.“ Dr. Fock wirft mir einen aufmunternden Blick zu. Gehorsam lege ich mich hin, allerdings auf den Bauch.

„Könntest du dich vielleicht umdrehen? Wenn du auf dem Rücken liegst, kannst du besser Kontakt zu deinem Körper aufnehmen.“ Er zieht sich einen Stuhl an das Bett heran und setzt sich zu mir.

Wie bitte? Ich verstehe nur Bahnhof. Ungern drehe ich mich um. Wenn ich auf dem Rücken liege, komme ich mir immer so entblößt vor. Ich fühle mich im Moment regelrecht nackt und ausgeliefert. Außerdem wird die Angst zu ersticken wieder größer. Ich werde unruhig.

„Versuche, dich zu entspannen und deine Gliedmaßen locker zu lassen“, sagt Dr. Fock mit hypnotischer Stimme. „Konzentriere dich auf deine Atmung.“

Sofort atme ich immer schneller und hektischer.

„Wenn ich mich darauf konzentriere, wird der Druck auf meiner Brust nur noch schlimmer.“ Vergeblich versuche ich tief Luft zu holen. Dr. Fock greift nach meiner Hand.

„Du brauchst keine Angst zu haben. Es kann nichts passieren, ich bin doch bei dir“, beruhigt er mich.

Misstrauisch schaue ich ihn an. Kann er mir wirklich helfen?

„Wie fühlt sich dieser Druck an?“ fährt er fort.

Einen kurzen Moment muss ich überlegen. „Es ist so, als ob ein großer, schwerer Koffer auf mir liegt.“ Ich wippe mit den Beinen, am liebsten würde ich weglaufen.

„Stell dir diesen Koffer einmal genau bildlich vor. Wie sieht er aus? Ist er aus Leder oder vielleicht aus Stoff?“

Ich sehe erstaunlicherweise deutlich den Koffer vor meinen Augen.

„Er ist dunkelbraun und aus dickem Leder", antworte ich schnell.

„Kannst du den Koffer öffnen?" fragt Dr. Fock forschend.

Ich schüttle den Kopf. „Er sitzt zu fest."

„Weißt du denn, was der Koffer beinhaltet?"

„Nein, er ist nur so schwer. Ich kann ihn nicht einmal anheben." Meine Stimme klingt beinahe verzweifelt. Was bedeutet dieser Scheiß-Koffer, der mich zu erdrücken droht?

Dr. Fock sitzt still neben mir, er scheint nachzudenken.

„Wie geht es dir jetzt?" erkundigt er sich nach einer Weile.

Ich fühle mich ein wenig besser. Durch die Geschichte mit dem Koffer habe ich die Atemnot für kurze Zeit fast vergessen. Auf den Armen abstützend richte ich mich auf. Ich lächle unsicher.

„Wir werden schon herausfinden, was in dem Koffer steckt", meint er zuversichtlich. „Der Inhalt muss jedenfalls sehr belastend für dich sein. Mit der Zeit werden wir aber die ganze Last durchwühlen und letztlich ausräumen. Die Therapeuten und ich helfen dir dabei", meint Dr. Fock überzeugend. Auf einmal bin ich mir ganz sicher, dass er mir helfen wird. Ich fühle mich total geborgen und aufgehoben. Großes Vertrauen zu dem Arzt bahnt sich an.

Als er mein Zimmer verlässt, sagt er zum Abschied: „Denk daran, diese Atemnot ist nur ein Gefühl. Sie ist nicht körperlich bedingt!"

Seine Worte sind wie Medizin. Plötzlich bekomme ich wieder Luft wie eh und je. Warum bin ich nicht selbst darauf gekommen, dass ich mir das alles nur einbilde?

Zuversichtlich stehe ich auf und recke mich. Ein steiniger Weg steht mir bevor. Ein Weg voller Schmerz und Leid, doch nicht ohne Hoffnung auf ein glückliches Leben.

9

Frau Grünert hört mir aufmerksam zu, als ich ihr von den Erstickungsängsten der letzten Tage erzähle. Zum Glück sind sie bis jetzt nicht wieder aufgetreten, ich bin so froh darüber. Endlich kann ich wieder beruhigt in den Speisesaal gehen.

„Hast du Probleme mit dem Essen?“ fragt Frau Grünert.

„Nein, eigentlich nicht. Ich esse gerne und auch viel, nur setzt es leider nicht an.“ Ich klopfe mir leicht auf den Bauch. „Als Kind hatte ich allerdings regelrechte Essstörungen. Meine Mutter musste mir die Speisen immer hineinstopfen, sonst wäre ich wahrscheinlich verhungert. Ich habe mich vor jeder Mahlzeit geekelt. Wie oft habe ich auf den Tisch gekotzt.“ Ich muss lachen. Belustigt denke ich an diese Zeiten zurück, doch damals fand ich es furchtbar.

...Würgend saß ich vor meinem Teller, der bis zum Rand mit Rosenkohl und Kartoffelbrei gefüllt war. Ich bekam keinen Bissen herunter. Allein bei dem Geruch wurde mir schon schlecht.

„Du isst den Teller auf, und wenn du noch bis heute Abend am Tisch sitzt“, drohte mein Vater.

„Jeden Mittag das gleiche Theater. In Afrika verhungern die Kinder, weil sie nichts zu essen bekommen, und du sitzt vor einem vollen Teller und rührst nichts an. Weißt du eigentlich, wie undankbar du bist?“ Meine Mutter schüttelte fassungslos den Kopf.

„Dann wird sie eben auch verhungern“, sagte mein Vater in gleichgültigem Ton und schlug die Zeitung auf. Seine Worte machten mir Angst. Ich wollte ja essen, aber ich konnte nicht. Ich war nicht in der Lage, den Löffel anzurühren. Mein Bruder verfolgte grinsend die ganze Situation.

„Papa, gib mir bitte noch etwas von dem leckeren Rosenkohl“, bat er scheinheilig. Ich warf ihm einen bösen Blick zu, den er ignorierte. Manchmal konnte Bastian echt gemein sein. Aus blanker Wut stopfte ich mir schließlich eine Portion nach der anderen in den Mund, ohne zu kauen. Meine Backen wurden immer dikker und ich musste würgen. Ich hatte Angst, an dem Essen zu ersticken. Ohne zu fragen, stand ich schnell vom Tisch auf, lief ins Badezimmer und spuckte alles in die Toilette.

Als ich wiederkam, war das Essen bereits in den Mülleimer gekippt, und meine Eltern sprachen den ganzen Tag kein einziges Wort mehr mit mir ...

„Ich war immer das Sorgenkind meiner Eltern. Ich habe schlecht gegessen, war klein und spindeldürr. Ständig war ich krank“, erzähle ich.

„Ein Kind zum Essen zu zwingen, ist mit das Schlimmste, was Eltern tun können“, sagt Frau Grünert kopfschüttelnd. „Wenn so viel Druck ausgeübt wird, kann das Kind überhaupt kein Vertrauen zu den Eltern aufbauen. Es bekommt Angst, dass seine Eltern es nicht mehr lieben, wenn es den Teller nicht leer isst. Das Kind wird automatisch unter Druck gesetzt, und gerät somit vor jeder Mahlzeit erneut in Panik. Wäre deine Mutter damals etwas geduldiger mit dir gewesen und hätte vielleicht auch mal ein Gericht gekocht, was dir geschmeckt hätte, wäre die Situation mit Sicherheit nicht so ausgeartet“, erklärt Frau Grünert.

„Aber heute esse ich für mein Leben gerne. Deswegen glaube ich nicht, dass ich einen großen Schaden mitbekommen habe“, entgegne ich. Die Erinnerungen hatte ich nämlich bisher verdrängt, also kann es nicht so schlimm gewesen sein.

„Ich bin mir sicher, dass deine Erstickungsängste während des Mittagessens etwas mit dieser Vergangenheit zu tun haben. Zusätzlich kam am Sonntag noch deine Mutter zu Besuch, die einen großen Teil dazu früher beigetragen hat. Unterbewusst hast du wahrscheinlich den Besuch deiner Mutter mit dem Mittagessen in Verbindung gebracht, und hast somit die Angst zu ersticken von damals noch einmal durchlebt“, analysiert Frau Grünert.

Ich schweige und denke nach. Sie könnte Recht haben, jedenfalls ist diese Erklärung sehr einleuchtend. Es ist unglaublich, dass manche Erlebnisse, die man für völlig unwichtig hält oder schon längst vergessen hat, im Unterbewusstsein eine bedeutende Rolle spielen, so dass sie sich negativ auf die Psyche auswirken. Ist es nicht seltsam, dass man traurig ist, und man weiß nicht, warum? Ich kenne dieses Gefühl. Manchmal weine ich, und weiß nicht, weswegen. Dann komme ich mir absolut bescheuert vor, aber ich kann nichts dagegen tun. Jetzt ist mir klar, dass ich aus irgend einem Grund weine, der mir nicht bewusst ist, der vielleicht aber in meinem Unterbewusstsein heftig brodelt.

Komisch, sich das vorzustellen. Die Seele ist schon eine merkwürdige Erfindung.

Nach der Therapiestunde schlendere ich gemütlich durch den Rosengarten. Ich denke über nichts Besonderes nach, lasse meine Gedanken einfach fliegen. Ich habe jetzt eine Stunde Freizeit, bevor meine erste Musikgruppe beginnt. Darauf bin ich echt gespannt. Ob die Leute da nett sind?

Von weitem sehe ich Dr. Fock mit einem Patienten auf der Bank sitzen. Auf einmal spüre ich leichtes Herzklopfen. Für mich ist es sonnenklar, dass ich natürlich an den beiden vorbeigehe. Was soll ich sagen? Hallo, oder Guten Tag? Vielleicht aber auch gar nichts? Ich bin richtig aufgeregt.

Schließlich gehe ich an der Bank vorüber und bringe ein krächzendes „Hallo" hervor. Ich räuspere mich. So ein Mist, ich merke, wie sich mein Gesicht rot färbt.

Das Gespräch mit dem Patienten verstummt, und Dr. Fock blinzelt mir freundlich zu.

„Geht's dir gut, Herzchen?" fragt er mit gespieltem hessischem Dialekt.

„Na, klar", erwidere ich nur und gehe weiter, um die Unterhaltung nicht weiter zu stören. Mein Herz hüpft vor Freude. Wie er mich angesehen hat. Wie er mich genannt hat. Ob er mich mag?

Gut gelaunt gehe ich zum Pavillon. Ich bin so glücklich, dass ich Dr. Fock als Arzt habe. Er ist einfach ein toller Mann, und seine Stimme erst. Hoffentlich kommt er heute noch einmal zu mir.

Scheiße, ich glaube, ich bin auf dem besten Weg, mich zu verlieben.

„Wir haben ab heute ein neues Gruppenmitglied, die Frau Stoll", beginnt Herr Felix die Gruppentherapie und beugt seinen Oberkörper leicht nach vorne. Sieben Gesichter lächeln mich an, manche kenne ich bereits. Ich bin hier mit Abstand die jüngste und grinse blöd in die Runde. Wir sitzen alle auf Kissen im Kreis und schweigen. Soll ich mich jetzt vorstellen, oder wie?

Als ob Herr Felix meine Gedanken lesen könnte, schlägt er vor, dass erst die anderen Patienten kurz etwas über sich erzählen, und ich zum Schluss an die Reihe komme. Ich atme erleichtert auf.

„Mein Name ist Karl-Otto. Ich bin 45 Jahre alt und leide seit 23 Jahren unter Depressionen, mal mehr, mal weniger", sagt Karl- Otto langsam und fährt sich mit der Zunge über die Lippen. Die übrigen nicken wissend. Oh je, ich merke, wie es in mir anfängt zu brodeln. Ich muss mich stark zusammenreißen, damit ich nicht laut loslache. Wenn Funny jetzt hier wäre. Es ist echt nervig, dass ich mich bei jeder Kleinigkeit vor Lachen wegwerfen könnte, aber genauso habe ich mir eine Gruppentherapie vorgestellt. Einer erzählt von seinem Problem, und alle anderen kommen bald um vor Verständnis und Einfühlungsvermögen. Wir haben uns alle lieb. Ich weiß nicht, was ich davon halten soll. Ich finde sein Problem keineswegs lustig, doch diese besinnliche Atmosphäre ist so amüsant. Außerdem muss ich immer lachen, wenn man eigentlich gar nicht lachen darf.

Trotz allem beherrsche ich mich und lächle ihn mit bebenden Mundwinkeln an. Mir steht der Schweiß auf der Stirn.

Während die anderen Patienten von sich erzählen, beruhige ich mich wieder. Die Angstzustände und Panikattacken, die eine Frau schildert, sind zu schockierend. Es muss furchtbar sein, wenn man sich nicht mehr traut, vor die Haustür zu gehen. Die Ärmste.

Schließlich bin ich an der Reihe.

„Also, ich heiße Janna, bin zwanzig Jahre alt und heute seit zwei Wochen in der Klinik. Ich bin hier, weil ich selbstmordgefährdet bin und mich immer mit Rasierklingen und Feuerzeugen verletze." Ich zucke mit den Schultern. Mehr habe ich nicht zu sagen.

Herr Felix nickt mir dankend zu.

„Ich schlage vor, zu Beginn dieser Stunde nehmen Sie sich alle ein Instrument und drücken ihre momentane Stimmungslage aus", fordert er uns auf. Jeder sucht sich auf der Stelle ein Musikinstrument aus, ich entscheide mich für die Triangel. Ich habe keine Ahnung, wie es mir im Moment geht.

„Jetzt dürfen Sie beginnen zu spielen", sagt Herr Felix als alle versorgt sind und schließt die Augen.

Sofort entsteht ein chaotisches Wirrwarr aus den verschiedensten Tönen und Klängen. Der eine haut mit aller Kraft auf die Pauke, die andere klimpert wahllos auf dem Klavier herum, und der Rest lässt seine Gefühle am Cello oder an Xylophonen aus. Es klingt grauenhaft. Ich komme mir vor wie im Kindergarten. Meine Triangel ist bei dem Lärm überhaupt nicht zu hören. Die Gruppenmitglieder scheinen sich an dem Krach keineswegs zu stören, vielleicht haben sie sich auch schon daran gewöhnt.

Nach zehn Minuten habe ich keine Lust mehr und lege das Instrument zur Seite. Unerwartet beenden auch die anderen nach und nach ihr wildes Spiel.

Nachdem auch der letzte verstummt ist, wendet sich Herr Felix mir zu.

„Wie haben Sie das Spiel empfunden?" fragt er mich schmunzelnd.

„Es war entsetzlich", antworte ich offen. Die anderen Patienten kichern.

„Das empfindet jeder so, der neu in die Gruppe kommt", sagt Marlene, die kleine zierliche Frau, die unter den Panikattacken leidet. „Man gewöhnt sich aber ganz schnell daran. Du wirst sehen.“ Na, da bin ich ja wirklich mal gespannt. Aber ich denke, ich werde es in dieser Gruppe aushalten. Ich hoffe nur, dass ich nicht viel von mir erzählen muss. Lieber höre ich zu.

Dr. Fock ist heute nicht mehr zu mir gekommen. Leider, ich hatte es so sehr gehofft.

Lustlos sitze ich vor dem Fernseher und kaue an meinen Fingernägeln. Ich bin richtig enttäuscht, dass er nicht wenigstens mal kurz bei mir hereingeschaut hat.

Ich bin noch nie einem so tollen Mann begegnet. Seine Art, das Aussehen, seine Stimme, alles gefällt mir an ihm, vor allem aber seine Empathie. Ich fühle mich sicher und geborgen, wie bei keinem Mann je zuvor. Mit meinem Freund war ich zwar auch glücklich, doch oft habe ich mich nicht verstanden gefühlt. Er war eben wie alle Männer, fußballversessen und abends mit Kumpels durch die Kneipen ziehend. Ein Mann kann mein Problem eben nicht verstehen. Wie auch?

Ich denke, die meisten Männer sind unberechenbar. Die wollen doch nur das eine. Auch wenn sie noch so freundlich und angeblich verständnisvoll sind, man kann nie hinter die Fassade schauen. Wer weiß, was sie hinter verschlossenen Türen treiben, wenn keiner hinsieht? Man sollte eben keinem trauen.

Dr. Fock ist jedoch anders. Bei ihm weiß ich, dass er mir nie wehtun würde. Vielleicht bin ich deshalb ein bisschen in ihn verknallt.

10

Der Erlöser

Hört auf, mich zu quälen,
ihr macht mich noch kaputt.
Ihr, meine Verzweiflung,
meine Ängste,
meine Wut!
Mein Körper hält euch gefangen,
ihr haltet meine Seele gefangen.
Nach langem Suchen habe ich endlich einen Weg gefunden,
um uns gegenseitig zu befreien.
Ich hole den Erlöser.
Der Erlöser öffnet Türen,
manchmal nur kleine,
oft aber auch große,
durch die ihr entfliehen könnt.
Stehen die Türen offen,
und ihr seid entflohen,
bin ich in der Lage,
mich frei und erlöst zu fühlen.

Plötzlich geht es wieder los. So eine Scheiße! Ich stehe vor dem Waschbecken und starre in den Spiegel. Am liebsten würde ich ihn zerschlagen. Mein Gesicht, meine Haare, die Augen, meine Nase, alles, was ich sehe, ist grässlich. Hass steigt in mir hoch, der unaufhaltbare Hass auf mich selbst. Wie kann man nur mit so einer Fresse herumlaufen, schreit es in mir. Du bist total verdorben und widerlich!

Feindselig betrachte ich mein Spiegelbild. So wie die da will ich nicht sein, ich möchte hinaus aus dem Körper, welcher derartig hässlich ist. Wie kann man nur darin leben? Ist dieser Körper überhaupt dazu berechtigt, auf der Welt zu sein?

Aggressiv spucke ich die Zahnpasta aus und schleudere die Zahnbürste in die nächste Ecke. Wozu denn Zähneputzen? Es ist doch eh sinnlos. Die altbekannte Wut überkommt mich, die Wut die mich zu zittern beginnen lässt. Ich muss diese

Verzweiflung herauslassen, sonst platze ich noch. Ich merke, wie mein Körper immer mehr unter Anspannung gerät. Es ist nicht auszuhalten, es macht mich wahnsinnig. Schnell und tief zerkratze ich mir mit den langen Fingernägeln mein Gesicht. Meine Hände, die trotz unzähligen Waschens am Tag ewig schmutzig und dreckig sind. Ich hasse sie, nie werden sie sauber.

Sofort werden lange rote Striemen auf meinen Wangen sichtbar. Das Mädchen im Spiegel schaut mich immer noch mit großen Augen an. Was gaffst du denn so? Ich kann den Anblick nicht mehr ertragen und drehe mich abrupt weg. Nervös laufe ich im Zimmer auf und ab. Was mache ich nur? Draußen ist es schon dunkel, die Klinik ist friedlich still. Offenbar schlafen bereits die meisten Patienten, Funny sicherlich auch. Ich würde ebenfalls gerne zu Bett gehen, doch mit solch einer Anspannung in mir kann ich keine Ruhe finden. Es ist ein unangenehmes Gefühl, doch ich kann es gleich beseitigen. Wie ferngesteuert gehe ich zu meinem Koffer und hole die Einwegrasierer heraus, die eigentlich zur Enthaarung meiner Beine dienen. Zittrig beginne ich, das Plastikgehäuse abzufummeln. Nach ein paar Minuten ist mir auch dies gelungen, und ich halte die kleine blitzende Rasierklinge mit einer plötzlich sonderbaren Ruhe in den Händen. Jetzt wird alles gut. Langsam ziehe ich mein knielanges Nachthemd hoch.

Ich spüre angenehme Schmerzen, die meine seelischen Schmerzen überschatten, während ich mit der Klinge klaffende Schnitte an meinem rechten Oberschenkel erzeuge. Sofort schießt Blut aus den Wunden, das allmählich über mein gesamtes Bein fließt und schließlich auf den hellen Teppichboden tropft. Zufrieden betrachte ich mein Werk und fahre dann fort. Ich kann nicht mehr aufhören zu schneiden, der Drang ist einfach unwiderstehlich. Es ist eine Wohltat, diesen verhassten Körper bluten zu sehen. Er hat es nicht anders verdient.

Als die ganzen Aggressionen „herausgelaufen“ sind, lege ich die Rasierklinge auf den Nachttisch.

Ich fühle mich unendlich befreit und von diesen heftigen Gefühlen erlöst. Fast glücklich sitze ich auf der Bettkante und schaue zu, wie das Blut immer noch fließt, es will gar nicht mehr aufhören. Auf dem Teppich haben sich mittlerweile deutliche rote Flecken gebildet, doch was soll's? Da lege ich gleich den plüschigen Bettvorleger darüber. Hauptsache, mir geht es wieder gut. Jetzt stellt sich nur die Frage, wo ich Verbandszeug herbekomme. Ich habe meines nämlich vergessen mitzunehmen. So blutüberströmt kann ich unmöglich ins Bett gehen. Mist! Ich kann doch nicht nach der Nachtschwester klingeln. Wenn sie das sieht, nicht auszudenken. Die bekommt den Schock ihres Lebens, und ich bin bis in Grund und Boden blamiert. Nein, das wäre zu peinlich.

Krampfhaft überlege ich, was ich jetzt tun soll. Da habe ich mir wirklich eine ganz schöne Scheiße eingebrockt. Es hilft alles nichts, ich muss klingeln.

Nachdem ich auf die Klingel gedrückt habe, warte ich mit klopfendem Herzen auf meinem Bett.

Hoffentlich hat wenigstens die freundliche Schwester Nina Dienst. Ich glaube, man kann ihr vertrauen. Sie ist eine der sympathischsten Schwestern. Ich mag ihre warmherzige und liebevolle Ausstrahlung. Sie hat ein bildhübsches Gesicht und lange blonde Haare. Ich schätze sie um die Mitte 40. Wir haben uns schon oft abends lange unterhalten, über Gott und die Welt. Man kann gut mit ihr reden. Ich habe ihr zwar noch nicht all zuviel von mir erzählt, doch sie vermittelt mir ein Gefühl von mütterlicher Geborgenheit. Sie macht ihren Beruf sichtlich aus Herz.

Trotz allem ist mir die jetzige Situation oberst peinlich. Ich möchte nicht, dass sie mich so sieht. Ob sie sauer ist? Um mich von den Gedanken abzulenken, zähle ich nebenbei die Schnitte. Es sind 44 Stück.

Nach kurzer Zeit höre ich eilige Schritte draußen auf dem Flur, und einen kurzen Augenblick später geht die Tür auf. Schwester Nina, was für ein Glück!

„Ich habe ein bisschen geritzt", sage ich leise und mit einem beschämten Lächeln. Wie unangenehm mir die Sache ist.

„Oh mein Gott", entgegnet Schwester Nina nur und eilt auf mich zu.

Sie kniet sich vor mich und betrachtet seufzend mein Bein.

„Hättest du denn nicht vorher klingeln können?" fragt sie besorgt.

Ich schüttle den Kopf. Vorhin habe ich nicht eine Sekunde daran gedacht zu klingeln.

„Ich hole von unten etwas Verbandszeug, bin gleich wieder da." Schwester Nina steht auf und streicht mir sanft über das Haar. Sie ist mir offenbar nicht böse, im Gegenteil. Warum ist sie bloß so lieb zu mir? Es hätte mich nicht gewundert, wenn sie geschimpft hätte. Es ist immerhin eine Riesensauerei, die ich da angerichtet habe. Vielleicht braucht mir das Ganze vor ihr doch nicht peinlich zu sein. Ich bin nur froh, dass sie im Nachtdienst ist. Wer weiß, was die anderen Schwestern gesagt hätten.

Fünf Minuten später ist Schwester Nina wieder da, mit einem Haufen Mullbinden und einer Flasche Wunddesinfektionsmittel.

„Du kannst immer mit mir reden, Janna. Ich bleibe auch die ganze Nacht an deinem Bett sitzen. Das macht mir nichts aus", sagt sie, während sie meine Wunden auswäscht. Das Zeug brennt wie die Hölle, aber das lässt mich kalt. In Sachen Schmerzen bin ich einiges gewöhnt.

„Sie sind nicht sauer auf mich?" vergewissere ich mich vorsichtig.

„Warum soll ich denn sauer sein? Ich habe schon einige Mädchen erlebt, die sich ritzen. Du bist nicht allein mit diesem Problem. Sicherlich hast du einen deftigen Grund dafür, warum du das tust. Es ist nur schade, wenn du deinen schönen Körper so verunstaltet." Schönen Körper? Ich ziehe die Augenbrauen hoch. Was findet sie denn bitte an ihm schön?

„Ist dir jetzt immer noch nach Ritzen?" Auf Schwester Ninas Stirn bilden sich Sorgenfalten.

„Nein", antworte ich ehrlich. „Jetzt geht es mir wieder gut. Es ist ja alles draußen." Ich muss lachen.

Schließlich ist ein dicker Verband um meinen Oberschenkel bis hinunter zum Knie gewickelt. Ich bin gespannt, ob der hält. Ich ziehe mein Nachthemd wieder darüber. Einige Blutspuren hat es abbekommen, doch die sind längst getrocknet.

„Können Sie es für sich behalten?" bitte ich die Schwester.

Sie setzt sich in den bequemen Ohrensessel.

„So Leid es mir tut, aber ich muss den Vorfall melden. Die Ärzte müssen wissen, was nachts los ist." Sie zuckt mit den Schultern. Ich atme tief ein und aus. Es soll aber keiner erfahren. Am besten stülpe ich mir morgen eine Tüte über den Kopf, so peinlich ist mir die Angelegenheit. Aber Schwester Nina ist wahrscheinlich dazu verpflichtet, diesen Vorfall weiterzutragen. Na ja, vielleicht ist es auch besser. Wir unterhalten uns noch eine lange Zeit, bestimmt über eine Stunde. Schwester Nina ist auch eine große Tierliebhaberin, somit erzähle ich ihr alle Einzelheiten von dem Tod meines Pferdes. Die Geschichte rührt sie sehr. Sie kann sich gut in mich hinein versetzen. Die Worte sprudeln nur so aus mir heraus. Ich rede und rede. Schließlich berichte ich ihr auch noch von meiner Kindheit, von dem schlechten Verhältnis zu meinen Eltern und von dem Missbrauch. Ich wundere mich über mich selbst, wie offen ich sein kann. Schwester Nina hört mir aufmerksam zu, doch die Details meines lang gehütetem Geheimnis bekommt auch sie nicht zu hören.

„Wenn du diesen großen Berg an Problemen erst einmal verarbeitet hast, wirst du dich irgendwann nicht mehr schneiden müssen“, sagt sie.

Das klingt gut, doch vorstellen kann ich es mir im Moment noch nicht.

„Meinen Sie wirklich?“ frage ich. Ich gähne, mir fallen langsam die Augen zu.

„Da bin ich mir ziemlich sicher. Aber versuche jetzt zu schlafen. Es ist schon spät.“ Schwester Nina umarmt mich fest zum Abschied und deckt mich zu.

„Wenn heute Nacht noch etwas sein sollte, du kannst wirklich jederzeit klingeln. Auch wenn du wieder das Bedürfnis zu ritzen, drücke bitte unbedingt auf die Klingel. Ich würde mich sehr freuen, wenn du das schaffen würdest.“ Sie löscht das Licht.

Ich nicke schläfrig, doch versprechen kann ich es ihr nicht.

„Janna, wach auf. Janna ...“ Ich höre eine weit entfernte Stimme und spüre eine Hand an meiner Schulter. Ich möchte nicht aufwachen, es ist doch noch so früh. Widerwillig und brummelig schlage ich blinzelnd die Augen auf, ich bin viel zu müde. Die Sonne scheint durch das Fenster, das Frühstückstablett steht bereits auf meinem Tisch. Schwester Barbara, eine ältere kleine Frau mit weißblonden kurzen Haaren sitzt an meinem Bett.

„Guten Morgen“, begrüßt sie mich freundlich.

„Morgen“, antworte ich gähnend und setze mich langsam auf. Irgendetwas ist da an meinem Bein.

Ein Verband! Stimmt ja, fast hätte ich meinen „Anfall“ von gestern Abend vergessen. Schnell ziehe ich die Bettdecke darüber.

„Zeigst du mir mal dein Bein, Schätzchen?“ fragt Schwester Barbara.

Nur ungern ziehe ich die Decke wieder zurück. Das Blut ist ein wenig durch den Verband gesickert. Auch das Bett hat einige Flecken abbekommen. Die Schwester schluckt, als sie es sieht.

„Wenn du gefrühstückt hast, kommst du dann bitte in unser Zimmer, damit wir den Verband wechseln können?“ bittet sie mich.

Ich werde im Nu wach.

„Das kann ich auch selber machen. Sie müssen mir nur ein paar Mullbinden geben“, schlage ich vor und springe munter aus dem Bett. Liebend gerne würde ich mich selbst verarzten.

Schwester Barbara lächelt ablehnend und steht auf.

„Ich möchte mir aber die Wunden anschauen. Geht es dir denn heute besser?“

Ich antworte nicht. Keine Ahnung, wie es mir geht. Der Kick von gestern Abend ist jedenfalls verschwunden. Ich fühle mal wieder nichts, weder Trauer noch Freude, weder Wut noch Verzweiflung, bin nicht gut gelaunt und bin nicht schlecht gelaunt. Ich bin ganz einfach leer. Es ist diese bodenlose Leere, die ich so oft erlebe. Dann komme ich mir vor wie ein großer Kieselstein, völlig emotionslos und ohne jegliche Empfindung. Meistens spüre ich noch nicht einmal meinen eigenen Körper, so, als ob er abgestorben wäre. Ein fürchterlicher Zustand.

Selbst das gute Frühstück kann keine positiven Stimmungen in mir erwecken. Normalerweise freue ich mich jeden Morgen wie ein Kind auf die zwei mit Nutella beschmierten frischen Brötchen und den wohltuenden schwarzen Tee. Das Frühstück ist für mich die wichtigste Mahlzeit, und ich esse es mit großem Appetit. Doch heute ist mir alles egal.

Auch der strahlende Sonnenschein draußen lässt mich kalt. Ich haue mir mit meinen Fäusten ins Gesicht. Lebe ich überhaupt noch? Vielleicht bin ich ja tot, und meine leere Hülle sitzt hier nur noch im Sessel. Am liebsten würde ich mich wieder ritzen, um das Blut als Beweis des Daseins zu haben, doch ich beherrsche mich. Die stecken mich sonst noch in die geschlossene.

Ich frage mich, ob alle Menschen manchmal nichts fühlen, ob es normal ist, ab und zu ein emotionsloses Ding zu sein. Wenn es so ist, vielleicht bin ich die einzige auf der Welt, die unfähig ist, damit umzugehen. Oder aber es quält auch die anderen, und sie sprechen es nur nicht aus. Ich möchte einfach nur wissen, ob dieses Gefühl gesund oder krank ist. Ich möchte wissen, ob ich verrückt bin.

Teilnahmslos wie eine Marionette gehe ich, nachdem ich gefrühstückt und mich angezogen habe, hinunter zum Schwesternzimmer, um meinen Verband wechseln zu lassen. Die anderen strömen aus ihren Zimmern, um an der morgendlichen Gymnastik teilzunehmen. Ich werde sie heute versäumen, wie soll ich mit solch einem Bein turnen? Thorsten sieht mich den Flur entlang humpeln.

„Was ist denn mit dir passiert?“ erkundigt er sich.

„Ich habe mir irgendetwas gezerrt“, antworte ich wie gewohnt. Eigentlich könnte ich hier ja ehrlich sein. Thorsten blickt mich immer noch fragend an. Offenbar glaubt er mir nicht. Was soll’s?

Schwester Barbara und Schwester Karin, die mir letzten Sonntag bei meiner

Atemnot geholfen hat, scheinen schon auf mich gewartet zu haben. Beide lachen mich nett an.

Ich ziehe meine Jeans und meine Leggings aus, und die Schwestern lösen den Verband. Zum Vorschein kommt ein völlig massakrierter Oberschenkel. Jetzt kann man erst richtig erkennen, wie tief die Schnitte doch sind. Die Wunden klaffen regelrecht auseinander. Überall ist verkrustetes Blut. Die Schwestern stöhnen leise auf. In ihren Gesichtern ist blankes Entsetzen abzulesen. Ich schaue scheinheilig zur Zimmerdecke.

„Das müsste man fast nähen“, meint Schwester Karin und holt die Flasche mit der Wunddesinfektion. „Es wird jetzt ein wenig weh tun.“ Ich grinse in mich hinein. Vorsichtig tupft sie das Bein ab. Ich fühle einen brennenden Schmerz. Wenigstens weiß ich nun, dass ich noch am Leben bin. Schmerz zu spüren ist nämlich besser als nichts zu spüren.

„Bleib später bitte auf deinem Zimmer. Dr. Fock möchte dich sehen.“

Hoffentlich schimpft er nicht mit mir.

Dr. Fock nimmt mich in den Arm und streichelt mir über die Haare.

„Was war denn heute Nacht los mit dir, Herzchen?“ fragt er, ohne die geringste Spur von Verbittertheit. Ich erwidere nichts und lehne meinen Kopf an seine Schulter. Ich wüsste nicht, wie ich ihm den gestrigen Vorfall erklären sollte. Dafür kann man keine Worte finden.

Dr. Fock führt mich zu dem Sessel, in den ich mich schweigend fallen lasse. Er setzt sich mir gegenüber. Ich merke seine fragenden Blicke, doch ich schaue still aus dem Fenster. Mir ist nicht nach reden. Draußen ist Stimmengewirr und Funnys lautes Lachen zu hören. Ich wünschte, ich könnte jetzt auch lachen. Wo sind nur meine Gefühle geblieben? Wenn ich wenigstens traurig wäre und heulen könnte. Doch nichts ist da. Mir geht es nicht gut, mir geht es nicht schlecht. Ich bin leer.

„Was fühlst du?“ fragt Dr. Fock leise.

„Das ist eine gute Frage.“ Ich lache ironisch. Mein Blick ist immer noch zum Fenster gerichtet.

„Ich fühle NICHTS, verstehen Sie? Ich bin wie ein unempfindlicher Holzblock, ohne jegliche Gefühle. Alles ist ausgeschaltet!“ Meine Stimme bebt.
Ich versuche, Dr. Fock den Zustand zu beschreiben, was nicht einfach ist. Wie beschreibt man eine Leere?

„Wenn du in dich hineinschaust, wo ist diese Leere?“ forscht er nach.

Ich schließe die Augen und konzentriere mich auf mich selbst.

„Sie ist im ganzen Körper verbreitet, er ist wie abgestorben“, sage ich.

„Gibt es einen Teil in deinem Körper, in dem du die Leere am meisten spürst?“

Ich atme ruhig ein und aus, um das herauszufinden. Es dauert eine Weile, ehe ich antworten kann.

„In meinem Bauch“, flüstere ich schließlich. Mich überkommt eine angenehme Schläfrigkeit. Am liebsten würde ich jetzt einschlafen und nie mehr aufwachen.

„Wie sieht es in deinem Bauch aus, kannst du etwas erkennen?“ höre ich Dr. Fock aus, einiger Entfernung fragen. Mir ist es so, als ob ich mit einer inneren Videokamera durch meinen Körper wandere. In mir sieht es aus, wie in dem Maul eines mächtigen Walfisches. An der Seite befinden sich große Zähne, das Maul ist geschlossen. Meine Augen müssen sich erst an die Dunkelheit gewöhnen. Ich finde keinen Ausgang und gerate allmählich in Panik. Dr. Fock scheint mein leichtes Zittern zu bemerken.

„Ich bin bei dir, es kann nichts passieren“, beruhigt er mich. Seine Worte geben mir Sicherheit.

„Bist du allein, oder ist noch jemand bei dir?“ fährt er fort.

Ich schüttle den Kopf, da ist keiner mehr. Wer sollte hier auch sein?

„Schau ganz genau nach, suche in jeder Ecke und in jedem Winkel. Vielleicht ist doch noch eine Person oder ein Wesen im Maul, und du hast sie übersehen“, fordert er mich auf.

Also gehe ich weiter auf Suche, und tatsächlich sehe ich kurz darauf jemanden in einer besonders dunklen Ecke zusammengekauert sitzen. Ich traue mich aber nicht näher heran, schließlich weiß ich nicht, wer das ist. Vielleicht ist es etwas Böses.

„Schau dir dieses Wesen genau an, beschreibe mir sein Aussehen“, bittet Dr. Fock.

Es ist anscheinend ein Mädchen, denn es hat lange schwarze Haare. Sein Gesicht ist in die Knie vergraben, es trägt abgewetzte, löchrige Lumpen. Ein erbärmlicher Zustand.

Ich gehe näher heran, meine Angst ist verschwunden.

„Sprich das Mädchen an!“ Als ich vorsichtig mit ihm zu sprechen beginne, schaut es aus düster dreinblickenden Augen zu mir empor. Das Gesicht ist zu einer Fratze verzerrt. Mich packt das blanke Entsetzen. Es ist Nelly …..

...Wir standen in der großen Pause auf dem Schulhof und beobachteten die anderen Kinder beim Ball spielen. Die lachenden und fröhlichen Kinderstimmen taten mir in den Ohren weh, mir war es viel zu laut hier. Nelly lehnte neben mir am Zaun und ließ eine babyrosa Kaugummiblase entstehen. Wir trugen beide die gleichen grünen Anoraks von C&A und die gleichen violettfarbenen Cordhosen. Wir waren nicht auseinander zu halten, worauf ich so stolz war. Nelly sah den Kindern interessiert zu. Ich glaube, sie hätte gerne mitgespielt. Am liebsten wäre ich jetzt mit ihr zu unserer alten Linde gelaufen, dem Ort, wo ich mit ihr alleine sein konnte, wo wir uns die tiefsten Geheimnisse anvertrauten. Wir konnten über alles reden, sie war die einzige, die mich verstand und die mir half. Nelly war immer bei mir, jeden Tag und jede Nacht. Nie war ich allein. Doch manchmal passierten komische Dinge mit ihr, Dinge, die mir Angst machten und von denen ich nichts wissen wollte.

„Wollen wir nicht mitspielen, Janna?“ fragte sie mich und nahm meine Hand.

„Nein“, erwiderte ich entschlossen. Ich riss die Hand weg. Ich wollte Nelly nicht mit den anderen Kindern teilen. Sie war ***meine*** *Schwester, und sie durfte nur mit mir spielen. Ich wollte, dass sie außer mir niemanden mochte, ich hatte doch so fürchterliche Angst, sie zu verlieren.*

Nelly blieb neben mir stehen. Sie sagte nichts mehr und blies weitere Blasen mit ihrem Kaugummi.

Ein Junge aus der dritten Klasse kam auf uns zu.

„Seht doch alle, die verrückte Janna steht wieder alleine am Zaun und führt Selbstgespräche“, schrie er und zeigte mit dem Finger auf uns.

Ich drehte den Kopf zur Seite und begann, an meinen Fingernägeln zu kauen.

„Die spinnt doch total“, rief ein anderes Mädchen mit strohblonden Haaren und vielen Sommersprossen auf der Nase. Viele Kinder standen jetzt um uns herum.

Ich stand jedoch über ihnen. Die waren doch alle neidisch, weil sie nicht so eine tolle Zwillingsschwester hatten, und weil nur ich sie sehen konnte. Wenn sie Nelly kennen würden ...

„Ich hasse dich, du dreckiges Miststück! Ich werde dein Leben zerstören, du wirst leiden bis zum Tod!“ Nelly sieht mich aus feindselig funkelnden Augen an. Sie versucht, mich mit ihren langen Fingernägeln zu packen, will mir die Augen auskratzen. Ich weiche ihr aus.

„Nelly, wir waren doch einmal Schwestern, wir waren unzertrennlich. Was ist nur los mit dir?“ Ich möchte sie besänftigen, doch das gelingt mir nicht. Im Gegenteil, sie wird immer aggressiver. Sie bleckt ihre spitzen Zähne, so, als ob sie mich beißen wolle.

„Das fragst du noch? Ich werde dich vernichten, genauso, wie du mich vernichtet hast. Du sollst verrecken!“ kreischt sie außer sich.

Ich will hier weg. Die Angst vor meiner imaginären Zwillingsschwester, die mich einst am Leben hielt, wird immer größer. Ich laufe und laufe …

„Jetzt kehrst du langsam wieder in dieses Zimmer zurück, du spürst, wie du im Sessel sitzt und du fühlst deine Arme und Beine.“ Dr. Focks Stimmer rückt immer näher.

Ich schlage die Augen auf, und mir fällt ein Stein vom Herzen, als ich meinen Arzt vor mir sitzen sehe. Habe ich eben etwa geträumt?

„Was war denn das für ein Horrortrip?“ frage ich noch ein wenig benommen. Ich kann mich an alles erinnern.

„Du hast eben einen intensiven Kontakt zu deinem Unterbewusstsein hergestellt. Herzlichen Glückwunsch!“ Dr. Fock strahlt mich an.

11

Nelly geht mir nicht mehr aus dem Kopf. Seit der Hypnose gestern muss ich dauernd an sie denken. Warum ist sie so plötzlich wieder in mein Leben getreten? Was ist nur geschehen? Ich verstehe außerdem nicht, wieso sie mir in solch einer fürchterlichen und hasserfüllten Gestalt erschienen ist. So war sie früher nicht, nein, sie war meine beste Freundin, meine Zwillingsschwester.

Ich erfand Nelly, als ich noch ein kleines Kind war. Meine Vorstellungskraft war damals so groß, dass ich glaubte, sie existiere wirklich. Wir waren unzertrennlich, sie begleitete mich, wohin ich auch ging. Nie war ich allein. Ich hatte in ihr eine Spielkameradin und eine treue Freundin zugleich gefunden. Wenn ich Angst im Dunkeln hatte, war Nelly diejenige, die mich tröstete und beschützte. In ihrer Nähe brauchte ich mich nicht zu fürchten, ich war ja nicht einsam. Ihr konnte ich alles erzählen, sie verstand mich immer. Die anderen Kinder im Kindergarten und später in der Schule lehnte ich ab, ich wollte lieber mit Nelly zusammen sein. Alle schauten mich verständnislos an, wenn ich mit ihr redete. Sie konnten sie ja nicht sehen. Nelly war nur für mich da und für sonst niemanden sichtbar. Ich hätte sie auch mit keinem geteilt. Später war sie manchmal für einige Zeit verschwunden, für ein paar Tage oder Wochen. Dann brauchte ich sie nicht und meisterte das Leben allein. Sobald ich sie jedoch vermisste, war sie ganz schnell wieder bei mir. Ich war so glücklich mit ihr. Als ich in die Pubertät kam, besuchte sie mich immer seltener und irgendwann verschwand sie einfach. Vielleicht lag es daran, dass ich auf einmal meine ganze Liebe und Zuneigung in ein Pferd steckte, das Anuschka hieß.

Es wundert mich, dass ich Nelly in den letzten Jahren total vergessen habe, denn die Zeit mit ihr war eine der wichtigsten in meinem Leben. Um so mehr frage ich mich, warum sie nun wiedergekommen ist. Was will sie von mir, oder was will ich von ihr?

In Gedanken vertieft sitze ich auf einer Bank an der Wiese und lasse mich von der prallen Mittagssonne bräunen. Ich genieße die augenblickliche Einsamkeit, keine Menschen und keine lauten Stimmen sind um mich herum, die mich stören könnten. Es ist einfach angenehm still, und ich brauche jetzt auch diese Ruhe, um über mich nachdenken zu können. Meine Gefühle habe ich heute morgen zum Glück wiedergefunden. Auf einmal waren sie wieder da, als eine Urlaubspostkarte von meiner Freundin Pia auf dem Schreibtisch lag. Eine Schwester muss sie dort offenbar hinterlassen haben. Ich habe mich riesig gefreut. Zusätzlich war ich noch so glücklich darüber, dass ich endlich wieder ein Gefühl von Freude spüren konnte, und somit hätte ich beinahe laut gejubelt. Ich spürte, wie neues Leben in meinen Körper drang und war außer mir vor Euphorie. Wenn irgend eine Person im Zimmer gewesen wäre, ich glaube, ich hätte sie abgeknutscht. Manchmal kann ich so glücklich sein, dass ich meine, der glücklichste Mensch auf der ganzen Welt zu sein. Dann hüpfe ich fast durch den Tag und finde alles toll. Nichts kann mich erschüttern, ich bin unbesiegbar. In anderen Momenten jedoch bin ich plötzlich todtraurig und vegetiere tagelang apathisch vor mich hin. Ich denke, das Leben hat keinen Sinn mehr und überlege ernsthaft, wie ich es mir am schnellsten nehmen könnte.

Ab und zu erlebe ich solche Wechselbäder der Gefühle mehrmals am Tag. Meine Stimmung steigt bis zur absoluten Spitze an und fällt anschließend in ein großes Loch, dann steigt sie erneut und fällt hinterher wieder. Diese Schwankungen sind kaum auszuhalten und äußerst anstrengend. An solchen Tagen bin ich dadurch völlig erschöpft und kraftlos. Ganz normal ist so etwas mit Sicherheit nicht.

Im Augenblick fühle ich mich aber ziemlich ausgeglichen, mir geht es einfach gut. Ich habe einen klaren Kopf, der gerade nicht durch diverse Euphorien oder Todeswünsche beeinflusst wird. Deshalb nutze ich diese Gelegenheit, mir Gedanken über mich und mein Leben zu machen. Wer weiß, wann sie sich das nächste Mal bietet.

Während ich mir eine Zigarette anzünde, sehe ich wieder Nellys abschreckende Gestalt vor meinen Augen. Sie lässt mich nicht los. Ihr ausgemergelter Körper und ihr Gesicht, das einem Dämon ähnelte, jagte mir gestern Angst ein. Ich möchte wissen, warum sie mich plötzlich derartig hasst und mich vernichten will. Was habe ich ihr getan? Ist sie vielleicht ein Teil meines Unterbewusstseins, der für meinen Selbsthass und meine Zerstörungswut verantwortlich ist? Ich weiß mir nicht die geringste Antwort auf all diese Fragen.

Dr. Fock stapft mit wehendem Kittel durch das hohe Gras und steuert geradewegs auf mich zu. Ich freue mich und kann mir ein Lächeln nicht verkneifen. Mein Lieblingsarzt. Vielleicht kann er mir ein paar Fragen beantworten. Ich versuche, möglichst lässig und locker auf der Bank zu sitzen. Ob es mir gelingt, weiß ich nicht, jedenfalls soll er nicht merken, dass ich ihn toll finde. Durch die Sonne geblendet, blinzele ich ihm entgegen.

„Na, brennen wir uns wieder die Zigarettenkippen in die Haut?" ruft er mir scherzhaft zu.

Ein plötzlicher Schauer durchzuckt meinen Körper, mir läuft es eiskalt den Rücken hinunter. Trotzdem lache ich.

... „Bitte lass mich los, ich mag nicht", sagte sie mit weinerlicher Stimme und versuchte, sich aus seinem festen Griff zu befreien. Sie wollte weiterschlafen. Es war wieder mitten in der Nacht, als er sie aus dem Schlaf holte. Unbekleidet saß sie auf seinem nackten Schoß. Onkel Albert atmete schwer und reagierte nicht auf ihre Bitte. Wie konnte sie sich auch einbilden, dass er ausgerechnet heute darauf achten würde. Es war doch wie immer.

„Wir spielen doch nur Hoppereiter, stell dich nicht so an", sagte er mit dieser seltsamen Stimme und packte sie nur noch fester.

Sie wollte weg, wollte zurück in ihr Bett, sie überkam wieder dieser wohlbekannte Ekel und diese Abscheu.

„Bitte hör auf", heulte sie und versuchte, sich erneut aus seinen Händen zu befreien.

Auf einmal sah sie unberechenbare Wut in seinen Augen aufflackern. Sein Gesicht wurde finster.

„Was sagst du da? Spricht man etwa in diesem Ton zu seinem Onkel?" keuchte er und drückte ihr eine brennende Zigarette, die er nebenbei rauchte, auf ihrer Brust aus. Ein höllischer Schmerz durchfuhr sie, und sie begann zu schreien. Onkel Albert legte ihr sofort die Hand auf den Mund.

Es durfte doch niemand hören. Nachdem der Schmerz nachgelassen hatte, sagte Nelly nichts mehr ...

Ich grinse Dr. Fock von der Seite an. Er zündet sich eine Zigarette an. Insgeheim genieße ich ein bisschen seine Nähe, was ich jedoch nicht zeige. Das Gefühl ist völlig neu für mich, ich muss mich erst daran gewöhnen.

„Übrigens, ich kann wieder fühlen", sage ich stolz und schlage die Beine übereinander. Triumphierend sehe ich ihn an.

„Das freut mich für dich. Ist ja auch kein Zustand, so stumpf wie ein Felsbrocken durch die Gegend zu rennen, oder?" sagt er in seiner unbefangenen Art. Er beobachtet die Patienten, die am Pavillon eintreffen. Funny ist auch unter ihnen. Hoffentlich kommt sie nicht zu uns hoch. Ich habe sie immer gerne um mich herum, aber ich möchte auf keinen Fall, dass das Gespräch zwischen Dr. Fock und mir jetzt gestört wird. Dieser Moment ist mir einfach zu kostbar.

„Warum hasst mich meine Zwillingsschwester so?“ frage ich zusammenhangslos.

Keineswegs von meiner Frage überrascht, bläst Dr. Fock Rauchringe in die Luft. Er denkt eine Weile nach.

„Wundert dich das?“ entgegnet er schließlich vollen Ernstes. Ohne meine Antwort abzuwarten fährt er fort: „Ich wäre auch stinkig, wenn ich nur das Schlechte im Leben abbekommen würde. Warum, meinst du, hast du dir Nelly denn damals ausgedacht? Damit du das Leid, was dir widerfahren ist, auf jemanden anders schieben konntest. Du hast dein Schicksal an Nelly abgegeben, um dich somit selbst zu schützen. Sie hat dich dadurch am Leben erhalten.“ Dr. Fock spricht die Sätze so aus, als ob sie das Selbstverständlichste der Welt wären.

Vor lauter Entgeisterung fehlen mir die Worte. In meinem Kopf rotieren die Gedanken. Was passiert gerade?

„Habe ich deshalb jahrelang von dem Missbrauch nichts gewusst? Ist das die Erklärung, warum ich alles vergessen hatte?“ Vor Aufregung bekomme ich ganz schwitzige Hände.

„Schon möglich“, meint Dr. Fock ruhig.

„Und warum tritt Nelly erst jetzt wieder in mein Leben?“ möchte ich wissen.

Dr. Fock legt seinen Arm um mich.

„Weil es langsam Zeit wird, eure Vergangenheit zu verarbeiten. Du musst den Kontakt zu Nelly aufrecht erhalten und mit ihr zusammenarbeiten. Zeig ihr, dass das Leben auch schöne Seiten hat. Dein Ziel ist es, dich mit ihr zu versöhnen und sie mit dir zu einer Person verschmelzen zu lassen. Hast du das geschafft, wird sie dich in Ruhe lassen.“

Wir sitzen eine ganze Zeit lang auf der Bank und schweigen. Stille ist jetzt im Augenblick das Sinnvollste. Das alles muss ich auch erst einmal verdauen.

Dr. Fock hält mich immer noch im Arm. Es tut mir gut. Ich fühle mich aufgehoben.

Der Gedanke an die Musik-Einzeltherapie reißt mich abrupt aus der Ruhe. Ich schaue auf die Uhr. Es ist punkt drei Uhr. Ich springe auf.

„Ich muss zu Herrn Felix“, stöhne ich genervt. Dr. Fock schmunzelt.

„Freust du dich etwa nicht darauf?“ fragt er ironisch.

Ich ziehe ihm eine Fratze. Wie gerne würde ich mit ihm hier weitersitzen.

„Lieber würde ich jetzt mit Ihnen quatschen als mit Herrn Felix. Sie sind nämlich der einzige Mann, mit dem ich richtig reden kann. Herr Felix ist … na ja, ich weiß nicht …“ stammele ich.

„Bin ich dir etwa nicht männlich genug?“ erwidert er mit gespielter hoher Stimme und spreizt die kleinen Finger ab. Ich boxe ihm leicht in die Schulter.

„Sie Schwuchtel! Sie wissen genau, wie ich das gemeint habe“, meine ich lachend und mache auf dem Absatz kehrt, um pünktlich zur Musiktherapie zu erscheinen. Dr. Fock bleibt noch auf der Bank sitzen. Während ich durch das Gras laufe, spüre ich seine Blicke im Rücken. Ich drehe mich aber nicht um.

Ich habe jetzt überhaupt keine Ambitionen, mit Herrn Felix zu reden. Ich bin mit meinen Gedanken ganz woanders und würde am liebsten alleine sein, um mich neu sortieren zu können. Ein Gespräch mit ihm kommt mir daher äußerst ungelegen. Er würde die Geschichte mit Nelly garantiert nicht verstehen. Ich verstehe sie ja selbst noch nicht richtig.

Als ich ins Therapiezimmer hereinplatze, sitzt Herr Felix bereits auf einem Kissen. Gleiche Körperhaltung wie immer.

„Sie sind spät“, mahnt er freundlich und wirft einen deutlichen Blick auf die Uhr.

Dummer Spießer, denke ich insgeheim und setze mich ihm gegenüber.

Unerträgliches Schweigen erfüllt wieder den Raum. Unruhig rutsche ich auf meinem Kissen hin und her. Wie bringe ich dem Therapeuten bei, dass ich wieder gehen will? Kann ich einfach sagen, was ich denke? Vielleicht ist er dann aber sauer oder gar verletzt. Aber so kann es ja auch nicht weitergehen.

Also atme ich tief durch und fasse meinen ganzen Mut zusammen.

„Ich weiß ehrlich gesagt nicht, was ich ihnen erzählen soll“, beginne ich mit einem genierten Lächeln. „Wissen Sie, ich habe ein Problem, mit Männern über mich zu sprechen, das ist sehr schwierig für mich. Deshalb glaube ich, dass mir unsere Sitzungen nicht allzu viel bringen.“ Ich senke den Kopf, bloß nicht in seine Augen schauen.

„Sie müssen tun, was Sie für richtig halten“, antwortet Herr Felix ruhig.

„Ich habe viel zu viele Therapien. Da würde ich die eine oder andere schon gerne absetzen.“ Ich zähle ihm alle Therapien auf. Er nickt langsam.

„Sie haben Recht. Das ist wirklich viel“, gibt er zu.

Ich streiche mir erleichtert die Haare aus dem Gesicht.

„Dann kann ich ja gehen?“ frage ich vorsichtig.

„Ja, ich wüsste auch nicht, was wir jetzt noch zu bereden hätten. Aber die Gruppe besuchen Sie doch noch?“ Herr Felix strahlt eine gewisse Hilflosigkeit aus. Irgendwie tut er mir sogar ein bisschen Leid.

„Natürlich“, verspreche ich und stehe auf. „Auf jeden Fall.“ Ich gebe ihm zum Abschied die Hand. Und schon bin ich weg. In mir jubelt es. Endlich habe ich es einmal geschafft, „nein“ zu sagen. Das muss ich gleich Dr. Fock berichten.

Ich renne den gesamten Weg, durch den Rosengarten, am Klinikgebäude vorbei, hinauf zur Wiese, in der Hoffnung, dass Dr. Fock noch auf der Bank sitzt. Ich halte nach ihm Ausschau, doch er ist bereits verschwunden.

Das Gespräch mit Dr. Fock heute Nachmittag hat mich so stark beeindruckt, dass meine Verliebtheit wieder drastisch angestiegen ist. Der Mann ist einfach der Wahnsinn. Ich hätte mit ihm noch stundenlang auf der Bank sitzen können. Seine Nähe empfinde ich als kein bisschen bedrohlich, ich kann sie sogar ertragen, und das heißt bei mir schon etwas. So wie ihn habe ich mir immer meinen Traummann vorgestellt. Er ist einfach umwerfend.

Ich liege auf meinem Bett und träume. Ständig muss ich an ihn denken. Es ist mein größter Wunsch, dass er meine Gefühle erwidern würde. Mit ihm würde ich sofort eine Beziehung eingehen. Bei der einfühlsamen und verständnisvollen Art könnte ich mich vielleicht fallen lassen. Habe ich denn eine Chance bei ihm? Bestimmt nicht. Was will er denn mit solch einem jungen Ding, das so verdorben ist und sich selbst zerstückelt, das noch keine Ahnung vom Leben hat und beinahe noch ein Kind ist? Nichts!

Mein Traum zerplatzt wie eine Seifenblase. Wie kann ich es nur wagen, mir Hoffnungen zu machen? Wenn er von meinen Gedanken wüsste, würde er mich mit Sicherheit auslachen. Er darf auf keinen Fall etwas davon erfahren. Niemand darf es erfahren. Sonst will oder kann er mich möglicherweise als Arzt nicht weiterbehandeln. Es wäre schlimm, wenn er mich deswegen im Stich ließe und ich einen neuen Arzt bekäme. Jemand anderem würde ich gewiss nicht so viel Vertrauen schenken. Schöne Scheiße!

Mir steigen Tränen in die Augen. Ich bin am Rande der Verzweiflung. Mann, ich bin heiß und innig verliebt! Ich will den und sonst keinen. Was mache ich nur? Es ist das erste Mal, dass ich verstehen kann, dass man wegen Liebeskummer heult. Früher habe ich darüber gelacht. Ich meinte immer, Männer seien es nicht wert, dass man ihnen nachtrauert. Jetzt erlebe ich es am eigenen Leib. Es ist hart, verdammt hart. Wenn ich doch wenigstens mit Frau Grünert darüber sprechen könnte. Aber vielleicht ist sie dazu verpflichtet, es dann dem Kollegium zu erzählen. Ich will es lieber nicht wagen. Mit irgend jemandem muss ich aber reden, sonst halte ich es nicht aus. Ich könnte Katja anrufen, aber die hält mich vielleicht für bescheuert, wenn ich ihr auch noch von meinem Liebeskummer die Ohren voll heule. Es wäre auch schön, wenn mich jetzt Pia oder Julia besuchen kämen. Mit den beiden bin ich schon seit Jahren befreundet, wir haben ein enges Verhältnis zueinander. Doch Pia ist im Urlaub, und und Julia arbeitet sicherlich jetzt um diese Zeit im Rettungsdienst. Mein Gefühl sagt mir außerdem, dass ich mit jemandem reden sollte, der Dr. Fock auch kennt.

Mir fällt Funny ein.

„Vergiss es, du hast keine Chancen bei ihm!“ Funny winkt ab. Ihre Worte klingen knallhart. „Ich glaube nicht, dass er auf so junges Gemüse steht.“ Sie raubt mir die letzte Hoffnung. Warum sagt sie so etwas? Sie kennt ihn doch kaum und kann es daher gar nicht wissen.

Betrübt starre ich vor mich hin. Wir sitzen auf Funnys Balkon und rauchen eine Zigarette nach der anderen. Ich achte kaum darauf, wie mein Päckchen immer leerer wird. Mir ist es zudem auch egal.

Die Sonne versinkt allmählich hinter den Bergen. Sie hinterlässt ein wunderschönes Abendrot, das sich wie ein Schleier über den Rosengarten legt. Die Rosen wirken durch das Licht noch roter, als sie in Wirklichkeit sind. Der Anblick hat etwas Beruhigendes, ja, beinahe etwas Meditatives an sich.

Er zieht mich wie in einen Bann.

Ruckartig, ohne jegliche Kontrolle über mich zu haben, stehe ich auf und beuge meinen Oberkörper weit über das Balkongeländer. Blut steigt in meinen Kopf. Mir wird schwindelig.

„Eigentlich könnte ich mich hier hinunterstürzen“, rufe ich belustigt. Ich höre mich hysterisch kichern, obwohl mir keineswegs nach Lachen zumute ist. Es ist mein purer Ernst, doch das muss Funny nicht wissen. Der Balkon ist nicht sehr hoch, vielleicht 15 Meter. Zum Sterben würde es nicht reichen.

Funny greift sanft nach meiner Hand und zieht mich zurück. Meine Augen werden feucht, als ich mich wieder neben sie auf den Liegestuhl setze. Ich verstehe mich selbst nicht mehr. Warum flippe ich wegen einem Typen so aus? Das kenne ich gar nicht von mir. Funny streichelt meinen Arm.

„Ich weiß, du willst nichts davon hören, aber ich bin mir sicher, dass der Fock nichts von dir will. Du bist seine Patientin, er ist dein Arzt. Das geht einfach nicht." Auf diese tröstende Worte kann ich echt verzichten. Trotzig wende ich den Kopf ab. Wieso sollte das nicht gehen? Ich habe schon oft gehört, dass Arzt und Patientin sich ineinander verliebt haben und glücklich zusammen wurden. Ich gebe die Hoffnung nicht auf. Soll Funny doch denken, was sie will.

„Komm, wir unternehmen noch etwas. Die Türen werden erst in zwei Stunden geschlossen." Sie erhebt sich entschlossen und streicht ihre Hose glatt, die vom Sitzen faltig geworden ist.

„Was denn, bitte schön?" frage ich mürrisch. Ich habe keine Lust, unter Leute zu gehen.

„Wir können doch mit deinem Auto einfach durch die Gegend fahren", schlägt Funny vor.

Seufzend stehe ich auf. Kurz bevor wir hineingehen, spucke ich noch abfällig vom Balkon hinunter.

Scheiß Leben!

Wir steigen in meinen kleinen blauen Fiat Cinquecento. Meine Mutter hat es mir freundlicherweise vorige Woche gebracht, damit ich wenigstens mobil bin und ab und zu in den Stall fahren kann.

Hier sieht es aus wie in einem Saustall. Überall fliegen leere Zigarettenschachteln, Papierchen und Mc. Donald's Tüten herum. Das ist der Normalzustand in meinem Auto, Dreck pur. Es ist schon ewig her, dass ich es das letzte Mal aufgeräumt und gesäubert habe. Doch es wäre nicht mein Wagen, wenn er nicht so aussähe. Ich liebe ihn, meinen treuen Begleiter. Wahrscheinlich werde ich ihn fahren, bis er auseinander fällt. Das Auto ist für mich schon fast wie ein Lebewesen.

„Iih", quiekt Funny und zieht einen vergammelten Apfelgrotzen unter ihrem Po hervor. Sie rümpft gekünstelt die Nase und wird von einem heftigen Lachanfall geschüttelt. „Du bist wirklich eine Sau!"

„Schmeiß unter den Sitz", kichere ich und starte die Zündung. Mit quietschenden

Reifen fahre ich aus der Parklücke. Funny wird in den Sitz gedrückt, sie hält sich übertrieben am Haltergriff oberhalb der Tür fest. Wir können uns vor Lachen kaum halten. Meine schlechte Laune wird langsam von unkontrollierbarer Albernheit überschattet. Ich finde auf einmal jede Kleinigkeit witzig, doch besser fühle ich mich nicht.

Ziellos fahren wir durch die Straßen Grünwalds. Dröhnende Stimmungsmusik, deutsche Schlager ertönen aus dem Radio. Funny singt lauthals mit und kurbelt ihr Fenster hinunter. Die stickige Luft, die sich über den heißen Tag im Auto angesammelt hat, verdünnisiert sich allmählich.

„Hey, du Arschloch!" brüllt Funny plötzlich einen armen Passanten an. Doch bevor sich dieser verblüfft nach uns umschauen kann, sieht er nur noch eine Staubwolke von uns.

Erst überrascht, dann kreischend vor Lachen, sehe ich Funny an, die sich vor Freude fast am Boden kringelt. Ich komme auf Hochtouren und kurbele ebenfalls die Scheibe hinunter.

„Scheeiiße!" Ich schreie, so laut ich kann, in den schwülen Abend hinein.

„Ich hasse euch alle!" Funnys Kopf wird rot, sie hält ihn weit aus dem Fenster. Ihre blauen Haare flattern im Fahrtwind, sie kneift die Augen zusammen.

Abwechselnd brüllen wir völlig ahnungslose und unschuldige Fußgänger an, die erschrocken stehen bleiben und uns verdutzt anstarren. Die bleichen Gesichter dieser Leute stacheln uns noch mehr an, und unser Gekreische wird immer lauter. Es ist zum Schießen! Sollen sie uns doch für verrückt halten. Verrückt ist schließlich jeder, nur keiner steht dazu.

„Du verdammtes Schwein!" Ich schreie alles heraus, meine ganze Wut und den Hass auf die Welt. Mir schießen die Tränen in die Augen vor Anstrengung und Lachen. Es macht einen Heidenspaß.

Nach einiger Zeit werden allerdings unsere Stimmen heiser, und Erschöpfung macht sich bemerkbar.

Funny sitzt schließlich schweigend neben mir, ihr Gesichtsausdruck ist sehr entspannt.

Besinnlich fahre ich langsam zur Klinik zurück. Mir ist es, als ob ein großer Stein von meinem Herzen gefallen sei. Ich fühle mich von einer schweren Last erlöst. Eine angenehme Ruhe und Ausgeglichenheit breitet sich in mir aus. Das Schreien hat Wunder bewirkt.

12

Dicke Regentropfen prasseln laut gegen die Scheiben des Pavillons. Der Himmel ist mit dicken grauen Wolken behangen, die Sonne hat sich hinter ihnen versteckt, und das schon seit Tagen. Es wird gar nicht mehr richtig hell. Die Blätter der Bäume hängen durch den ständigen starken Regen traurig hinab, und die Wiese, auf der wir letzte Woche noch mit Decken lagen, hat sich in eine große schlammige Sumpflandschaft verwandelt. Ein deprimierender Anblick, alles ist so trostlos.

Überall, auf den Wegen und im Gras, befinden sich diese roten widerlichen Nacktschnecken, sie kommen sogar in den Pavillon gekrochen. Beim Laufen muss man darauf achten, keine tot zu trampeln. Es gelingt nicht jedem, und oft kann man angeekelte Schreie hören, worüber Funny und ich uns immer kaputtlachen. Diese glibberige Schleimmasse bekommt man nämlich nicht so leicht von den Schuhsohlen entfernt. Zum Glück bin ich noch nie auf eine draufgetreten.

Trotz eines dicken Rollkragenpullovers zittere ich vor Kälte. Wir haben Ende Juli, man glaubt es kaum. Meine momentane Stimmung ist genauso betrübt wie das Wetter. Seit einigen Tagen sitze ich wieder in einem tiefen Loch. Und nichts und niemand kann mich da herausholen. Ich bin einfach völlig unzufrieden mit mir und meinem Leben. Ich weiß nicht, ob es an dem Liebeskummer liegt, der mich bald umbringt, oder ob wieder Nelly in mir wütet und mich zu vernichten versucht. Es wäre mir jetzt aber auch zu mühsam, den Grund für meine beschissene Stimmung heraus zu finden, mir fehlt jeglicher Antrieb. Ich möchte mich auch nicht mit mir beschäftigen, es könnte zu schmerzhaft werden. Das Bearbeiten meiner Probleme verschiebe ich auf morgen. Manchmal meine ich, die Therapeuten warten nur darauf, dass ich meinen Kram endlich auspacke, doch ich habe wahnsinnige Angst davor. Es ist so schwer. Außerdem wurde mir immer eingetrichtert zu schweigen. Wie soll ich mich jetzt so schnell umgewöhnen und erzählen?

Frau Grünert allerdings ist stets darum bemüht, mich aufzuheitern. Sie schwärmt von meinem Pferd, von meinem Hund und sagt, wie toll es für mich in meiner neuen Wohnung werden wird. Wahrscheinlich möchte sie mich erst stabilisieren, bevor sie ans Eingemachte geht. Sie ist wirklich lieb, doch ich kann mich über nichts freuen. Was bringt mir das alles, wenn ich unglücklich bin?

Neulich habe ich mein Pferd besucht und bin anschließend auf meinem Zimmer heulend zusammengebrochen. Schwester Barbara hatte alle Mühe, mich zu trösten. Als das nicht half, konnte mich nur noch ein Beruhigungsmittel wieder einfangen. Ich weiß immer noch nicht, was mich da so heruntergezogen hat. Jedenfalls fahre ich vorerst nicht mehr in den Stall, was gleich wieder ein schlechtes Gewissen in mir weckt. Ich glaube, Glamour geht es auch nicht sonderlich gut. Er wirkt traurig und einsam. Mein Reitlehrer kann ihm eben nicht die Liebe und Zuwendung geben, die ich ihm immer entgegenbringe. Es wird Zeit, dass ich hier rauskomme. Doch so eine miese Laune verkürzt mit Sicherheit nicht den Aufenthalt.

Dr. Fock meint, es sei sehr gut, dass es mir so dreckig ginge. Dann würde ich wenigstens mal meine Trauer spüren. „Daran siehst du, dass etwas in Gang gekommen ist. Du musst den Zustand aushalten", pflegt er triumphierend zu sagen.

Na super, und wenn ich mir erneut die Haut aufschneide, stöhnt wieder alles. Ich habe das Gefühl, dass meine Ritzerei hier in der Klinik schlimmer geworden ist. Woran kann das liegen?

Frau Zapper macht mir beinahe Vorwürfe deswegen. Was das denn bringe? Ich erzähle ihr dann zum hundertsten Male, dass ich mich hinterher befreiter und beruhigter fühle. Wenn ich meine Aggression auf anderem Wege beseitigen könnte, wäre ich überglücklich. Frau Zapper rät mir, ich solle meine Wut in solchen Situationen auf Papier bringen, mir von der Seele schreiben. Das wäre sicherlich eine nette Lösung, das Problem ist nur, dass ich bei einem „Ritzanfall" nicht mehr klar denken kann und total abdrehe. In diesem Moment bin ich unfähig, irgendwas auf ein Papier zu kritzeln.

Mein größter Traum ist es, endlich vom Ritzen und von diesen depressiven Löchern loszukommen. Endlich ein glücklicher Mensch zu sein, der sein Leben mit all den Höhen und Tiefen genießt. Dafür nehme ich fast alles in Kauf.

Vom Himmel stürzen nun Bäche hinunter. Wenn ich jetzt in mein Zimmer liefe, würde ich klitschnass oben ankommen. Also bleibe ich lieber noch eine Zeitlang sitzen und lausche dem unüberhörbaren Trommeln des Regens. Es hat etwas Beruhigendes an sich, man kann sich richtig wegträumen und Zeit und Raum vergessen. Am liebsten würde ich jetzt schlafen, schlafen, schlafen und nie mehr aufwachen.

„Da sind sie wieder", flüstert wie aus dem Nichts die ältere Frau, die mir gegenüber sitzt, mit bebender Stimme und zieht zitternd an ihrer Zigarette. Sie sieht durch mich hindurch. Ihre Augen sind vor Angst weit aufgerissen, als ob sie gerade etwas Furchtbares entdeckt hätten. Automatisch drehe ich mich um, um zu schauen wer da wohlmöglich kommt. Die Wege sind jedoch menschenleer.

„Die wollen mich umbringen“, fährt sie fort. Ich weiß nicht, ob sie zu mir spricht oder zu sich selbst. Außer uns beiden ist niemand im Pavillon anwesend. Ich fühle mich somit dazu verpflichtet, auf sie näher einzugehen.

Ich setze mich neben sie und nehme sanft ihre Hand.

„Wer möchte Sie umbringen?“ frage ich eindringlich. Vielleicht ist das eine saublöde Frage, doch was soll ich sonst sagen? Wäre doch nur noch jemand hier.

„Die Stimmen! Sie sind so laut, sie schreien in meinem Kopf.“ Die Frau presst ihre Hände auf die Ohren und kneift die Augen zusammen.

„Kann ich irgendetwas für Sie tun?“ Ich bin mit der Situation völlig überfordert. Wie hilft man einem schizophrenen Menschen? Ich kann mich nur schwer in sie hineinversetzen, da ich in meinem Leben noch keine Stimmen im Kopf gehört habe. Was ich bisher darüber gelesen habe, müssen diese Stimmen unwahrscheinlich laut und schrill sein. Das Schlimmste ist, dass man sie weder mit ohrenbetäubender Musik noch mit sonstigen Geräuschen übertönen kann. Sie sind einfach da und unbesiegbar.

Die Frau tut mir so Leid. Sie sieht schrecklich gequält und verzweifelt aus.

Mir bleibt nichts anderes übrig, als die verwirrte Frau zu einer Krankenschwester zu bringen.

Der Regen hat Gott sei dank ein wenig nachgelassen und die Wolken verziehen sich langsam. Vielleicht kommt die Sonne ja heute doch noch zum Vorschein. Sie würde meiner Seele gut tun.

Nachdenklich gehe ich über den Hof, nachdem ich die ältere Frau zur Schwester gebracht habe. Sie hat sofort ein Medikament bekommen und der zuständige Arzt wurde gerufen. Hoffentlich geht es ihr bald besser. Mein Problem erscheint mir im Vergleich zu ihrem richtig mickrig. Sie ist wirklich viel ärmer dran als ich. Sie hat einen Grund verzweifelt zu sein, nicht wie ich, die sich so oft, ohne zu wissen warum, die Haut zerschneidet und ständig in depressive Abgründe stürzt. Mir geht es doch eigentlich gut, ich habe alles, was man sich nur erträumen kann. Ich habe kein Recht dazu, dass es mir schlecht geht. Andere würden sich so ein Leben, wie ich es führe, wünschen und ich bin maßlos undankbar. Meine Vergangenheit war zwar absolut beschissen, aber sie ist vorbei, ich habe sie hinter mir. Ich lebe im Hier und im Jetzt. Und mir geht es gut! Warum bin ich also immer noch unglücklich und unzufrieden?

Anscheinend bin ich der Typ Mensch, der immer griesgrämig durch die Welt läuft, an allem etwas auszusetzen hat und sich mit nichts zufrieden gibt, dem man nichts Recht machen kann.

Die meisten Menschen sind so, denken nur an sich und ihren Vorteil. Die Umwelt ist doch völlig unwichtig.

Bisher habe ich diese Leute verabscheut, ich wollte nie sein wie sie, geschweige denn, etwas mit ihnen zu tun haben.

Umso mehr quält mich nun der nicht unrealistische Gedanke, selbst ein solcher Mensch mit diesen Charaktereigenschaften zu sein. Ich möchte anders sein, als ich jetzt bin. Ich möchte ein ganz anderer Mensch sein und raus aus dem Körper, welcher mein Tun und Handeln obendrein noch unterstützt.

Vielleicht hasse ich mich deswegen so unerbittlich, weil ich unterbewusst schon lange weiß, wie scheiße ich eigentlich bin.
Vielleicht will ich auch deshalb nicht mehr leben, um diesem Zustand so schnell wie möglich ein Ende zu setzen!

Auf dem Weg in mein Zimmer begegne ich Dagmar und Aischa.

„Der auseinander genommene Rasierapparat, der im Schwesternzimmer liegt, ist doch sicher von dir, oder? Mensch Janna, was machst du denn für einen Blödsinn?“ ruft mir Dagmar fröhlich zu. Sie bleibt vor mir stehen und legt kumpelhaft ihren Arm um meine Schultern.

„Musst du so brüllen?“ erwidere ich genervt. Es muss nicht gleich die ganze Klinik mitbekommen.

„Die Schwester hat das ganze Gehäuse mitgenommen, aber die Klinge hat sie auf meinem Nachttisch liegen lassen“, sage ich mit einer Spur von Ironie.

„Bist nicht gut drauf, was?“ Dagmars gute Laune ist nicht zu trüben. Grinsend blinzelt sie mir zu.

Aischa steht mit hängenden Schultern daneben. Sie lässt ihre Augen besonders groß und unschuldig wirken. Das Mädchen ist wirklich zu bemitleiden.

„Mir geht es heute auch sehr schlecht“, jammert sie in dem leidenden Ton, den wir jeden Tag zu hören bekommen. Es hätte mich auch gewundert, wenn es ihr mal gut ginge. Ständig heult sie herum, wie arm sie doch dran sei, und die ganze Welt sei schließlich soo gemein.

So etwas kann ich auf den Tod nicht ausstehen, deswegen gehe ich auf ihre Worte gar nicht erst näher ein.

„Ich ritze auch. Es ist schrecklich“, sagt Aischa hastig und streicht sich über die makellosen Arme

„Wow, bist du cool“, entgegne ich spöttisch und verdrehe die Augen.

Gleich raste ich aus. Ich bin mir hundertprozentig sicher, dass sie nicht ritzt. Wenn sie es wirklich tun würde, hätte sie schon längst davon berichtet. Sie erzählt doch sonst von all ihren Leiden.

Aber bestimmt wird sie es gleich ausprobieren, um hinterher ihre Schnitte zu präsentieren. Es ist schließlich eine gute Methode, um Aufmerksamkeit zu erregen. Ich wette, dass sie morgen mit einem dicken Verband am Arm erscheint.

Mich packt eine Riesenwut. Ich kann es nicht ausstehen, wenn eine Sache, mit der ich ein großes Problem habe, so durch den Dreck gezogen wird. Ich fühle mich verarscht. Aischa soll froh sein, dass sie unter solch einer Sucht nicht leidet.

Bevor ich mich jedoch weiter aufrege, verabschiede ich mich von den beiden und verziehe mich schnell.

Auf dem runden Tisch steht ein kleines Döschen mit einer dicken gelben Pille darin. Es fällt mir sofort ins Auge, als ich mein Zimmer betrete.

Fassungslos kippe ich die Tablette auf meine Hand. Was ist das? Was soll das? Wollen die mich jetzt etwa mit Tabletten ruhig stellen? Ohne mich! Ich habe Dr. Fock ausdrücklich gesagt, dass ich, außer im Notfall, keine Medikamente einnehmen werde. Wenn die glauben, dass ich das Ding jetzt schlucke, haben sie sich geschnitten, zumal ich es ohnehin nicht hinunter bekäme.

Wutschnaubend eile ich mit der Dose ins Schwesternzimmer.

„Was auch immer das für eine Pille ist, ich werde sie nicht nehmen“, empöre ich mich. Der Gedanke, möglicherweise wie ein Zombie durch die Gegend zu laufen, macht mir Angst.

„Johanniskraut ist nicht schädlich, es ist rein pflanzlich. Dr. Fock hat es so angeordnet. Das kannst du also beruhigt schlucken.“ Die Schwestern lächeln amüsiert.

„Ich möchte aber nichts schlucken. Ich brauche kein Johanniskraut, außerdem ist die Pille viel zu groß!" Ich werde immer wütender. Innerlich sträube ich mich gegen jegliche Art von Medikamenten. Selbst Kopfschmerzen oder Regelbeschwerden halte ich immer ohne Schmerztabletten aus. Die Angst vor den Nebenwirkungen ist viel größer als das Leiden.

„Was ist denn hier los?" Dr. Fock erscheint mit einem belustigten Gesichtsausdruck in der Tür.

„Wir haben vereinbart, dass ich, außer im äußersten Notfall, keine Tabletten verschrieben bekomme", erinnere ich ihn und gebe ihm das Pillendöschen in die Hand. Gekränkt verschränke ich die Arme vor der Brust. Ich möchte nicht, dass Dr. Fock mich für eine Verrückte hält, die nur mit Medikamenten zu bändigen ist.

Dr. Fock zieht mich leicht an der Nase.

„Johanniskraut ist doch kein hartes Medikament. Es wirkt lediglich ein bisschen stimmungsaufhellend, mehr nicht. Es hat keinerlei Nebenwirkungen und macht nicht abhängig. Wenn es dir schaden würde, hätte ich es dir garantiert nicht verordnet." Er streichelt mir über die Wange.

„Und es ist wirklich rein pflanzlich?" hake ich stur nach. Wenn Johanniskraut wirklich so harmlos ist, wie er es beschreibt, schlucke ich es, meinetwegen. Vielleicht bin ich ja dann wieder besser drauf.

Dr. Fock nickt überzeugend.

„Wenn sich jedoch nur die geringste Nebenwirkung bemerkbar macht, setze ich es sofort ab", drohe ich humorvoll mit erhobenem Zeigefinger.

„Einverstanden", verspricht Dr. Fock schmunzelnd. „Sei in einer Stunde auf deinem Zimmer, dann komme ich noch mal hoch."

Frisch geschminkt und neu frisiert, mit einem leichten Duft meines Lieblingsparfums, sitze ich an meinem Tausend-Teile-Puzzle und warte auf Dr. Fock. Ich will ihn mit meinem Outfit keineswegs anmachen –
dazu bin ich wohl auch unfähig –, doch ich möchte ihm gefallen. Aber bestimmt findet er mich ohnehin hässlich, es würde mich nicht wundern. Ich bin viel zu dürr, habe eklige Hände, und überhaupt mag ich so gut wie nichts an mir. Die Männer, die an mir interessiert sind, müssen an Geschmacksverirrung leiden.

Es klopft an der Tür. Ich weiß sofort, dass es Dr. Fock ist. Sein typisches Klopfen, laut und dreimal kurz hintereinander. Außerdem wartet er nie, dass man ihn herein bittet.

„Ich glaube, wir müssen zusätzlich noch deine Puzzle-Sucht behandeln“, meint er scherzhaft und schließt die Doppeltür.

Grinsend kommt er zu mir und wuschelt mir durch die mühevoll gestylten Haare. Na, super! Die Arbeit hätte ich mir sparen können.

Er beugt sich dicht über mich und sucht ebenfalls aufmerksam nach passenden Teilen.

Wieso beschwert er sich? Schließlich puzzlet er täglich mit Begeisterung mit. Wir haben innerhalb der drei Wochen schon vier Spiele mit 1.000 Teilen geschafft.

„Wie fühlst du dich denn?“ fragt er, ohne seinen konzentrierten Blick von dem Puzzle zu wenden.

„Na ja, geht so“, antworte ich knapp und stütze meinen Kopf auf. Eigentlich geht es mir ziemlich bescheiden, doch ich bringe es nicht über die Lippen.

Sein Kopf ist ganz nah an meinem. Ich schiele zu ihm hoch. Am liebsten würde ich ihn jetzt küssen.

„Wollen wir Kontakt zu Nelly herstellen?“

Ich schüttle den Kopf. Ich habe keine Lust auf Hypnose. Wer weiß, was dadurch hoch kommt oder wie mich Nelly heute wieder beschimpft. Nicht, dass es mir hinterher noch beschissener geht.

Dr. Fock akzeptiert meine Verweigerung und hakt nicht weiter nach.

Unsere körperliche Nähe verursacht ein wohliges Kribbeln in meinem Bauch. Ich wünschte, ich könnte den Augenblick anhalten. Mir kann nichts passieren, ich bin geschützt.

Mein Wunsch scheint erhört, denn die Nähe bleibt für eine relativ lange Zeit bestehen, ohne dass auch nur ein einziges Wort fällt.

Ich habe das Gefühl, auf Wolke sieben zu schweben. Ich bin echt so verliebt, dass es mir schon fast peinlich ist.

Plötzlich reißt mich Dr. Fock mit einer unangenehmen Frage aus meinen Träumereien: „Was war dein Onkel für ein Mensch?“ Seine Stimme klingt weich und vertrauensvoll.

Trotzdem zucke ich zusammen und starre ihn dann vorwurfsvoll an. Was fällt ihm ein, solch eine bescheuerte Frage zu stellen. Ohne zu antworten wühle ich heftig im Kasten nach geeigneten Puzzleteilen. Zumindest tue ich so.

Auf einmal werde ich total zornig auf den Arzt. Er soll sich verpissen, und zwar auf der Stelle. Ich will ihn nicht mehr sehen, er kotzt mich an.

Bewusst rücke ich mit meinem Stuhl weiter weg. So ein verdammtes Arschloch! Der hält sich wohl für Gott!

Sein Glück, dass er mich nicht noch mal fragt. Ich würde ausrasten.

Als er endlich gegangen ist, stelle ich mich wütend vor den Spiegel. Mit meinen Fingern verwische ich erbittert meine ganze Schminke. Prompt bilden sich unter meinen Augen schwarze Flecken.

Die Wimperntusche hängt an meinen Wangen, und das Makeup ist nun fleckig in meinem Gesicht verteilt.

Zu guter Letzt reiße ich mir noch mein Gummiband aus den Haaren und zerre so heftig an ihnen, dass sie alle kreuz und quer abstehen.

Ich hasse dich! Ich hasse mich und hasse euch alle! Ihr Männer seid doch die letzten Dreckschweine!

Das Mädchen im Spiegel wirft mir erboste Blicke zu.

Beschwichtigend lächle ich es an.

So scheiße, wie du jetzt aussiehst, gefällst du mir viel besser.

Ich biege mich vor Lachen und kann mich nicht beruhigen.

Dann hole ich meine Rasierklinge.

Es ist noch früh am Morgen, langsam geht die Sonne auf. Der Wald hat um diese Zeit etwas Geheimnisvolles an sich, sanfte Nebelschwaden ziehen über den Boden. Kein Straßenlärm, keine Hektik und keine lästigen Wanderer, alles ist ruhig und still.

Außer dem gleichmäßigen Schritt und dem zufriedenen Schnauben meines Pferdes ist nichts zu hören. Ich liebe die Idylle des frühen Tages und die enge Verbundenheit zu Anuschka. Niemand kann uns diesen Augenblick nehmen.

Wir galoppieren die menschenleeren Wege entlang. Ich fühle mich unendlich frei und glücklich. Stundenlang könnte ich so weiter reiten. Dafür lohnt sich sogar das zeitige Aufstehen am Wochenende.

Während wir gemütlich durch die Gegend bummeln, tauchen plötzlich aus dem Nichts zwei Männer neben uns auf. Eigenartig!

„Einen wunderschönen guten Morgen", begrüßen sie mich. „Könntest du uns vielleicht den Weg zum nächstgelegenen Ort zeigen? Wir haben uns verlaufen."

Da sie absolut orientierungslos sind, begleite ich sie noch ein Stück. Es entsteht eine nette Unterhaltung, die beiden sind wirklich sympathisch. Schon bald haben wir die erste Häusersiedlung erreicht und ich verabschiede mich. Die Männer schauen mich lange und intensiv auf eine ganz merkwürdige Art an. Mir ist mulmig zumute. Als ich gerade dabei bin umzukehren, packen sie mich auf einmal an meinen Beinen und reißen mich vom Pferd. Sie werfen mich zu Boden und zerren mir die Kleider vom Leib. Verzweifelt versuche ich die Zügel festzuhalten, doch mein Pferd ergreift panisch die Flucht. Ich schreie und schreie. Die Männer vergewaltigen mich schließlich nacheinander, ich bin machtlos.

Eine Frau aus unserem Stall reitet an uns vorüber. Sie lächelt mich an, dann ist sie weg. Warum hilft sie mir nicht?

Ein unerträglicher Schmerz durchfährt meinen Unterleib …

Schweißgebadet und zitternd wache ich auf. Mein Kopfkissen ist pitschnass. Vielleicht durch Tränen? Ich weiß es nicht. Draußen ist es stockdunkel. Was war das? Was ist passiert? Es war so schrecklich. Ich habe höllische Bauchschmerzen, und mir ist übel. Mein Kopf und meine Gedanken scheinen sich zu drehen. Ich bin völlig durcheinander. Die Männer! Wo bin ich überhaupt? Und wo ist Anuschka? Haben die mich etwa umgebracht? Mein Unterleib tut so weh.

Während ich verwirrt das Licht anknipse, stülpt sich plötzlich mein Magen nach oben. Ich haste aus dem Bett und renne über den Flur zur Toilette. Schnell beuge ich mich über die Schüssel. Gerade noch geschafft. Der Inhalt meines Magens sprudelt nur so aus mir heraus. Es hört gar nicht mehr auf. Ich kotze mich halbtot. Ekelhaft! Mir kommen vor lauter Anstrengung die Tränen, ich fühle mich hundeelend. Anuschka ist doch tot. Bloß nicht nachdenken, ganz ruhig bleiben. Raste jetzt bitte nicht aus! Gleich ist es bestimmt vorbei.

Nachdem auch meine Gallenblase leer ist, ziehe ich mich langsam wieder an der Wand hoch. Meine Beine geben beinahe nach. Hoffentlich kippe ich jetzt nicht noch um. Das wäre echt das Letzte, was ich nun gebrauchen könnte. Ich stütze mich am Waschbecken ab.

Als ich mir den Mund ausspüle, dämmert mir langsam, dass ich eben ein Albtraum hatte. Es war nicht Wirklichkeit, sondern nur ein Traum. Ein Traum, der mich nicht das erste Mal heimgesucht hat. Ich hasse ihn. Er macht mich fertig. Warum sind es immer zwei Männer?

Ich schaue in den Spiegel und erschrecke bei meinem Anblick. Meine Augen sind knallrot, unter ihnen sind tiefe dunkle Ränder gezeichnet. Meine Wangen erscheinen besonders hohl, das Gesicht wirkt spitz, spitzer als es ohnehin schon ist. Ich bin total hässlich! Außerdem ist mein Körper mit einem zähen Schmutzfilm überzogen. Ich lasse die Blicke an mir herunterwandern. Igitt! Meine Arme, meine Beine, wie widerlich. Am besten stelle ich mich gleich unter die Dusche.

Ohne darauf zu achten, dass es mitten in der Nacht ist, hole ich mein großes Badetuch und schließe mich in der Dusche ein. Ich drehe den Duschhahn voll auf und stelle ihn auf die heißeste Stufe ein. Es dauert aber immer ein paar Minuten, bis das Wasser so richtig erhitzt ist. Währenddessen ziehe ich langsam mein Nachthemd und meinen Slip aus. Den Blick in den Spiegel vermeide ich bewusst. Meinen nackten Körper zu sehen, ist nämlich das Unerträglichste. Wahrscheinlich müsste ich sofort wieder kotzen, und das muss ja nicht sein.

Als schließlich Wasserdampf aus der Duschtür quillt, stelle ich mich unter die Brause. Ein bald kochend heißer Schauer jagt über meine Haut. Ich kneife die Augen zusammen und halte den brennenden Schmerz aus. Es tut gut. Nur so kann der Dreck abgewaschen werden. Ich habe das Gefühl, als ob sich meine Haut allmählich ablöst. Ein geiles Gefühl.

Nach einer halben Stunde drehe ich das Wasser ab. Ich dampfe. Mein Körper gleicht dem eines Krebses, feuerrot. Selbst beim Abtrocknen brennt er noch. Ich muss kichern.

Dann mache ich mich, das Handtuch fest umwickelt, auf den Weg zurück in mein Zimmer. Das Haus ist außerordentlich still. Es hat wohl niemand etwas von meiner nächtlichen Kotz- und Waschorgie mitbekommen. Ein Glück!

Ich ziehe ein frisches Nachthemd an und lege mich erneut ins Bett. Allerdings traue ich mich nicht, das Licht auszuschalten. Die Dunkelheit droht mich aufzufressen. Ich habe Angst einzuschlafen, der Traum von vorhin könnte abermals kommen. Und was dann?

Unruhig blicke ich im Zimmer umher. Ist hier etwa jemand? Es könnte doch sein, dass sich, während ich unter der Dusche stand, wer hineingeschlichen hat und sich vielleicht im Schrank oder unter dem Bett versteckt hält. Starr vor Angst presse ich die Knie an meinen Körper, bloß nicht bewegen.

...Langsam wurde die Türklinke nach unten gedrückt. Nein, bitte nicht schon wieder. Sie sah in der Dunkelheit nur die Umrisse einer Gestalt, die zielstrebig auf ihr Bett zusteuerte. Die altbekannte Gestalt! Sie legte sich dicht neben Nelly ...

Mein Körper fängt an zu zittern. Ich wiege ihn leicht hin und her. Das habe ich als kleines Mädchen auch immer getan, wenn ich traurig war oder Angst hatte. Einfach schaukeln.

Draußen höre ich Schritte auf dem Flur. Wer ist das? Bestimmt nur eine Patientin, die zur Toilette muss, ganz sicher. Kein Grund zur Sorge.

Als ich eine Tür zuschlagen höre, zucke ich zusammen. Mein Herz klopft immer schneller. Ich halte diese regelrechte Todesangst nicht aus. Es ist die Hölle.

Ich vergrabe mein Gesicht in der Bettdecke und presse beide Hände auf meine Ohren. Ich schreie in den Stoff hinein, so kann es wenigstens keiner hören. Ich bin so ekelhaft!

Tränen beginnen über meine Wangen zu laufen. Sie fließen aus mir heraus wie große Bäche. Es kommt selten vor, dass ich mal richtig heule. Meistens sitzen die Tränen so fest, dass ich nur vereinzelte vergießen kann. Ich bin dann regelrecht blockiert. Vielleicht muss ich mich deshalb immer schneiden, um wenigstens Blut fließen zu sehen. Hauptsache, die Verzweiflung läuft hinaus.

Jetzt aber heule und heule ich, ohne auf ein Ende zu warten. Ich lasse es auch zu. Schaden kann es schließlich nicht. Ich weine sogar richtig laut, wie ein kleines Kind, dass trotzig ist, weil es ein bestimmtes Spielzeug nicht bekommt. Ich hasse mich!

Ich bin so außer mir, dass ich nicht bemerke, wie vorsichtig die Tür geöffnet wird und sich jemand zu mir setzt und mir sanft über die Haare streicht. Ich bin unfähig, mich nur einen Zentimeter zu bewegen. Stattdessen umklammere ich die Decke immer fester. Fass mich nicht an! Bitte!

„Janna, ich bin es! Du brauchst keine Angst zu haben!“ Schwester Ninas vertrauensvolle Stimme dringt in meine Ohren. Was ein Glück! Ein Teil meiner Anspannung verschwindet.

Ich lege meinen Kopf in ihren Schoß und kuschele mich wie ein Baby an sie. Sie hält mich fest und streichelt mir über den Rücken. Ich bin nicht mehr allein. Schwester Nina lässt mich heulen, ohne eine einzige Frage zu stellen. Sie sitzt einfach nur da und ist bei mir. Ich glaube, ich könnte ihr jetzt auch nicht antworten. Das Weinen will gar nicht mehr aufhören. So viel habe ich in den letzten Jahren nicht mehr geheult. Der Augenblick kommt mir vor wie Stunden. Ich bin doch völlig durchgeknallt. Meine Gedanken schwirren wie kleine Insekten durch meinen Kopf. Irgendwelche Bilder ziehen an mir vorbei, Bilder, die ich nicht genau definieren kann. Ich fahre Karussell! In mir kreischen die Worte: „Ihr Schweine – ich hasse dich – du musst sterben – ich bin verdorben – Schuld – ich bringe euch um!“ Ich weiß nicht woher und von wem diese Stimmen kommen. Wieder presse ich mir die Hände auf meine Ohren.

„Ich bin ein Stück Dreck“, flüstere ich leise.

Schwester Nina hält zuerst inne. Dann fragt sie: „Wer sagt das?“

Wenn ich das wüsste. Alle sagen das bestimmt, oder denken es zumindest. Man muss mich doch nur anschauen. Und wer das Gegenteil behauptet, der lügt!

Ich antworte nicht auf Schwester Ninas Frage. Ich bin nicht fähig, das einfachste Gespräch zu führen. Hoffentlich ist die Nacht bald vorbei. Plötzlich setze ich mich auf. „Hier ist noch jemand in Zimmer“, sage ich, erneut von Panik erfüllt.

„Nein, wir beide sind alleine, ganz sicher“, beruhigt sie mich. Doch an meinem entsetzten Gesichtsausdruck scheint sie zu sehen, dass ich ihr nicht glaube. Also steht sie auf, öffnet die Schranktüren, zieht die Gardinen zurück und beugt sich letztlich noch unter das Bett.

„Siehst du? Hier ist niemand. Ich habe überall nachgeschaut“, sagt sie und setzt sich wieder zu mir.

„Kann ich eine Schlaftablette bekommen?“ bitte ich sie und fahre mir erschöpft mit den Fingern über das verquollene Gesicht. Ich möchte jetzt ganz tief und fest schlafen, bloß nichts mehr spüren, geschweige denn etwas träumen.

Schwester Nina holt eine Pille aus ihrem Kittel und geht mit einem kleinen Becher zum Waschbecken. Sie lässt Wasser einlaufen. Währenddessen merke ich, wie mich die Müdigkeit überkommt und lege mich bequem hin. Mir fallen fast die Augen zu.

„Jetzt wirst du gut schlafen. Die Tablette ist ziemlich stark.“

Ich schlucke sie schnell hinunter und drehe mich auf die Seite.

Schwester Nina küsst mich auf die Stirn, knipst das Licht aus und schließt leise die Tür hinter sich.

Nun liege ich wieder allein im Dunkeln. Doch ich bin viel zu matt, um mir darüber Gedanken zu machen. Ich hoffe nur, dass die beiden Männer nicht wiederkommen. Die beiden Männer, die mein Leben zu zerstören drohen.

Lautlose Schreie

Ein kleines Mädchen liegt weinend
im Bett und ruft nach seiner Mutter.
Es hat Angst vor dem Monster,
das unter seinem Bett lauert.
Die Mutter kommt ins Zimmer.
Als sie sich die Sorge ihrer Tochter anhört,
lächelt sie amüsiert,
sagt, es gäbe keine Monster,
gibt dem Mädchen einen Gute-Nacht-Kuss und geht.
Das kleine Mädchen bleibt allein zurück
- allein mit dem Monster.

13

Die Zeit vergeht wie im Flug. Nun bin ich schon seit vier Wochen in der Klinik, ohne bisher den geringsten Fortschritt festgestellt zu haben. Ich bin frustriert. Was ist nur los? Langsam glaube ich, unheilbar und therapieunfähig zu sein. Es will einfach keine Besserung eintreten. Das Ritzen und die nächtlichen Angstzustände sind nicht in den Griff zu bekommen. Eigentlich wollte ich ja in drei Wochen als „gesund" entlassen werden, um wieder mit neuer Kraft zur Schule gehen zu können, aber das kann ich wohl vergessen. Dabei habe ich gerade erfahren, dass meine Versetzung durch das nicht beendete Praktikum doch nicht gefährdet ist, da ich die zwei Wochen Fehlzeit ausnahmsweise in den Herbstferien nachholen kann. Nachdem mir meine Lehrerin diese Neuigkeit mitgeteilt hatte, ist mir ein riesiger Stein vom Herzen gefallen. Das war schließlich eine meiner größten Sorgen. Ich hätte Frau Seifert am liebsten abgeknutscht.

Was ist jedoch in drei Wochen? Bin ich dann wirklich gesund und von meinen Ängsten und meiner langjährigen Selbstverletzungssucht los? Ehrlich gesagt, habe ich da meine starken Zweifel. Ich kann es mir zumindest nicht vorstellen. Die Zeit wäre einfach zu kurz. Wie soll man auch jahrelange Probleme in nur wenigen Wochen aufarbeiten? Dr. Fock meint, ich sei schon schnell in meiner Entwicklung, doch ich solle auch ein wenig mit mir Geduld haben. Man könne nichts mit Gewalt erreichen. Das leuchtet mir zwar ein, aber ich möchte doch unbedingt endlich ein normales Leben führen, wie jeder andere Mensch auch. Ist dieser Wunsch denn so abwegig? Wer wünscht sich denn nicht, gesund zu sein. Irgendwann reißt einem eben mal der Geduldsfaden.

Ich sehe im Moment alles noch so hoffnungslos. Wie verrückt werde ich therapiert, und ich kann einfach keine Erfolge erkennen. Ich fühle mich immer noch genauso, wie ich hergekommen bin. Das kann doch nicht normal sein. Manchmal denke ich sogar, dass die Intensität meiner Angstzustände und die Stärke der Selbstzerstörung eher zunimmt. Woran das nur liegt? Wahrscheinlich liegt es an mir selber. Jede einzelne Therapiesitzung ist zwar kostbar und wichtig, doch ich bin viel zu verklemmt. Sobald es etwas tiefgründiger wird, blockiere ich sofort. Ich lasse meine inneren Jalousien herunter, und dann ist es vorbei mit der Gesprächigkeit. Bloß nichts erzählen, das ist schließlich verboten. Ich darf nicht, ich kann nicht, ich will nicht! Ich möchte an diese Scheiße nicht mehr erinnert werden. Es

ist ja auch schon lange her, warum sollte man also das Gras, das über die Sache gewachsen ist, wieder abrupfen? Mein Ziel ist nur, Spaß am Leben zu finden und meinen Körper in Ruhe zu lassen. Ist das vielleicht zu viel verlangt? Das muss doch irgendwie zu packen zu sein. Ich muss nur die Rasierklingen an ihrem Ort liegen lassen, mehr nicht!
Doch das ist leider nicht so einfach. Ich habe mit Dr. Fock und den anderen Therapeuten schon die verschiedensten Möglichkeiten gesucht, meine Wut und Verzweiflung auf anderem Wege auszudrücken, als gleich das Blut fließen zu lassen. Wir haben überlegt, dass ich in solch einer Situation vielleicht im Wald rennen könnte oder im Gymnastikraum lauthals schreien sollte. Eine andere Alternative wäre, meine Gefühle aufzuschreiben. Ich dürfte auch zur Schwester gehen, die mir dann etwas zur Beruhigung geben würde. Wir haben uns wirklich einiges ausgedacht, doch nichts ist annähernd so befreiend und wirkungsvoll wie das Schneiden. Man könnte genauso gut einem Kettenraucher vorschlagen, er solle lieber ein Bonbon lutschen, anstatt sich eine Zigarette anzuzünden. Der Effekt ist aber nicht derselbe. Das sind die Tücken der Sucht. Wenn man einmal damit angefangen hat, kommt man so schnell nicht wieder davon los. Egal, ob man will oder nicht. Es ist zum Kotzen! Man zerstört das eigene Leben. Eigentlich bescheuert, oder etwa nicht? Ich muss vor meiner eigenen Person Angst haben. Wenn mich jemand umbringen wird oder mich mit dem Messer bedroht, bin ICH es. Die größte Gefahr für mich bin ich selbst. Es ist doch scheiße, wenn man vor seinem eigenem Ich nicht mehr sicher ist. Was für ein Leben!

Das kleine Mädchen sitzt zusammengekauert vor mir. Es hat die Beine eng an den Körper gezogen und die Arme fest um sie umschlungen. Das Gesicht hält es in die Knie gedrückt. Es zittert am ganzen Leib und wiegt sich leicht hin und her. Seine dunklen Haare hängen in Strähnen über seine zuckenden Schultern. Das schwarze Kleidchen, welches es trägt, ist völlig verdreckt und zerrissen. Ein trauriger Anblick, doch ich bin wie versteinert.

Das Mädchen scheint meine Anwesenheit nicht zu bemerken, vielleicht will es sie auch gar nicht bemerken. Oder vielleicht hat es sogar Angst vor mir. Die kleinen Händchen umklammern krampfhaft seine Schienbeine, als ob es Angst davor hätte, sich selbst weggenommen zu werden. Es wartet offenbar auf etwas. Ich weiß nur noch nicht auf was.

Ich beobachte das Mädchen, wie es so ganz allein da sitzt. Es hat wohl niemanden, der es in den Arm nimmt, der es tröstet, der es beschützt. Es ist einsam und braucht Hilfe. Wie kann solch ein kleines Wesen nur so verzweifelt sein?

„Janna, kannst du auf das Kind zugehen und es vielleicht in den Arm nehmen? Es braucht dich", höre ich Frau Grünert sanft sagen. Ihre Stimme hat etwas Sonderbares in sich. Sie klingt beinahe wie ein Echo.

Energisch schüttle ich den Kopf. Ich kann nicht. Irgendetwas hält mich davon ab, mich auch nur einen Schritt dem Kind zu nähern. Es ist so verwahrlost und schmutzig. Ich kann den Ekel, den ich ihm gegenüber empfinde, nicht unterdrücken. Jeder andere hätte sicher tiefes Mitgefühl mit diesem armen Geschöpf, doch mich lässt es komischerweise völlig kalt. In mir wächst eher Abneigung und Verachtung als ein Beschützerinstinkt. Bei jedem anderen Kind würde ich bei solch einem Anblick auf der Stelle erweichen. Doch dieses möchte ich nicht anfassen, nicht in den Arm nehmen. Ich hasse es, dieses kleine verdorbene Gör. Soll es dort doch allein sitzen, es wird schon seine Richtigkeit haben.

„Kannst du denn dem Mädchen etwas Nettes sagen? Beispielsweise, dass es nicht einsam ist und dass es sich nicht ängstigen muss? Dass du bei ihm bist?" ermuntert mich Frau Grünert.

„Nein", antworte ich sofort. Lieber würde ich mir die Zunge abbeißen, als dem Kind einen Hauch von Zuwendung zu zeigen. Ich möchte auf keinen Fall mit ihm in Kontakt treten.

Es weint jetzt sogar. Der kleine Kopf bebt, aber das Gesicht kann ich immer noch nicht sehen. Das Mädchen weint lautlos vor sich hin. Niemand ist bei ihm.

Frau Grünert schlägt mir noch vor, dass ich ihm ein Spielzeug entgegen werfen könnte, doch nicht einmal dazu bin ich in der Lage. Es soll schließlich nicht denken, dass ich es mag. Die Abneigung ist einfach zu groß.

Ich drehe dem kleinen Mädchen den Hintern zu. Ich möchte weg und es nicht mehr sehen. Genug!

Frau Grünert erkennt gleich meinen Rückzug.

„Bedanke dich bei deinem inneren Kind, dass es sich dir gezeigt hat und verabschiede dich. Sag ihm, dass ihr euch bald wiedersehen werdet." Frau Grünerts Stimme dringt immer näher zu mir.

Ich laufe davon. Ohne mich umzudrehen murmele ich leise: „Tschüß Nelly, bis zum nächsten Mal!"

Dann sitze ich in Frau Grünerts großem Lehnstuhl und recke mich. Ich gähne herzhaft und strecke die Beine aus. Der Blick auf die Uhr verrät mir, dass die Zeit um ist. Die Psychologin lächelt mich an.

„Ich weiß, ich habe mich asozial verhalten, aber ich konnte für dieses Geschöpf keinerlei Gefühle aufbringen", entschuldige ich mich beschämt.

„Du darfst das auf keinen Fall bewerten. Du hast dich völlig normal verhalten. Mach dir bitte keine Vorwürfe, es ist alles in Ordnung", beschwichtigt sie mich ernst.

Als ich schließlich den Raum verlasse, fügt sie noch hinzu: „Du musst dich einfach nur ein wenig mehr selbst lieb haben!"

...Ich lag auf dem Rücken, Onkel Albert auf mir. Hektisch begann er, mir die Hose herunterzuziehen und seine eigenen Jeansknöpfe aufzureißen. Er biss sich nervös auf die Unterlippe, und seine Augen wanderten gierig über meinen Körper. Ich wusste, was jetzt wieder kam. Das altbekannte Spiel, was eigentlich gar kein Spiel war. Gleich würde der Schmerz meinen Unterleib zerreißen. Um mich von der Angst abzulenken, zählte ich die kleinen Blumen auf der Tapete. Kaum hatte ich mit dem Zählen begonnen, kam plötzlich Nelly in Onkel Alberts Kellerraum und steuerte auf das Bett zu.

„Janna, steh auf", flüsterte sie und reichte mir ihre Hand.

Ich stand auf und verkroch mich sofort in die hinterste Ecke des Raumes und hielt die Hände vor meine Augen. Mein Onkel schien von meiner Flucht nichts bemerkt zu haben, jedenfalls holte er mich nicht zu sich zurück. Als ich vorsichtig zwischen meinen Fingern hervorlugte, sah ich Nelly, wie sie nackt unter Onkel Albert lag. Ihr Gesicht war vor Schmerz verzerrt. Offenbar musste sie Höllenqualen durchleiden. Meine arme Zwillingsschwester. Sie litt, und mir ging es gut ...

Ich sitze neben mir auf dem Bett und beobachte mich. Manchmal habe ich eben das Bedürfnis, aus meiner eigenen Haut hinauszugehen und die Welt aus einem anderen Blickwinkel zu betrachten. In solchen Situationen entwickeln sich ganz andere Gedankengänge, und ich kann mich mit neutralen Augen wahrnehmen, ohne dass mich dieser typische Selbsthass quält. Einfach weggehen, oft auch nichts mehr sehen, nichts mehr hören und nichts mehr fühlen. Wirklich eine praktische und hilfreiche Angewohnheit. Das kann nicht jeder.

Die eigentliche Janna sitzt also auf der Bettkante und starrt unweigerlich an die

Decke. Sie ist scheinbar durch nichts zu stören. Irgendwie sieht sie merkwürdig aus, so teilnahmslos und kalt. Ihre blonden Haare sind zu einem Pferdeschwanz zusammengebunden, der ruhig an ihrem Rücken herabhängt. Janna hat keine schönen Haare, sie sehen strohig und ungepflegt aus. Vielleicht sollte sie sie öfter durchkämmen oder vielleicht sogar abschneiden. Zu ihrem Gesicht würde sicherlich ein ausgefallener Kurzhaarschnitt passen. Das Gesicht ist nämlich viel zu brav. Sie ist zwar immer geschminkt, doch trotzdem sieht sie langweilig aus. Janna würde nie ungeschminkt das Haus verlassen. Keiner darf ihr wirkliches Gesicht sehen. Viele Leute sind der Meinung, dass sie sehr hübsch ist, aber ich finde, sie sieht wie jedes andere Mädchen in ihrem Alter aus. Sie unterscheidet sich kaum von der Masse. Irgendetwas müsste sie an sich verändern. Aber nur was? Vielleicht die Kleidung. Janna müsste sich ein wenig ausgeflippter anziehen. Sie sollte ihre Jeans und die netten T-Shirts in den Schrank hängen und sich ausgefallenere Klamotten zulegen. Sie muss einfach ihren ganzen Typ verändern, endlich die Hülle des wohlerzogenen und feinen kleinen Mädchens abwerfen.

Wahrscheinlich würde sie sich dann ein wenig besser in ihrer Haut fühlen.

Es klopft, und Schwester Barbara kommt herein. Sie lächelt Janna zu und stellt die Johanniskraut- Pillen auf das kleine Tischchen. Janna jedoch beachtet sie gar nicht, ihr Blick ist weiterhin starr gegen die Decke gerichtet. Ich muss leise kichern. Hoffentlich merkt die Schwester nicht, dass wir uns mal eben kurz geteilt haben. Aber es hat ja eigentlich noch nie jemand bemerkt. Nachdem sie leicht kopfschüttelnd den Raum verlässt, überlege ich weiter, was Janna aus ihrem Typ machen könnte. Plötzlich kommt mir eine geniale Idee: Sie muss sich piercen lassen. Ein paar Ringe im Gesicht würden ihr mit Sicherheit gut stehen. Sie fährt am besten gleich am kommenden Samstag nach Frankfurt und lässt sich schmücken.

Bestens gelaunt stürme ich in Funnys Zimmer. Wir haben uns mittlerweile das Anklopfen abgewöhnt, es ist viel zu umständlich. Außerdem verbergen wir nichts voreinander, kein Moment ist also ungünstig.

Funny liegt im Bett und schläft. Sie hat die Decke bis über beide Ohren gezogen, das Gesicht ist halb im Kissen vergraben. Ihr Mund ist ein wenig geöffnet, und sie atmet deutlich hörbar. Sie sieht richtig süß aus, beinahe wie ein kleines Mädchen. Im Schlaf wirken die meisten Menschen so friedlich und unschuldig, als ob sie keiner Fliege etwas zu leide tun könnten. Funny ist aber auch wirklich lieb.

Jedoch bin ich jetzt viel zu aufgedreht, um sie weiter schlafen zu lassen.

„Hey, du Schlafhaube", rufe ich und ziehe ihr die komplette Bettdecke weg. „Aufstehen! Es ist das schönste Wetter draußen, und du liegst hier im Zimmer und pennst!" Ich rüttle nicht gerade sanft an ihren Schultern. Funny zieht murrend die Beine an den Bauch und dreht sich auf die andere Seite.

„Funny", sage ich gedehnt, „los, steh endlich auf!" Manchmal kann ich echt penetrant und nervig sein, aber ich will mich jetzt unbedingt mit ihr unterhalten, möchte ihr von meinen Plänen erzählen.

Als ich immer noch nicht locker lasse, setzt sich Funny stöhnend auf.

„Du gehst mir tierisch auf den Zeiger", murmelt sie verschlafen, sie kann ein Lachen jedoch nicht unterdrücken. Sie blinzelt mir aus kleinen Augen mit belustigter Empörung entgegen. Ja, das ist meine Funny, ich habe sie unendlich lieb!

„Schlafen kannst du genug, wenn du tot bist." Ich ziehe die Gardinen zur Seite und öffne die Balkontür. Die pralle Mittagssonne scheint mir direkt ins Gesicht. Es ist sehr heiß, kein einziges Wölkchen ist am Himmel zu sehen. Endlich ist der langersehnte Sommer eingetroffen. Unten im Rosengarten ist jeder Liegestuhl besetzt. Manche Patientinnen liegen im Bikini auf ihren Handtüchern und lassen sich die Haut bräunen. Einige andere sitzen im Schatten und spielen Gesellschaftsspiele oder blättern in Zeitschriften. Ein Bild, was ich aus Urlaubstagen kenne. Dagmar ist auch unter ihnen. Sie betreibt bei einem Mitpatienten gerade Fuß-Reflexzonen-Massage. Typisch, ich kann mir ein Grinsen nicht verkneifen.

Während ich mich über das Balkongeländer beuge und die Leute beobachte, erscheint Funny träge neben mir. Ich plappere sogleich munter auf sie ein. Irgendeinen unsinnigen Mist, den keinen interessiert, erzähle ich ihr. So gut drauf wie in diesem Augenblick war ich schon lange nicht mehr. Ich sprudel vor Energie fast über. Vorhin, ganz plötzlich, als ich wieder in meinen eigentlichen Körper gestiegen bin, ist meine Stimmung auf einmal bis zur äußersten Spitze angestiegen. Diese Schwankungen geschehen bei mir binnen weniger Sekunden. Dann bin ich außer mir vor Freude und Euphorie.

Funny schüttelt nur den Kopf, als ich sie mit unendlichen Wortschwallen überschütte und ständig loskichere. Ich bin total albern.

„Sag mal, du Laberbacke, haben sie dir heute morgen Extasy ins Frühstück getan, oder warum bist du so überdreht?" fragt sie mich und reibt sich gähnend die Augen.

„Mir geht es einfach nur gut, super gut sogar. Ich weiß auch nicht, warum“, erwidere ich, lege die Beine auf das Geländer und falte die Arme genüsslich hinter dem Kopf zusammen. „Vielleicht liegt es am Johanniskraut, der geilen Droge“, meine ich scherzhaft. Drei Tabletten nehme ich am Tag ein, doch die sind bestimmt nicht für diese Euphorie verantwortlich. Ist ja auch egal.

Funny scheint sich sichtlich über mein kindisches Verhalten zu amüsieren. Ich erzähle ihr einen Witz nach dem anderen, und sie liegt bald auf dem Boden vor Lachen.

Nachdem wir uns einigermaßen beruhigt haben, frage ich sie, ob sie Lust hätte, am Samstag mit mir nach Frankfurt zum Piercen zu fahren.

„Ich bin über das Wochenende wieder zu Hause, das weißt du doch“, bedauert sie. Gerne wäre sie mitgekommen. Schade, aber ich kann ja verstehen, dass sie sich auf ihr Zuhause freut.

„Wo möchtest du dich denn piercen lassen?“ fragt sie interessiert. Sie ist für so etwas immer zu begeistern.

Ich zeige auf die Augenbraue und auf die Nasenscheidewand. Wenn schon, dann gleich zwei.

„Und deine Eltern?“ bemerkt Funny vorsichtig.

„Die sollen doch denken, was sie wollen. Es ist mein Körper. Außerdem hat meine Mutter morgen bei Frau Grünert einen Gesprächstermin. Da soll Frau Grünert ein wenig Vorarbeit leisten. Sie sorgt schon dafür, dass meine Eltern nicht ausflippen. Wenn sie meiner Mutter erzählt, dass das Piercen im Moment psychologisch sinnvoll sei, wird ihr nichts anderes übrig bleiben, als es zu akzeptieren.“ Ich bin von meinem Plan nicht mehr abzubringen. Wenn ich mir einmal etwas in den Kopf gesetzt habe, bin ich nicht aufzuhalten. An den Stress mit meinen Eltern denke ich jetzt nicht. Ich glaube fest an Frau Grünert. Sie wird mit Sicherheit ein gutes Wort bei meiner Mutter einlegen und sie davon überzeugen, dass es total unwichtig ist, ob man gepierct ist oder nicht. Es sind nur Äußerlichkeiten, und darauf kommt es ja bekanntlich nicht an. Ich hoffe, meine Mutter wird einsichtig.

Dr. Fock rät mir zudem dauernd, ich solle das machen, was *ich* für richtig hielte und nicht wie ein kleines Mädchen ständig brav auf meine Eltern zu hören. Ich müsse selbst herausfinden, was gut für mich sei und auf meine Bedürfnisse eingehen. Ich sei ja immerhin alt genug, alleine Entscheidungen zu treffen. Er hat Recht, ich bin volljährig. Trotzdem bleibt im Hinterkopf die Angst vor den Drohungen, dass sie mir mein Pferd oder meinen Hund wegnehmen könnten, eine ihrer typischen Maschen. Denn sie wissen ganz genau, dass ich lieber nach ihrer Pfeife tanze und alles tue, was sie wollen, bevor ich ein Tier abgeben muss. Sie haben mich im Griff.

Doch nun ist es langsam an der Zeit, den gezwungenen Frieden zu riskieren, um meinen Eltern zu zeigen, dass ich ein eigenständiger und erwachsener Mensch bin, der sein Leben selbst in der Hand hat!

„Ich würde mir gerne die Brustwarze piercen lassen", sagt Funny und zieht sich ungeniert das T-Shirt und den BH hoch. Nervös schaue ich auf die Patienten im Rosengarten hinunter, doch der Balkon ist zu hoch, als dass man von unten hier oben Einzelheiten sehen kann.

„Ich habe einen hässlichen Busen. Er ist viel zu klein und spitz." Sie deutet skeptisch auf ihre Brust.

Ich ziehe ebenfalls mein Top hoch. „Meiner ist auch nicht größer. Wir sind halt BMWs, Bretter mit Warzen", tröste ich sie kichernd.

Funny erwidert lachend und mit gespielter Empörung: „Deiner ist wenigstens schön rund geformt. Bei mir sind es kleine Sahnehäubchen. Das sieht doch scheiße aus." Vor lauter Lachen können wir uns kaum halten. Vor ihr brauche ich keinerlei Hemmungen zu haben. Wir gehen völlig offen miteinander um. Bei ihr kann ich so sein, wie ich bin, und ich glaube, ihr geht es ähnlich. Uns ist nichts zu peinlich. Wir sind wie Schwestern geworden.

Wir vergleichen weiter unsere Brüste und bemerken gar nicht, wie eine Schwester durch das Zimmer auf den Balkon kommt.

„Ist bei euch alles in Ordnung?" fragt sie verdutzt, als sie uns mit entblößten Oberkörpern sieht.

Erschrocken drehen wir uns um und lassen die T-Shirts wieder herunter.

„Uns geht es gut", sagt Funny mit einem scheinheiligen Lächeln. In mir gluckst es.

Als die Schwester gegangen ist, prusten wir auf Kommando los. Wie peinlich!

„Die denkt jetzt bestimmt, wir hätten was miteinander", meint Funny und wischt sich die Tränen aus den Augen. „Hast du ihren verstörten Blick gesehen?" Sie hält sich die Seite.

Uns ist es scheißegal, was sie von uns denkt. Hauptsache, wir haben unseren Spaß.

„Soso, du willst dir also Metall ins Gesicht hängen lassen“, meint Dr. Fock nachdenklich und wendet sich mit seinem Drehstuhl mir zu. Wir sitzen in seinem Zimmer, das sich direkt neben dem Schwesternzimmer befindet. Es ist ein kleines und dunkles Zimmer, das immer muffig riecht. Trotz der hellen Gardinen und den vielen Postkarten an der Wand ist es nicht gelungen, es gemütlich wirken zu lassen. Einladend ist es also nicht gerade, doch die Patienten wissen, dass Dr. Fock hier meistens anzutreffen ist, es sei denn, er ist auf Visite. Ich sitze nicht gerne in diesem Zimmer, die Stühle sind zudem auch unbequem und überhaupt fühle ich mich hier im Raum immer unwohl. Lieber unterhalte ich mich mit Dr. Fock bei mir oben oder gehe mit ihm draußen spazieren. Da bin ich viel entspannter. Bei dem schönen Wetter ist es außerdem eine Schande, sich drinnen aufzuhalten, aber ihn scheint es offenbar nicht zu stören.

Er geht zum Schrank und holt eine große Tüte mit Gummibärchen, dessen halben Inhalt er auf eine Schale kippt, und hält sie mir vor die Nase. Ich greife sofort zu.

„Ich halte das für keine gute Idee“, sagt er andächtig kauend.

„Warum nicht?“ frage ich neugierig. Ich möchte wissen, was dagegen spricht.

„Du solltest damit noch warten, bis es dir besser geht“, schlägt er mit ernster Mine vor.

Fragend blicke ich ihn an. Was meint er? Kann er nicht mal klarer reden?

Als ob er meine Gedanken lesen könnte, spricht er weiter: „Solange du Schmerzen noch als angenehm und erlösend empfindest, ist das Piercen nicht gerade förderlich für deine momentane Situation. Du sollst schließlich lernen, dein Leben zu leben, ohne dir ständig Schmerzen zufügen zu müssen. Wenn du entlassen bist und nicht mehr den Drang verspürst, dich zu schneiden, und du dann immer noch ein Ring im Gesicht willst, ist es kein Problem mehr. Verstehst du, ich möchte nicht, dass du dich wegen der Schmerzen piercen lässt!“ Dr. Fock zieht ein Gummibärchen in die Länge. Seine Sorge leuchtet mir ein, aber sie ist völlig unberechtigt.

„Ich lasse mich doch nicht deswegen piercen. Mir gefallen Piercings einfach nur unheimlich gut. Ich wollte schon immer eines haben. Ich fühle mich damit sicherlich wohler!“ Mit meinem überzeugendem Blick, den ich immer aufsetze, wenn ich etwas erreichen möchte, sehe ich ihn an. Doch Dr. Fock schüttelt ungläubig den Kopf.

„Das glaube ich dir nicht. Du machst das garantiert wegen des körperlichen Leids."

„Nein, überhaupt nicht", erwidere ich heftig. „Ich genieße nur Schmerzen, die ich mir selber zufüge. Wenn mir ein wildfremder Mann die Nase und die Augenbraue durchbohrt, ist das bestimmt nicht angenehm. Die von mir selbst ausgeübte Folter tut gut, nicht die von anderen."

An die Schmerzen während des Durchstechens habe ich bisher gar nicht gedacht. Ich glaube nicht, dass ich es geil finde, wenn ich Schmerzen durch einen Außenstehenden erleide. Zumindest kann ich es mir nicht vorstellen. Ich selber muss es tun, nur dann ist es auch wirklich erlösend. Doch ob Dr. Fock mir diese Einstellung abnimmt?

„Das Piercen ist mit dem Schneiden überhaupt nicht zu vergleichen. Wenn ich Schmerzen brauche, dann verursache ich sie eigenständig und gebe nicht noch ein Haufen Geld dafür aus", versichere ich ihm. Dr. Fock verzieht grübelnd das Gesicht. Er schweigt eine Weile, dann sagt er: „Mal angenommen, du machst es nicht wegen der Schmerzen. Aus welchem Grund dann?"

„Aus welchem Grund wohl? Weil ich es schön finde!" Ich bin leicht genervt. Will er mich nicht verstehen? Eigentlich kann es ihm auch egal sein, ob ich zwanzigfach gepierct bin oder nicht.

„Du bist doch auch so schön genug. Du brauchst keine Ringe im Gesicht!"

Ich verdrehe die Augen. Typisch Erwachsener. Ich hätte nicht gedacht, dass ich solche Überredungskünste leisten muss. Das ist ja fast so schlimm wie bei meinen Eltern.

„Ich finde mich mit Piercings aber noch hübscher", entgegne ich. „Außerdem wird dadurch mein Selbstbewusstsein gestärkt." Ups! Ich räuspere mich. Das hätte ich nicht sagen sollen.

„Siehst du, genau das ist das Problem! Du gefällst dir nur, wenn du an deinem Körper etwas massiv veränderst. Akzeptiere dich doch einfach mal so, wie du bist. Ich weiß, dass es schwierig für dich ist, aber daran wollen wir hier arbeiten. Unser oder besser gesagt dein Ziel ist, dich so zu lieben, wie du geschaffen bist, und nicht nur, wenn deine ganze Visage verpierct ist." Dr. Fock schiebt den Stuhl zur Seite, greift mich sanft im Genick und führt mich zu dem kleinen Spiegel über dem Waschbecken.

„Eines Tages sollst du vor dem Spiegel stehen und dich bei deinem Anblick erfreuen. Wäre es nicht wunderbar, wenn du dann sagen könntest: ‚Ich bin die Janna, und ich finde mich schön. Ich mag meine Augen, meine Nase und meine blonden Haare. Alles passt zu mir, sogar die Pickel auf der Stirn. Selbst die mag ich.'" Ich kann mich nicht mehr halten vor Lachen. Die Situation ist echt zu komisch. Wer mag denn schon seine eigenen Pickel? Außerdem werde ich mit Sicherheit nie so vor dem Spiegel stehen und mich bewundern. Belustigt sehe ich Dr. Fock an. Verarschen kann ich mich allein. Der Arzt muss selber lachen.

„Du sollst nicht mich, sondern dich anschauen! Mich brauchst du nicht schön zu finden!"

Ich weiche meinen Blicken im Spiegel aus. Es ist total unangenehm, mich so lange und intensiv zu betrachten.

„Wenn du endlich zufrieden mit dir bist und dir gefällst, dann kannst du dir als Sahnehäubchen noch einen Piercing-Ring ins Gesicht setzen. Aber du musst dich erst mal so akzeptieren, wie du bist. Ich finde mich auch okay. Obwohl ich keine Haare auf dem Kopf habe." Er streicht sich mit der Handfläche über seine Glatze. „Meine Zähne sind zwar schief und krumm, und ich benötige eine Brille, aber ich mag mich trotzdem." Dr. Fock betrachtet sich mit gespielter Eitelkeit im Spiegel.

Ich lache mich halb schief. Die Szene ist filmreif.

„Ich möchte mich aber unbedingt *jetzt* piercen lassen. Sie sind nicht meine Mutter und können es mir nicht verbieten", sage ich trotzig.

Dr. Fock setzt sich wieder hin und fixiert den Boden. Aus seinen Augen ist jeglicher Humor gewichen.

„Dann mach doch, was du willst. Ich heiße es eben aus therapeutischen Gründen nicht für gut. Heule mir hinterher bloß nicht die Ohren voll, dass es sich entzündet hat", meint er ernst, dreht mir den Rücken zu und wendet sich zum Schreibtisch. Er hat wohl alles gesagt.

„Sind Sie jetzt sauer?" frage ich vorsichtig.

Dr. Fock zuckt nur mit den Schultern. Ein langes Schweigen entsteht zwischen uns.

Ich bin total verunsichert. Auf keinen Fall möchte ich, dass er böse auf mich ist. Es liegt mir auch nicht im Sinn, die Therapie auf diese Weise zu stören, doch mein Wunsch nach einem Piercing ist einfach so groß, dass ich es machen *muss.* Aber vielleicht steht er nicht auf gepiercte Frauen. Dann wären meine Chancen bei ihm noch geringer. Schließlich möchte ich ihm ja gefallen.

Ich bin hin und her gerissen. Warum macht er wie meine Eltern so einen Aufstand wegen eines Rings in der Nase? Sein pseudo-therapeutisches Gelaber kann er sich an den Hut stecken. Kann man einen Menschen nicht so mögen, wie er ist? Muss man immer nur auf die Äußerlichkeiten achten? Überall liest und hört man, dass es nur auf die inneren Werte ankommt, doch keiner hält sich daran. Die Menschen werden nach Kleidung, Aussehen und Lebensstil beurteilt. Bevor man jemanden kennen lernt, wird immer erst auf das äußere Erscheinungsbild geachtet. Je nach dem, ob einem die Nase gefällt oder nicht, wird diese Person schließlich bewertet. Das beste Beispiel ist meine Mutter: „Funny mag ja ganz nett sein, aber die blauen Haare sind furchtbar. Ich glaube daher nicht, dass sie ein guter Umgang für dich ist!"

Solche Kommentare kotzen mich tierisch an! Sie kennt Funny überhaupt nicht und muss sie gleich abwerten. Ist man denn dazu berechtigt, so über einen anderen zu urteilen? Wer gibt einem das Recht dazu? Es ist ganz klar, dass der erste Eindruck immer nach dem Äußeren geht, doch sollte man sich nicht gleich eine Meinung über denjenigen bilden, geschweige denn bewerten. Wo steht es geschrieben, wie man sich perfekt anzuziehen hat? Hat Gott eine Richtlinie verfasst, in der man nachlesen kann, ob man anhand seines Kleidungsstiles, seiner Haarfarbe und seiner Nationalität ein schlechter, durchschnittlicher oder guter Mensch ist? Davon habe ich noch nie gehört. Also kann jeder herumlaufen, wie er will. Und wer das nicht akzeptiert, ist strohdumm!

In mir wächst unbeschreiblicher Zorn. Entweder mögen mich meine Freunde und Familie mit Ringen oder gar nicht. Wenn nicht, kann ich auf sie verzichten.

„Es ist mir scheiß egal, was Sie von mir denken! Ich lasse mich am Samstag piercen, ob's ihnen passt oder nicht!" Ich stehe auf und gehe zur Tür. Ihr könnt mich alle mal!

Als ich die Tür öffne, beginnt Dr. Fock laut zu lachen.

Überrascht drehe ich mich um. Dr. Fock kommt auf mich zu und nimmt mich in den Arm.

„Ich bin echt stolz auf dich!" Verdattert lasse ich mir die Umarmung gefallen. Ich verstehe die Welt nicht mehr. Spinnt der?

„Du bist klasse", lacht er. „Du bist also nicht in meine Falle getappt. Endlich machst du einmal das, was du wirklich willst und lässt dich nicht von anderen Dummschwätzern beirren. Tu das, was du für richtig hältst, es ist dein Leben. Nur so kannst du glücklich werden. Die Meinung der Umwelt ist doch scheißegal!" Er drückt mich herzlich.

Ich bin erleichtert und immer noch fassungslos, dass das ganze Theater eben nur ein Spiel war.

Fast wäre ich darauf hereingefallen.

„Vor ein paar Wochen hättest du das noch nicht geschafft. Damals hättest du schön klein beigegeben und den Schwanz eingezogen. Jammere noch einmal, du würdest keine Fortschritte machen. Du triffst jetzt schon eigene Entscheidungen, die sogar nicht ungefährlich sind. Sieh das als einen großen Erfolg in deiner Entwicklung an. Du bist auf dem besten Weg, erwachsen zu werden."

Ich bin sichtlich geschmeichelt von seinem Lob und freue mich. Wenn ich es so recht betrachte, ist das wirklich ein großer Fortschritt. Bis vor kurzem hätte ich mich das noch nicht getraut. Ich bin fast ein bisschen stolz auf mich. Vor allem ist es ein tolles Gefühl zu spüren, dass ich trotzdem gemocht werde, auch wenn ich mein eigenes Ding mache. Es ist erlaubt, meine eigene Meinung zu vertreten und zu verwirklichen. Ich werde deshalb nicht gleich bestraft.

Völlig glücklich und gestärkt verlasse ich Dr. Focks Zimmer. Motiviert laufe ich die Treppen hinauf zu meinem Zimmer. Euch allen werde ich es zeigen!

Endlich ist es soweit. Ich sitze fröhlich und erwartungsvoll in der S-Bahn Richtung Frankfurt. Heute werde ich mich piercen lassen. Einer meiner innigsten Wünsche seit Jahren. Ich kann es kaum glauben, dass ich mir diesen Wunsch gleich erfüllen werde. Ich bin voller guter Dinge.

Die restliche Woche in der Klinik ist auch gut verlaufen. Frau Grünert hat vor zwei Tagen mit meiner Mutter gesprochen und sie mit größter Mühe davon überzeugt, dass dieser Schritt wichtig für meine seelische Verfassung sei. Meine Mutter war natürlich nicht begeistert. Eine gepiercte Tochter, was für eine Schande! Was denken denn die Nachbarn. So etwas passe schließlich nicht in die angesehene und wohlhabende Familie Stoll. Frau Grünert wurde durch ihre Einstellung richtig wütend, wie sie mir hinterher erzählte, und prophezeite meinen Eltern, mich zu verlieren, wenn sie mir nicht endlich einmal meine Freiheit ließen. Da gab meine Mutter schließlich gequält ihr Einverständnis. Kaum zu fassen. Außerdem schwärmte Frau Grünert davon, wie schick und vornehm Piercings doch aussehen könnten (wir lachten uns anschließend halb tot). Weil meine Mutter Frau

Grünert – Gott sei Dank – für eine ordentliche und vernünftige Frau hält, glaubte meine Mutter ihr jedes Wort und war letztendlich zu überzeugen. „Das war harte Arbeit", kicherte die Psychologin in meiner Therapiestunde verschmitzt. Am liebsten hätte ich sie umarmt. Sie ist eine tolle Frau. Sie versteht mich und stärkt mir voll den Rücken. Bei ihr habe ich das Gefühl, dass sie meine Träume und Wünsche, die ich bisher immer für unwichtig und unrealistisch hielt, ernst nimmt und mir hilft, sie zu verwirklichen. Wir beide haben uns regelrecht gegen meine Eltern verschworen, so habe ich zumindest den Eindruck. Vor allem ist sie die einzige, von der sich meine Mutter etwas sagen lässt. Denn eigentlich beharrt sie stets auf ihrer Meinung und lässt sich durch nichts und niemanden davon abbringen. Ein Glück, dass ich Frau Grünert habe. Das Vertrauen zu ihr wird von Tag zu Tag größer.

Demnach war auch meine Laune in den letzten Tagen auf dem Höhepunkt. Beschwingt ging ich von Therapie zu Therapie. Nichts konnte mich umwerfen. In der Musiktherapie bei Herrn Felix habe nur herumgealbert und die anderen Gruppenmitglieder aus dem Konzept gebracht. Marlene, die Frau mit den Angstzuständen, und ich haben uns ständig weggeworfen vor Lachen, sobald Herr Felix den Mund aufgemacht hat. Er fand das überhaupt nicht witzig und wenn er uns ermahnte, wurden wir immer von einem noch heftigeren Lachkrampf geschüttelt. Irgendwann steckten wir sogar die übrigen Mitpatienten an. Herr Felix forderte mich schließlich auf, meine überschüssige Energie instrumental herauszulassen. Also setzte ich mich glucksend an die Pauke. Ich schlug so energisch darauf, dass nach wenigen Sekunden der Klöppel entzwei brach. Der abgebrochene Teil flog in hohem Bogen mitten in die Gruppe. Die Leute brüllten vor Lachen, das war ein Spaß! Herr Felix war jedoch fertig mit den Nerven, der Ärmste. Er tat mir fast ein wenig Leid. Ich glaube, er war froh, als die Zeit um war.

Ich vermittelte allen, den Krankenschwestern, den Therapeuten und Dr. Fock, dass ich mit den psychischen Belastungen pausieren wollte. Ich freute mich so sehr auf den heutigen Tag und wollte mir mit diversen Erinnerungen und aufwühlenden Gesprächen nicht die Laune verderben. Jeder akzeptierte dies und ließ mich in Ruhe. Die Schwestern freuten sich bestimmt über meine stabile Verfassung, da ich nicht ein einziges Mal zur Rasierklinge griff.

„Nächste Haltestelle: Hauptwache!" Die Stimme aus dem Lautsprecher lässt mich aus meinen Gedanken hochschrecken. Ich greife nach meinem Rucksack und begebe mich zu den Türen. Endlich kann ich der stickigen Luft, einem Gemisch aus Schweiß, billigem Parfum und verbranntem Gummi entfliehen. Eigentlich hasse ich U-Bahn-Fahren. In den engen Abteilen, in welchen sich die verschiedensten Menschen dicht aneinander drängen, steigt in mir immer das Gefühl von Panik auf. Ich fühle mich eingesperrt und bedroht. Womöglich eine abgeschwächte Form von Klaustrophobie. Doch heute ist mir das egal.

Mit der Rolltreppe fahre ich hinauf ans Tageslicht und stehe schließlich auf der belebten Fußgängerzone – der Frankfurter Zeil.

Die Hitze ist kaum auszuhalten, die Abgase des Verkehrs sind auffälliger als sonst. Es riecht förmlich nach Stadt. Passanten eilen über das Pflaster an mir vorüber, Männer mit Aktentaschen, Frauen mit dicken Einkaufstüten und Kindern an der Hand, Jugendliche mit ihren Skateboards, überall sind Leute. Einige Obdachlose haben sich mit Decken und Schlafsäcken ein kleines Lager geschaffen. Es wäre sicherlich einmal interessant, sich einen Tag mit einem Klappstuhl in die Einkaufsstraße zu setzen und einfach nur die Menschen zu beobachten. Sich auszudenken, was sie erledigen müssen, welchen Beruf sie ausüben oder wie sie leben. Einfach die Phantasie ausleben, um die Stimmung dieser Leute zu erraten. Wie ist beispielsweise der Ausdruck ihrer Gesichter? Gehetzt oder entspannt? Man könnte genauer hinschauen, ob diese Leute einen glücklichen Eindruck machen.

Eines weiß ich jedoch, nämlich dass ich nie in einer Stadt leben möchte. Ich brauche die Natur und deren Ruhe um mich herum. Dieser Lärm und der Gestank täglich würde mich noch kranker machen. Ich bin eben ein richtiges Landei.

Das Piercing-Studio ist nicht weit von der Hauptwache entfernt, vielleicht fünf Gehminuten. Ich war schon ein paar Male dort, unter anderem als ich mir mein Lippenbändchen hatte durchstechen lassen.

Ich mache mich langsam auf den Weg und zünde mir eine Zigarette an. Ein bisschen aufgeregt bin ich jetzt schon. Nicht wegen der bevorstehenden Schmerzen. Ich habe das Gefühl, ein kleines Stück aus meinem innerlichen Gefängnis der Normalität und Angepasstheit auszubrechen.

Herzklopfend betrete ich den kleinen Laden. Hier ist es angenehm kühl, an der Decke hängt ein großer Ventilator, der wie ein Propeller eine erfrischende Brise spendet. An den Wänden hängen professionelle Zeichnungen, die als Tätowiervorlagen dienen. Es sind nur wenige Leute im Studio. Neben dem Eingang sitzt ein Mädchen, das interessiert durch Kataloge blättert. Hinter einem dikken Schreibtisch sitzen und stehen drei junge Männer und diskutieren über ein entworfenes Muster. Offenbar sind es Tätowierer und Piercer. Sie machen einen ausgeflippten, jedoch auch einen gepflegten Eindruck. Es ist mir wichtig, dass sauber gearbeitet wird. Der Laden ist mir als sehr steril in Erinnerung. Kaum auszudenken, was durch unhygienische Nadeln für Infektionen hervorgerufen werden können. Es wird auch in einem speziellen Hinterraum gepierct und tätowiert, in den man von außen keinen Einblick hat.

Ich gehe gleich zu den Glasvitrinen, in denen die verschiedensten Ringe und Schmucksteine ausgestellt sind. Begeistert betrachte ich die kunstvoll angefertigten Stecker für den Bauchnabel. Dort gibt es Blumen, Sterne und sonstige Verzierungen, die mit farbigen Edelsteinen versehen sind. Piercing ist meiner Meinung nach eine richtige Körperkunst. Ringe aus Silber und Gold gibt es in zahlreichen Größen und Dicken.

„Kann ich dir helfen?“ fragt mich ein langhaariger Typ mit originellen Tätowierungen auf den Armen und dem Oberkörper. Er sieht verdammt gut aus.

„Ich möchte mich piercen lassen“, antworte ich lächelnd und richte meinen Blick wieder auf die Vitrine.

„Na, dann komm mal mit.“ Er geht am Schreibtisch vorbei, zwinkert seinen Kollegen kumpelhaft zu und betritt den Hinterraum. Ich folge ihm und grinse die beiden Typen ebenfalls an.

„Lässt du dir die Brustwarze piercen?“ fragt mich einer von ihnen frech.

„Nein, tut mir Leid“, erwidere ich und zucke mit den Schultern.

„Schade, du würdest es auch billiger bekommen“, bedauert er und rollt mit seinem Schreibtischstuhl auf und ab.

„Vielleicht das nächste Mal“, vertröste ich ihn und verschwinde im Hinterraum.

Hier wird gerade ein Mann am Rücken tätowiert. Sein Gesichtsausdruck ist nicht schmerzverzerrt, sondern entspannt. Ganz lässig sitzt er da, hat die Arme auf die Stuhllehne gestützt und fragt den Tätowierer über die Vogelspinnen aus, die vor ihm in einem Terrarium herumhüpfen. Igitt! Bloß nicht hinschauen, ich mit meiner Spinnenphobie!

Auf einem Untersuchungstisch liegt ein Mädchen und wird auf einen Bauchnabelring vorbereitet. Verkrampft und schwitzend umklammert es die Hand ihrer Freundin. „Oh Gott, oh Gott“, jammert sie und kneift die Augen zusammen. Was für eine Memme, denke ich spöttisch, dabei hat es noch nicht einmal angefangen. Der Langhaarige bietet mir einen großen Stuhl an, der mit einem OP-grünen Bezug bespannt ist. Wie selbstverständlich setze ich mich hin und schlage die Beine übereinander.

„So, Schneckche, was soll's denn sein?“ fragt er mich lässig und holt einen Kasten mit Ringen.

„Einen in der Augenbraue und einen in der Nasenscheidewand“, sage ich und beuge mich über den Kasten.

Er schaut mich entsetzt an. „Zwei Ringe im Gesicht? Nein, das mache ich nicht“, stöhnt er und lässt sich auf einen Hocker sinken. „Wieso willst du dich so verunstalten? Du bist doch voll hübsch. Lass dir lieber einen in den Bauchnabel machen!“

Doch ich schüttle nur den Kopf. Ich bin von meinem Vorhaben nicht mehr abzubringen.

„Okay, okay“, gibt er sich geschlagen und wühlt in dem Ringekasten. „Aber mach dich darauf gefasst, dass es sehr schmerzhaft wird. Die Nasenscheidewand ist nämlich eine der empfindlichsten Stellen des Körpers. Das tut richtig weh.“

Das ist mir gleichgültig, immerhin bin ich ziemlich schmerzunempfindlich. Daher lehne ich ich mich relaxed im Stuhl zurück, während sich der Piercer die Hände desinfiziert und Gummihandschuhe anzieht. Dann holt er eine kugelschreiberdicke Nadel und die beiden kleine Ringe. Ich habe die aus Chirurgenstahl gewählt, da sie am verträglichsten sind, Nickel kann nämlich Allergien auslösen, lieber gebe ich etwas mehr Geld aus.

„Mit was fangen wir an?“ fragt mich der Piercer und setzt sich dicht vor mich.

„Mit der Augenbraue“, ordne ich gelassen an. Eigentlich ist es egal, mit was wir beginnen.

Er markiert die Stelle, an der das Piercing sitzen soll, mit einem Stift und hält mir einen Spiegel vor.

„Ist es so Recht, die Dame?“

„Ja, super“, bestätige ich zufrieden und kann es kaum erwarten, bis er endlich pierct.

„Warum lässt du dir eigentlich gleich zwei Piercings auf einmal setzen? Hast du irgendwie Stress oder bist du mitten im Abitur? Das ist doch nicht normal, dass du eine solche Tortur über dich ergehen lässt“, meint er beiläufig und macht sich mit einem desinfizierten Tupfer an meiner Augenbraue zu schaffen. An seiner Stimme merke ich, wie konzentriert er ist.

„Was ist denn schon normal? Außerdem komme ich aus der Klapse", antworte ich grinsend.

Der Piercer lacht: „Du kommst also aus der Klapse, guter Witz!"

Innerlich lache ich auch und gehe nicht näher auf das Gespräch ein. Plötzlich durchfährt mich ein stechender Schmerz. Ich habe das Gefühl, als ob mir die Augenbraue abgerissen wird. Direkt unangenehm ist es jedoch nicht. Es ist aushaltbar.

„So, die Nadel ist durch. Jetzt muss nur noch der Ring hinein."

Ich schiele in Richtung Augenbraue. Es muss witzig aussehen, eine Nadel im Gesicht stecken zu haben. Kurz darauf ist auch der Ring eingesetzt und glücklich bewundere ich mich im Spiegel. Sehr schön! So gefalle ich mir schon ein bisschen besser.

„Willst du dir das mit dem Nasenring nicht noch einmal überlegen? Bei den wenigen Leuten, die sich das machen lassen, sieht es echt scheiße aus. Es erinnert mich immer an einen Bullen", seufzt er.

„Na und? Ich bin von Sternzeichen Stier, dann passt das doch." Der Piercer sieht ein, dass ich von meinem Plan nicht abzubringen bin. Wieder bereitet er alles Nötige für den zweiten Schritt vor.

Der Tätowierer von nebenan legt eine Pause ein und kommt zu uns herüber.

„Du darfst mir ruhig die Hand zerquetschen. Das brauchst du sicher", bietet er mitfühlend an. Um ihn nicht zu enttäuschen, greife ich nach seiner Hand, glaube jedoch nicht, dass das Drücken notwendig ist. So schlimm wird es schon nicht werden.

Der Piercer zieht meine Nasenspitze erheblich in die Länge. Ich habe Mühe, den Kopf an der Lehne zu halten. Dann nimmt er die dicke Nadel und sticht zu.

Meinen ganzen Körper zerreißt es fast vor Schmerz. Es ist unerträglich! Ich breche dem Tätowierer bald die Hand und stöhne und wimmere laut. Die Tränen schießen aus meinen Augen und der Schweiß bricht aus allen Poren. Ich kann mich nicht erinnern, solche Schmerzen schon einmal ertragen zu haben. Es ist die reinste Hölle! Nur langsam wird die Trennwand meiner Nase durchbohrt. Ich halte es kaum aus. Eine Flüssigkeit läuft schließlich über meine Oberlippe in meinen Mund. Es ist Blut. Mir wird schwindelig.

„Du bist total tapfer. Gleich ist es vorbei, ganz ruhig", höre ich die Stimme neben mir sagen und spüre eine Hand auf meiner Stirn. Dann ist es geschafft, und der verdammte Ring ist endlich drin. Ich wische mir die Tränen von meinen Wangen und atme lächelnd auf. Der Piercer tupft vorsichtig das Blut von meiner Nase und Oberlippe.

„Du hast dich prima geschlagen, Hut ab. Wie stechen diese Bullenringe ganz selten, da die meisten dafür eine Betäubungsspritze benötigen, und wir dürfen keine Spritzen verabreichen", lobt er mich anerkennend und hält mir erneut den Spiegel hin. Überglücklich schaue ich hinein. Die Ringe sehen einfach umwerfend aus und passen wie angegossen in mein Gesicht. Ich bin gleich ein ganz anderer Mensch. Am liebsten würde ich den Spiegel mitnehmen, um mich jede Sekunde bewundern zu können. Ich bringe nur ein verblüfftes „toll" heraus. Dafür haben sich die Qualen gelohnt.

„Ich muss zugeben, der Bullenring steht dir gut, hätte ich nicht gedacht. Sehr schön", staunt er, und die anderen im Raum stimmen ihm zu. Ich blicke strahlend und stolz in die Runde. So einen Ring hat eben nicht jeder.

Meine Beine sind noch ein wenig wackelig, als ich aufstehe. Doch ich spüre ein Gefühl von tiefster Zufriedenheit und Befreiung. Es ist unbeschreiblich. Ich hatte dieses Gefühl noch nie in meinem Leben, es ist, als ob eine zentnerschwere Last von mir abgefallen sei. Auf einmal bin ich stark und unheimlich frei. Ich habe die Ketten und Fesseln gesprengt.

200 Mark kostet die Aktion, eine Sache, die mir das viele Geld wert ist. Meiner Meinung nach habe ich das erste Mal mein Geld sinnvoll ausgegeben.

Ich bezahle und bekomme ein Antiseptikum zur täglichen Wundsäuberung in die Hand gedrückt.

„Falls es sich entzünden sollte, kannst du jederzeit vorbeikommen", sagt der langhaarige Piercer zum Abschied. Das ganze Team lächelt mich freundlich an.

„Danke, bis zum nächsten Mal", rufe ich ihnen zu und öffne die Tür. Das bleiben garantiert nicht die einzigen Piercings.

Genüsslich atme ich draußen die abgestandene Stadtluft ein und hole meine Zigaretten aus meinem Rucksack. Ich fühle mich so gut wie noch nie. Langsam schlendere ich an den Geschäften vorbei, ohne die Auslagen der Schaufenster und die Menschenmenge zu beachten, zurück zur Hauptwache. Die Zeit drängt, schon bald muss ich zum Abendessen in der Klinik erscheinen. Während ich laufe, spüre ich das erste Mal, seit ich denken kann, dass ich lebe und existiere.

14

Meine Umwelt reagiert unterschiedlich auf meine Veränderung. Bisher ist sie jedem sofort aufgefallen, und alle haben ihre Kommentare dazu abgegeben. Es ist interessant, die verschiedenen Meinungen der Leute kennen zu lernen.

Meinen Mitpatienten, egal ob alt oder jung, gefallen zum größten Teil die Ringe. Sie finden, dass sie zu mir passen und loben den Mut zur Veränderung. Kurt, unser „Klinikopi" legte den Arm um mich und sagte anerkennend: „Mein Mädchen, du bist ein Pfundskerl! Man merkt deutlich, dass du dein Leben verändern möchtest, dass du raus willst aus der ganzen Scheiße, und dass du gesund werden möchtest. Du lässt dich nicht hängen wie einige andere hier, die täglich stumm und teilnahmslos in ihren Kämmerchen sitzen und vergeblich auf Besserung warten. So wird das nämlich nichts. Man muss sich selbst helfen und aus dem Sumpf herausziehen. Wenn man nichts für sich tut, dann wird sich an der Lage nie etwas ändern! Ich glaube, du bist auf dem besten Weg, dein Leben in den Griff zu bekommen. Du bist doch eigentlich eine Powerfrau! Lass dich von niemandem beirren, du weißt am besten, was gut für dich gut ist. Zieh dein Ding durch und entwickle dich zu der Persönlichkeit, die tief in dir wirklich verborgen ist. Lass die alten Hüllen fallen, die dir jahrelang aufgezwungen worden sind. Nur so kannst du deine Ziele erreichen und glücklich werden!" Die anderen Patienten im Pavillon stimmten Kurt zu, als er seine Worte beendete. Er zwinkerte mir wissend zu, als ob er ähnliche Erfahrungen gemacht hätte. Ich spürte in dem Moment eine starke innerliche Verbundenheit, die ich ihm mit einem dicken Kuss auf die Wange dankte. Kurt ist ein toller Mann. Trotz seinen 75 Jahren hat er seinen jugendlichen Humor behalten und tritt der Welt offen und tolerant gegenüber. Er ist nicht spießig und verbohrt, was ich an ihm so sehr schätze. Alle lieben ihn, wenn er genüsslich an seiner Pfeife nuckelt, Geschichten aus alten Zeiten erzählt und ab und zu den einen oder anderen aufmunternd in den Arm nimmt. Durch seine weisen Worte und seine warmherzige Art haben schon viele Trost gefunden. Er wird uns fehlen, wenn er irgendwann entlassen wird.

Frau Grünert ist natürlich auch begeistert von den Piercings. Immer wieder sagte sie, wie gut sie mir stehen würden. Sie ist ja auch meine Verbündete.

Da Funny ihre Haare in ein knalliges Pink umgefärbt hat, staunten die Schwestern nicht schlecht, als sie uns zusammen sahen. Mit offenen Mündern standen sie vor uns und starrten uns an, als ob wir von einem anderen Stern kämen. Sie wussten offenbar nicht, wen sie zuerst bestaunen sollten. Schmerzverzerrt verzog Schwester Erika das Gesicht, als sie ihre Brille aufsetzte, um die Piercings genauer betrachten zu können. „Tat das denn nicht weh?"

Schwester Margit, eine junge und stets fröhliche Schwester war eher skeptisch: „Dass ihr euch so verunstalten müsst", sagte sie belustigt mit gerümpfter Nase. „Na, hoffentlich entzündet es sich nicht. Das ist nicht ungefährlich", warnte sie. Währenddessen stand Schwester Erika immer noch fasziniert vor mir. Ich glaube, sie hat so etwas noch nie gesehen.

Mir ist es egal, was die Leute denken. Ich fühle mich unheimlich wohl damit und gefalle mir selbst sogar ein bißchen besser. Schön finde ich mich zwar immer noch nicht, doch der Blick in den Spiegel ist nicht mehr ganz so unerträglich. Mein Selbstbewusstsein ist stärker geworden. Ob es aber auch ausreicht für den ersten Besuch zu Hause?

Ich bin nervös, als ich vor der Haustür meiner Eltern stehe. Seit ich in der Klinik bin, war ich nicht mehr zu Hause. Heute ist es auch das erste Mal seit Wochen, dass ich meinen Vater wieder sehe. Und das mit den Ringen in der Nase und in der Augenbraue. Ich habe Angst.

Fast zitternd stehe ich vor unserem Haus und kann mich nicht überwinden, auf die Klingel zu drücken. Hier bin ich aufgewachsen und habe meine gesamte Kindheit an diesem Ort verbracht. Meine Eltern sind mit uns kein einziges Mal umgezogen. Warum auch? Es ist ein riesiges Haus, das mein Vater als eigenständiger Architekt selbst nach seinen persönlichen Vorstellungen erbaut hatte. Man könnte darin locker ein zehnköpfige Familie unterbringen. Die Kinder früher beneideten Bastian und mich um solch ein Zuhause. Allerdings besaßen wir noch nie einen richtigen Garten, mein Vater hielt diesen nicht für nötig, er bereite nur Arbeit. Wir hatten dafür überdurchschnittlich große Kinderzimmer, die bis zur Decke mit Spielzeug gefüllt waren. Mein Zimmer platzte bald aus allen Nähten, und somit bekam ich mit acht Jahren ein zweites, das fast doppelt so groß war, dazu. Der Platz reichte trotzdem nicht aus. Die Kinder aus der Nachbarschaft kamen regelmäßig zu Besuch, um unsere neuesten Errungenschaften zu bestaunen und damit zu spielen. Ich hatte alles, was sich ein Kind nur erträumen konnte, dennoch war ich nicht glücklich. Oft beneidete ich meine Freundin, die mit ihrer Familie nur in einer Drei-Zimmer-Wohnung lebte und kaum genügend Geld für Lebensmittel hatte.

Bei ihnen war es immer so gemütlich. Ich wollte auch arm sein. Da mein Vater schon immer ausreichend Geld verdiente, brauchte meine Mutter nicht zu arbeiten und war somit den ganzen Tag zu Hause, im Gegensatz zu meinem Vater, der selbst an Weihnachten im Büro saß. Obwohl sie viel Zeit hatte, beschäftigte sie sich selten mit uns. Klar, sie holte uns täglich von Kindergarten und Schule ab, kochte Mittagessen und brachte uns nachmittags zu unseren Veranstaltungen. Doch ich glaube, von unseren wirklichen Interessen hatte sie keinen blassen Schimmer. Sie fragte jedenfalls nie danach.

Hauptsache war, dass Freunde und Bekannte meiner Eltern immer nur das Beste von uns dachten. Nur ordentlich frisiert und fein in Markenklamotten gekleidet durfte ich das Haus verlassen. Weißer Spitzenkragen gehörte zur Tagesordnung. Ich lernte von frühauf, dass Äußerlichkeiten die wichtigsten Dinge des Lebens sind. Wer hübsch anzusehen ist, der wird geliebt.
Dadurch war ich in noblen Hotels jeden Abend der Star der Gäste. Ich bildete mir nicht viel darauf ein, schließlich war ich, außer meinem Bruder, dort das einzige Kind. Die Hotelgäste waren begeistert, wie ich stundenlang kerzengerade am Tisch saß und mich kaum bewegte. Wehe, ich krümmte meinen Rücken oder stützte den Arm auf. Gleich wurde dieses Fehlverhalten mit bösen Blicken meiner Mutter bestraft. Ich tat alles, nur um meinen Eltern zu gefallen.

Kommentare wie „nein, ist Ihre kleine Tochter entzückend“ oder „man achte auf die gute Kinderstube“ prasselten auf uns nieder, und meine Mutter hielt mich stolz an der Hand. Dann erzählte sie jedem, was sie mir für teures Spielzeug gekauft hätten und wie viele Freizeitaktivitäten sie mir ermöglichen würden. Die Leute nickten anerkennend. Sie wussten aber nicht, wie böse ich war. „Du weißt gar nicht, wie gut du es hast“, pflegte meine Mutter immer zu sagen. Mich plagte ständig ein schlechtes Gewissen, denn ich wusste es wirklich nicht. Ich hielt mich für einen schlechten Menschen. Wie konnte ich nur so undankbar sein?

Zuhause war der Stolz, mit dem sie uns der Umwelt präsentierte dann verschwunden. Sie nörgelte an allem herum, egal, was Bastian und ich auch taten. Nie konnte man es ihr recht machen. Nichts war gut genug. Lob für Basteleien, Flötenkonzerte oder sonstige Aufführungen war uns fremd. Ich redete mir ein, eine Versagerin zu sein, die nichts zustande bringt, die einfach zu blöd ist. Wie konnte man so eine Tochter lieben? Gar nicht!

Nachdenklich schaue ich zum Küchenfenster im ersten Stock hinauf, das mit freundlichen weißen Gardinen geschmückt ist. Es ist völlig blickdicht. Ich erinnere mich, wie früher eine große Birke davor stand. Ich liebte es, als Kind beim Mittagessen die Vögel in den Ästen zu beobachten. Einmal hatte sogar eine Spatzenfamilie ein kleines Nest gebaut, das man von dem Fenster großartig sehen konnte. In jeder freien Minute beobachtete ich aufgeregt, wie die Kleinen ihre Schnäbel aufrissen und gefüttert wurden. Am liebsten hätte ich ein Junges mal auf die Hand genommen. Doch irgendwann fand meine Mutter, die Birke mache zu viel Dreck, und somit wurde sie eines Tages binnen weniger Stunden abgeholzt. Ich weiß noch genau, wie ich heulend zwischen den zersägten Ästen herumgeklettert bin. Ich konnte es nicht fassen, dass man einen Baum, der einem jahrelang Schutz und Schatten gegeben hatte, so einfach töten konnte. Er war für mich wie ein Lebewesen gewesen.

Die Birke ist nun schon seit ewiger Zeit weg, doch jetzt im Moment fehlt sie mir auf einmal. Wahrscheinlich nur eine wehmütige Kindheitserinnerung, nichts weiter.

Das Haus, in dem ich seit meiner Geburt lebe, erscheint mir plötzlich fremd. Die dicke hohe Mauer, die es umgibt, wirkt heute bedrohlich auf mich. Komisch, ich habe auf einmal das Gefühl, hier nicht mehr hinzugehören. Es ist nicht mehr mein Zuhause. Es ist eine völlig andere Welt, vor der ich stehe. Doch wenn dies hier nicht mein Zuhause ist, wo ist es dann? Wo gehöre ich hin? Ich sehne mich nach einer Familie, in der ich mich aufgehoben fühlen kann und in der ich geliebt werde. Eine Familie, die zu mir steht und mich nicht verleugnet, bloß um den guten Ruf zu bewahren. Wo kann ich so eine Familie finden? Aber vielleicht freuen sich meine Eltern ja doch ein wenig, mich gleich zu sehen.

Mein Hund ist der erste, der bemerkt, dass ich wie verwurzelt vor der Haustür stehe. Freudig und aufgeregt springt er an dem Glas hoch. Als ich ihn sehe, erwache ich aus meiner Starrheit, und mein Herz schlägt vor Glück höher. Mein Elmo! Ich bücke mich zu ihm hinunter und streiche an der Scheibe entlang, an der seine dicke rosa Nase plattgedrückt ist. Ich will nur noch eines, und zwar auf der Stelle zu meinem Hund und drücke stürmisch auf die Klingel. Die Bedenken um die Reaktion meiner Eltern aufgrund der Piercings sind vergessen. Mein kleiner großer Hund, ich sehe ihn momentan einfach viel zu selten.

Nach kurzer Zeit erscheint meine Mutter in der Empfangsdiele und öffnet mit einigen Schwierigkeiten, die mein Hund verursacht, die Tür. Elmo stürzt auf mich zu und wirft mich bald um. Ich schmeiße mich auf den Boden und rolle mit ihm über unseren teuren Teppich. Es ist so schön, sein weiches Fell auf meiner Haut zu spüren. Ich lache lauthals, als er mit seinen vierzig Kilo auf mir liegt und mit seiner schlabberigen Zunge über mein ganzes Gesicht leckt. Ich liebe ihn!

„Janna, steh sofort auf. Das ist doch unhygienisch, außerdem haart er so viel!" Meine Mutter zieht Elmo am Halsband von mir weg. Immer noch lachend stehe ich auf und streiche meine Hose glatt. Das hat mir mal wieder gut getan. Dann vergeht mir das Lachen, als ich merke, wie meine Mutter mich anstarrt. Sie hält meinen Kopf in Richtung Deckenlicht, um mich genauer betrachten zu können. Brav kneife ich die Augen zusammen, um nicht geblendet zu werden, und lasse die Anschauung über mich ergehen.

„Na ja", sagt sie nur, als sie fertig ist, und geht die Treppe zu unserer eigentlichen Wohnetage hoch. Unten befinden sich nur die große Diele, das Schlafzimmer meiner Eltern, eine Gästetoilette und eines der drei Büros meines Vaters.

Ein wenig kleinlaut laufe ich ihr hinterher, mein Hund dicht neben mir.

Auf der Terrasse sitzt mein Vater und liest Zeitung. Er beachtet mich nicht, als ich ihn begrüße und mich zu ihm an den Tisch setze. Offenbar war er mit dem Piercen nicht einverstanden gewesen. Seufzend streichle ich Elmo über den Kopf, der eine Pfote auf meinen Oberschenkel gelegt hat und mit treuem Blick mein Herz zum Schmelzen bringt. Wenn ich ihn nicht hätte. Ich vermisse ihn.

„Jetzt erzähl mal, wie geht es dir denn?" fragt meine Mutter und wischt die Plastikdecke des Gartentisches mit einem feuchten Lappen ab.

„Gut", antworte ich emotionslos und drehe unwillkürlich den Kopf zur Seite. Die liebevoll bepflanzten Blumenbeete, die seitlich der Terrasse angelegt sind, strahlen vor Farbe und Freundlichkeit. Jedes Blümchen ist in Reih und Glied angeordnet, kein Blättchen Unkraut ist zwischen ihnen zu entdecken.

Ich hasse es, mit meiner Mutter über meine Gefühle zu reden. Sie ist so einfach und oberflächlich gestrickt und versteht nicht einen Funken von Psychologie und Einfühlungsvermögen. Wie oft habe ich schon versucht, ihr einen Einblick in mein Gefühlsleben zu gewähren, doch jedes Mal zeigte sie völliges Unverständnis. „Das verstehe ich jetzt nicht", sagte sie dann immer und zwinkerte ahnungslos mit den Augen. Manchmal glaube ich, sie ist dumm. Kein Wunder, wenn man keine Berufsausbildung hat, keine Bücher liest und sich auch in sonst keiner Form weiterbildet. Selbst Bücherlesen ist ihr zu anstrengend. Und das sagt alles. Das einzige, was sie interessiert, sind diverse Talk-Shows, Shopping und der neueste Klatsch aus ihrem Kegelverein. Da muss man doch verblöden.

Deshalb habe ich gar keine Lust, mich auf ein tieferes Gespräch, was letztendlich mich noch betrifft, einzulassen. Außerdem ist mein Vater am Tisch anwesend, und für den sind Gefühle ein Fremdwort. Er bezeichnet Psychologie als brotlose Kunst.

„Ach übrigens, ich habe den Nachbarn erzählt, dass du für ein paar Wochen Praktikum an der Nordsee in einem Kinderheim machst. Es muss schließlich nicht jeder wissen, dass du in einer Klinik bist. Das wolltest du doch auch, oder? Deshalb komme nicht zu oft nach Hause, denn wenn dein Auto vor der Tür steht, glauben sie es hinterher vielleicht nicht. Pass auch auf, wenn du in den Stall gehst. Es soll dich nicht jeder sehen. Denk immer daran, du bist an der Nordsee“, ordnet sie selbstverständlich an und lässt sich seufzend in den Stuhl fallen. Ich lasse mir meine Verletztheit über ihre Worte nicht anmerken und gebe keine Antwort. Wieso beschwert sie sich? Ich bin seit vier Wochen das erste Mal zuhause. Leicht unruhig spiele ich mit den kleinen Eisenzitronen, die dafür sorgen, dass bei einem Windstoß die Decke nicht vom Tisch geweht wird.

„Ritzt du noch?“ fragt sie weiter in einem ängstlichen Ton. Es ist nicht die Sorge, dass es mir schlecht gehen, sondern dass es hässlich aussehen könnte.

„Nein“, erwidere ich genervt und ziehe automatisch die Ärmel über meine Handgelenke. Sie wäre die letzte, der ich meine Schnitte zeigen würde. Es ist ein heißer Tag heute, trotzdem trage ich ein langärmliges Shirt, um den Verband, der die Wunden umgibt, zu verdecken. Meine Mutter schielt argwöhnisch auf meine Arme. Ich werde nervös, sie glaubt mir scheinbar nicht.

„Dann zieh dir doch ein kurzes T-Shirt an bei der Hitze“, schlägt sie scheinheilig vor und ich merke, wie sie gespannt meine Reaktion abwartet.

„Mir ist es aber nicht zu warm!“ Am liebsten würde ich wieder gehen. Die Spannung, die zwischen meinen Eltern und mir herrscht, ist kaum auszuhalten. Meiner Mutter fehlt einfach jegliches Gespür, um zu erkennen, wann sie aufdringlich wird. Deswegen stichelt sie weiter: „Ich verstehe dich nicht. Ich laufe im Top herum, und du trägst einen Winterpulli. Das ist doch nicht normal. Warum ziehst du dir kein T-Shirt an? Du hast oben in deinem Zimmer die schönsten Sachen, die ich dir für viel Geld gekauft habe. Und du ziehst nur solche Lumpen an. Ich habe keine Lust, mir nachsagen zu lassen, dass meine Tochter wie eine Schlampe aussieht.

Du bist heute nicht einmal geschminkt. Was ist mit dem großen Schminkkasten, den ich dir zum Geburtstag geschenkt habe? Nutzlos steht er in der Ecke. Dann hätte ich ihn auch nicht zu kaufen brauchen. Wie oft beneide ich andere Mütter um ihre attraktiven Töchter. Manchmal meine ich, du ziehst dich extra so furchtbar an, nur um uns zu ärgern." Meine Mutter stützt mit einer theatralischen Verzweiflung ihren Arm auf die Stuhllehne und reibt sich schwermütig stöhnend die Stirn. In mir wächst unkontrollierbare Wut, in meiner Magengegend beginnt es heftig zu brodeln. „Dabei hast du doch gar keinen Grund! Du kannst dich wirklich nicht über uns beschweren. Wir bezahlen dir dein Pferd, deinen Hund und zusätzlich noch bald deine Wohnung. Sogar deine entsetzlichen Piercings haben wir erlaubt. Wir tun alles für dich, und du machst uns nur Kummer. Findest du nicht auch, dass das ungerecht ist?" Sie sieht mich mit gequältem und wehleidigem Blick an. Den Jammerton, der sich regelmäßig in ihre Stimme schleicht, kann ich nicht ertagen. Sie zergeht fast vor Selbstmitleid. Unaufhaltsam sammelt sich in mir Zorn und Hass. Ich wäre jetzt in der Lage, ihr das Gesicht zu zerkratzen, solche Aggressionen haben sich in mir aufgestaut. Dennoch bleibe ich nach außen ruhig und presse mir die Fingernägel in die Bauchdecke. Mein Vater ist immer noch in seine Zeitung vertieft und zieht verächtlich die Nase hoch. Garantiert hat er das Gespräch bis ins kleinste Detail verfolgt, lässt es sich jedoch nicht anmerken. Bald wird er explodieren. Ich kenne ihn.

Schweigend sitze ich am Tisch und lasse die Erniedrigungen über mich ergehen. Am geschicktesten ist, nichts zu erwidern, das ganze Gelabere an mir vorüber ziehen zu lassen.

Meine Mutter hat ihre Predigt noch nicht beendet. „Du könntest mal wieder zum Friseur gehen. Deine Haare wirken wie Unkraut. Warum steckst du sie dir nicht zusammen? Du weißt genau, dass ich es mag, wenn dein Haar hochgesteckt ist. Eigentlich bist du hübsch, aber du machst dich regelrecht hässlich. Warum nur? Bestimmt, um uns zu ärgern!" Meine Mutter schüttelt fassungslos den Kopf. „Dein Bruder ist ganz anders. Ich frage mich, was wir bei dir nur falsch gemacht haben. Bastian kleidet sich ordentlich, ist immer freundlich und hat keine Probleme. Du trägst ständig diese scheußlichen Schlaghosen. Werde doch langsam erwachsen und kleide dich dementsprechend. Ich habe dir neue weiße T-Shirts mitgebracht, und sie liegen in deinem Zimmer. Es ist eine Schande!" Meine Mutter ist mit ihren Vorwürfen nicht zu bremsen. Sie redet und redet. Es ist zum Kotzen! Ich kann es nicht mehr hören. Vor lauter Anspannung steigen mir Tränen in die Augen. Bloß nicht heulen! Mein Vater hasst es. Doch schon ist es zu spät, und die Tränen laufen mir über die Wangen.

„Hör auf zu heulen", raunzt er mich an und knallt die Zeitung auf den Boden. Seine Augen sind zu einem Schlitz zusammengekniffen, und seine Mundwinkel sind verzerrt wie die Lefzen eines bissigen Hundes. Er ist wütend – richtig wütend.

„Du gehst auf der Stelle nach oben und ziehst dich um! Meine Tochter läuft nicht herum wie das letzte Gesindel. Merk dir das! Wir kaufen dir für teures Geld Klamotten, und du ziehst sie nicht an! Wenn du dich nicht sofort umziehst, schmeiße ich dich raus", brüllt mein Vater außer sich.

„Schrei nicht so laut, wir sitzen immerhin auf der Terrasse", beschwichtigt ihn meine Mutter flüsternd. Besorgt schaut sie zur Mauer. Ich heule und heule.

„Das ist mir scheißegal", fährt er sie barsch an und wendet sich gleich wieder mir zu. „Und du hörst auf zu flennen. In meinem Haus wird nicht geflennt! Los, geh nach oben!"

Ruckartig erhebe ich mich, stoße den Stuhl unsanft nach hinten und eile hinauf in mein Zimmer. Dort werfe ich mich zu Boden und trete auf die Wand ein. Scheiße, scheiße, scheiße! Ich hasse euch alle! Ich knalle meinen Kopf immer wieder auf den Boden, bis er schmerzt. Das erlöst!

Dann reiße ich mir mein Shirt vom Leib, schnappe wütend das fein zusammengelegte weiße T-Shirt und ziehe es über. Es sieht todlangweilig an mir aus. Unglücklich betrachte ich mich im Spiegel und würde mich am liebsten erstechen. Jetzt ist auch mein dicker Verband nicht mehr zu übersehen. Die nächste Diskussion ist vorprogrammiert.

Mit wackeligen Beinen gehe ich wieder hinunter auf die Terrasse. Mein Vater ist verschwunden. Offenbar kann er die Anwesenheit seiner grauenhaften Tochter nicht ertragen. Nur noch meine Mutter sitzt in sich zusammengesunken da. Wie erwartet starrt sie gleich auf meinen Unterarm.

„Du hast also doch geritzt. Wieso lügst du mich an?" kreischt sie hysterisch. Verkrampft richtet sie sich auf, als ob sie sich auf mich stürzen wollte. Beschämt verstecke ich die Arme hinter meinem Rücken. Am liebsten würde ich im Erdboden versinken. Ich möchte weg, weg von diesem beschissenen Ort, weg von diesen Leuten, die mir immer wieder vorhalten, was sie für tolle Eltern seien.

„Du hast mich angelogen“, jammert meine Mutter. „Hat das eine Mutter verdient, dass sie von ihrer eigenen Tochter belogen wird?“

„Du willst es doch nicht anders“, höre ich mich sicher sagen und bin über meine eigenen harten Worte überrascht. Verständnislos schaut sie mich. War ja klar, dass sie das nicht verstanden hat.

„Warum hast du kein Vertrauen zu mir?“ fährt sie anderweitig fort. „Andere Mütter haben doch auch ein freundschaftliches Verhältnis zu ihren Töchtern. Nur bei uns klappt es nicht. Wahrscheinlich mache ich alles verkehrt. Ich bin an allem Schuld!“ Ihre Stimmlage verrät mir, dass das, was sie von sich gibt, nicht ihrer eigentlichen Meinung entspricht. Ich könnte kotzen. Dieses Selbstmitleid und diese geheuchelten Schuldzuweisungen an sich selbst kann sich kein Mensch anhören. Das war schon immer ihre Masche. Sie erwartet jetzt von mir, dass ich die Schuld auf mich nehme, doch ich schweige nur.

„Du musst doch einsehen, dass solche Narben am Arm hässlich aussehen. Die bleiben doch für immer. So nimmt dich kein Mann. Die sieht jeder. Dass sich meine Tochter derartig verunstalten muss. Ich möchte schließlich eine hübsche Tochter haben, auf die ich stolz sein kann“, heult sie herzergreifend. Fassungslos schaue ich ihr in die Augen. Mir fällt nichts mehr ein. In diesem Moment kann ich noch nicht einmal mehr Hass für sie empfinden. Was sitzt da nur für eine erbärmliche Person mir gegenüber. Wenn hier jemand krank ist, dann ist sie es, nicht ich. Wie kann man nur so sein? Wenn ich meine Mutter wäre, ich hätte mich schon längst umgebracht. Mit solcher Lebenseinstellung könnte ich nicht leben. Ich würde mich noch mehr hassen, als ich es ohnehin schon tue.

„Ich gehe jetzt, muss zurück in die Klinik“, murmele ich erschöpft, streichle Elmo zärtlich und greife nach meinem Autoschlüssel. Ich kann nicht mehr.

„In drei Wochen beginnt wieder die Schule! Ich bestehe darauf, dass du bis dahin entlassen bist. Du darfst keinen Tag versäumen“, bestimmt sie nebenbei.

„Ich hoffe, dass es bis dahin klappt, aber versprechen kann ich es nicht“, antworte ich lahm.

„Das hat nichts mit hoffen zu tun. Du musst, egal wie es dir geht, verstehst du? Die Ausbildung allein ist wichtig!“

Entmutigt zucke ich mit den Schultern.

Mein Vater erscheint mit einem Glas Wein in der Hand wieder draußen. Offenbar hat er unser Gespräch mitbekommen. „Wenn die Krankenkasse nicht mehr mitspielt, nehme ich dich morgen aus der Klinik. Bilde dir nicht ein, dass ich nur einen Pfennig für diesen Psycho- Mist ausgebe. Du bist nicht krank! Reiß dich einfach zusammen! Meine Tochter in einer Psychiatrie! Das darf man gar keinem erzählen!"

Ich winke nur ab und gehe, ohne ein Wort zum Abschied zu sagen. Mein Hund folgt mir schwanzwedelnd bis zur Haustür. Er möchte mitkommen. Ich knuddele ihn und küsse ihn auf die Stirn. Jetzt wird er wieder traurig, es tut mir in der Seele weh. Wenn mich meine Freundin Julia das nächste Mal besucht, soll sie ihn mitbringen. Sie hütet ihn oft, wenn meine Mutter keine Zeit hat. Sie liebt er abgöttisch. Nach Hause gehe ich vorerst jedenfalls nicht mehr.

Enttäuscht über den misslungenen Besuch mache ich mich auf den Weg zur Klinik. Ich bin unheimlich traurig, doch auch wütend, wütend auf mich selbst. Wie konnte ich mir einbilden, dass das Wiedersehen mit meinen Eltern positiv verläuft? Ich hätte es doch wissen müssen.

Unsicher schaue ich an mir herunter. Vielleicht sehe ich wirklich unordentlich und schlampig aus. Vielleicht haben sie ja Recht mit ihren Behauptungen, wahrscheinlich bin ich wirklich eine schlechte Tochter. Wenn ich anders wäre, würden sie mich akzeptieren und lieben. Sie wollen mir doch nichts Böses, meinen es sicherlich nur gut mit mir. Und ich bin zum Dank so aufsässig und unverschämt.

Dabei bieten sie mir alles, was mein Herz begehrt. Eigentlich kann ich mich überhaupt nicht beschweren. Wenn sie mich nicht lieben würden, hätten sie mir mein Pferd, den Hund und mein Auto wohl nicht ermöglicht, oder? Scheiße, ich bin ungerecht und undankbar. Ich bin selber schuld, wenn sie mich so behandeln.

In der Klinik führt der erste Weg zu meinem Koffer, in dem ich heimlich die Rasierklingen aufbewahre. Ungeduldig reiße ich mir den Verband vom Arm und beginne die heilenden Wunden wieder aufzuschneiden. Ich muss jetzt einfach Blut sehen, das beruhigt. Mein Körper muss leiden, er hat es nicht anders verdient. Wenn ich doch nur aus meiner Haut hinaus könnte. Ich hasse mich, ich bin ein Stück Dreck. Kein Wunder, dass mich meine Eltern nicht lieben. Was ist an mir denn liebenswert?

Die Wut in mir ist so groß, dass nur noch Schneiden hilft. Ich halte mich selbst nicht aus, ich kann mich nicht ertragen! Verbluten müsste dieser beschissene Körper.

Ich bohre mit den Klingen solange in den Wunden, bis ich auf weißes Unterhautgewebe stoße. Die Schnitte klaffen jetzt ungefähr einen halben Zentimeter auseinander, und ich blute wie ein Schwein. Mein ganzer Arm hat sich in ein tiefes Rot verfärbt. Da fließt das Leben davon, welches ich derartig verabscheue. Ich laufe aus.

Schließlich wische ich mit der rechten Hand über meinen Arm und verteile das Blut in meinem Gesicht. Ich habe das Gefühl durchzudrehen. Dieser Selbsthass frisst mich auf.

„Du Stück Scheiße“, beschimpfe ich mich am laufenden Band und ritze weiter. Ich kann nicht mehr aufhören. Es ist eine unsichtbare Macht in mir, die mich dazu zwingt, unkontrolliert mit dem Schneiden fortzufahren. Ich bin wie fremd gesteuert. Irgendetwas ist in mir, was mich in den Wahnsinn treibt. Ein wütendes Monster, das mich umbringen will. Vielleicht ist es Nelly!?

Als ich mich den Pulsadern nähere, kommt eine Schwester ins Zimmer. Ich weiß nicht, welche Schwester plötzlich erschrocken vor mir steht und schnell das Pillendöschen auf den Nachttisch stellt, Keine Ahnung. Ich bin nicht in der Lage, sie richtig wahrzunehmen. Mein Gehirn und meine Sinne sind ausgeschaltet. Die völlig verschmierte Rasierklinge wird mir aus der Hand genommen, und ich lasse es erstaunlicherweise mit mir geschehen. Ich wehre mich nicht, bin wie gelähmt. Die Schwester sagt etwas zu mir, doch ich kann sie nicht verstehen. Ihre Worte hallen durch meine Ohren, doch in meinem Kopf kommen sie nicht an. Ich bin weg – irgendwo! Dort, wo keiner zu mir dringen kann.

Dann erscheint eine zweite Schwester, vielleicht aber auch ein Arzt. Mir werden meine Arme, meine Hände und mein Gesicht abgewaschen. Der eine Unterarm wird verbunden. Ich merke es zwar, doch an meiner Haut kann ich es nicht spüren. Es ist, als ob es nicht mein Körper ist. Man könnte mir jetzt wohl den Arm amputieren, ich würde es nicht merken. So fühlt sich wahrscheinlich der Tod an. Vielleicht bin ich ja tot- verblutet!

Mir wird eine Pille in den Mund geschoben. Mittlerweile liege ich im Bett und zittere. Mir ist zwar nicht kalt, doch zittern muss ich trotzdem. Die Schwester deckt mich zu und bleibt bei mir sitzen. Sie streichelt durch die Decke meinen Oberschenkel. Die andere Person steht am Bett und beobachtet mich. Wenn ich nur wüsste, wer das ist. Vielleicht werde ich blind?

Nach kurzer Zeit wird alles an mir unglaublich schwer, und um mich herum verbreitet sich eine bodenlose Schwärze.

Als ich wieder zu mir komme, sitzen Dr. Fock und Schwester Barbara bei mir. Beide schauen mich total lieb an. Wieso liege ich im Bett? Draußen scheint doch die Sonne, es ist scheinbar mitten am Tag. In meinem Kopf dreht es sich ein wenig.

„Was machen Sie denn hier?“ frage ich lahm und richte mich auf. Mir wird aber sofort schwindelig. Also lege ich mich wieder zurück.

„Verrate mir erst mal, was mit dir vorhin los war“, erwidert Dr. Fock freundlich, ohne näher auf meine Frage einzugehen. Er nickt Schwester Barbara zu, die mir noch, bevor sie mein Zimmer verlässt, zärtlich über die Wange streichelt.

Als ich mit dem Arzt alleine bin, stellt er seine Frage erneut. Verständnislos sehe ich ihn an. Was soll denn los gewesen sein? Warum liege ich überhaupt im Bett?

„Ich verstehe nicht, was Sie meinen“, stammele ich noch leicht erschöpft. Ich weiß wirklich nicht, was passiert ist. Ich bin aber auch immer noch ein wenig benommen.

„Du kannst dich an nichts mehr erinnern?“

Ich schüttle den Kopf. Was habe ich denn um Gottes Willen Schlimmes angerichtet? Bin ich mal wieder ausgerastet?

„Schwester Barbara kam vorhin in dein Zimmer“, beginnt Dr. Fock zu berichten, „und hat dich blutüberströmt vor deinem Bett sitzend gefunden. Sie hat mit dir gesprochen, doch du warst nicht ansprechbar. Sie sagte, du hättest auf nichts reagiert und du wärest in einer ganz anderen Welt gewesen. Dann rief sie Schwester Margit noch zu Hilfe. Ich konnte leider nicht sofort kommen, weil ich gerade bei einem anderen Notfall war. Die beiden Schwestern haben dich verarztet und ins Bett gelegt. Währenddessen musst du gemurmelt haben, dass du sterben willst. Die Schwestern waren sehr besorgt und haben dir ein starkes Beruhigungsmittel verabreicht, das ich für den Extremfall angeordnet habe. Tja …“ Dr. Fock schnalzt mit der Zunge und streicht sich nachdenklich über den Kittel. Er sieht ratlos aus.

„Kannst du dich denn wenigstens daran erinnern, was du heute Mittag gemacht hast, bevor du abgestürzt bist?“

Den entsetzlichen Besuch bei meinen Eltern habe ich noch genau vor Augen. Ich weiß auch, dass ich anschließend nach Arnsberg zurückgefahren bin, und dass ich unerträglichen Druck hatte. Ab dann ist Filmriss.

Mir kommen wieder die Tränen, dabei will ich gar nicht weinen. Ich möchte an diesen beschissenen Tag nicht mehr denken. Die sollen mich alle in Ruhe lassen.

Dr. Fock nimmt mich mitsamt der Bettdecke in den Arm und wiegt mich sanft hin und her. Ich presse mein Gesicht an seine Brust, und meine Tränen sprudeln nur so aus mir heraus. Ich kuschele mich wie ein Baby an ihn und genieße seine Wärme. Ein Gefühl von Geborgenheit überkommt mich wie ein angenehmer Schauer. Komischerweise ist mir mein momentanes Verhalten nicht peinlich. Bei Dr. Fock kann ich so sein, wie ich will. Ich weiß, dass er mich trotzdem mag, auch wenn ich total verrückt bin. Er nimmt mich an, mit all den Macken und Störungen. Da ist das erste Mal jemand, der mich einfach nur mag. Und ich muss mich dafür nicht anstrengen.

„Deine Eltern sind so in ihre Wertvorstellungen verstrickt, daran wirst du wahrscheinlich nie etwas ändern können. Sie haben ein genaues Bild, wie ihre Tochter zu sein hat und sind davon nicht abzubringen. Wie oft hat Frau Grünert schon mit deiner Mutter gesprochen, aber sie lässt sie nur schwer an sich herankommen. Deine Eltern sehen einfach nicht ein, dass sie auch Fehler machen, denn sie sind völlig überzeugt von sich. Sie glauben, dass sie das Beste für dich tun, indem du materiell von ihnen überversorgt bist. Es gibt eben einige Menschen, die nicht wissen, dass es auch Liebe und Zuwendung gibt. Die Begriffe sind ihnen Fremdworte. Offenbar haben sie es in ihrer Kindheit selbst nicht anders erlebt und können es nun an ihre eigenen Kinder auch nicht weitergeben", erklärt Dr. Fock ruhig. „So ein gefühlskaltes Verhalten lässt sich meistens in Generationen zurückführen. Es wiederholt sich immer wieder." seufzt er.

Ich nicke und denke an meine Großeltern mütterlicherseits (die Eltern meines Vaters sind bereits vor meiner Geburt gestorben), die auch völlig egozentrisch leben. Nur sie sind wichtig, die eigenen Kinder und Enkel sind ihnen gleichgültig. Zu Weihnachten und zum Geburtstag gibt es einen Umschlag, dessen Inhalt ein Haufen Geld ist. Alles ist so lieblos, selbst wenn wir uns sehen, was vielleicht drei Mal im Jahr vorkommt, geben wir uns zur Begrüßung nur die Hand. Ich verabscheue diese Förmlichkeit. Man merkt uns nicht an, dass wir eine Familie sind. Wir gehen miteinander wie Fremde um. Meine Oma weiß nicht einmal, dass ich eine Ausbildung zur Erzieherin mache. Ich hatte es ihr zwar erzählt, doch sie hörte nicht zu. Während ich redete, wendete sie sich meiner Mutter zu und fragte, wie sie die Geranien gieße. Als ich dann merkte, dass es keinen Sinn hatte, dieses Gespräch weiterzuführen, stand ich gekränkt auf. Meiner Oma fiel es gar nicht auf. Viele denken jetzt vielleicht, alte Leute sind so, ein wenig verkalkt und verwirrt, doch meine Großeltern sind wirklich fit und geistig voll anwesend. Sie unternehmen Fahrradtouren, Wanderungen und arbeiten unaufhörlich an ihrem Haus. Da kann von alt und schwach keineswegs die Rede sein. Sie interessieren sich einfach nur für sich, und die Umwelt ist ihnen egal. Ich glaube kaum, dass mich meine Großmutter sonderlich mag. Bastian ist ihr Liebling, was sie mir als Kind auch schon immer vermittelte. Sie lobte ihn stets in höchsten Tönen: „Du bist mein Lieblingsenkel." Mein Cousin Björn und ich sind bei den Großeltern nicht sehr beliebt. Wir beide sind nämlich anders als der Rest der Familie. Wir passen uns angeblich nicht an und sind eher eine Schande. Björn leidet unter einer Art von Schizophrenie. Dadurch wird er von unserer Familie diskriminiert und ist kaum zu Feiern eingeladen. Mir wird wahrscheinlich das gleiche wie ihm blühen. Psychische Krankheiten sind nämlich peinlich! Als ich damals den einen Selbstmordversuch unternommen habe, hat Oma das nicht erschüttert. Sie zuckte nur ignorant die Schultern und begann wieder, von sich zu erzählen. Meine Großeltern wissen zwar, dass ich in einer Psychiatrie bin, doch in den vier Wochen haben sie sich kein einziges Mal gemeldet. Und wenn ich noch drei Jahre stationär hier bin, werden sie es auch nicht tun. So sind sie eben, Familie – aber kalt und ignorant! Nur Onkel Albert war anders. Er war die einzige Person, bei der ich mich aufgehoben fühlte.

Plötzlich bekomme ich große Angst davor, dass ich auch mal so oberflächlich werden könnte, nur auf die Äußerlichkeiten bedacht und nicht auf die wahren Werte eines Menschen. Wer weiß, ob die Eigenschaften nicht vererbbar sind.

„Du bist intelligent genug, um aus diesem Teufelskreis auszubrechen. Es kostet Kraft und Geduld, aber ich bin mir sicher, dass du es schaffen kannst. Deine Eltern wirst du nicht ändern können, du kannst nur an dir arbeiten, etwas für dich tun. Du musst dein Leben leben. Zur Not solltest du dich emotional von ihnen lösen. Es klingt hart, aber das Selbstbewusstsein dafür musst du entwickeln. Theoretisch, vom Finanziellen abgesehen, brauchst du deine Eltern nicht mehr. Es gibt genügend andere Leute, die dich gern haben." Dr. Fock streichelt mir durch die Haare. Mein Herz macht trotz der ganzen Scheiße einen kleinen Luftsprung. Das Verliebtsein, was in letzter Zeit etwas abgenommen hatte, steigt wieder an. Er ist so lieb zu mir.

„Also sieh zu, dass du dir einen anständigen Job suchst, damit du dir einen Teil deines Lebens selbst finanzieren kannst. Steh auf eigenen Füßen!"

Nachdem Dr. Fock gegangen ist, stehe ich auf und ziehe mich an, um das Abendessen nicht zu versäumen. Eigentlich bin ich überhaupt nicht hungrig. Nach dem Essen kommt meine Freundin Pia noch vorbei. Sie ist eine der wenigen, von der ich momentan Besuch bekommen möchte. Viele Freunde aus Schule, Stall und Bekanntenkreis rufen mich oft an und wollen ein Treffen mit mir vereinbaren, doch ich habe immer Ausreden parat, um mich davor zu drücken. Ich möchte zur Zeit nur Menschen um mich herum haben, die mir ganz eng am Herzen liegen, zu denen ein tiefes Vertrauensverhältnis besteht. Pia gehört zu meinen besten Freundinnen, die ich schon seit vielen Jahren kenne. Wir haben uns als kleine Mädchen im Reitstall kennen gelernt. Wir bezeichnen uns gegenseitig immer als „Tagebücher“. Wir erzählen uns die tiefsten Geheimnisse, die vom anderen dann weggeschlossen werden und somit nicht nach außen getragen werden. Es ist eine ganz besondere Freundschaft, die wohl für das restliche Leben bestehen wird.

Pia besucht mich regelmäßig und wir telefonieren täglich. Sie ist eine absolut treue Seele, bei der ich überzeugt bin, dass sie mich nie im Stich lassen würde. Ich würde sie aber auch nie im Stich lassen.

Ich freue mich, sie nachher zu sehen. Während ich die Treppen hinunter gehe, kommen langsam wieder Bruchteile an Erinnerungen von vorhin in mir hoch. Ich sehe aber nur vor mir, wie ich geritzt habe und wie zwei Personen um mich standen, mehr nicht! Der Rest ist wie weggeblasen.

Auf einmal baut sich wieder der Druck in mir auf. Der Besuch bei meinen Eltern erscheint erneut vor meinen Augen, und mich packt eine riesige Wut. Ich kann nur nicht sagen, gegen wen sich diese Wut richtet. Gegen meine Eltern oder mich?!

Mein Verlangen nach Rasierklingen wächst allmählich, und ich befürchte, wieder außer Kontrolle zu geraten. Also eile ich zum Schwesternzimmer.

„Kann ich eine Tavor haben?“ bitte ich Schwester Barbara gehetzt. Tavor ist ein Beruhigungsmittel, was sie mir immer geben, wenn mich Angstzustände plagen und wenn ich sehr aufgeregt oder mal wieder bodenlos verzweifelt bin. Am Anfang habe ich mich dagegen gewehrt, doch mittlerweile macht es mir nichts mehr aus, wenn ich es schlucke. Im Gegenteil, die Wirkung ist sogar ganz angenehm, man wird so locker und entspannt. Im Kopf ist mir dann total schwummerig und ich muss nicht mehr viel nachdenken. Ein geiles Gefühl, alles ist einem gleichgültig.

Als ob die Schwester auf mich gewartet hätte, gibt sie mir, ohne weiter Fragen zu stellen, die Tablette. Sie sieht mich nachdenklich an, als ich sie nervös mit Wasser hinunterspüle.

„Soll ich Dr. Fock rufen?" fragt sie besorgt und hat schon den Telefonhörer in der Hand.

„Nein, nein, es ist nicht so schlimm. Ich bin nur ein wenig unruhig. Am besten gehe ich jetzt wieder hoch in mein Zimmer und setze mich vor den Fernseher. Könnten Sie mich vom Abendessen abmelden? Ich habe keinen Hunger." Allein bei dem Gedanken an den überfüllten Speisesaal wird mir schon schlecht. Dr. Fock soll bloß nicht noch mal zu mir kommen. Ich möchte nicht aufdringlich sein und ihn nicht mit meinem Gejammere nerven. Ich bin schließlich nicht wehleidig. Es reicht, dass er mich vorhin schon in diesem Zustand gesehen hat. Außerdem wirkt die Tavor bestimmt gleich.

Als ich den Fernseher anschalte, spüre ich schon, wie meine Beine lahm werden, und in meinem Kopf verbreitet sich eine gähnende Leere. Meine drückenden und quälenden Gedanken fliegen aus mir heraus. Teilnahmslos ist mein Blick auf den Bildschirm gerichtet, ohne zu wissen, was ich mir überhaupt anschaue, es ist mir aber auch egal. Mir ist alles egal. Ich bin high!

Tavor wirkt in der Regel immer sehr schnell und intensiv, doch jetzt bin ich plötzlich abgeschossen wie noch nie. Wahrscheinlich hängt das mit dem Beruhigungsmittel von heute Nachmittag zusammen.

Grinsend sitze ich in meinem Sessel und bin nicht fähig, einen einzigen Gedankengang zu erfassen. Ich weiß nicht einmal, weshalb ich grinsen muss. Meine Mundwinkel machen mit mir, was sie wollen. Na ja, immerhin ist es besser, als zu heulen. Nicht auszudenken, wenn ich jetzt im Speisesaal säße. Ich wäre nicht in der Lage, ein Stück Brot zu schlucken, weil mein kompletter Körper lahmgelegt ist. Selbst das Programm mit der Fernbedienung umzuschalten, ist mir zu anstrengend. Aber was soll's, ich bin eh nicht aufnahmefähig.

Kurz darauf klopft es, und Pia steckt den Kopf zur Tür herein. „Hallo", begrüßt sie mich grinsend.

Freudig stehe ich auf und gehe ihr schwankend entgegen. Gerade noch rechtzeitig, bevor ich umfalle, lasse ich mich in ihre Arme fallen. Sie hält mich mit aller Kraft.

„Was ist denn mit dir los?" fragt sie mich erschrocken und bringt mich stützend zum Bett.

„Bin ziemlich zugedröhnt“, kichere ich und fasse mir an die Stirn. Mir ist so schwindelig. Das hängt bestimmt mit dem Beruhigungsmittel von heute Nachmittag zusammen. Denn normalerweise haut mich eine Tavor nicht so um.

„Ich hatte mal wieder einen Aussetzer, du weißt schon“, erkläre ich lallend, doch ich brauche nicht weiter zu sprechen, denn Pia nickt wissend und zieht meinen Pulloverärmel vorsichtig hoch. Als sie den Verband entdeckt, schüttelt sie seufzend und mitfühlend den Kopf.

„Du musst Geduld haben. Eine so schwerwiegende Sucht ist nicht innerhalb weniger Wochen zu heilen. Die ganzen Probleme, die dich seit Jahren begleiten, kannst du nicht in der kurzen Zeit aufarbeiten, das ist ein Unding. Ich habe mir von Anfang an gedacht, dass sieben Wochen nicht ausreichen. Du darfst dich nicht unter Druck setzen“, tröstet sie mich und massiert mir leicht die Schultern. Ich bin froh, dass sie da ist. Eigentlich würde sich jetzt ein tiefgründiges Gespräch zwischen uns entwickeln, doch ich bin viel zu unkonzentriert. Deshalb zucke ich nur mit den Schultern. Da scheint Pia zu erkennen, dass ich im Moment nicht in der Lage bin, intensivere Themen zu besprechen. Sie erzählt somit Neuigkeiten aus unserem Freundeskreis und wir albern herum. Albernsein fällt mir in dem Zustand natürlich nicht schwer. Ich finde alles witzig, und Pia amüsiert sich auf ihre Art darüber. Sie lacht sich halb tot, als ich ihr mit meiner verwaschenen Sprache irgendwelchen Blödsinn aufschwätze. So ist sie, meine Pia. Nichts kann sie hinsichtlich meiner Person mehr erschüttern. Sie kennt mich und meine psychopathischen Verstimmungen. Pia war es, die an meinem Krankenbett stand, als ich mal wieder 80 Tabletten geschluckt hatte. Sie war diejenige, bei der ich von dem Leben nach dem Tod geträumt habe, und sie war auch der erste Mensch, der ich von dem damaligen Missbrauch erzählte. Ich habe Pia schon oft in Angst und Schrecken versetzt, doch trotz allem hat sie den Humor nie verloren, und wir haben in den schlimmsten Momenten dennoch gelacht und das Beste daraus gemacht. Pia ist einfach einzigartig!

„Komm, wir gehen zum Pavillon und rauchen eine“, schlage ich vor und versuche mich aufzuraffen.

„Schaffst du das denn?“ erkundigt sich Pia und hilft mir vorsichtig auf.

„Du musst mich nur stützen, dann geht alles“, grinse ich und lege meinen Arm um ihre Schultern.

Wackelnd und wankend machen wir uns auf den Weg. Die Treppe hinunter zu kommen ist gar nicht so einfach. Pia hat größte Mühe, mich zu halten. Ständig lasse ich mich vor Lachen und Erschöpfung auf die Stufen fallen. Ich bin wie besoffen. Die Patienten, denen wir begegnen, schütteln die Köpfe und amüsieren sich über unsere Ausgelassenheit. Pia hat natürlich auch ihren Spaß. Die Welt ist einfach zu komisch.

„Oh Mann, bin ich breit“, stöhne ich belustigt und ziehe mich an Pia wieder hoch. Das ganze Treppenhaus dreht sich. Mein kompletter Körper ist schwer und völlig unkontrolliert. Es ist schwierig, die Beine richtig zu koordinieren und einen Fuß vor den anderen zu setzen. Ich wusste bisher nicht, dass Laufen so schwer sein kann.

Nach einer halben Ewigkeit erreichen wir endlich den Pavillon. Dort treffen wir auf einige Patienten, die scheinbar in jeder freien Minute rauchen. Wir sitzen jeden Abend hier, kurz bevor die Türen geschlossen werden, und qualmen die letzte Zigarette des Tages.

„Was haben sie denn mit dir gemacht?“ fragt Marlene, als ich mit Pia in die Holzhütte hereingestolpert komme und mich mal wieder grundlos kaputt lache. Die anderen schauen mich ebenfalls neugierig an.

„Nichts, ich will nur eine rauchen“, antworte ich und halte mir den Bauch vor Lachen. Die ganzen fragenden Gesichter sehen zum Schießen aus. Doch die meisten können sich denken, was mit mir los ist, daher werden keine weiteren Fragen gestellt.

Ich setze mich neben Funny, die mir gleich den Rücken krault. Ich schmiege mich an sie und schließe die Augen. Neben ihr und Pia fühle ich mich wohl. Ich zünde mir eine Zigarette an und genieße, wie sich meine Lungen allmählich mit dem Nikotin füllen. Zufrieden stelle ich mir in Gedanken vor, wie sich mein Inneres in tiefes Schwarz verfärbt und vergiftet wird. Es ist eine schöne Vorstellung. Alles macht Spaß, was den Körper vernichtet. Er verdient es nicht anders.

Ich schwätze und schwätze. Ich weiß nicht, was ich von mir gebe, jedenfalls merke ich, wie sich mein Mund ununterbrochen öffnet und dass Worte herauskommen. Wahrscheinlich nur zusammenhangloses Zeug, doch wen interessiert das schon? Mich nicht!

Nachdem ich meine Zigarette mit zitternden Fingern ausgedrückt habe, nimmt mich Pia an der Hand und zieht mich hoch. Sie will mich auf mein Zimmer bringen.

„Janna, ein wenig Schlaf wird dir gut tun“, sagt jemand aus der Gruppe, ich glaube, es ist Kurt. Doch ich winke nur ab und antworte gelassen: „Schlafen kann ich, wenn ich tot bin.“

Als ich schließlich auf meinem Bett liege, muss Pia mir beim Ausziehen helfen. Diese schwierige Aufgabe ist für mich jetzt nicht zu bewältigen. Ich komme mir vor wie ein Kleinkind.

„Ich schäme mich so“, jammere ich und versuche mir vergeblich, den Pulli über den Kopf zu ziehen.

„Vor mir braucht dir doch nichts peinlich zu sein. Das weißt du doch“, tröstet mich Pia und legt meine Kleider ordentlich auf dem Stuhl zusammen. Sie zieht die Vorhänge zu und schaltet den Fernseher, der seit vorhin schon läuft, ab.

„Ich muss jetzt gehen, Süße, sonst komme ich nicht mehr hinaus“, meint sie und schaut auf die Uhr.

„Ich sage der Nachtschwester Bescheid, damit sie noch mal nach dir schaut, okay?“ Sie gibt mir einen Kuss auf die Stirn und deckt mich zu.

„Danke, dass du da warst!“ Ich umarme sie zum Abschied. Der Besuch hat mir viel bedeutet.

Dann schließt sie leise die Tür hinter sich. Ich nehme meinen Teddybären, den ich zur Geburt bekommen habe und immer dabei habe, in den Arm und kuschle mich in die Bettdecke. Dieses kleine Zimmer, dieses gemütliche Bett und die ganze Klinik mit den Schwestern und Patienten sind mittlerweile mein Zuhause geworden.

Kurze Zeit später kommt die Nachtschwester herein. Leider hat Schwester Nina heute keinen Dienst.

„Geht es dir besser?“ erkundigt sich Schwester Gudrun und setzt sich zu mir.

„Ja ja“, antworte ich nur und kann ein lautes Gähnen nicht unterdrücken.

„Ist dir immer noch nach Ritzen?“ fragt sie beinahe ängstlich und blickt mich forschend an.

„Nein, das wäre mir jetzt viel zu anstrengend, ich bin total müde“, erwidere ich und meine es ernst. Jede kleinste Bewegung ist umständlich.

„Na, dann schlaf schön, und wenn es dir heute nacht nicht gut gehen sollte, meldest du dich, versprochen?“ Die Schwester drückt meine Hand. „Versprichst du mir das?“ wiederholt sie eindringlich.

Ich nicke verschlafen und sie löscht das Licht. Kaum ist sie aus dem Zimmer, da bin ich schon im Land der Träume.

Am nächsten Morgen habe ich in der Kunsttherapie ein großes Blatt Papier vor mir liegen, auf das ich meine Familie malen soll. Immer noch ein wenig ermattet vom vergangenen Tag, nehme ich die Buntstifte in die Hand und mache mich ans Werk. Zuerst zeichne ich meinen Vater, groß und dick, mit erhobenen Armen. Seine Gesichtszüge lasse ich ernst und streng erscheinen. Er trägt einen schwarzen Anzug. Ich kann nicht gut zeichnen, deswegen misslingt mir seine Gestalt ein wenig. Obwohl, eigentlich ist er ja auch keine Schönheit.

Neben meinen Vater platziere ich meine Mutter. Sie ist deutlich kleiner als er und trägt ein knallrotes Kostüm und Stöckelschuhe. In ihrer Visage ist ein breites Lachen nicht zu übersehen. Eine elegante Dame mit ordentlich frisierten dunklen Haaren. Sie ist immer fein gekleidet und wie aus dem Ei gepellt.

Dann bringe ich meinen Bruder zu Papier. Ich grinse, als ich die Haare auf seinem Kopf weglasse. Er sich hat nämlich eine Glatze rasiert. Ihn kleide ich mit blauen Jeans und einem weißen Hemd. So sieht er eigentlich täglich aus.

Und nun bin ich an der Reihe. Mit einem gelben Stift zeichne ich meine blonden Haare, die zu einem Pferdeschwanz zusammengebunden sind. Ich trage einen schwarzen Rock und ein schwarzes T-Shirt. Das Lächeln in meinem Gesicht darf natürlich nicht fehlen. Man muss schließlich immer lächeln.

Zum Schluss male ich Onkel Albert neben mich. Sein Schnurrbart und der mit einem Tigerkopf tätowierte Oberarm sind seine nicht zu leugnenden Merkmale. Der Tigerkopf faszinierte mich früher auf der einen Seite, auf der anderen Seite jagte er mir jedoch Angst ein. Onkel Albert ziehe ich den typischen grauen Trainingsanzug an, welcher mir noch genau in Erinnerung ist. Mein Onkel sieht mich aus den Augenwinkeln an und streckt die Hand zu mir aus. Sein Blick ist mir nicht so liebevoll gelungen, wie ich ihn eigentlich hatte darstellen wollen.

Skeptisch überprüfe ich mein Bild, als es fertig ist und lege die Stifte zur Seite. Es ist ein unangenehmes Gefühl, meine Familie auf diese Weise vor mir liegen zu sehen. Alle schauen mich so vorwurfsvoll an. Sie scheinen genau darauf zu achten, dass ich nicht zu viel von uns erzähle. Die Blicke wirken regelrecht bedrohlich auf mich.

Auch Frau Zapper betrachtet das Bild intensiv und nachdenklich. Jede einzelne Person sieht sie sich offenbar genau an.

„Das kleine Mädchen mit dem blonden Zopf sollen wohl Sie sein?“ Ihre Frage klingt eher wie eine Feststellung. Ich nicke und sortiere beiläufig die Buntstifte in den Farbkasten.

„Wieso haben sie sich als kleines Mädchen dargestellt? Sie sind doch eine erwachsene Frau“, bemerkt die Therapeutin.

Ich zucke mit den Schultern. Darauf weiß ich jetzt keine Antwort. Ich habe einfach drauf losgemalt, ohne groß zu überlegen.

„Na ja, ich bin eben die Jüngste in der Familie“, stammele ich daher nur und kratze mich verlegen an der Stirn. Was Besseres fällt mir nicht ein.

Frau Zapper geht nicht näher darauf ein und möchte Genaueres über meinen Vater erfahren.

„Ihr Vater sieht sehr groß und mächtig aus. Er hat seine Arme ausgebreitet, als ob er über die Familie herrschen wolle. In diesem eintönigen Anzug erscheint er eher streng und konservativ. Wie ist Ihr Verhältnis zu ihm?“ fragt Frau Zapper.

„Ich hasse ihn!“ Meine Worte kommen wie aus der Pistole geschossen.

Frau Zapper runzelt neugierig die Stirn. In ihren Augen spiegelt sich ein „Warum“.

„Keine Ahnung“, murre ich. „Wir haben eben keine gute Beziehung zueinander. Ich komme mit seiner kalten und herrschsüchtigen Art nicht klar. Wer eine andere Meinung als er hat, ist ein schlechter Mensch. Alle müssen nach seiner Pfeife tanzen. Wenn nicht, rastet er aus. Er hat sich noch nie um mich gekümmert. Er kennt mich gar nicht.“

Frau Zapper schweigt grübelnd, dann erkundigt sie sich nach meiner Mutter.

„Meine Mutter ist auch nicht anders. Sie vergöttert meinen Vater und macht alles, was er verlangt. Sie brachte uns Kindern schon früh bei, Respekt und Ehrfurcht vor ihm zu haben. Seine Lebenseinstellung ist die einzig wahre der Welt.“ Meine Laune verschlechtert sich langsam.

„Das Bild stellt diese typische altmodische Familienkonstellation dar. Der Mann ist das Oberhaupt, er verdient das Geld, die Frau steht in der Küche, sorgt für die Kinder und hat sich ihrem Gatten zu fügen. Sie hat nicht viel zu sagen. Der Vater kümmert sich nicht um die Erziehung, weil es die Aufgabe der Mutter ist. Er ist ja schließlich für den Lebensunterhalt verantwortlich. Die Kinder sollen brav sein und sich anpassen können. Und die Hauptsache ist, dass die Familie nach außen glücklich erscheint. Ist das so?“ Sie zeigt mit dem Finger auf die lachenden Münder.

Ich nicke heftig und muss grinsen. Sie hat den Nagel auf den Kopf getroffen. Das ist das spießbürgerliche Leben einer typisch deutschen konservativen Familie. Eigentlich könnte man darüber lachen.

„Wie verhält sich Ihr Bruder? Er passt sich auch eher an, oder?“

„Bastian wird bestimmt einmal wie mein Vater. Er ist nämlich sein großes Vorbild. Ich glaube, er bewundert ihn. Schließlich hat mein Vater beruflich schon viel erreicht, er hat Geld wie Heu. Mein Bruder vertritt teilweise auch schon seine Meinung, beispielsweise, dass die Ehefrau an den Herd gehört und nicht viel zu sagen hat. Aber er wird es schwer haben, mit solch einer Einstellung eine Frau zu finden, bei der Emanzipation“, kichere ich. Jetzt wird mir auch klar, warum Bastian ein besseres Verhältnis zu meinen Eltern hat als ich. Er lebt das Leben, dass sie sich von ihren Kindern vorgestellt haben. Er ist ein artiger Junge, der sich ihnen nicht widersetzt und die alten Traditionen weiterführt. Mein Bruder ist eine Kopie meines Vaters, auf den man stolz sein kann. Er lässt sich nicht piercen, trägt keine abgewetzten Schlaghosen und ist nicht psychisch krank. Er ist ein stattlicher und ordentlich gekleideter junger Mann, der Betriebswirtschaftslehre studiert und mit beiden Beinen im Leben steht. Ein Kind, auf das die Eltern stolz sind, mit dem sie vor anderen Leuten angeben können. Was fängt man schon mit einem Kind an, das Ringe im Gesicht trägt und in eine Klapse gehört? Darüber redet man nicht. Es könnte peinlich werden, und das Bild einer standesgemäßen und gutsituierten Familie wäre zerstört.

„Ich kann mir denken, warum Sie sich als kleines Mädchen gezeichnet haben“, fährt Frau Zapper mit einem geheimnisvollen Lächeln fort. Neugierig schaue ich sie an.

„Es hat zwei Gründe. Der erste Grund ist, dass sie sich in dieser Familie völlig unterdrückt fühlen. Sie können nicht wachsen, weil Ihre Entwicklung krampfhaft aufgehalten wird. Die Träume und Pläne, die Sie für das Erwachsenwerden benötigen, werden einfach untersagt. Eine eigene Meinung zu vertreten ist schlecht, doch als erwachsener Mensch muss man eigenständig denken.“

Ich schlucke. Frau Zappers Worte muss ich erst einmal verdauen, aber ich glaube, sie hat Recht.

„Und was ist der zweite Grund?“ frage ich vorsichtig nach. Den kann ich mir nämlich wirklich nicht erklären.

„Sie *wollen* ein kleines Mädchen bleiben, denn Sie sehnen sich nach einer Familie, die Ihnen Liebe und Geborgenheit gibt. Sie möchten in die Rolle eines Kindes schlüpfen, dem Schutz und Wärme geboten wird. Ihnen wurde das alles nicht gegeben, und somit bleibt der Wunsch nach einer Mutter, die Sie vor Gefahren beschützt und Sie tröstend in den Arm nimmt, tief in Ihnen bestehen. Wünschen Sie sich nicht manchmal, ein kleines Baby zu sein?“

„Ja", sage ich leise. Frau Zapper bohrt in einer meiner schmerzhaftesten Wunden. Ich habe das Gefühl, ausgesaugt zu werden. Sie hat mich ein Stück weit geknackt.

Wehmütig denke ich daran, wie Katja mich immer liebevoll in den Arm nimmt, wenn ich traurig bin. Bei ihr bekomme ich die mütterliche Wärme zu spüren, welche ich so sehr vermisse. Manchmal fühle ich mich dann wie ein kleines Kind. Sie ist einer der wichtigsten Menschen in meinem Leben geworden. Ich brauche eine erwachsene Freundin. Das Schlimmste, was mir passieren könnte, wäre, sie zu verlieren. Davor habe ich große Angst.

„Die Zeit ist leider um", unterbricht Frau Zapper meine Gedanken. „Das nächste Mal setzen wir die Besprechung Ihres Bildes fort." Ich frage mich, was es da noch zu besprechen gibt.

Als ich gerade zur Tür hinaus gehen möchte, breitet die Therapeutin die Arme aus und drückt mich. Ich schlinge meine Arme ebenfalls um sie und lehne mich an ihre Schultern. Frau Zapper ist doch ganz nett.

Die Arnsbergklinik ist für mich ein Ort des Schutzes und der Geborgenheit geworden. Die belastenden Gedanken in einer Psychiatrie zu sein und kein freier Mensch mehr sein zu können sind längst verblasst. Die Mitarbeiter dieser Klinik sind so etwas wie eine Familie für mich geworden, die mir Zuflucht und Nestwärme bietet. Hier ist immer jemand für mich da, sei es Dr. Fock, die Therapeutinnen, die Schwestern oder meine Mitpatienten, nie bin ich allein.

Das Leben in Arnsberg ist einfach ganz anders als „draußen". Die Klinik ist mit einer großen Glasglocke zu vergleichen, die uns Patienten Sicherheit vor der Verlogenheit des eigentlichen Lebens gibt. Ich habe das Gefühl, in einer völlig neuen Welt zu leben. Hier herrscht keine Hektik, keine Oberflächlichkeit und Kälte zwischen den Menschen, sondern Vertrauen, Verständnis und Wärme. Jeder interessiert sich für den anderen, es entstehen Freundschaften, wirkliche Freundschaften, von denen man nur träumen kann. Junge und alte Leute, Männer und Frauen, Reiche und Arme werden untereinander Freunde, äußerliche Faktoren spielen keine Rolle. Auf den wahren Mensch wird geachtet, mit all den Schwächen und Stärken. Man darf hier der Mensch sein, der man wirklich ist. Niemand muss Masken aufsetzen und Fassaden bauen, welche in der Außenwelt zum Überleben benötigt werden. Jeder genießt das Ungezwungene und die Natürlichkeit, mit der wir den Mitpatienten gegenüber treten dürfen. Die Individualität der Einzelnen wird geschätzt, was für viele ungewohnt ist. Neuzugänge können oft nicht verstehen, dass sie einfach freundlich angesprochen und gleich in unseren Kreis aufgenommen werden. Natürlich sind sie angenehm überrascht darüber. Ich denke, es ist wichtig, dass Leute, die Lebenskrisen bewältigen und Schicksalsschläge aufarbeiten müssen, Verständnis und Rückhalt in ihrer Umwelt erfahren sollten. Und da die meisten erkannt haben, dass es nur ganz wenig echte Freunde gibt, fühlen sie sich hier in Arnsberg besonders aufgehoben. Elke, eine mittlerweile entlassene Patientin sagte mit Tränen in den Augen zum Abschied: „Ihr alle seid für mich Therapeuten gewesen." Sie hatte unheimliche Angst vor dem Leben außerhalb der Klinik, vor Ignoranz und Oberflächlichkeit.

Manchmal, wenn wir im Pavillon zusammen sitzen, fragen wir uns, wer eigentlich richtig lebt. Die Leute da draußen oder wir? Wenn jemand morgens um sechs aufsteht, um für den ganzen Tag einen nichtssagenden Beruf auszuüben und abends erschöpft ins Bett fällt, um für den nächsten Tag wieder fit zu sein, kann er von sich behaupten, dass er lebt? Wenn nur Geld und Job von Bedeutung sind und innige Freundschaften nichts mehr wert sind, wo bleibt dann Zeit für Gefühle? Es wird nur an die eigene Person und deren Vorteile gedacht. Der Mitmensch ist denen doch egal. Hauptsache ist, dass man selber versorgt ist. Die meisten leben einfach in den Tag hinein und machen sich über nichts Gedanken. Man strebt nur nach Erfolg und Anerkennung, das ist das einzige, was zählt. Das Wesentliche ist unwichtig. Menschen, die vielleicht nur am Fließband arbeiten oder gar arbeitslos sind, werden in der Wertigkeitsskala der Gesellschaft herabgestuft. Leute, die psychisch krank sind, werden als verrückt angesehen. Krank sind nämlich nur die, die unter massiven körperlichen Beschwerden leiden. Man muss die Krankheit *sehen.* Ist das nicht wieder ein Beweis dafür, dass nur auf Äußerlichkeiten geachtet wird?

Ich glaube eher, diese Ignoranz und Oberflächlichkeit sind Krankheiten. Vielleicht sind wir „Verrückten" die einzig Gesunden, die mit solch einer egoistischen Welt nicht klar kommen, weil wir noch nicht so abgestumpft sind. Oft behaupten wir humorvoll, dass die Menschen „draußen" krank sind und nicht wir. Wer weiß, was an der Sache wirklich dran ist. Jedenfalls wissen wir alle, dass wir wegen solcher Menschen hier sind. Gelegentlich frage ich mich aber auch, ob diese oberflächlichen Menschen vielleicht nicht glücklicher sind. Wenn man sich über nichts Gedanken und Sorgen macht, einfach jeden Tag so nimmt, wie er kommt, muss man doch glücklich sein, oder?

Auf jeden Fall zieht es mich im Moment nicht zur Außenwelt. Nur meine Freundinnen Julia und Pia und meine Lehrerin kommen regelmäßig zu Besuch. Darüber freue ich mich, weil die drei besondere Menschen sind. Sie verstehen mich und wollen mir helfen. Julia bringt immer Elmo mit, der dann auf der Wiese herumtollen kann. Neulich saß ich mit Julia zwei Stunden auf einer Bank vor dem Klinikeingang, nur um Dr. Fock zu sehen. Ich schwärme ihr immer von ihm vor und wollte ihr ihn unbedingt zeigen. Doch leider kam er nicht vorbei. Julia war ein wenig enttäuscht, schließlich wollte sie diesen „Traummann" auch mal kennen lernen. Vielleicht beim nächsten Besuch. Als Frau Seifert und ich durch den Rosengarten spazieren gingen, lief er uns über den Weg. Sie fand auch, dass er ein sehr interessanter Typ sei. Das hat mich in meiner Verliebtheit natürlich wieder bestärkt.

Mit Katja habe ich zur Zeit leider nur telefonischen Kontakt. Sie arbeitet den ganzen Tag und kommt abends erst spät nach Hause. Darüber bin ich ziemlich traurig, weil ich die intensiven Gespräche unter vier Augen vermisse. Ich würde es mir so sehr wünschen, sie öfters zu sehen und ihre Nähe zu genießen. Immerhin ist sie der bedeutendste Mensch in meinem Leben, denn nur bei ihr kann ich wirklichen Trost finden. „Sie ist meine große Schwester."

Vor dem Rest meines Bekanntenkreises ziehe ich mich vorerst zurück. Freunde aus Stall und Schule rufen mich zwar oft an, aber ich möchte nicht, dass sie vorbeikommen. Ich kann nicht sagen, warum, aber wem wirklich etwas an mir liegt wird es verstehen oder zumindest akzeptieren.

Die Freunde in der Klinik sind mir jetzt einfach wichtiger. Unsere Probleme schweißen uns zusammen, und wir sind ein Völkchen unter uns. Es hat sich eine Clique gebildet, die jeden Abend zusammen sitzt. Doch leider ist es ein Kommen und Gehen. Thorsten ist vor einer Woche entlassen worden. Wir haben uns natürlich für ihn gefreut, doch betrübt darüber, dass er nicht mehr bei uns ist, waren wir auch. Er fehlt uns. Wer weiß, ob wir ihn jemals wiedersehen werden. Schließlich wohnt er ziemlich weit weg, und die Versprechungen, sich gegenseitig zu besuchen, sind auch meistens illusorisch. Es wird eh nichts daraus, und eigentlich ist das auch jedem bewusst, doch keiner will es so richtig wahr haben. Es ist ein schrecklicher Gedanke, einen Freund, dem man vertraut und zu dem eine innige Beziehung besteht, für immer aus den Augen zu verlieren. Eigentlich kann man sich das gar nicht vorstellen, oder man will es sich nicht vorstellen.

Dagmar und Funny werden auch bald entlassen, Funny in zwei Wochen. Vor diesem Abschied graut es mir jetzt schon. Aber noch ist sie hier, also genieße ich die Zeit mit ihr und will an die Trennung nicht denken.

Es sind aber auch viele neue nette Leute eingeliefert worden. Darunter sind der 23-jährige Marc und die 19-jährige Janine. Marc leidet unter einer massiven Identitätskrise und Janine an Bulimie. Sie stopft Unmengen an Essen in sich hinein und steckt anschließend den Finger in den Hals, um alles wieder zu erbrechen. Das ist auch eine Art der Selbstverletzung.

Fast jeden Abend sitzen wir bei Andreas, einem Hals-Nasen-Ohrenarzt, der total kontaktgestört ist, auf der Terrasse. Auch das autistische Mädchen Tanja schließt sich uns oft an. Wir zeigen ihr immer, wie sehr wir uns freuen, sie bei uns zu haben, indem wir sie in Gespräche, Spiele und Unternehmungen einbeziehen. Ich denke, es ist sehr wichtig, dass Autisten Kontakt zu Mitmenschen haben und lernen, mit ihnen zu kommunizieren. Sie müssen Vertrauen in die Menschen aufbauen, die sie akzeptieren und ihnen helfen, das Leben möglichst eigenständig zu meistern. Mittlerweile scheint sich Tanja bei uns wohl zu fühlen. Obwohl sie kaum Gefühle zeigt, ist auf ihren Lippen manchmal ein kleines Lächeln zu sehen, wenn wir mit ihr reden und spielen. Immer öfter, wenn auch sehr schüchtern und zurückhaltend, sucht sie auch von sich aus den Kontakt zu uns. Wir nehmen sie mit in die Stadt, ins Schwimmbad oder ins Kino. Besonders freuen wir uns, wenn sie abends bei Andreas klopft und sagt, dass sie gerne bei uns sein möchte. Der Stolz darüber, dass sie solch eine für sie schwer zu bewältigende Aufgabe gemeistert hat, ist in ihrem Gesicht nicht zu übersehen. Sie kommt sehr gerne zu Andreas, weil sie weiß, dass wir uns bei ihm immer treffen. Andreas bewohnt das vornehmste Zimmer in der ganzen Klinik. Es ist mit großem Badezimmer, kleinem Erker und sogar einer Holzveranda ausgestattet. Andreas ist schon länger hier als ich. Er ist ein ganz lieber Kerl, doch er hat panische Angst, unter Menschen zu gehen. An uns hat er sich mittlerweile gewöhnt, und er vertraut uns. Andreas redet zwar nie viel, aber seine strahlenden Augen verraten uns, dass er sich freut, wenn wir, meistens zu acht, bei ihm sind und mit ihm spielen, fernsehen oder einfach nur erzählen. Wenn wir allerdings ins Städtchen gehen, ist er ganz selten dabei. Das traut er sich eben doch noch nicht. Wenn wir planen, abends etwas außerhalb zu unternehmen, sagt er immer zu, doch im letzten Moment macht er wieder einen Rückzieher. Schade, aber wir mögen ihn trotzdem. Er verlässt eben kaum die Klinik, die auch für ihn ein Ort der Sicherheit geworden ist. Einmal hat er mir erzählt, dass er wie viele am liebsten für immer hier bleiben würde, denn hier ginge es ihm gut. Doch wir wissen alle, dass irgendwann der Tag kommen wird, an dem wir entlassen werden. Man kann sich nicht auf Ewigkeit hier verstecken. Und das ist auch gut so, schließlich müssen wir lernen, mit unserem Leben in der Außenwelt klar zu kommen.

Der Fels, der versteckt zwischen den üppigen Baumkronen hervorragt, ist unser Lieblingsplätzchen. Aus der Höhe von etwa 20 Metern können wir über ganz Grünwald blicken. Es ist ein romantischer und friedlicher Ort, an den sich keine Menschenseele verirrt. Es ist, als ob dieser Fels nur für uns geschaffen sei. Er ist wohl auch nicht für Wanderer und Spaziergänger gedacht, denn es sind keine Bänke und Geländer vorhanden.

Funny und ich sitzen am Abgrund, lassen die Beine in die Tiefe baumeln und betrachten schweigend den herrlichen Sonnenuntergang, der den Himmel in ein zartviolettes Licht verfärbt. Es war wieder ein heißer Tag heute gewesen, welcher nur im Schatten zu ertragen war, doch jetzt ist er erfrischend abgekühlt. Sogar ein leichtes Lüftchen weht um die Blätter der Bäume.

Hinter uns liegt Marc im Moos und lässt sich von Aischa den Kopf massieren. Aischa berichtet wieder einmal von ihrer schrecklichen Familie. Janine sitzt neben ihr und hört still zu. Sie flechtet gedankenverloren Zöpfchen in ihr langes blondes Haar.

Ulli, ein junger Mann, der vor einer Woche in die Klinik gekommen ist, die ersten Tage jedoch nur ruhiggestellt im Bett verbracht hat, zupft unzufrieden kleine Blättchen von einem Zweig. Während Aischa erzählt, stellt er nebenbei unzählige Fragen über den Tagesablauf und unsere Krankheiten. Er wirkt sehr skeptisch, was jeder am Anfang ist. Er hat sich noch nicht damit angefreundet, ein Psychiatriepatient zu sein. Nach dem Abendessen saß er ganz allein und unglücklich im Pavillon, so dass wir ihn gleich in unsere Stammkneipe mitgenommen haben. Er unterhielt sich lebhaft mit uns, doch sein Gesicht zeigte bisher nicht das kleinste Lächeln. Ulli sagt, er sei wegen eines Burn-Out-Syndroms und Geldsorgen hier, aber wer weiß, was seine wirklichen Probleme sind. Als Burn-Out-Syndrom bezeichnet man einen absoluten Erschöpfungszustand, in dem Körper und Seele bis auf das letzte „ausgebrannt“ sind. Meistens wird solch ein Zustand durch massiven Stress in Beruf und Privatleben ausgelöst. Ulli ist der Meinung, dass eine Therapie seine Probleme auch nicht lösen könne, deswegen hält er seinen Aufenthalt für unnütz. Er scheint völlig hoffnungslos, der Arme.

Als die Sonne immer mehr hinter den Bergen versinkt, bemerkt Aischa mit einem kritischen Blick auf die Uhr: „Es ist kurz vor zehn, wir müssen langsam zurück." Sie klopft Marc leicht auf den Kopf.

Im Nu ist Marc auf den Beinen und läuft zum Abgrund. Er breitet seine Arme aus und beginnt wild zu schreien. Es ist ein gequältes und verzweifeltes Schreien. Seine Augen und sein Mund sind weit aufgerissen, er wirkt wie ein verängstigtes Tier, das durch sirenenähnliche Klagelaute um Hilfe ruft.

Erst sehen wir ihn alle verdutzt an, aber dann stimmen wir ein. Wir brüllen um die Wette. Unkontrolliertes Gekreische hallt durch den Wald, das ganze kleine Städtchen müsste es hören. Wir schreien uns die Seele aus dem Leib. Es ist ein geiles Gefühl, auf einem Berg zu stehen und die Welt anzubrüllen. Wir haben die Macht!

Während uns die Luft ausgeht und unsere Stimmen versagen, schreit Marc immer noch in demselben schrillen Ton wie zu Anfang. Er kann offenbar nicht aufhören. Sein irrer Gesichtsausdruck weckt in uns die Sorge, dass er nicht mehr er selbst ist. Sein Körper scheint verkrampft, seine Fäuste sind angespannt geballt. Bevor er sich vielleicht noch in den Abgrund stürzt, zerren Funny und ich ihn von der Felskante weg. Er wehrt sich mit Händen und Füßen, daher eilen Aischa und Janine zu Hilfe. Ulli sitzt unverändert an demselben Ort und verfolgt blass und entsetzt die Situation. Marc schlägt wild um sich. Wir werfen ihn so sanft wie möglich auf den Boden und versuchen ihn einigermaßen festzuhalten. Marc zittert am ganzen Körper, doch er wimmert nur noch kläglich. Funny hat seinen Kopf auf ihrem Schoß und streichelt sein Gesicht. Sie redet beruhigend auf ihn ein.

Marc fängt an zu weinen, er hält sich die Hände vor sein Gesicht. Mich überkommt eine Gänsehaut. Ich finde es schön, wenn Männer weinen können.

Langsam beruhigt sich Marc wieder und richtet sich auf. Er wischt seine Tränen ab und setzt ein gequältes Lächeln auf seine Lippen.

Schweigend treten wir den Heimweg an. Wir stützen Marc, seine Beine klappen ständig unter ihm zusammen.

„Ich kann gar nicht schreien", unterbricht Ulli trocken die Stille. „Das konnte ich noch nie."

„Warte nur ab, bis du zu uns in die Emo kommst", antwortet Janine verschmitzt.

15

Ich kann zu dem kleinen Mädchen, das immer traurig und verängstigt vor mir sitzt, einfach keinen Zugang finden. Fast täglich versuchen Frau Grünert und ich Kontakt zu ihm aufzunehmen, aber ich kann mich nicht dazu überwinden, dem Kind Zuwendung zu zeigen. Regelrechten Hass habe ich ihm gegenüber aufgebaut. Das Schlimmste daran ist, dass ich nicht weiß, weshalb ich es so abstoßend finde. Ich selbst bin erschüttert über meine Kaltblütigkeit, das kleine Mädchen hat mir doch nichts getan. Wie kann ich nur so unbarmherzig sein? Nach jeder Sitzung fühle ich mich hundeelend, weil mich mein schlechtes Gewissen plagt, denn normalerweise liebe ich kleine Kinder und kann von mir behaupten, dass ich liebevoll und einfühlsam auf ihre Bedürfnisse eingehe. Nicht umsonst möchte ich schließlich Erzieherin werden. Mein jetziges Verhalten verwirrt mich daher völlig. Ich halte mich für einen schlechten Menschen. Was denkt Frau Grünert bloß von mir? Sie sagt zwar immer, dass mein abwertendes Verhalten dem inneren Kind gegenüber in meinem Falle normal sei, und dass das nichts mit dem Umgang zu anderen Kindern zu tun hätte, aber vielleicht will sie mich mit diesen Worten nur trösten. Aber wer weiß, ob sie insgeheim nicht denkt, dass ich ein schlechter und ignoranter Mensch bin. Ich kann ihre Gedanken nicht lesen.

Ich habe daher immer wieder Angst davor, dem kleinen Mädchen zu begegnen. Natürlich grübele ich oft, was dieses Kind für eine Wichtigkeit in meiner Seele hat. Manchmal glaube ich, es ist Nelly, und ich drücke mich unterbewusst davor, meine Vergangenheit herauszukramen. Das Mädchen ähnelt ihr nämlich enorm. Die zwei einzigen Unterschiede zwischen den beiden sind, dass Nelly früher nicht so verzweifelt wirkte und ich sie mochte. Ich empfand für sie nie Hass, sondern liebte sie und brauchte ihre Anwesenheit. Sie war eben meine Schwester, die ich mir sehnlichst wünschte und auf die ich nicht verzichten wollte. Wahrscheinlich war ich damals zu egoistisch und zu hart zu ihr, denn sonst wäre sie jetzt bestimmt nicht so traurig.

„Ich möchte das kleine Mädchen heute nicht sehen", protestiere ich vorsichtig, als Frau Grünert beginnt, mich mit Entspannungsübungen auf die innere Reise vorzubereiten. Hoffentlich hat sie nun nicht den Eindruck, dass ich ihr Therapiekonzept in Frage stelle. Mit einem mulmigen Kribbeln im Bauch warte ich auf ihre Reaktion. Doch Frau Grünert nickt nur verständnisvoll und öffnet wieder die Augen, die sie bei dieser Übung immer konzentriert geschlossen hält.

„Wie du willst“, meint sie lächelnd. „Es ist gut, dass du sagst, wenn dir etwas nicht passt oder zu viel wird. Du musst auf dein Gefühl achten. Andere Leute können nicht in dich hineinsehen und spüren deshalb oft nicht, wann sie an Grenzen treten. Aus diesem Grund ist es wichtig, den Mund aufzumachen und ein STOP zu signalisieren. Diese Abgrenzung ist reine Übungssache. Als Kind hast du das nie gelernt, besser gesagt, du hattest nicht die Chance, es zu lernen, daher musst du fleißig üben. Du musst für dich herausfinden, was dir gut tut. Sag einfach Bescheid, wenn dir etwas zu viel wird. Sonst macht man mit dir, was man will.“ Frau Grünert steht auf und öffnet das Fenster. Die stickige Luft ist mir zu Beginn der Stunde schon aufgefallen.

Nachdenklich lehne ich mich im Sessel zurück. Frau Grünert hat Recht, ich sollte viel mehr auf mich selbst achten. Aber wie soll ich auf mich achten, wenn ich mich nicht akzeptieren kann? Ich habe schon oft gemerkt, dass ich überhaupt nicht weiß, was gut für mich ist. Außerdem habe ich meistens Bedenken, ich könnte nicht mehr gemocht werden, wenn ich mich zur Wehr setze. Und ich bin nicht dazu berechtigt, meine eigene Meinung zu vertreten. Meine persönliche Meinung ist immerhin scheiße, so wurde es mir zumindest mein Leben lang von meinen Eltern vermittelt.

„Deine Mutter kommt morgen wieder zu mir“, sagt Frau Grünert wie aus dem Nichts und setzt sich. „Gibt es etwas, über das ich mit ihr sprechen sollte?“

Ich seufze und schüttle langsam den Kopf. Was sollte es mit meiner Mutter schon zu besprechen geben? Nach meinem letzten Besuch zu Hause sind die Hoffnungen auf ein persönliches Verhältnis zu meinen Eltern wieder zerplatzt. Wir werden uns nie verstehen.

Frau Grünert scheint mir meine Betrübtheit anzumerken. „Ich finde es so toll, dass du ausziehen wirst“, tröstet sie mich. „Dann kannst du dein eigenes Leben führen und wirst nicht mehr ständig kontrolliert. Freust du dich?“

Ich nicke. Und ob ich mich freue. Der Gedanke an die eigene Bude ist allerdings noch sehr weit weg. Ich habe mit meiner Mutter zwar kurz darüber gesprochen, doch es ist noch nichts in die Wege geleitet worden. Katja hat mir aber versichert, dass das Zimmer noch frei ist und sie es für mich reservieren wird. Anke weiß auch Bescheid, dass sie demnächst eine Mitbewohnerin bekommen wird. Ich hoffe nur, dass es ihr recht ist. Schließlich hat sie sich bestimmt daran gewöhnt, alleine in der großen Wohnung zu leben. Ich habe aber keine Bedenken, dass wir uns nicht verstehen könnten.

Es war schon immer mein Traum auszuziehen. Ich kann es aber noch gar nicht so richtig glauben, weil meine Eltern jedes Mal, wenn ich dieses Thema angesprochen habe, strikt dagegen waren. Es gab ein riesiges Theater, als ich damals mit meiner Reitlehrerin zusammenziehen wollte. Meine Eltern sahen sich die Wohnung an und fanden sie furchtbar. Ich wusste wirklich nicht, was an dieser Wohnung auszusetzen war, aber sie beharrten auf ihrer Meinung. Katja und ihr Mann, die die Wohnung vermieten, konnten es auch nicht verstehen. Um so mehr wundert es mich jetzt, dass meine Eltern von sich aus den Vorschlag gemacht haben, dass ich doch bei Anke einziehen soll. Manchmal frage ich mich, was in ihren Köpfen vorgeht. Es ist nicht immer nachzuvollziehen. Ich glaube auch erst an meinen Einzug, wenn der Mietvertrag unterschrieben ist. Vielleicht überlegen sie es sich ja noch mal anders. Jedenfalls sollten wir uns so schnell wie möglich mit Katja treffen, um den Vertrag zu unterschreiben.

„Hast du schon Möbel?“ fragt Frau Grünert.

„Ich habe nur ein Bett. Meine restlichen Möbel sind alles Einbauschränke. Die kann ich nicht mitnehmen. Ich müsste mir vieles neu kaufen. Das ist aber kein Problem, ich habe von meiner Urgroßmutter ein wenig Geld geerbt. Das könnte ich dafür verwenden.“

Frau Grünert nickt zufrieden. „Es ist wichtig, dass du dir dein neues Heim nach deinen Wünschen einrichtest. Du musst dich darin wohl fühlen können. Es ist auch wichtig, dass du die Tür hinter dir schließen kannst, wenn du alleine sein möchtest. Meinst du, du kommst mit Anke gut aus?“

„Ich denke schon. Sie hat auch gerne ihre Ruhe und ist eher ein stiller Mensch. Von daher glaube ich nicht, dass es Probleme geben wird.“ Ich bin eigentlich sehr zuversichtlich. Es wird sicherlich eine nette WG.

„Wie ist denn der Kontakt zu deiner Mutter zur Zeit?“ erkundigt sich Frau Grünert.

Ich zucke mit den Schultern und muss grinsen. Tja, wie ist der Kontakt zu ihr? Außer dass sie hin und wieder mal anruft und fragt, wann ich endlich entlassen werde, eigentlich gar nicht. Nach dem letzten Besuch zu Hause, habe ich vorerst nicht die Absicht, meine Eltern zu sehen. Ich erzähle Frau Grünert von dem Besuch, und sie schüttelt nur fassungslos den Kopf.

„Das darf nicht wahr sein. Deine Mutter kapiert echt nichts. Wie kann man nur so dumm sein. Jedes Mal, wenn ich mit ihr rede, meine ich, ein wenig Einsicht ihrerseits zu erkennen. Ich habe immer das Gefühl, dass sie sich Mühe geben will, doch da irre ich mich wohl.“ Frau Grünert wird richtig wütend. „Hast du denn keinen Zorn auf deine Mutter?“ fragt sie.

Ich kann nicht sagen, ob ich auf sie zornig bin oder nicht. Ich habe für meine Eltern noch nie intensive Wut gespürt, eher bin ich traurig und enttäuscht von ihrem Verhalten. Warum können sie mich nicht so lieben, wie andere Eltern ihr Kind lieben? Mache ich denn wirklich immer nur Fehler?

„Du kannst auf deine Eltern nicht wütend sein. Die Wut, die du normalerweise für sie empfinden müsstest, richtest du gegen dich selbst. Du gibst dir die Schuld für ihre Fehler, aber du bist nicht schuldig! Ist es nicht schrecklich, dass du erst von deinen Eltern verletzt wirst und dich dann auch noch selbst verletzt? Du kannst doch nichts dafür! Mensch, du bist so eine Süße!“ Frau Grünert bringt ein gequältes Lächeln über die Lippen. Ich spüre, wie sie mit mir fühlt.

„Es tut aber gut, Schmerzen zu haben“, sage ich leise. „Ich bin eben immer wütend auf mich. Ich hasse mich!“

„Du hast ja auch Grund, Hass zu empfinden, aber nicht gegen dich, sondern gegen die Leute, die dir Leid zugefügt haben. Die haben es nämlich verdient, gehasst zu werden, und nicht du. Denk daran, dass *die* dich kaputt gemacht haben. Mach dich also nicht noch selbst kaputt!“ Frau Grünerts Augen spiegeln blanken Zorn wieder. Sie scheint die Wut zu empfinden, die *ich* eigentlich meinen Eltern und womöglich auch meinem Onkel gegenüber empfinden müsste. Schon merkwürdig, ich glaube, bei mir ist etwas nicht ganz in Ordnung.

„Ich gebe dir eine Hausaufgabe bis morgen auf. Wenn du heute Abend in deinem Zimmer bist, setze dich doch mal an den Schreibtisch und schreibe einen Brief an deine Mutter. Meinst du, du schaffst das?“ schlägt Frau Grünert vor.

Heftig schüttle ich den Kopf. „Nein, das kann ich nicht“, wehre ich vehement ab. „Was soll ich denn meiner Mutter schreiben? Egal, was ich schreiben würde, sie würde es nicht verstehen.“

Frau Grünert winkt leicht mit der Hand ab. „Nein, der Brief soll nicht abgeschickt werden. Du schreibst ihn nur für dich. Alles, was du deiner Mutter gerne einmal sagen würdest, bringst du aufs Papier. Das gibt dir Erleichterung, du wirst sehen. Schreib dir einfach den ganzen Mist von der Seele.“ Sie bemerkt meinen skeptischen Gesichtsausdruck und lacht. „Du musst mir diesen Brief auch nicht zeigen.“

Während des Mittagessens überlege ich die ganze Zeit, wie der Brief an meine Mutter aussehen könnte und wie ich ihn überhaupt beginnen soll. Auch wenn ich ihn nicht abschicken werde, habe ich Angst davor, mich mit ihr emotional auseinander zu setzen. Es könnte schmerzhaft werden. Was würde da wohl alles hoch kommen? Am besten schreibe ich ihn heute Abend, kurz bevor ich ins Bett gehe und lasse mir eine Schlaftablette bereitstellen, damit ich anschließend gleich einschlafen kann. Die unangenehmen Gefühle einfach verschlafen. Das wird wahrscheinlich das Beste sein.

Nachdem ich meinen Teller leer gegessen habe, verabschiede ich mich von meinen Tischnachbarinnen und stehe auf. Sie sind mittlerweile daran gewöhnt, dass ich nicht auf sie warte. Die beiden essen aber auch extrem langsam. Außerdem muss ich gleich zur Kunsttherapie und möchte vorher noch eine Zigarette rauchen.

Im Pavillon sind bereits Funny, Andreas und einige andere Raucher. Ich setze mich neben Andreas, der gleich einen Arm um meine Schultern legt. Das macht er immer, und von ihm lasse ich es mir gefallen. Ich weiß, dass er mich mag, einfach nur mag. Er will nichts von mir, also darf er mich ruhig umarmen.

Während sich die Patienten unterhalten, fällt mir eine junge Frau auf, die noch ein wenig scheu bei uns in der Runde sitzt und sich eine Zigarette dreht. Ihr Kopf ist konzentriert über die Zigarette gebeugt, ihr Gesicht wird von einer roten Lokkenpracht verdeckt. Sie hält sich aus den munteren Gesprächen raus. Anscheinend ist sie neu hier, denn ich habe sie noch nie gesehen. Als sie sich die fertige Zigarette ansteckt, fällt mein Blick erst auf ihre Arme. Sie trägt ein weißes T-Shirt, und um den linken Unterarm ist ein dicker Verband gewickelt. Der andere Unterarm ist von auffälligen Narben und noch nicht ganz verheilten Schnittwunden übersät. Verstohlen beobachte ich sie. Irgend etwas bewegt sich in mir, doch ich kann nicht beschreiben was. Ich merke nur, wie mein Körper unter Anspannung gerät und mein Herz immer schneller schlägt. In mir steigen regelrechte Aggressionen auf, die ich nicht einordnen kann. Die Frau mit den Narben verwirrt mich auf sonderbarer Weise.

Hastig streiche ich über meinen Verband und versuche mich in die derzeitig bedeutungslosen Gespräche meiner Mitpatienten einzuklinken. Allerdings fällt es mir schwer zuzuhören und ich kann mich auf den Inhalt ihrer Worte nicht konzentrieren. Meine Gedanken rotieren. Warum bringen mich die zerschnittenen Arme einer fremden Person derartig aus der Fassung?

Andreas bemerkt als erster meine geistige Abwesenheit. „He, was ist los?“ fragt er mit einem beschämten Lachen und verpasst mir einen leichten Stoß mit seinem Ellenbogen. Jedes Mal, wenn ein paar Worte über seine Lippen kommen, wird er sofort rot. Er scheint sich für alles, was er sagt, zu schämen. Dabei ist er doch so feinfühlig und klug.

„Nichts, nichts“, erwidere ich nur fahrig auf seine Frage und zünde mir nervös eine neue Zigarette an. Ich muss mich ablenken und wieder Ruhe in meinem Kopf einkehren lassen. Es ist doch alles in Ordnung.

Nach und nach verlassen die Leute den Pavillon, um ihre Termine wahrzunehmen oder Mittagsruhe einzuhalten. Das Stimmengewirr nimmt langsam ab und es wird stiller um uns herum. Ich liege immer noch in Andreas’ Arm und beobachte schweigend ein Eichhörnchen, das eilig einen Baum empor klettert. Aus den Augenwinkel kann ich erkennen, dass die Frau immer noch bei uns sitzt. Wie alt sie wohl sein mag? Vielleicht Ende zwanzig?

„Hast du jetzt nicht einen Termin bei Frau Zapper?“ erinnert mich Funny.

Erschrocken werfe ich einen Blick auf die Uhr. Ich muss dringend los, ich bin bereits fünf Minuten zu spät. Schnell drücke ich meine Kippe aus und gebe Funny und Andreas einen Kuss auf die Wange.

Beim Aufstehen muss ich noch kurz zu der jungen Frau hinüberschauen und ertappe sie dabei, wie sie mich ansieht. Ihre großen traurigen Augen wandern von meinen Armen bis hin zu meinem Gesicht. Als sich unsere Blicke treffen, lächelt sie mir freundlich und warmherzig zu. In ihren Augen flackert ein kleiner Funken Hoffnung. Vielleicht ist sie erleichtert, dass sie nicht die einzige mit diesem Problem ist. Noch etwas unsicher erwidere ich ihr Lächeln und streiche mir die Haare aus dem Gesicht.

Die plötzlich aufgekommene Wut ist verschwunden, und ich empfinde ein Stückchen Sympathie für die Frau. Ich glaube, ich muss mich mal in Ruhe mit ihr unterhalten. Doch jetzt muss ich zur Kunsttherapie. Frau Zapper hat bereits gewartet, als ich abgehetzt ins Therapiezimmer stürze. Ruhig sitzt sie im Sessel und lächelt mir freundlich entgegen. Sie ist offenbar nicht sauer, dass ich zu spät bin. Das Bild, welches ich letzte Stunde gemalt habe, liegt schon auf dem Tisch bereit. Wir hatten ja vor, es dieses Mal weiter zu besprechen.

Mit verdrehenden Augen lasse ich mich auf den Stuhl sinken und betrachte genervt mein Bild. Es gefällt mir nicht. Ich habe gemalt wie ein kleines Kind.

„Wie geht es Ihnen?“ erkundigt sich Frau Zapper, ohne auf mein Zu-Spät-Kommen näher einzugehen.

„Ganz gut“, sage ich und atme tief durch. Eigentlich habe jetzt keine Lust auf Therapie. Lieber würde ich mich bei dem herrlichen Wetter mit den anderen auf die Wiese legen und quatschen.

„Wie weit sind Sie zur Zeit bei Frau Grünert?“ fragt sie nach.

Ich erzähle ihr von dem inneren Kind, von meinen Eltern und dem anstehenden Brief an meine Mutter. Frau Zapper nickt und schaut nachdenklich an die Decke. Oft sitzt sie so grübelnd da, und ich weiß in solchen Momenten nicht, wie ich reagieren soll. Einfach schweigen oder weitererzählen? Ich fühle mich dann unsicher, denn ich kann an ihrem Gesichtsausdruck nicht erraten, was sie von mir denkt. Vielleicht hält sie mich für dumm oder unglaubwürdig. Ich habe immer Angst, dass man mir nicht glauben könnte, egal was ich erzähle.

Nachdem Frau Zapper scheinbar genug nachgedacht hat, lenkt sie das Thema zu meinem gemalten Bild, das vor mir auf dem Tisch liegt.

„Leider reichte die Zeit beim letzten Male nicht aus, somit konnten wir Ihr Bild nicht zu Ende besprechen“, beginnt sie und wirft interessierte Blicke auf die misslungene Familienzeichnung.

„Wir hatten über die Eltern und den Bruder ausführlich gesprochen. Jetzt würde ich gerne wissen, wer die Person ist, die Sie links neben sich platziert haben. Ich nehme an, dass sie einen Mann darstellt?“ Frau Zapper fragt in ruhigem aber bestimmten Ton. Ich schlucke. In meiner Magengegend verbreitet sich ein flaues Gefühl. Schon ärgere ich mich darüber, dass ich diese Person mit aufgezeichnet habe.

„Das ist mein Onkel“, höre ich mich mit einer befremdlichen Stimme antworten. In meinem Hals kratzt es, und ich räuspere mich.

Frau Zapper blickt stumm auf die männliche Gestalt und kratzt sich gedankenverloren an der Schläfe. Ich rutsche nervös auf dem Stuhl hin und her. Wann ist die Stunde endlich vorbei?

Schließlich möchte sie wissen: „Zählen Sie Ihren Onkel zum engsten Familienkreis, oder warum hat er diesen Platz?“

Ich nicke. „Er wohnte früher immer bei uns. Er hatte sogar ein eigenes Zimmer im Keller. Wir waren eigentlich immer zu fünft.“ Ich denke kurz an diese Zeit zurück und muss lächeln. Mein geliebter Onkel Albert. Frau Zapper beobachtet mich mit gerunzelter Stirn. „Wie sind Ihre Gefühle für ihn?“

„Ich weiß nicht", stammele ich. „Eigentlich vermisse ich ihn." Meine Stimme geht in einen Flüsterton über. Ja, ich vermisse Onkel Albert. Mir fehlt seine Liebe, seine Zuwendung und seine Aufmerksamkeit.

„Er hat Ihnen aber sehr weh getan", wirft Frau Zapper vorsichtig ein. Ihre Worte haben etwas Weiches und Sanftes an sich.

Ich schweige und beiße auf meiner Unterlippe herum. Ich möchte das Thema wechseln und will über das, was passiert ist, nicht reden. Was weiß denn Frau Zapper schon? Sie kennt Onkel Albert doch gar nicht. Er war kein schlechter Mensch.

„Er hatte mich lieb, und das war die Hauptsache", entgegne ich beinahe giftig. „Er hat mir nicht absichtlich wehgetan. Nie würde er mir wehtun. Ich war sein kleines Mädchen, ich war ihm wichtig, verstehen Sie?"

...Wir gingen jeden Abend mit unserem Schäferhund spazieren, Onkel Albert und ich, nur wir beide. Ich mochte diese Spaziergänge, denn draußen war Onkel Albert so, wie er wirklich war, lieb und verständnisvoll. Wir redeten dann immer sehr viel miteinander, und ich vertraute ihm meine kleinen Kindersorgen an, wie Streitereien mit Freundinnen oder die Hänseleien in der Schule. Onkel Albert hatte stets ein offenes Ohr für mich und nahm mich ernst.

Eines Abends, es war ein dämmernder Sommertag, saßen wir auf einer Wiese und Onkel Albert fütterte unseren Hund unaufhörlich mit Mirabellen. Ein wenig skeptisch beobachtete ich die Szene, denn ich hatte Bedenken, dass unser Hund Durchfall von den Früchten bekäme. Doch andererseits war ich fest im Glauben, dass mein Onkel immer nur das Richtige tat. Er würde meinem Hund bestimmt nicht schaden.

„Weißt du, Janna", fing er aus heiterem Himmel an und streichelte mir liebevoll über den Kopf. So begann er immer seine Sätze, wenn er mit mir ernstere Themen besprechen wollte. „Die Welt ist schlecht, sehr schlecht sogar. Die Menschen hassen sich gegenseitig, sie führen Kriege und schlagen den anderen tot. Es gibt kaum noch Liebe, die Welt besteht nur noch aus Neid und Missgunst. Das ist doch schrecklich, oder nicht?" Onkel Albert steckte sich eine Zigarette an und sah mich mit traurigen Augen an. Ich nickte schnell, aber ich wusste nicht, worauf er hinaus wollte.

„Deine Eltern lieben dich auch nicht richtig. Sie mögen deinen Bruder viel

mehr als dich", fuhr er bedächtig fort und schien meine Betroffenheit nicht zu bemerken. „Aber ich liebe dich, und zwar von ganzem Herzen. Ich liebe dich so, wie ich noch keinen anderen Menschen bisher geliebt habe." Seine Worte verursachten in mir Gefühle der Geborgenheit und einer wohligen Wärme. Ich war glücklich, er hatte mich lieb.

„Hast du mich auch gern?" fragte er und strich mir eine Haarsträhne hinter die Ohren.

Ich nickte wieder und gab ihm zum Beweis einen Kuss auf die Wange. Er stieß schweigend dichten Rauch aus seiner Nase.

„Wenn sich zwei Menschen lieben, tun sie alles füreinander, verstehst du? Ich würde auch alles für dich tun, denn nur du kannst du mich glücklich machen. Wenn ich dich nicht hätte, wäre ich ganz traurig." Ich lehnte mich an Onkel Alberts Schultern. Ich wollte nicht, dass er traurig war.

„Zwei Liebende haben auch Geheimnisse miteinander. Geheimnisse, von denen niemand etwas erfahren darf. Wenn man sie nämlich weitererzählt, zerbricht die Liebe zwischen den zwei Menschen. Könntest du dir vorstellen, dass ich dich nicht mehr lieben würde?" Onkel Alberts Blick ist beinahe ängstlich.

Ich schüttelte erschrocken den Kopf. Das Schlimmste, was mir passieren könnte, wäre, Onkel Albert zu verlieren. Ich hatte solche Angst vor dem Alleinsein.

Er sah nun schon wieder zufriedener aus, irgendwie sogar erleichtert. Er drückte mich an sich.

„Ich werde dich nie im Stich lassen, das verspreche ich dir", flüsterte er in mein Ohr. Ich kuschelte mich eng an ihn. Ich war so froh, dass ich Onkel Albert hatte …

„Haben Sie eine Ahnung, warum er verschwand?" fragt Frau Zapper.

Ich zucke niedergeschlagen mit den Schultern und drehe an meinem Nasenring. „Ich weiß es nicht", sage ich lahm und starre auf den gezeichneten Onkel. Meine Augen füllen sich mit Tränen, doch ich schlucke sie hinunter. „Er ist einfach gegangen; gegangen und nie wieder zurückgekehrt."

„Wie alt waren Sie damals, als er wegging?"

„Vielleicht zwölf, aber ich weiß es nicht mehr genau." Ich atme tief durch. „Er stand mit seinen gepackten Koffern im Flur und umarmte uns alle. Nach Berlin wollte er, denn dort wohnte er eigentlich. Er versprach, er würde sich melden. Er fuhr öfters nach Berlin, um nach seiner Wohnung zu schauen und Freunde zu besuchen. Niemand ahnte daher, dass es dieses Mal ein Abschied für immer sein würde.“ Ich senke den Kopf und drehe so fest an meinem Ring, dass die Nasenspitze schmerzt. Ich fühle mich total unwohl.

„Würden Sie sich freuen, wenn er zurückkäme?“ fragt Frau Zapper leise.

Ich blicke auf. „Ja“, antworte ich sicher und bestimmt. „Ich fühle mich einsam ohne ihn.“

„Haben Sie denn keine Ahnung, wo er sich aufhalten könnte?“

Ich seufze. „Nein, niemand weiß es. Er hat seine alte Wohnung in Berlin aufgelöst und ist untergetaucht. Er hat sich auch nie mehr bei dem Rest seiner Familie gemeldet. Es gibt ihn nicht mehr. Vielleicht ist er ja tot.“ Meine Stimme bebt. Der Gedanke, dass mein Onkel tot sein könnte, ist unerträglich.

Frau Zapper schweigt betroffen. Sie atmet tief durch.

„Warum lieben Sie ihn so?“ fragt sie schließlich fassungslos. Sie schüttelt ungläubig den Kopf.

„Weil er mich liebt“, antworte ich und sehe Frau Zapper überzeugt an.

Mein Onkel

Vor mir steht dein Bild,
ich sehe dein Gesicht.
In meinen Augen brennen die Tränen wie wild,
doch ich weine nicht.

Ich denke an die früheren Zeiten,
möchte dich wiedersehen.
Ich lasse mich durch die Vergangenheit gleiten
und kann heute alles nicht verstehen.

Du warst das Wichtigste für mich,
dass du nicht mein Vater warst, ging mir zur Last.
Ich liebte dich,
auch wenn du mein ICH verdorben hast.

Wo bist du nun?
Du bist einfach verschwunden.
Und ich kann nichts tun,
um dich zu finden.

Ein Unwetter bahnt sich an. Der Himmel ist mit dicken schwarzen Wolken behangen und ein starker Wind ist aufgekommen, der die Äste der Bäume in Bewegung setzt und die Blätter durch die Luft wirbeln lässt. Die Sonne hat sich für heute verabschiedet, es ist schon richtig dunkel draußen.

Ich sitze am Fenster und beobachte, wie die Leute aus dem Pavillon in ihre Zimmer eilen. Gleich fängt es bestimmt an zu regnen. Ich liebe es, bei abendlichen Gewittern mich in mein Zimmer zurückzuziehen und für mich sein zu können. Manchmal brauche ich die Ruhe, um zu lesen oder über mich und mein Leben nachzudenken. Ich bin ein Mensch, der gerne mal alleine ist, und der sich gut mit sich selbst beschäftigen kann.

Bei schlechtem Wetter mache ich es mir immer gemütlich, ich zünde Kerzen an und höre Musik. Mein Klinikzimmer hat sich zu meinem eigenen Nest entwickelt. Es ist mein persönliches Reich geworden, in dem ich mich wohl und zuhause fühle. Meine Poster und Fotos schmücken die Wände, auf dem Schreibtisch liegt immer ein Puzzle, und überall sind meine vertrauten Dinge verteilt.

Es ähnelt auf keine Weise mehr einem unpersönlichen und sterilen Krankenzimmer. Es ist *mein* Zimmer geworden. Sogar das Bett ist mir nicht mehr fremd. Die Angst vor nächtlichen überraschenden Besuchen ist auch fast überwunden. Hier ist jetzt mein Heim.

Für heute abend habe ich mir vorgenommen, den Brief an meine Mutter zu schreiben. Das schlechte Wetter bietet die beste Gelegenheit dazu. Funny und die anderen unternehmen auch nichts, alle sind müde und wollen früh schlafen gehen. Ein Therapietag kann sehr anstrengend sein.

Es kostet mich trotzdem Überwindung, den Brief an meine Mutter zu beginnen. Innerlich sträube ich mich dagegen, mich auf eine emotionale Ebene mit ihr einzulassen. Aber wenn Frau Grünert mir dazu rät, wird es wohl seine Richtigkeit haben. Vielleicht hilft mir ja dieser Brief, meine Gefühle und mein Verhalten besser zu verstehen. Frau Zapper schlug mir am Ende der Stunde vor, unbedingt auch einen Brief an meinen Onkel zu schreiben. Heute werde ich den mit Sicherheit nicht mehr schaffen. Das wird sonst zu viel. Mich überkommt ein unangenehmes Kribbeln, als ich vor dem leeren Blatt Papier sitze. Grübelnd kaue ich auf meinem Kugelschreiber herum. Ich weiß nicht, wie ich meine Mutter ansprechen soll. Mama? Mutti, oder vielleicht aber Mutter?

Man kann sich nicht vorstellen, wie schwer das Briefeschreiben sein kann. Wahrscheinlich sollte ich einfach anfangen und meinen Gedanken freien Lauf lassen. So schwierig wird es schon nicht sein, an die eigene Mutter einen Brief zu schreiben.

Liebe Mama,
ich frage mich, wie deine Reaktion wohl aussähe, wenn du diesen Brief lesen würdest. Welche Erwartungen hättest an ihn, welche Erwartungen hättest du an mich? Wahrscheinlich würdest du ihn mit Freude entfalten, in der Hoffnung, nur positives darin zu finden. Papa und du habt mir viel Gutes getan, wofür ich euch von Herzen danken möchte. Ihr habt mir all meine Wünsche erfüllt, sei es das Pferd, der Hund, das Auto oder andere viele Dinge, die ich aufgrund ihrer Unzähligkeit nicht nennen kann. Ich habe alles bekommen was ich mir gewünscht habe. Manchmal überlege ich, warum ihr mir so viel geboten habt. Aus reiner Liebe oder nur aus Liebesersatz? Ich wüsste zu gerne eine Antwort auf die Frage, auch wenn sie sehr schmerzhaft wäre.

Doch wenn ich dich tatsächlich fragen würde, käme aus deinem Mund bestimmt eine Lüge. Wer gibt schon freiwillig zu, dass er sein eigenes Kind nicht liebt? Daher werde ich wohl nie die Wahrheit erfahren, auch wenn ich sie erahnen kann. Ihr habt mir zwar viele Träume erfüllt, doch nicht meinen größten Traum, nämlich einmal in den Arm genommen zu werden. Wie oft habe ich mich danach gesehnt, mit dir zu kuscheln, mich einfach bei dir fallen zu lassen. Du wehrtest jeden meiner Annäherungen ab, aus welchem Grund auch immer. Ich konnte es als Kind nicht verstehen, heute versuche ich, es zu verstehen, doch es gelingt mir immer noch nicht. Früher fühlte ich mich schuldig für dein Verhalten, ich glaubte unwillkommen zu sein und bezeichnete mich als Ersatzkind für meine Zwillingsbrüder, die, ein Jahr bevor ich geboren wurde, bei ihrer Geburt gestorben waren. Ich war fest davon überzeugt, dass es dir lieber gewesen wäre, wenn die beiden Brüder überlebt hätten und ich nie zur Welt gekommen wäre. Ich konnte mit dem Gedanken schlecht umgehen, dass für mein Leben erst jemand sterben musste. Eigentlich wäre ich nämlich gar nicht da. Einmal, da war ich ungefähr fünf Jahre alt, belauschte ich heimlich ein Gespräch zwischen Papa und dir, in dem er gestand, dass er sich seine Tochter ganz anders gewünscht habe. Ab diesem Zeitpunkt war mir klar, dass ich ungewollt war und versuchte seitdem verkrampft, euch stets zu gefallen und Freude zu bereiten. Ich tat alles, was ihr von mir wolltet. Ich probierte, mir eure Liebe zu erkaufen. Leider begann kurz darauf meine Sucht, jede Kleinigkeit zu stehlen, die mir in die Finger kam. Ich klaute im Kindergarten, später in der Schule, in Geschäften, bei Freunden und Familie. Alles nahm ich mit, egal ob ich es brauchen konnte oder nicht. Die Sucht ging über viele Jahre, ich wurde sie einfach nicht los. Doch auch niemandem fiel sie auf. Erst, als ich den Schnuller der kleinen Schwester einer Freundin mitgehen ließ, flog ich auf. Eure hasserfüllten und zu tiefst enttäuschten Gesichter bleiben mir in ewiger Erinnerung. Es war der schlimmste Tag in meinem Leben gewesen. Ihr habt nicht einmal gefragt, warum ich stehle. Verdammt noch mal, warum habt ihr nicht einfach gefragt? Ich hätte zwar keine Antwort darauf gewusst, doch ich hoffte, dass ihr sie vielleicht gewusst hättet. Stattdessen wurden mir alle meine Hobbys gestrichen, und ich wurde durch Ignorieren gestraft. Mama, warum bist du so gefühlskalt? Vor anderen Leuten spielst du immer die gefühlvolle Bilderbuch-Mammi, doch wieso kannst du für mich nicht mal die Bilderbuch-Mammi sein? Was habe ich euch getan, dass ihr so seid? Ihr akzeptiert nicht wie ich bin, ihr hasst mich, so wie ich bin. Ich bin euch peinlich, ich war euch schon immer peinlich. Können Papa und du denn nicht kapieren, dass ich ein eigenständiger Mensch und nicht euer Eigentum bin? Ihr wart nie für mich da, wenn ich euch gebraucht habe. Mama, du machtest dir nie Gedanken über andere Leute, selbst als Onkel Albert für immer verschwand, reagiertest du mit Gleichgültigkeit und kümmertest dich nie mehr um ein Wiedersehen. Wie konntest du nur? Er war doch ein Familienmitglied. Wie soll ich diese Kaltherzigkeit ihm gegenüber verstehen? Wusstest du etwa von den Ereignissen, die sich hinter verschlossenen Türen abspielten? Wusstest du etwas davon? Als ich siebzehn war, holtest du mich eines Abends aus heiterem Himmel zu dir und fragtest mich gezielt, was damals zwischen Onkel Albert und mir gelaufen wäre. Da ich in Tränen ausbrach, konnte ich es nicht mehr verschweigen. Dein Kommentar war, dass ich es niemandem erzählen dürfe, denn sonst könnten die Leute schlecht über uns reden. Es wäre ein Geheimnis, das in der Familie bleiben müsse. Du wusstest zum Glück nicht, dass ich mich schon längst Pia anvertraut hatte. Nachdem ich dir schwor, zu schweigen, strichst du mir kurz über die Schulter und sagtest, dass ich nicht das einzige Mädchen sei, das solche Erfahrungen gemacht hätte. Das sollte wohl ein Trost sein. Drei Wochen später versuchte ich mir zum ersten Mal das Leben zu nehmen. Auch davon durfte hinterher niemand etwas erfahren. Wir sind doch eine glückliche Familie! Sieh endlich ein, dass wir keine glückliche Familie sind. Warum kapierst du das nicht? Du gibst Onkel Albert allein die Schuld an meiner Krankheit. Du willst nicht einsehen, dass du eigentlich die Schuldige bist, du und Papa. Du warst nicht für mich da, du hast nicht auf mich aufgepasst. Eine elende Versagerin bist du! Ich hasse dich! Ich hasse dich! Du hast mich kaputt gemacht! Du Miststück! Ich habe die Schuld immer auf mich genommen, doch jetzt ist mir klar, dass die Schuld auch euch betrifft! Ich hasse euch!

Janna

Heulend werfe ich mich auf mein Bett. Tränen der Wut fließen, ich bin so unbeschreiblich wütend auf meine Eltern. Ich schlage auf die Kissen ein. Ihr Drecksäcke! Ich fühle mich gedemütigt und bin grenzenlos enttäuscht. Wie können sie mich nur so behandeln? Das Schlimmste daran ist, dass ich die ganzen Jahre immer bei mir die Schuld an unserem schlechten Verhältnis gesucht habe. Ständig habe ich mir über meine möglichen Fehler den Kopf zerbrochen. Doch was kann man als kleines Kind schon groß falsch machen? Welche Fehler muss man begehen, um von seinen Eltern nicht mehr geliebt zu werden? Sie haben mich nie verstanden, gaben sich nicht einmal Mühe, mich zu verstehen. Ich habe so sehr darunter gelitten, verdammte Scheiße! Jetzt wird mir auch klar, warum ich alles in den Arsch gesteckt bekommen habe. Damit ich sie nicht hinterschauen konnte und ihnen somit zu ewigem Dank verpflichtet war. Sie haben mich mit all den Geschenken an sich und ihre Vorstellungen gefesselt. Dauernd jagten sie mir ein schlechtes Gewissen ein, wenn ich ein klärendes Gespräch mit ihnen suchte:“Du kannst dich nicht beschweren, wir ermöglichen dir alles, was du willst. Du bist undankbar.“

Es war doch logisch, dass ich mich hinterher dann schlecht fühlte. Sie haben mich mit ihren Geschenken zu ihrem Eigentum gemacht. Und ich dachte, sie tun es, weil sie mich lieben. Wie konnte ich nur so dumm und naiv sein? Meine Eltern versuchten, mich stets mit Gewalt zu der Tochter zu formen, die ihren Vorstellungen entspricht. Und ich habe ihr Spiel nicht durchschaut. Immer wieder bin ich ihnen in die Falle gegangen. Ich hasse sie! Das Problem an der Sache ist nur, dass ich sie auch ungemein lieb habe.

Während ich immer noch heulend vor Schock und Fassungslosigkeit über meine neue Erkenntnis auf dem Bett liege, klingelt das Telefon. Ich setze mich auf, wische mir die Tränen weg und schaue auf die Uhr. Es ist kurz vor Mitternacht. Wer ruft mich um diese Uhrzeit noch an? Das Telefon wird für Außenstehende doch schon um zehn Uhr abends abgestellt.

Murrend ergreife ich den Hörer. „Was ist?" motze ich hinein, ohne zu wissen, wer am anderen Ende der Leitung ist. Ich spüre deutlich, wie es der Person, erschrocken über meine heftige Reaktion, kurz die Sprache verschlägt.

„Oh, bist du schlecht gelaunt", höre ich Dr. Focks ruhige Stimme schließlich an meinem Ohr. „Ist alles in Ordnung mit dir? Ich wollte eigentlich nur fragen, ob ich mir eben mal deinen Gameboy ausleihen könnte. Ich bin heute im Nachtdienst, und mir ist langweilig."

„Deswegen klingeln Sie mich mitten in der Nacht aus dem Bett?" fahre ich ihn unbeherrscht an. Was bildet der sich eigentlich ein?

„Ich dachte, du schläfst noch nicht, weil in deinem Zimmer noch Licht brennt", entschuldigt er sich. Aus seinem Tonfall kann ich ein amüsiertes Schmunzeln heraushören.

„Dann kommen Sie halt hoch!" Trotzig knalle ich den Hörer auf die Gabel und vergrabe mich schmollend unter der Bettdecke. Soll er sich doch den Gameboy holen, er weiß ja, wo er liegt. Wieder laufen mir Tränen über die Wangen, ich fühle mich einfach beschissen. So ein Scheißleben!

Kurz darauf höre ich eilige Schritte auf der Treppe und wenige Sekunden später geht meine Tür auf. Ich ziehe die Decke noch fester über mich, Dr. Fock soll mich nicht sehen, er kann mich mal. Doch ich spüre durch das leichte Einsacken der Matratze, dass er sich zu mir setzt. Ich halte die Luft an und presse mein Gesicht in die Kissen. Leck mich!

Dr. Fock sagt nichts, er wartet offenbar, bis ich mich rühre und einen Ton von mir gebe. Da kann er aber warten, bis er schwarz wird. Ich krieche nicht hervor.

Er piekst mit einem Finger auf der Bettdecke herum. „Hallo, ist jemand zuhause?" fragt er belustigt.

Ich kralle mich an der Decke fest und könnte ihn anschreien vor Wut, doch ich rühre mich nicht.

Dr. Fock wartet vergeblich auf eine Reaktion, dann zieht er mit aller Kraft meine Decke weg. Ich versuche krampfhaft gegenzuhalten, doch der Arzt ist stärker.

Schließlich rolle ich mich wie eine kleine Katze zusammen, mit dem Gesicht in Richtung Wand. Ich trage mein altes Kindernachthemd, das mit den Hühnermotiven. Ich habe es zu meinem sechsten Geburtstag bekommen. Damals ging es mir noch bis zu den Knöcheln, jetzt reicht es gerade bis zum Knie. Es ist mein Lieblingsnachthemd, ich konnte mich bisher davon nicht trennen. Trotzdem ist es mir peinlich, dass mich Dr. Fock in diesem Aufzug sieht.

Dr. Fock fasst mir an die Schulter. „Was ist denn los?“ fragt er, jede Spur von Humor ist aus seiner Stimme gewichen.

Ich drehe mich zu ihm um und fauche ihn an wie ein Tiger. Meine Finger sind zu Krallen gekrümmt. Er soll sich den Gameboy nehmen und verziehen. Ich möchte allein sein.

„Bist du wütend?“ erkundigt er sich vorsichtig. Ich reagiere nicht.

Dr. Fock steht auf und läuft durch mein Zimmer. Dabei entdeckt er den Brief an meine Mutter, der immer noch unverschlossen auf meinem Schreibtisch liegt.

„Darf ich ihn lesen?“ Er nimmt ihn in die Hand.

„Von mir aus“, erwidere ich mürrisch und angle erneut nach der Decke. Ich beobachte ihn heimlich beim Lesen. Konzentriert verfolgt er mit seinen Augen jede einzelne Zeile des Briefes. Seine Stirn ist leicht gerunzelt. Was wird er wohl jetzt von mir denken? Dass ich eine undankbare Tochter bin? Oder gibt er mir Recht? Ich wünschte, ich hätte diesen Brief nicht geschrieben. Vielleicht würde es mir dann besser gehen. Es war heute aber auch ein beschissener Tag gewesen. Erst das unvorbereitete Treffen auf die ritzende Frau, dann die beklemmende Therapie bei Frau Zapper und als Abschluss noch das Schreiben dieses Briefes. Das war alles ein bisschen viel. Eher glaube ich aber, dass mich dieser Brief am meisten aus der Fassung gebracht hat. Beim Schreiben kam immerhin sehr viel hoch. Wie soll ich da erst den Brief an Onkel Albert schreiben. Das kann niemand von mir verlangen. Den werde ich nicht schreiben, ansonsten können die mich hinterher gleich in die Geschlossene stecken.

Und schon wieder fange ich an zu weinen. Ich komme mir vor wie ein kleines Kind, laut heulend, in ein rosafarbenes Mädchennachthemd gekleidet und zusammengerollt wie ein Baby. Scheiße, ich schäme mich so, aber ich kann nicht aufhören zu weinen. Am liebsten würde ich aus dem Fenster springen. Ich presse meine Hände, geballt zu Fäusten, an die Augen. Ich glaube, ich werde verrückt.

Als Dr. Fock den Brief gelesen hat, legt er ihn zurück auf den Schreibtisch und setzt sich wieder zu mir. „Ich habe solche Wut“, schluchze ich, „solche Wut!“

„Mhm“, nickt Dr. Fock und starrt nachdenklich in den sanften Schein der Nachttischlampe. „Das kann ich gut verstehen“, meint er langsam. Ich liebe sein ruhige Art. Egal, wie schräg ich drauf bin, er gibt mir mit seiner Ruhe und Geduld immer das Gefühl, dass es in Ordnung ist, so wie ich bin. Er gerät nie in Panik, im Gegensatz zu der einen oder anderen Schwester, wenn ich mal wieder geschnitten habe oder auf sonstige Art austicke. Ich kann ihre ängstliche Reaktion ja verstehen, mir würde es sicherlich nicht besser gehen, doch wenn sich meine Mitmenschen panisch oder unsicher mir gegenüber verhalten, bekomme ich auch Angst. Angst vor mir selber.
„Auf wen hast du Wut?“ fragt Dr. Fock und zieht mich in seinen Arm. Ich schmiege mich an seine Brust. Dr. Fock streichelt mir über den Kopf. Ganz langsam beruhige ich mich.

„Auf meine Mutter“, antworte ich.

„Das ist völlig okay. Du hast ein Recht darauf, wütend zu sein. Sei froh, dass du nun Wut empfinden kannst, und zwar auf andere und nicht auf dich selbst. Du kannst stolz auf dich sein. Es ist das erste Mal, dass du so richtig wütend auf deine Mutter bist, nicht wahr?“ Dr. Fock hält mich fest.

„Eigentlich schon“, gestehe ich. Ich muss ein wenig lächeln.

„Das ist ein gesundes Gefühl. Du musst die Menschen bestrafen, die es verdient haben, die dir wehgetan haben. Du darfst nicht dich für ihr Verhalten bestrafen. Du hast einen Grund zu hassen, doch hasse dich nicht selber. Es sind sehr viele verwirrende Gefühle in dir, und du musst lernen, das richtige Gefühl der richtigen Person gegenüber zu empfinden. In deiner Seele verläuft noch alles kreuz und quer. Menschen, die du eigentlich hassen müsstest, liebst du. Und dich solltest du lieben, doch du hasst dich. Verstehst du, in dir herrscht das pure Chaos. Es braucht Zeit und Geduld, dieses Wirrwarr aufzulösen. Jetzt, durch das Schreiben des Briefes sind die wirklichen Emotionen kurz an die Oberfläche gekommen, die, die ganz tief in dir verborgen sind. Ein kleines bisschen hast du also schon in dir aufgeräumt.“ Dr. Fock sieht mich anerkennend an.

Ich blinzle ihm grinsend zu. Es freut mich, wenn er Fortschritte an mir bemerkt. Dann erscheint mir meine Lage nämlich doch nicht so hoffnungslos, und ich kann ein wenig in die Zukunft schauen.

Ich schließe die Augen und vergrabe mich in seinen Armen. Bei ihm fühle ich mich immer so gut. Warum in aller Welt kann mich dieser Mann nicht lieben? Warum nicht?

16

Ich bin nicht in der Lage, einen Brief an Onkel Albert zu schreiben. Dr. Fock und die Therapeuten raten mir zwar dringend, diesen Brief zu schreiben, doch ich kann nicht. Es kostet mich zu große Überwindung, es geht einfach nicht. Ich habe Angst davor. Außerdem kann mich niemand dazu zwingen.

Seit ein paar Tagen habe ich wieder eine Schutzmauer um mich herum aufgebaut. Ich lasse kaum noch jemanden an mich heran, die Therapiegespräche nehme ich ohne jegliche emotionale Regungen auf. Es geschieht nicht bewusst, und ich kann mich gegen meine eigene Resignation nicht wehren. Ich befinde mich in einer Art gleichgültigen Phase, mir ist alles egal. Ich rede nicht viel und bin froh, wenn ich in Ruhe gelassen werde. Vielleicht hängt dieses müde Verhalten mit dem Brief an meine Mutter zusammen. An dem Abend sind so viele negative Gefühle in mir hochgekommen und ausgebrochen, dass ich mich vor Wut, Trauer und Verzweiflung kaum retten konnte. Am nächsten Morgen war ich dann wie tot, seitdem plagt mich eine gähnende Lustlosigkeit. Wahrscheinlich habe ich unbewusst Angst vor neuen Verletzungen, ich weiß es nicht.

Herr Felix hat mich auf meine Teilnahmslosigkeit angesprochen. Ich würde mich nicht in die Gruppe einbringen, nie einen Ton sagen und wenn, dann nur die Gruppe mit meinen Albernheiten stören. Ich hasse die Musiktherapie, also mache ich auch nicht mit. Auf dieses ständige Instrumentenchaos habe ich einfach keinen Bock, jede Stunde dasselbe. Wenn mir langweilig ist, werde ich halt albern und muss dauernd lachen, da kann ich auch nichts für. Irgendwie muss man sich die Zeit eben vertreiben. Außerdem amüsieren sich die anderen Gruppenteilnehmer auch darüber. Letzte Woche sollten wir mit den zart klingenden Instrumenten ein melodisches Zusammenspiel fabrizieren. Ich habe mich natürlich prompt an das Schlagzeugbecken gesetzt und wie eine Geisteskranke darauf eingeschlagen. Alle haben sich nach wenigen Sekunden schmerzhaft die Ohren zugehalten, und Herr Felix reagierte mit beherrschtem Zorn und nahm mir bestimmt den Klöppel aus der Hand. Ich fand es tierisch witzig, ich liebe es, diesen Mann zu verarschen und meinte grinsend: „Ich bin heute voll aggressiv, ich muss meine Wut herauslassen. Soll ich mich etwa wieder schneiden, oder was?“ Herr Felix stöhnte daraufhin verzweifelt auf. Man sagt doch immer, man solle seinen Gefühlen freien Lauf lassen.

Ich mag nicht mehr zur Musiktherapie gehen, sie bringt mich kein Stück weiter. Aber wahrscheinlich werde ich eh nicht mehr lange in der Klinik bleiben. Nächste Woche beginnt nämlich die Schule wieder, dann sind die sieben Wochen vorbei. Dr. Fock hat sich dazu zwar noch nicht geäußert, doch innerlich bereite ich mich auf meine Entlassung vor. Am Wochenende habe ich mit meinen Eltern, gezwungenermaßen, die nötigen Vorbereitungen für mein Leben nach der Klinik getroffen. Am Samstag Vormittag haben wir uns mit Katja und ihrem Mann zusammengesetzt und den Mietvertrag unterschrieben. An dem Blick meiner Eltern konnte ich sehen, dass sie nicht sehr begeistert waren. Die Kommunikation zwischen ihnen und mir verlief äußerst dürftig, ich redete nur das Nötigste. Ich bin immer noch so wütend auf sie. Seitdem die jahrelang unterdrückte Wut aus mir herausgebrochen ist, kann ich meine Eltern kaum noch ertragen. Mir wäre es am liebsten, sie nie wieder zu sehen, diese Heuchler. Am Samstag Nachmittag sind meine Mutter und ich in ein Möbelhaus gefahren, um einige Regale und Gardinen zu kaufen. Mir war es nicht recht, dass sie mitkam, doch sie bestand darauf. Ansonsten hätte sie den Mietvertrag nicht unterschrieben. Sie wollte mir dann die ganzen Möbel auch noch bezahlen, doch ich ließ es nicht zu. Ich bezahlte mit dem geerbten Geld meiner Urgroßmutter. Dieses Mal wollte ich mich nicht kaufen lassen. Wer weiß, was ich dafür wieder hätte geben müssen.

Am Sonntag war ich den ganzen Tag damit beschäftigt, mein neues Zimmer einzurichten. Mein Bruder half mir, die Regale und Gardinenstangen zu montieren und mein Bett zu transportieren und aufzubauen. Das fand ich sehr nett von ihm, zumal er mir noch seinen alten Kleiderschrank überließ.

Als mein Zimmer zum größten Teil eingerichtet war und nachdem sich Bastian verabschiedet hatte, setzte ich mich auf mein Bett und betrachtete zufrieden mein neues Heim. Genau so hatte ich es mir vorgestellt. Die beiden Sprossenfenster, die sich auf der gegenüberliegenden Wand der Tür befanden, waren mit blau melierten Gardinen versehen. Gleich rechts neben der Tür stand der große schwarze Kleiderschrank. An dieser Wand war noch eine Menge Platz, da könnte ich mir einen Schreibtisch mit meinem Computer einrichten. Vor dem Schrank lag ein breiter Flickenteppich in den verschiedensten Blautönen. Mein riesiges Eisenbett, mit den vier Goldkugeln an jedem Ende, nahm einen großen Teil des Raumes ein. Er wirkte daher ein wenig eng, doch ich konnte mein geliebtes Bett auf keinen Fall gegen ein schmaleres eintauschen. Seufzend ließ ich mich zurückfallen und schaute

mir die schmale Zierleiste an, die wohl der Vormieter unterhalb der Decke gezogen haben musste. Es war eine geschmackvolle Zierleiste mit einem blau-gelben Muster. Sie passte genau zu meinen Gardinen und dem Flickenteppich. An die noch kahlen Wände wollte ich Bilder und Bücherregale hängen. Über das Kopfende des Bettes kam ein Poster von meinem verstorbenem Pferd. Es ist vielleicht etwas kitschig, aber ich bin halt so. Ich vermisse diese Stute noch immer.
Als ich den Kopf nach links drehte, blickte ich auf den eisernen Nachttisch und das große Metallregal. Das Regal gefiel mir auf Anhieb, da haben Stereoanlage, Bücher und andere viele Dinge Platz. Ich hoffte nur, dass Bastian es stabil zusammengebaut hatte. Nach und nach muss ich noch anderen Kleinkram von zuhause in die Wohnung räumen. An die Fensterwand könnte ich vielleicht eine kleine Couch für Besuch stellen. Irgendwie werde ich es mir schon gemütlich schaffen. Das Zimmer ist wirklich schön und wohnlich geworden. Trotz des vielen Blaus und der Metallmöbel wirkte es überhaupt nicht kalt, sondern richtig warm und freundlich. Ich musste sagen, dass mir das Einrichten gelungen ist. Wie es wohl sein mochte, die erste Nacht hier zu verbringen?

Doch als ich so besinnlich auf meinem Bett lag, war ich, aus welchem Grund auch immer, nicht ganz glücklich. Ich konnte nicht beschreiben, *was* mich unglücklich machte. Ich suchte nach jeder Kleinigkeit, die mich hätte stören können, aber ich fand nichts. Vielleicht war es das Gefühl des Fremdseins, die Angst vor dem Neuen und Ungewohnten. Ich konnte mir einfach noch nicht vorstellen, hier bald zu wohnen.

Jedenfalls war ich froh, als ich am Sonntagabend wieder die vertrauten vier Wände meines Klinikzimmers um mich herum hatte. Das Wochenende war sehr anstrengend gewesen.

Funny und ich lehnen an dem gegenüberliegenden Mäuerchen des Klinikeingangs und rauchen. Eigentlich darf man nur am Pavillon rauchen, doch uns stört das nicht im geringsten.

Funny geht übermorgen nach Hause. Ihre Koffer sind so weit gepackt, ihr Zimmer ist fast leer. Es wirkt unpersönlich, kaum noch etwas erinnert an Funny. Der bevorstehende Abschied stimmt mich traurig.

„Ich werde bestimmt auch bald entlassen“, sage ich und kicke ein Steinchen zwischen meinen Schuhen hin und her. Ohne Funny wird es hier langweilig.

„Hat Dr. Fock dir schon einen Entlassungstermin genannt?“ Funny streicht sich ein knallpinke Strähne hinter das Ohr. Sie hat sich die Haare gestern noch einmal nachgefärbt, nachdem das Pink allmählich in ein Altrosa verblich.

„Nein, bis jetzt noch nicht, aber nächste Woche beginnt die Schule, und dann sind sieben Wochen um“, antworte ich. „Es war geplant, dass ich nur so lange bleibe.“

Funny lächelt sarkastisch und zieht an ihrer Zigarette.

„Fühlst du dich denn schon dazu bereit, die Klinik zu verlassen?“ erkundigt sie sich und bläst langsam den Rauch in die Luft.

Ich antworte nicht. Mir ist ein wenig übel, und ich schnicke die halb heruntergebrannte Kippe auf das Kopfsteinpflaster. Angewidert von dem Nikotin rümpfe ich die Nase.

Im selben Moment eilt Dr. Fock mit zügigen Schritten über den Hof. Er scheint uns nicht zu sehen. Gerade als er im Haus verschwinden möchte, rufe ich ihm zu: „Hey, Onkel Doc! Ich möchte nicht mehr zur Musiktherapie gehen!“ Das wollte ich ihm die ganze Zeit schon sagen.

Dr. Fock dreht sich überrascht um und kommt gleich auf uns zu. Er stellt sich direkt vor mich.

„Mit dir habe ich übrigens noch ein ernstes Wörtchen zu reden. Um vier komme ich zu dir hoch!“

Sein Blick, der sonst vor Freundlichkeit und Wärme strahlt, ist finster und beinahe wütend. Dann macht er auf dem Absatz kehrt und verschwindet im Haus. Funny und ich sind entsetzt über seine Reaktion und schauen uns mit großen Augen an.

„Wie ist denn der drauf?“ Funny ist entgeistert. „Hast du irgend etwas ausgefressen?“

Ich zucke ahnungslos mit den Schultern. Eigentlich bin ich mir keiner Schuld bewusst. Vielleicht hätte ich das mit der Musiktherapie nicht so über den Hof schreien sollen. Oder vielleicht hat sich Herr Felix über mich beschwert? Ich weiß nicht, warum Dr. Fock sauer auf mich ist.

Wahrscheinlich ist er heute nur schlecht gelaunt.

Nervös werfe ich einen Blick auf die Uhr. Es ist kurz nach vier, und Dr. Fock ist immer noch nicht da. Ich sitze vor meinem Puzzle und finde vor Aufregung kein einziges Teil. Nebenbei läuft der Fernseher, doch außer einem kontinuierlichen Stimmengewirr bekomme ich von dem eigentlichen Programm nichts mit. Was ist mit Dr. Fock los? Warum war er vorhin so böse auf mich? Ich habe plötzlich panische Angst, dass er mich nicht mehr mögen könnte. Wenn das wirklich der Fall wäre, würde für mich eine Welt zusammenbrechen.

Während ich mir den Kopf über sein ungewohntes Verhalten zerbreche, geht die Tür auf und Dr. Fock betritt mein Zimmer. Ich drehe den Kopf zu ihm hin, begrüße ihn aber nicht. Ich habe regelrecht Angst. Was kommt jetzt? Wird er mich anschreien? Wird er mich hassen?

Mit hektischen Schritten kommt er an den Schreibtisch und beugt sich schweigend über das Puzzle. Er ist nah bei mir, doch ich spüre eine mir unangenehme Kälte an ihm. Mit ernstem Blick sucht er nach passenden Teilen.

Ich traue mich nicht, ihn anzusprechen. Ich habe das mulmige Gefühl, dass mit ihm heute nicht zu spaßen ist, dass er gleich zu explodieren droht. Er sagt kein Wort. Dicke Luft herrscht im Raum.

Ich schalte den Fernseher ab, in der Hoffnung, dass sich nun ein Gespräch seinerseits ergibt, doch er scheint es nicht zu beachten. Stumm ist er mit dem Puzzle beschäftigt.

Ich seufze laut auf. Warum sagt er nichts? Ist er beleidigt, aus welchem Grund auch immer?

Nach etlichen Minuten der gespannten Stille frage ich schließlich: „Sind Sie schlecht gelaunt?“ Die Unsicherheit meiner Worte versuche ich mir nicht anmerken zu lassen. Jetzt bloß keine Schwäche zeigen.

„Ist das vielleicht dein Problem, ob ich gut oder schlecht gelaunt bin?“ fährt er mich unbeherrscht an und wirft zornig ein Puzzlestück auf den Tisch.

Erschrocken über seine heftige Antwort stehe ich schnell auf und laufe zum Bett. Dort setze ich mich ans Kopfende und ziehe meine Beine an den Körper. Am liebsten würde ich mich verkriechen.

„Kümmere dich nicht um die Laune anderer, sondern um dich selbst!“ Aus seiner Stimme klingt Zorn. Seine Stirn ist in Falten gelegt, er würdigt mich keines Blickes. Ich schlucke betroffen und traue mich nichts zu sagen.

„Eigentlich könntest du deine Koffer packen und heute noch gehen“, fährt er fort.

Ich starre ihn schockiert an. Was sagt er da? Mein Körper zittert. Ist das wirklich der Arzt, dem ich vertraue, der sich mir sonst immer verständnisvoll und einfühlsam zeigt. Er will mich also los werden, er mag mich nicht, wahrscheinlich hasst er mich sogar. Ich verstehe nicht, was in ihn gefahren ist.

„Warum soll ich gehen?“ frage ich leise. Ich habe plötzlich panische Angst vor Dr. Fock.

„Warum wohl?“ Er steht auf und geht auf mich zu. „Weil du nicht mitmachst. Du wehrst dich gegen die Therapie und lässt niemanden an dich heran. Glaubst du etwa, du bist hier im Urlaub?“ Dr. Fock ist richtig sauer. Er baut sich vor mir auf und fuchtelt aufgebracht mit den Armen in der Luft herum. „Das einzige, was dich interessiert ist Puzzlen und mit den Mitpatienten Party machen. Das ist aber nicht der Sinn eines Klinikaufenthaltes. Du bist hier, um an dir zu arbeiten, und nicht, um dich auszuruhen.“

„Aber ich arbeite doch mit“, versuche ich mich zu wehren, doch Dr. Fock fällt mir ins Wort.

„Du arbeitest mit? Dass ich nicht lache. Was ist mit dem Brief an deinen Onkel? Hast du ihn jetzt endlich mal geschrieben?“ Er sieht mich forschend an.

Schuldbewusst senke ich den Kopf. „Nein“, sage ich kleinlaut und zerknote den Zipfel meiner Bettdecke.

„Na siehst du! Und warum hast du ihn nicht geschrieben?“ Seine Stimme klingt immer noch hart.

„Weil ich Angst habe“, schreit es aus mir heraus. Wütend blicke ich zu ihm hinauf. Wie kann er so unsensibel sein? Typisch Mann! Ich wusste doch von Anfang an, dass Männer mein Problem nicht verstehen können. Ich bin maßlos enttäuscht von Dr. Fock.

„Wie stellst du dir denn deine Zukunft vor? Du zerschneidest dich am laufenden Band, aber du redest nicht. Soll das ewig so weiter gehen? Willst du wirklich dein Leben lang vor dir selbst wegrennen?“ Er setzt sich an meine Bettkante. Verzweifelt schüttle ich den Kopf

„Janna, wir, die Ärzte, die Schwestern und Therapeuten sind da, um dich aufzufangen, wenn du deine Vergangenheit hoch holst. Wir helfen dir, diese Scheiße zu verkraften. Wir können dir aber nur helfen, wenn du unsere Hilfe zulässt, wenn du uns an dich heranlässt. Wenn du weitermachst wie bisher, bist du in zwei Jahren noch hier.“ Dr. Focks Gesichtszüge sind beinahe erschöpft. „Hab doch Vertrauen zu uns!“ Er bettelt mich fast an.

Trotzig verschränke ich die Arme vor der Brust. Ich weiß nicht, was er will, ich arbeite doch mit. „Sie haben doch keine Ahnung! Was wissen Sie denn schon, was in mir vorgeht? Nur weil Sie Psychiater sind, heißt das noch lange nicht, dass Sie in mich hineinschauen können und mich kennen. Sie können sich nicht vorstellen, wie weh das alles tut. Sie sind nicht jahrelang gefickt worden", fahre ich ihn zornig an. Wenn er mich hasst, soll es ihm auch nicht anders ergehen. „Verstehen Sie, ich kann einfach nicht mehr. Sie können doch wirklich nicht behaupten, dass ich nur faul in meinem Zimmer sitze. Sie haben mich doch selber für meine Fortschritte gelobt, oder haben Sie das etwa vergessen?" Meine Hände sind zu Fäusten geballt, die Fingernägel pressen sich in die Handflächen.

„Natürlich hast du Fortschritte gemacht", gibt er zu. „Aber du siehst doch, dass das noch nicht reicht. Ich kann mir auch vorstellen, dass die letzte Zeit hart für dich war, aber ist das ein Grund, jetzt aufzugeben? So, wie du momentan drauf bist, ist es mir unmöglich, dich bald zu entlassen und dich zur Schule zu schicken." Dr. Fock zieht seine Brille ab und reibt sich die Augen. Er ist nun zwar ruhiger, doch nicht versöhnlicher.

„Ich muss aber in die Schule! Ich habe nächstes Frühjahr Examen!" Er muss mich entlassen. Er kann mir wegen der Scheiß-Psyche nicht meine Zukunft verbauen. Das kann er mir nicht antun.

Dr. Fock schüttelt in meinen Augen genervt und fassungslos den Kopf. Dann steht er auf und zieht mit seinem Schuh eine Linie auf den Teppichboden. An seinen Schläfen werden die Adern sichtbar.

Stumm beobachte ich die Situation vom Bett aus. Ich sitze immer noch mit angewinkelten Beinen am Kopfende.

Dr. Fock winkt mich zu sich. Ich habe den stillen Verdacht, dass ich mich nicht weigern sollte. Also erhebe ich mich aus meiner geschützten Haltung und laufe widerwillig zu ihm.

Er fasst mir von hinten an die Schultern und sagt in einem Befehlston: „Diese Linie stellt den Klinikaufenthalt dar. Schließ die Augen und laufe auf diesem Strich entlang. Wenn du das Gefühl hast zu stoppen, dann halte an."

Seufzend schließe ich die Augen und laufe langsam los. Ich gehe und gehe, vorsichtig einen Schritt nach dem anderen. Als ich meine, genug gelaufen zu sein, bleibe ich stehen und schaue erst auf die Linie und dann kleinlaut zu Dr. Fock. Ich habe die Linie nicht einmal bis zur Hälfte begangen.

Dr. Fock holt einen Stuhl und schiebt ihn nicht gerade sanft unter meinen Po.

„Da siehst du ja, wie weit du schon bist“, ist sein spöttischer Kommentar. „So, und jetzt wird gearbeitet!“

Wieder ziehe ich die Beine an meinen Körper und vergrabe den Kopf in meine Arme. Verdammte Scheiße, ich will weg! Ich will hier raus!

„Warum sitzt du wie ein kleines Mädchen auf dem Stuhl?“ fragt er laut und durchdringend. Der ernste Klang in seiner Stimme warnt mich vor Widerspruch. Vor Unwohlsein presse ich mein Gesicht regelrecht in meine Armbeugen. Doch ich antworte nicht, aus Angst.

„Ich möchte wissen, warum du diese Kleinkindhaltung einnimmst. Bist du vielleicht noch ein kleines Mädchen? Bist du ein Mädchen, das Angst hat?“

Hör auf, hör auf, schreit es laut in mir! Er soll endlich seinen Mund halten!

Dr. Fock hat jedoch kein Erbarmen.

„Vor wem oder was hat das Mädchen Angst? Etwa vor seinem Onkel, der ihm wehtut?“

Ich halte mir verzweifelt die Ohren zu, trotzdem ist Dr. Focks tiefe und sichere Stimme nicht zu überhören.

„Warum hat es Angst vor dem Onkel? Ist es nicht schön, wenn er sich zu ihm ins Bett legt? Sind seine Hände nicht angenehm?“

Ich fange am ganzen Körper an zu zittern. Diese Fragen halte ich nicht aus. Er soll damit verdammt noch mal aufhören. Das ist kein Spaß mehr!

„Was macht der Onkel mit dem Mädchen? Was macht er, was der Kleinen nicht gefällt?“ Dr. Focks Worte werden lauter.

Ich wiege mich hin und her, immer schneller und schneller. Ich bin nicht in der Lage, auf seine Fragen zu antworten. Er durchdringt meine dicke, seit Jahren schützende Mauer. Er arbeitet sich unaufhaltsam zu meiner abgrundtiefen Seele hervor.

„Janna, rede mit mir!“ Er schreit mich beinahe an. „Los, erzähl, was passiert mit dem Mädchen? Du musst es mir sagen!“

... Nelly hatte fürchterliche Angst. Sie wollte das alles nicht ...

Ich kralle meine Fingernägel in meine nackten Oberarme, dass es schmerzt. Ich kann nicht, ich kann es nicht sagen. Es kommt nicht über meine Lippen, ich bringe es einfach nicht fertig.

Aus meinem Mund ertönt lediglich ein klägliches Wimmern und Stöhnen. Allerdings kann ich nicht weinen. Mir ist schlecht, ich glaube, ich muss gleich kotzen. Meine Kehle ist wie zugeschnürt.

„Sprich es aus“, fordert mich Dr. Fock ungeduldig auf.

... Seine Hände wanderten zwischen ihre Beine ...

„Er hat sie angefasst“, platzt es plötzlich aus mir heraus. Ich muss würgen.

„Wo hat er sie angefasst, Janna? *Wo* hat er sie angefasst?“

Ich werfe den Kopf von einer Seite zur anderen. Es ist so schwer, so verdammt schwer. Wann sind diese Höllenqualen endlich vorbei?

Meine Sätze sind nur abgehackte Brocken, nur bruchstückhaft kann ich erzählen.

„Zwischen den Beinen, er hat die Finger reingesteckt, es tat ihr weh, sie wollte das nicht.“ Meine Stimme verwandelt sich in ein schmerzhaftes Krächzen. Meine Augen brennen, doch es fließt keine einzige Träne.

„Wer wollte das nicht, Janna?“ fragt Dr. Fock, mittlerweile wieder in einem liebevollen Ton.

„Nelly“, schluchze ich verzweifelt. „Sie konnte sich nicht wehren, er hat nicht aufgehört, er hat einfach weitergemacht.“ Ich schüttle mich heftig. Es war so widerlich.

„Was tat er noch?“ möchte der Arzt wissen.

„Er ... er steckte“, stottere ich und breche mitten im Satz ab. „Ich kann nicht! Scheiße!“

Dr. Fock schweigt.

In meinem Magen rumort es verdächtig. Mein Hals fängt unangenehm an zu zucken.

„Ich glaube, ich muss mich gleich übergeben“, gestehe ich geniert. Ich schäme mich so. Noch tiefer vergrabe ich das Gesicht in meine Arme. Am liebsten würde ich mich in mir verstecken.

Ich merke, wie Dr. Fock durch das Zimmer läuft und etwas neben meinen Stuhl stellt.

„Das ist überhaupt nicht schlimm, wenn du dich übergeben musst“, sagt er. „Hier ist der Mülleimer. Da kannst du hinein spucken. Es wäre wirklich nicht schlimm, das kann passieren“, beruhigt er mich, und an dem leisen Knarren des Bettes weiß ich, dass er sich wieder gesetzt hat.

„Erzähl weiter“, fordert er mich auf. Er atmet tief ein und aus. „Was tat er noch?“

„Er steckte ihr sein Ding in den Mund“, stammele ich. „Sie musste fast kotzen.

Das war so groß. Sie bekam keine Luft mehr." Meine Stimme versagt nun endgültig. Mir kommt es hoch, doch ich schlucke und schlucke. Ich will nicht kotzen, Mann!

„Ist dann noch mehr passiert?" fragt Dr. Fock leise.

Ich nicke zitternd. Mir ist unbeschreiblich kalt, regelrechter Schüttelfrost plagt mich.

„Kannst du mir sagen, wie alt du damals warst?"

„Vier Jahre vielleicht", antworte ich. Dann überkommt mich plötzlich der blanke Horror, ich schreie und strample um mich. Außer mir trete und schlage ich in die Luft. „Hören Sie auf! Lassen Sie mich in Ruhe, ich kann nicht mehr!" brülle ich und lasse meine Fäuste auf mein Gesicht prasseln. „Ich will nicht mehr! Hören Sie auf, hören Sie auf!"

Dr. Fock stürzt auf mich zu und hält mich fest. „Ist gut, das ist alles vorbei", besänftigt er mich. „Du bist hier, dir kann nichts passieren, das ist alles lange her. Es ist vorbei, ich bin bei dir. Du bist sicher." Er hebt mich vom Stuhl auf und trägt mich hinüber zum Bett. Wie ein Baby hält er mich. Ich halte meine Hände vor das Gesicht. Mein ganzer Körper zittert unkontrolliert.

Dr. Fock setzt sich mit mir auf das Bett. Mit eng angezogenen Beinen liege ich auf seinem Schoß. Mit der einen Hand umfasst er meine Beine, mit der anderen Hand hält er schützend meinen Kopf.

So sitzen wir bestimmt über eine halbe Stunde. Meine Gedanken fliegen durcheinander, ich kann an nichts denken. Mein Gehirn scheint sich aufzulösen. Ich weiß nur, dass ich mich grenzenlos dreckig und eklig fühle. Ich bin ein Stück verdorbener Mist.

Meine Welt droht zu zerbrechen.

Dr. Fock sagt nichts, er wiegt mich nur sanft hin und her. Sein Mund berührt meine Haare. Mit seinem Daumen massiert er leicht meine Schläfe. Dieses Massieren beruhigt mich zutiefst, ich werde allmählich schläfrig. Langsam wird mein Kopf auch wieder klarer und die massive Anspannung in meinem Körper lässt nach.

Mit blinzelnden Auge sehe ich Dr. Fock an. Ich kann sie vor Müdigkeit kaum offen halten.

„Sind Sie böse auf mich?" frage ich ihn ängstlich. Seine Wut vorhin lässt mich nicht los. Ich möchte nicht, dass er mich hasst. Er war doch so sauer auf mich.

Dr. Fock lächelt mich ein wenig bedrückt an und schüttelt den Kopf. „Ich bin nicht böse auf dich, Herzchen. Ich war auch vorhin nicht wirklich böse auf dich. Ich wollte dich nur endlich aus deiner Passivität herausholen. Auf einem anderen Weg wusste ich mir nicht zu helfen, als mit Zorn zu reagieren. Nur so kann man dich in deinen gleichgültigen Zuständen erreichen. Du brauchst halt ab und zu einen Tritt in den Hintern. Ich hatte überhaupt keinen Zorn auf dich, ich wollte dich bloß provozieren, um dich aus deiner Höhle herauszulocken."

Mir fällt ein Stein vom Herzen. Er mag mich also doch noch. Ich habe wirklich gedacht, das wäre mein Ende gewesen.

„Dir steht noch ein langer Weg bevor, Janna", beginnt Dr. Fock vorsichtig. „Das eben war nur der Anfang; ich möchte, dass du noch einige Zeit hier bleibst."

Ich schaue traurig an die Decke. Wie soll das gehen?

„Was ist mit der Schule?" frage ich besorgt nach. Die Ausbildung ist meine größte Sorge.

„Da müssen wir uns noch etwas überlegen. Vielleicht könnten wir es so organisieren, dass du von hier aus in die Schule gehst. Morgens bist du dann eben in der Schule, und nachmittags finden die Therapien statt", schlägt er vor.

Ich zucke mit den Schultern. Das müsste man sich mal überlegen.

„Frau Grünert ist momentan dabei, eine Zusatzausbildung in einer neuen Therapieform zu absolvieren. Man nennt sie Traumatherapie. Sie soll große Erfolge erzielen." In Dr. Focks Augen schimmert Hoffnung. „Ich bin mir sicher, dass sie dir helfen würde. Im September schließt sie diese Ausbildung ab. Danach könntet ihr mit dieser Therapie gleich beginnen."

Das heißt, dass ich noch einige Wochen hier bleiben werde. Wir haben Anfang August.

„Ich kann dich noch nicht nach Hause schicken", fährt Dr. Fock fort, „das wäre zu gefährlich für dich. Aber wir haben die besten Chancen, dir zu helfen. Du darfst nur nicht vorzeitig aufgeben."

Ich befreie mich aus seinen Armen und schlüpfe unter die Bettdecke.

„Meinen Sie, ich werde es schaffen?" erkundige ich mich und bin auf jede ehrliche Antwort gefasst.

Dr. Fock nickt überzeugt. „Du wirst es schaffen", versichert er mir. „Du musst nur akzeptieren, dass du damals das kleine Mädchen warst und nicht Nelly."

Die nahe Kirchturmuhr schlägt sechs Mal. Teilnahmslos hänge ich auf einer Bank, die am weitesten vom Pavillon entfernt ist. Sie steht versteckt in einer kleinen Buschnische. Niemand kann mich hier sehen. Ich möchte allein sein.

Wie versteinert fixiere ich eine kleine violette Wiesenblume, ohne sie groß zu beachten. Ich fühle mich wie eine Puppe, die sich nicht bewegen kann. Mein Körper ist steif. Ich bin bodenlos leer, wie ausgesaugt. Es ist, als ob Dr. Fock mir meine ganze Energie herausgezogen hätte, ich bin nur eine emotionslose Hülle. Die Gefühle sind verschwunden, ich bin ein Neutrum, das nicht einmal weiß, ob es überhaupt lebt. Und dabei müsste ich doch irgendetwas wie Schmerz oder Trauer empfinden. Schließlich wurde eben gerade mein tiefstes Inneres an die Oberfläche geholt. Doch nichts ist da. Ich bin wie tot. Ein Felsbrocken wäre jetzt lebendiger und emotionaler als ich.

Die Gedanken fliegen an mir vorbei. Sie fliegen nicht in meinem Gehirn umher, sondern außerhalb von mir. Sie schweben über die hohe Wiese, hinein in den Wald, wo sie sich dann verlieren. Die Gedanken lösen sich auf wie platzende Seifenblasen. Kein einziger bleibt.

Wäre doch Katja jetzt bei mir. Ich könnte mich einfach nur in ihren Arm kuscheln und schweigen. Wir müssten nicht reden, sie würde mich auch so verstehen. Vielleicht würde ich mich ein kleines bisschen gut fühlen in ihrer Nähe, denn dann wüsste ich, dass ich nicht allein bin.

Aber Katja ist nicht hier. Sie ist auf dem Hof oder auf Tour oder zuhause. Ich weiß nicht, wo sie jetzt ist. Ob sie spürt, dass ich ganz fest an sie denke? Vielleicht hat sie ja Schluckauf. Ich würde ihr gerne ein Zeichen setzen, dass ich sie gerade in dem Moment vermisse und brauche. Ich sehne mich so sehr nach ihr. Ist das normal?

Was wird sie sagen, wenn sie erfährt, dass ich nicht bald entlassen werde? Ich muss wahrscheinlich noch viele Wochen hier bleiben. Ich lasse Glamour und Elmo lange allein, ich bin schlecht. Eine Rabenmutter bin ich. Ein Tier kann das doch gar nicht verstehen, wenn sein Frauchen nicht wiederkommt. Die beiden fühlen sich von mir bestimmt im Stich gelassen. Anuschka hat mich damals auch im Stich gelassen. Sie ist einfach gestorben und das unter meinen Händen. Ich konnte nichts tun, ich bin Schuld. Sie ist tot, und ich habe zugeschaut. Katja war auch dabei, sie hat mich am Leben erhalten. Nelly hatte Anuschka gehasst. Deswegen ist sie auch bald verschwunden. Wahrscheinlich war sie eifersüchtig gewesen. Onkel Albert hatte Anuschka auch gekannt.

Während sich die verschiedensten Bilder vor meinen Augen abspielen, kommt Schwester Erika. Langsam und mit großen Schritten geht sie durch das hohe Gras. Sie kommt direkt auf mich zu. Ich beachte sie nicht und starre weiterhin wie gebannt auf die kleine violette Blume. Schwester Erika setzt sich still neben mich. Sie sagt nichts und ich sage auch nichts.

Ich glaube, ich kann mich nicht mehr bewegen. Meine Glieder scheinen nicht zu mir zu gehören. Doch es ist nicht unangenehm, sich nicht zu spüren. Es ist fast wie ein Schutzfilm.

„Früher, als kleines Mädchen habe ich mich oft nach einem Ort gesehnt, an dem ich alleine sein durfte und wo mich niemand finden konnte“, beginnt Schwester Erika leise.

Ich reagiere nicht, ihre Worte rasen in mein Gehör hinein und wieder hinaus. Ich kann sie nicht wirklich aufnehmen und registrieren. Diese Leere frisst mich auf. Ich bin gar nicht richtig da. Ein komisches Gefühl, doch es ist mir nicht fremd.

„Du warst nicht beim Abendessen. Hattest du keinen Hunger?“ Ihre Anmerkung klingt keineswegs vorwurfsvoll. Ich höre beinahe Verständnis aus ihr heraus. Stumpf drehe ich den Kopf zur Seite und sehe sie an. Eigentlich schaue ich eher durch sie hindurch. Ihr Gesicht kann ich nicht deutlich wahrnehmen. Sie ist so weit weg. Sie ist in einer ganz anderen Welt. Eine Welt, zu der ich nicht gehöre, in die ich nicht passe.

„Hast du jetzt ein wenig Hunger?“ fragt sie freundlich.

Ich antworte nicht. Meine Stimme ist mit meinen Gedanken über die Wiese in den Wald geflogen. Sie ist verschwunden. Ich kann nicht mehr reden.

„Komm, wir gehen in die Stationsküche. Dort schmiere ich dir ein Brot und brühe dir heißen Tee auf. Du zitterst ja vor Kälte“, fordert sie mich auf und reicht mir die Hand. Ich gebe ihr aber nicht meine Hand, sondern stehe allein auf und folge ihr wie ein Roboter, steif und bewegungsschwach. Hintereinander gehen wir über den Trampelpfad. Ich fixiere unbewusst die Schnallen ihrer Sandalen. Mir ist gar nicht aufgefallen, dass ich friere.

In der Stationsküche holt Schwester Erika die Reste von Weißbrot und übrig gebliebenem Aufstrich aus dem Kühlschrank und setzt Wasser für den Tee auf.

„Jetzt geht es dir gleich besser“, sagt sie und stellt die dürftige Mahlzeit vor mir auf den kleinen runden Küchentisch. An diesem Tisch sitzen Dr. Fock und ich oft, um heimlich zu rauchen.

Wie ausgehungert verschlinge ich alles, ohne es richtig zu kauen. Ich schlucke und schlucke, als ob ich seit Ewigkeiten nichts mehr zu essen bekommen hätte. Ich achte nicht einmal darauf, was ich überhaupt esse. Das Merkwürdige daran ist, dass ich überhaupt keinen Hunger habe.

Als der Brotkorb und die Aufstrichplatte leer sind, werfe ich einen gierigen Blick zum Kühlschrank.

„Möchtest du noch etwas?“ fragt Schwester Erika sofort. Ich reagiere nicht auf ihre Frage.

Sie öffnet erneut den Kühlschrank und kratzt die letzten Reste zusammen.

„Mehr ist leider nicht mehr da“, bedauert sie und reicht mir einen Babybel und vereinzelte Käsescheiben. Im Nu habe ich auch das in mich hineingestopft. Mir ist fast schlecht, doch ich könnte unaufhörlich weiteressen.

Hektisch schlürfe ich den heißen Tee. Dass ich mir die Zunge verbrenne, stört mich nicht.

Schwester Erika sitzt mir gegenüber und scheint darauf zu warten, dass ich erzähle. Doch was soll ich ihr erzählen? Geduldig hat sie meine Fressattacke verfolgt. Sie ist wirklich sehr nett.

Nachdem ich die Tasse leer getrunken habe, knalle ich sie auf den Tisch und stehe ruckartig auf. Ohne ein Wort zu sagen, verlasse ich die Küche und gehe hoch in mein Zimmer. Ich muss jetzt ritzen.

Mein linker Arm ist vom Handgelenk bis zum Oberarm dick verbunden. Mir geht es besser.

Ganz entspannt liege ich im Bett und lasse mit meiner unversehrten Hand Schattentiere an der Wand entstehen. Ein stumm bellender Hund tanzt im Schein der Nachttischlampe. Er sieht aus wie ein Schäferhund. Die anderen Tiere habe ich mir selbst ausgedacht. Außer mir würde sie sicher keiner erkennen.

Leise klopft es an der Tür. Schnell verstecke ich meine Hände unter der Decke und richte mich auf.

Schwester Nina und Dr. Fock kommen herein. Dr. Fock hat wohl schon wieder Nachtdienst.

„Hallo, meine Süße“, begrüßt mich Schwester Nina flüsternd und umarmt mich.

Dann setzt sie sich zu mir auf das Bett. Dr. Fock zieht sich den Stuhl heran. Beide schauen mich bedrückt an. Unsicher lächle ich ihnen zu und versuche möglichst fröhlich zu wirken. Schließlich geht es mir wieder einigermaßen gut. Ich bin völlig klar. Dr. Fock räuspert sich nervös. Irgendetwas scheint ihn zu bedrücken. Auch Schwester Nina streicht bedenklich meine Bettdecke glatt.

„Wir müssen mit dir reden", beginnt Dr. Fock langsam und seufzt.

Fragend blicke ich von einem zum anderen. Was ist los? Sie machen mir Angst.

„Du wirst dein Zimmer wechseln müssen", platzt es aus Dr. Fock heraus.

Wie bitte? Ich runzle verständnislos die Stirn.

„Warum?" frage ich beinahe ängstlich.

Besorgt sieht Dr. Fock Schwester Nina an. „Du sollst hinüber ins Haupthaus verlegt werden", stammelt er. „Dort können wir dich besser beaufsichtigen." Er schlägt die Beine übereinander und zieht seinen Kittel zurecht.

„Wollen Sie mich verarschen?" Ich bringe nur ein verzweifeltes Lachen hervor. Ich glaube, ich habe mich verhört. Was wollen die eigentlich?

Schwester Nina greift besänftigend nach meiner Hand. „Weißt du, wir machen uns Sorgen um dich. Gerade nachts, wenn nur zwei Schwestern im ganzen Haus sind. Wir haben drüben unser Zimmer, und du bist hier. Wir haben große Angst, dass wir nichts davon mitbekommen, wenn es dir nachts schlecht geht. Es wäre leichter für uns, wenn du genau neben uns liegen würdest. Dann könnten wir öfter nach dir schauen und wären gleich vor Ort."

„Aber das kann nicht sein. So schlimm bin ich doch auch wieder nicht. Außerdem klingle ich immer, wenn es mir nicht gut geht", erwidere ich fassungslos. Bitte, lass das nicht wahr sein.

„Wie oft hat dich Schwester Nina hier schon am Boden zerstört gefunden, und du hattest nicht geklingelt. Dann hattest du entweder schon ein Blutbad angerichtet oder völlig apathisch in einer Ecke gesessen. Verstehst du, die Nachtschwestern haben Angst um dich. Sie haben einfach ein ungutes Gefühl, wenn du nicht in ihrer direkten Nähe bist", versucht Dr. Fock so vorsichtig wie möglich zu erklären.

„Manche Schwestern haben regelrecht Angst, zum Dienst zu kommen, weil sie befürchten, du könntest dir etwas antun, und sie würden es nicht bemerken. An besonders schlechten Tagen sehe ich sogar oft nach, ob du noch atmest. Wir machen uns alle große Sorgen um dich", sagt Schwester Nina.

Ich schüttle verwirrt den Kopf. „Das ist doch totaler Quatsch. Ich tue mir schon nichts an." Im tiefsten Inneren muss ich zugeben, dass es kein Quatsch ist, aber ich möchte auf gar keinen Fall das Zimmer wechseln. Dieses Zimmer ist mein Zuhause geworden. Ich habe es mir heimisch und gemütlich eingerichtet. Hier ist mir alles vertraut. Ich will nicht mehr weg. Die Zimmer im Haupthaus sind klein und dicht beieinander. Dort herrscht den ganzen Tag Hektik, es ist laut. Auf einem Gang befinden sich ungefähr 30 Zimmer. Ständig kommen Neuzugänge, man kann nie sicher sein, wer neben einem wohnt. Das würde ich nicht aushalten. Da werde ich verrückt und kann keine Nacht schlafen.

Hier, im dritten Stock, sind wir acht Patienten auf dem Gang. Ich weiß mittlerweile immer, wer neben mir schläft. Es ist überschaubar, und ich fühle mich sicher.

Außerdem kenne ich die Tagschwestern drüben überhaupt nicht. Ich würde Schwester Erika und Schwester Barbara schrecklich vermissen. Zu ihnen habe ich doch soweit Vertrauen aufgebaut. Sie kennen mich und ich kenne sie. Sie sind immer so lieb zu mir.

Ich habe mich an alles gewöhnt, und das soll ich aufgeben? Jetzt, wo ich mich gerade wohl fühle, soll ich wieder von vorne beginnen?

„Bitte, bitte, lassen Sie mich hier in meinem Zimmer! Ich tue alles, was Sie wollen! Aber ich möchte um nichts auf der Welt hinüber ins Haupthaus!" flehe ich verzweifelt. Ich bin kurz davor, in Tränen auszubrechen. Das können sie mir nicht antun.

Dr. Fock seufzt schwermütig. Ihm fällt diese Entscheidung offenbar auch nicht leicht.

„Ich sehe aber leider keine andere Lösung", bedauert er. „Die Chefärzte würden dich am liebsten in eine geschlossene Psychiatrie überweisen. Ich habe lange mit ihnen gesprochen und sie davon abgehalten. Schließlich sind wir zu dem Ergebnis gekommen, dass wir es erst einmal mit dem Zimmerwechsel probieren sollten." Dr. Fock stützt müde den Kopf auf.

Das ist zu viel für meine Nerven. Ich heule los und halte die Hände vor mein Gesicht. Das darf doch alles nicht wahr sein. Die sollen mich in Ruhe lassen, ich bin nicht verrückt. Ich will nur in meiner vertrauten Umgebung bleiben. Ich möchte nicht ins Haupthaus und nicht in eine Psychiatrie.

„Lassen Sie mich hier! Ich flehe Sie an! Ich werde mich ändern, das schwöre ich Ihnen, okay? Ich werde auch nie wieder ritzen!" verspreche bettelnd.

Dr. Fock und Schwester Nina werfen sich erschöpfte Blicke zu.

„Bitte! Geben Sie mir eine kleine Chance, ich werde auch nicht mehr ritzen. Diese Chance brauche ich aber! Tun Sie mir bitte den Gefallen. Ich werde Sie nicht enttäuschen!" Weinend lege ich mich in Schwester Ninas Schoß. Ich würde alles dafür tun, um in meinem Zimmer und bei meinen geliebten Krankenschwestern zu bleiben. Dr. Fock streichelt mir beruhigend über den Kopf.

„Ich werde das in der Besprechung morgen vorschlagen. Ich weiß doch, wie wichtig es dir ist hier zu bleiben, aber leider liegt die Entscheidung nicht nur bei mir. Wir werden sehen und sprechen morgen noch mal darüber." Er steht auf und schiebt den Stuhl wieder zum Schreibtisch. „Schlaf jetzt erst mal." Seine Augen wirken traurig.

Schwester Nina gibt mir einen Kuss auf die Wange und löscht das Licht. Dann gehen sie beide.

Immer noch fassungslos starre ich in die Dunkelheit. Ich bin absolut machtlos. Vielleicht ist das die letzte Nacht in meinem schützenden und sicheren Zimmer.

Ich taste suchend nach dem Foto von meinem alten Pferd Anuschka, das auf meinem Nachttisch steht und drücke es an mich. Warum kannst du jetzt nicht bei mir sein? Wenn du noch leben würdest, wäre vieles einfacher. Ich vermisse dich so. Ein Scheißtag war das heute. Verdammte Kacke, das darf doch alles nicht wahr sein.

17

Wie verkatert wache ich am nächsten Morgen auf. Mein Schädel brummt und meine Laune ist im Keller. Ich habe schlecht geschlafen, ständig bin ich aufgewacht. Meine Gedanken kreisten nur um den bevorstehenden Zimmerwechsel. Es kann wahrscheinlich niemand nachvollziehen, aber für mich ist es schlimm, ins Haupthaus zu ziehen, sehr schlimm sogar. Die Vorstellung ist grauenhaft, sich wieder von vorne an neue Leute und Umgebung zu gewöhnen. Endlich habe ich mich einmal sicher gefühlt, und dieses Gefühl soll ich nun so einfach aufgeben?

Nach dem Frühstück trage ich das Tablett mit dem gebrauchten Geschirr hinunter in die Stationsküche. Die Schwestern freuen sich immer, wenn sie sich einen Gang sparen können. Bei der Gelegenheit kann ich nämlich auch gleich in ihrem Zimmer vorbeischauen.

Wie erhofft treffe ich auf Schwester Barbara und Schwester Margit. Beide sind damit beschäftigt, den Schreibtisch aufzuräumen. Als sie mich in der Tür entdekken, lächeln sie mir freundlich zu.

„Na, Schätzchen, hast du gut geschlafen?“ fragt Schwester Barbara und wischt mit einem feuchten Tuch über die Tischplatte.

Mit einem gequälten Lächeln setze ich mich auf die Liege. Ich blase mir eine Strähne aus der Stirn.

„Ich möchte bei Ihnen bleiben“, platzt es aus mir heraus. „Ich möchte nicht auf die andere Station.“

Schwester Barbara lässt den Lappen fallen und kommt zu mir. Sie seufzt. Anscheinend weiß sie genau, wovon ich rede. Hier in der Klinik macht alles sofort seine Runde.

„Bitte lassen Sie mich in meinem Zimmer. Ich reiße mich auch zusammen. Ich habe mir vorgenommen, nicht mehr zu ritzen. Geben Sie mir bitte eine Chance“, flehe ich sie an.

Das liebe Gesicht der Schwester würde ich schrecklich vermissen. Ich habe schon oft gehört, dass die Schwestern dieser Station die nettesten seien. Man sagt, sie wären am verständnisvollsten und einfühlsamsten. Die anderen würden oft mit Kälte und Gleichgültigkeit den Patienten gegenübertreten. Ich glaube, das hätte fatale Folgen für mich.

„Wir wollen auch nicht, dass du ins Haupthaus verlegt wirst.“ Sie spricht beinahe in einem Flüsterton, als ob ihre Aussage ein Verrat wäre. „Aber das können wir nicht entscheiden. Das bestimmen nun mal die Ärzte. Das Problem an der Sache ist, dass sich hier alle sehr große Sorgen um dich machen“, gibt sie zu. „Deine Zustände und das Ritzen gehen an keinem von uns einfach spurlos vorbei, es ist schon belastend. Wir möchten dir doch so gerne helfen.“ Sie wirft einen Blick auf ihre Uhr.

„Das Team hat gleich um zehn Uhr Besprechung, dann …“

„Ich weiß, dass ich Ihnen Kummer bereite“, unterbreche ich sie. „aber ich möchte Sie damit bestimmt nicht ärgern. Wenn ich Ihnen verspreche, dass ich von jetzt an immer Bescheid sage, wenn mir nach Ritzen ist, können Sie dann nicht ein gutes Wort für mich einlegen? Ich werde mir wirklich Mühe geben.“ Ich probiere, möglichst überzeugend zu wirken. Mir ist klar, dass ich in der Hinsicht nichts versprechen kann, doch sie sollen es mich zumindest versuchen lassen. Vielleicht werde ich es ja schaffen.

Schwester Margit nickt besänftigend. „Wir würden uns für dich so oder so einsetzen. Schließlich bist du uns hier auf der Station ganz schön ans Herz gewachsen.“ Sie lächelt, und ich spüre, dass sie es ehrlich meint.

Um kurz vor halb mache ich mich auf den Weg zur Kunsttherapie. Leider habe ich Dr. Fock nicht mehr gesehen, somit konnte ich ihn auch nicht fragen, was sich in der Besprechung ergeben hat. Aber vielleicht weiß Frau Zapper ja etwas Neues. Ich muss sie unbedingt gleich fragen.

Mit klopfendem Herzen gehe ich in ihren Raum. Sie sitzt schon in ihrem Sessel und blättert in einem Notizblock. Sie lächelt mich an, aber heute nicht so richtig herzlich. Ihr Lächeln kommt mir eher kühl und abwertend vor.

Noch bevor ich mich setze, muss ich meine wichtige Frage loswerden: „Und, darf ich bleiben?“ Mit ängstlichen Augen erwarte ich ihre Reaktion. Doch Frau Zapper antwortet mir nicht, sondern schaut mich auf sonderbare Weise ruhig an.

„Was wäre denn so schlimm daran, wenn Sie das Zimmer wechseln müssten?“ fragt sie, immer noch mit diesem unangenehmen Lächeln auf den Lippen. Offenbar ist es ihre Absicht, mich zappeln zu lassen.

„Ich habe mich daran gewöhnt, das Zimmer, die Schwestern und Patienten um mich herum sind mir vertraut. Ich fühle mich endlich wohl“, sage ich ungeduldig. „Was habe die Ärzte in der Besprechung gesagt?“

Frau Zapper zuckt nur wissend die Schultern, sie geht meiner Frage bewusst aus dem Weg.

„Man muss sich eben manchmal im Leben von gewissen Dingen trennen, um sich weiter entwickeln zu können. Der Mensch braucht Veränderungen", sagt sie in einer Ruhe, die mich auf die Palme bringt. Ich brauche ihre weisen Kommentare nicht, sondern möchte endlich wissen, ob ich in meinem Zimmer bleiben kann.

„Ich habe mich in meinem Leben schon von genug Dingen getrennt. Ich habe langsam keine Lust mehr, ständig etwas aufzugeben, was mir lieb und wichtig ist. Irgendwann reicht es mal." Meine Geduld ist bald am Ende.

„Sie sollten sich aber nicht in eine Abhängigkeit stürzen. Sie müssen immer damit rechnen, Abschied zu nehmen. Sie werden nicht ewig hier bleiben und sich von den Schwestern bemuttern lassen können." Frau Zapper scheint es sichtlich zu genießen, mich auf die Folter zu spannen.

„Das weiß ich auch", patze ich sie an. „Aber es ist mir momentan wichtig, dass ich in einer vertrauten Umgebung bin. Die nächste Zeit wird möglicherweise sehr hart und da möchte ich einfach wissen, dass ich Menschen um mich habe, die ich mag und bei denen ich mich verstanden und aufgehoben fühle, und mich in meinem Zimmer sicher zu fühlen. Ist das denn so unverständlich?" Ich bin sauer. Ich glaube, sie *will* mich nicht verstehen.

„Mit solch einem Ton, werden Sie nie etwas erreichen", meint sie sachlich. Sie hebt verächtlich die Augenbrauen. Ich bin kurz davor, ihr an die Gurgel zu springen. Will die mich verarschen oder was? Meine Laune verschlechtert sich zusehends. Ich habe nicht die geringste Lust, mich auf so eine unsinnige Diskussion einzulassen. Wenn sie Frust hat, soll sie den wo anders auslassen. Ist es einem denn nicht gegönnt, sich einfach mal wohl zu fühlen? Muss man mit aller Gewalt das kaputt machen, was man sich mühsam aufgebaut und erarbeitet hat, nur um Veränderungen in seinem Leben zu erzwingen? Wie kann man denn da glücklich werden? Die Zapper hat sie ja wohl nicht alle.

Motzig sitze ich im Sessel und schweige. Es hat keinen Sinn mehr zu fragen, ob ich in meinem Zimmer bleiben darf. Jetzt wird sie mir diese Frage erst recht nicht beantworten wollen. Dabei weiß ich ganz genau, dass sie bei dieser Besprechung anwesend war.

„Was möchten Sie in der heutigen Stunde machen?" Frau Zapper lenkt geschickt vom Thema ab.

Ich habe zu nichts Lust. Sie hat mir die Laune und meine Motivation gründlich verdorben.

„Ich würde jetzt gerne kotzen“, sage ich mürrisch und spiele genervt an den Knöpfen meiner Strickjacke. Es ist meine Lieblingsjacke.

„Alles herauskotzen, die ganze Scheiße. Wahrscheinlich könnte ich gar nicht mehr damit aufhören.“

Dass ich *sie* gerne bekotzen würde, verkneife ich mir.

„Dann kotzen Sie doch“, meint Frau Zapper gelassen.

Ich schweige. In mir entsteht ein Kloß von Aggressionen. Ich bekomme immer mehr Wut. Blöde Ziege. Sie scheint mich zu hassen.

„Wie wäre es, wenn Sie die Kotze einfach aufmalen?“ schlägt die blöde Ziege vor.

Wenn ich mich jetzt weigern würde, würde sie mich bestimmt noch mehr hassen. Also gehe ich murrend zum Maltisch. Durch einen lauten Seufzer zeige ich ihr, dass ich unheimlich genervt bin.

Frau Zapper steht auf und holt verschiedene Tuben mit Fingerfarbe. Sie stellt sie vor mir auf den Tisch und legt ein großes festes Blatt Papier daneben.

„Malen Sie mit den Händen“, fordert sie mich auf.

Ich kremple mir die Ärmel hoch und mache mich gleich ans Werk.

Ich greife nach einer Tube mit schokoladenbrauner Farbe und drücke einen zähen Haufen auf das Papier. Es sieht aus wie ein dicker Hundehaufen. Ich muss grinsen. Es kostet mich Überwindung, die Farbe mit den Händen zu verteilen. Ein Schauer von Ekel überkommt mich. Hoffentlich ist sie nachher leicht abzuwaschen. Lieber würde ich einen Pinsel benutzen.

Schließlich tauche ich nur meine Finger in die Masse ein und verteile sie vorsichtig. Sie fühlt sich kalt und glitschig an. Mich fröstelt.

„Benutzen Sie ruhig die ganze Handfläche, und nehmen Sie so viel Farbe, wie Sie benötigen.“

Nach kurzem Zögern drücke ich meine Hände fest in den kaum verteilten Haufen. Die braune Farbe quillt seitlich der Finger hervor. Igitt! Sie erinnert mich wirklich an Hundekacke.

Erst langsam, dann immer schneller und heftiger verschmiere ich die Matsche zu einem großen Fleck. Es tut auf einmal gut, die feuchte Kühle an der Haut zu spüren. Ich nehme noch weitere Farben, wie rot, grün und gelb. Richtige Kotzfarben eben. Geil! Ich stelle mir in Gedanken vor, Frau Zapper würde unter der Farbe liegen. Beinahe gewaltsam fahre ich über das Blatt Papier, so dass es einige Knikke erhält. Ich versuche, meine ganze Anspannung über meine Hände herauszudrücken. Die Farben vermischen sich, und es entsteht eine Panscherei aus dreckig grün und dunkelbraun. Genauso sieht meine Stimmung aus. Ich bin voll in meinem Element und bemerke nicht, wie die Tuben immer leerer werden. Frau Zapper lässt mich austoben, ohne mich darauf aufmerksam zu machen, dass ich zu viel verbrauche. Vielleicht ist es ja in Ordnung. Zum Schluss reibe ich meine Hände bis zu den Handgelenken ein, so als ob die Farbe Schmierseife wäre. Am liebsten würde ich zusätzlich noch meine Arme und mein Gesicht damit durchmassieren. Vernunftshalber unterlasse ich das jedoch. Mit hängenden Schultern sitze ich vor meinem vollendeten „Kunstwerk". Der Kloß in mir hat sich nicht einmal um die Hälfte verkleinert.

„Scheiße", murmele ich, ohne den starren Blick vom Blatt zu wenden.

„Wie bitte?" fragt Frau Zapper nach, als ob sie mich nicht verstanden hätte.

„Scheiße", wiederhole ich, diesmal ein wenig lauter.

„Sagen Sie es noch mal, aber ich will es lauter hören. Das war doch gar nichts", stachelt mich die Therapeutin an. Worauf möchte sie hinaus?

„Scheiße!" Meine Stimme wird deutlicher.

„Lauter! Übertönen Sie mich!" Frau Zapper schreit mich beinahe an.

„Scheiße!" Ich traue mich nicht, richtig zu brüllen. Es ist so ungewohnt vor einem Erwachsenen.

„Lauter, verdammt noch mal!" Sie erscheint mir beinahe wütend.

„Scheeiiße", kreische ich und verkrampfe meine Hände in das Papier. Mein Körper explodiert bald vor Anspannung, aber ich habe das Gefühl, dass sie gleich herausplatzt.

„Scheiße! Scheiße! Scheiße! Scheiße!" Ich brülle mir unentwegt die Seele aus dem Leib und schlage mit den Fäusten auf das „Kotzbild". Mir stehen die Schweißperlen auf der Stirn, meine Stimme überschlägt sich fast. Ich schreie und schreie. Kein Ende ist abzusehen.

„Verdammte Scheiße!" Meine Augen füllen sich mit Tränen, und ich japse nach Luft. Wie erstarrt sitze ich auf dem Stuhl. Frau Zapper rennt auf mich zu und hält mir ein Kissen vor den Bauch. Sie nimmt mich in den Arm und streichelt mich.

„Ist ja gut, alles ist okay. Das hast du prima gemacht", beruhigt sie mich mit sanfter Stimme. Ich lehne meinen Kopf an ihre Brust und versuche, wieder langsamer zu atmen, doch ich bin nicht in der Lage etwas zu sagen. Ausgepowert!

Wir sitzen noch eine Weile so da und schweigen. Ich bin ein wenig verwirrt. Warum ist Frau Zapper auf einmal wieder nett zu mir? Außerdem hat sie mich eben geduzt. Ich verstehe die Welt nicht mehr.

Die sind doch alle bescheuert.

Nach der Kunsttherapie laufe ich vor dem Klinikeingang auf und ab und warte auf Dr. Fock. Hier muss er mir einfach über den Weg laufen. Nervös rauche ich eine Zigarette nach der anderen. Durch das Schreien eben bei Frau Zapper bin ich allerdings nicht mehr so angespannt wie vorher.

Wo bleibt denn Dr. Fock? Ob ich ihn rufen lassen soll? Nein, lieber nicht, es ist ja kein Notfall. Ich muss mich nur ein wenig gedulden. Er wird schon demnächst kommen.

Während ich mich innerlich darauf einstelle, dass ich gleich meine Koffer pakken muss und sich mein kleines liebevoll gestaltetes Nest wieder in ein unpersönliches Krankenzimmer gestalten wird, das vielleicht schon heute Nachmittag von einem neuen Patienten bewohnt sein wird, kommt Dr. Fock endlich aus dem Gebäude.

Sofort renne ich stürmisch auf ihn zu.

„Und, was ist?“ frage ich ihn eilig. Ich hüpfe wie ein Gummiball vor ihm auf und ab.

Er grinst mich seufzend an. Er soll nicht so blöd grinsen, sondern mit der Sprache herausrücken.

„Du bleibst in deinem Zimmer“, sagt er gedehnt in einem Bist-Du-Jetzt-Zufrieden-Ton.

Ich falle ihm jubelnd um den Hals und werfe ihn beinahe um. Er fängt an zu lachen. Patienten, die an uns vorbeigehen, betrachten uns kopfschüttelnd. Das ist mir so egal, ich könnte den Arzt jetzt knutschen. Und alle dürften dabei zusehen.

„Warte mal“, lacht Dr. Fock immer noch und befreit mich aus meiner heftigen Umarmung. „Du darfst in deinem Zimmer bleiben, aber nur unter einer Bedingung!“

Ich strahle über das ganze Gesicht. Jede Bedingung ist mir recht, ich bin so glücklich.

„Und die wäre?“ frage ich und boxe ihn leicht in die Seite.

„Du ritzt ab sofort nicht mehr“, befiehlt er und zieht mich mit humorvoller Strenge am Ohr.

„Versprichst du mir das? Denk daran, das ist die Bedingung. Jedes Mal, wenn dir nach Schneiden oder Brennen ist, gehst du zur Schwester und lässt dir notfalls eine Tavor geben, okay? Ich möchte keinen Tropfen Blut mehr sehen. Ansonsten bist du innerhalb von Minuten auf der anderen Station!“ Er zieht mich mit meinem Ohr weiter zu sich.

„Ich verspreche es Ihnen hoch und heilig, aber lassen Sie mich endlich los“, gluckse ich und stemme meine Fäuste in seinen Bauch. Trotz der ernsten Lage ist es oberst lustig.

Schließlich lässt er mich los, und ich reibe mir wehleidig mein Ohr.

„Janna, wir haben jetzt eine Abmachung, eine Art Vertrag. An deiner Stelle würde ich mich daran halten“, warnt er und macht sich ohne ein Wort zum Abschied auf den Weg zum Mittagessen in den Personalraum. Es ist zwölf Uhr.

Völlig selig gehe auch ich zum Speisesaal. Ich habe einen Bärenhunger. Dass ich auf meiner Station bleiben darf, ist wie ein Geschenk für mich. Ich hätte es nicht ausgehalten, ständig überwacht und kontrolliert zu werden. Lieber reiße ich mich zusammen und verletze mich nicht mehr. Das werde ich schon irgendwie schaffen. Hauptsache, ich bin in meinem kleinen Zimmer, bei meinen Schwestern und Mitpatienten. Schon verrückt, dass man sich an solchen Kleinigkeiten festhält, aber so bin ich halt. Und das wissen hier alle ganz genau.

Langsam dämmert mir der Verdacht, dass sie den drohenden Zimmerwechsel und die eventuelle Einweisung in die Geschlossene als Druckmittel einsetzen, um mich somit vom Schneiden abzuhalten. Sie versuchen mit allen Methoden, meine Selbstzerstörung zu unterbinden. Auf die sanfte Tour hat es ja nicht geklappt, wie wir gesehen haben. Also muss es jetzt mit Druck sein. Sehr raffiniert. Ich muss mich nun entscheiden, was mir wichtiger ist, mich selbst zu zerstückeln oder liebe Menschen und einen geschützten Raum um mich herum zu haben. Es wird sich herausstellen, was mir wirklich wichtiger ist.

Ich bin froh, dass die Klinik mich auf diese Art unter Druck setzt, auch wenn es schwierig werden wird. Aber endlich, nach langer Zeit, sehe ich den langersehnten Weg aus diesem beschissenen Teufelskreis.

18

Funnys Zimmer ist mit bunten Luftballons geschmückt. Auf dem Couchtisch steht ein kleiner Marmorkuchen, den wir in der Konditorei gekauft haben. Eigentlich hätten wir ihn lieber selber gebacken, doch leider hatten wir nicht die Möglichkeit dazu.

Mark zieht die Gardinen zu und zündet Teelichte an, die im ganzen Raum verteilt sind. Wir versuchen, wenigstens ein bisschen Atmosphäre in Funnys leergeräumtes Zimmer zu bringen. Es ist so schrecklich kahl. Keine Tatoomagazine liegen mehr auf dem Boden, nicht ein einziges Poster oder Foto hängt noch an der Wand, keine Klamottenberge stapeln sich auf Sofa und Sesseln. Alles ist in den zwei großen Koffern und in einer Reisetasche verpackt, die schon abreisefertig an der Tür stehen.

Der Anblick stimmt mich traurig. Es ist nicht mehr Funnys Zimmer, es ist nicht mehr der Ort, an dem wir stundenlang gequatscht, Karten gespielt und Partys gefeiert haben. Ich liebte es, bei Funny zu sein. Es war immer schön, bis spät abends auf ihrem Balkon zu sitzen und einfach nur die Sterne zu betrachten und zu träumen. Ich kann mir nicht vorstellen, dass es nie mehr so sein wird. Ich will es mir auch nicht vorstellen. Funny wird morgen früh nach hause gehen, wahrscheinlich für immer.

„Wo ist das Geschenk? Funny wird gleich hier sein, wir müssen uns beeilen." Janine reißt mich aus meinen wehmütigen Gedanken. Sie öffnet die Tür einen Spalt weit und späht auf den Flur. Aischa ist mit ihr unter einem Vorwand spazieren gegangen, damit wir die Überraschungsfeier vorbereiten konnten. Wir haben viele Patienten eingeladen, wir sind ungefähr 30 Leute. Sogar Andreas ist gekommen. Er hat Funnys Zimmer immer vermieden, weil es sich im dritten Stock befindet. Er hat panische Höhenangst und kann sich eigentlich nur im Erdgeschoss aufhalten. Mit einem ängstlichen Lächeln steht er gepresst an der Wand und schielt unsicher zum gegenüber liegenden Fenster.

Ulli reicht Janine das Abschiedsgeschenk. Sie legt es dekorativ vor dem Kuchen und zwischen den vielen kleinen Teelichten und Kerzen hin. Jeder hat Süßigkeitenreste von sich zusammengesammelt. Wir haben alle Geld zusammen gelegt und einen großen Fotokalender von Anne Geddes gekauft. Funny liebt nämlich die Bilder, die verschiedene Babys in Tierkostümen und Blumentöpfen zeigen. Neben den Kalender haben wir noch Briefe und Karten gelegt, die viele zum Abschied geschrieben haben.

Janine schaut seufzend auf den Gabentisch, der zum Mittelpunkt des Raumes geworden ist.

„Jetzt müssten sie eigentlich gleich kommen", sagt sie und wirft einen Blick auf die Uhr. Ulli schaltet seinen tragbaren CD- Player an, und wir alle verteilen uns erwartungsvoll im Zimmer.

Nur ein paar Sekunden später geht die Tür auf, und die grinsende Aischa kommt mit Funny herein.

Funny reißt die Augen auf und hält die Hände vor den Mund, als sie uns und die Dekoration sieht. Damit hat sie anscheinend überhaupt nicht gerechnet. Wir stürmen auf sie zu und umarmen sie nacheinander.

„Ihr seid ja verrückt", sagt sie fassungslos und hat Tränen in den Augen. Sie drückt jeden gerührt und liebevoll. Sie kann ihre Freude nicht verleugnen.

Dann muss sie unser Geschenk auspacken und die Karten und Briefe lesen.

Ein Patient verteilt Sekt in Pappbecher. Normalerweise ist Alkohol hier strengstens untersagt, doch heute können wir eine Ausnahme machen. Es muss ja keine Schwester mitbekommen. Außerdem ist gerade kein Alkoholiker anwesend.

Wir prosten uns zu und trinken auf Funny. Die Stimmung ist trotz des Abschiedsschmerzes locker und ausgelassen. Wir lachen viel und haben Spaß. Die meisten sind heute Abend gut drauf, was nicht sehr oft vorkommt. Sogar ich kann meine Angst vor der Trennung für eine Zeit vergessen. Es ist wirklich ein lustiger Abend.

Gegen zehn Uhr verabschieden sich alle langsam von Funny und gehen auf ihre Zimmer. Ich bleibe noch, die Nachtschwestern haben sich daran gewöhnt, dass ich nach der eigentlichen Nachtruhe noch bei Funny sitze. Da wir nie laut sind, hat auch keiner was dagegen. Außerdem muss ich nur eben über den Flur laufen und bin schon auf meinem Zimmer.

Funny blättert vorsichtig mit einem bedrückten, jedoch auch glücklichen Lächeln den Kalender durch.

Ich hänge nach und nach die Luftballons ab und werfe die heruntergebrannten Kerzen in den Abfalleimer. Jetzt ist alles vorbei.

Mit einem lauten Seufzer packt Funny den Kalender und die Karten in die Reisetasche.

„Komm, wir setzen uns noch ein bisschen auf den Balkon“, schlägt sie vor. Sie sieht müde aus.

Ich nehme die dicke Wolldecke vom Sofa und öffne die Balkontür. Draußen ist es kühl, ein frischer Wind weht durch die Bäume. Ich höre es am Rauschen der Blätter. Bestimmt gewittert es heute Nacht noch.

Wir quetschen uns zusammen auf die Sonnenliege und kuscheln uns in die Decke ein. Funny starrt in den wolkenbehangenen Himmel. Kein einziger Stern ist am Himmel zu sehen. Ich kann es nicht fassen, dass das unser letzter gemeinsamer Abend ist. Nie wieder werden wir so auf dem Balkon liegen. Schon ab morgen Mittag wird hier wieder ein neuer Patient wohnen.

„Ab morgen bin ich ein freier Mensch“, sagt sie und gähnt. „Dann kann ich tun und lassen, was ich will.“ Sie lacht und versucht fröhlich zu wirken. Ich spüre aber ganz genau, dass ihr eigentlich nicht nach Lachen zumute ist. „Ich werde dich schrecklich vermissen“, platzt es plötzlich aus ihr heraus. Sie dreht den Kopf zu mir.

Ich lächle sie verkrampft an. Kein einziges Wort bringe ich über die Lippen.

„Weißt du noch, wie wir mit dem Auto durch Grünwald gefahren sind und bei der Hitze mit offenen Fenstern laute Weihnachtslieder gehört haben. Alle Leute haben uns verwirrt nachgeschaut“, gluckst sie. Ich muss auch kichern. Das war wirklich lustig gewesen.

Mit Funny habe ich so tolle Sachen erlebt. Viel Blödsinn haben wir gemacht, doch wir hatten auch oft tiefgründige Gespräche, die uns gegenseitig halfen. Wir waren immer füreinander da. Ich fühlte mich nie allein.

Als ob sie meine Gedanken gelesen hätte, meint sie: „Unsere Freundschaft bleibt bestimmt für ewig bestehen. Schau mal, wir wohnen doch nicht weit voneinander entfernt. Mit dem Auto brauchen wir eine halbe Stunde. Ich besuche dich regelmäßig und du mich. Wir verlieren uns nicht aus den Augen.“ Ich glaube, sie will mich trösten. Wahrscheinlich will sie auch sich trösten.

Ich nicke still. Na klar, werden wir für immer Freundinnen bleiben. Daran habe ich bisher keine Sekunde gezweifelt. Aber ich bin traurig, sie nicht mehr jeden Tag zu sehen.

„Fühlst du dich stark genug?“ frage ich sie leise.

Funny zuckt skeptisch mit den Schultern. „Ich weiß nicht“, sagt sie nachdenklich. „Das merke ich, wenn ich zuhause bin und wieder einen Alltag habe. Ich muss mich erst neu daran gewöhnen, dass ich von nun an die Verantwortung selber für mich übernehmen muss. Dann ist niemand mehr da, der sich darum kümmert. Weißt du, jeder wird eines Tages lernen müssen, dass sich das eigentliche Leben nicht unter einer Glasglocke abspielt. Jeder ist in Wirklichkeit für sich selbst verantwortlich." Sie greift nach dem Aschenbecher, den sie in der Beschäftigungstherapie angefertigt hat, auf der Fensterbank und zündet sich eine Zigarette an. „Auf gewisse Weise freue ich mich auf diese neue Herausforderung." Sie bläst den Rauch in Ringen aus.

Ich kuschle mich an Funny. Wir schlingen die Arme umeinander und halten uns fest.

„Ich freue mich für dich, dass du entlassen wirst", flüstere ich und meine es auch ehrlich. „Du wirst es bestimmt schaffen, da bin ich mir ganz sicher."

Über Funnys Wange läuft eine Träne. Sie schnieft kurz mit der Nase. Ich streichle ihr durch das Haar. Dann legt sie den Kopf auf meine Brust und fängt plötzlich heftig an zu weinen. Ich gebe ihr kleine Küsse auf die Stirn und wiege sie leicht.

„Ich habe aber auch schreckliche Angst", schluchzt sie. „Ich habe Angst, dass ich es nicht schaffen werde."

„Du packst das", beruhige ich sie. „Und wenn nicht, ich bin doch jederzeit für dich da."

Wir liegen dicht aneinander gepresst und halten uns fest. Irgendwann schlafen wir in dieser Position sogar ein. Der Himmel ist mit dichten grauen Wolken bedeckt. Es regnet Bindfäden. Alles ist so trüb und trostlos. Heute Nacht muss ein heftiges Unwetter gewütet haben, auf dem ganzen Hof sind Äste und Laub verteilt. Funny und ich waren gestern Abend auf der Liege eingeschlafen und erst gegen zwei Uhr morgens aufgewacht. Ich habe mich schnell von ihr verabschiedet und bin hinüber in mein Bett geschlichen. Ich hasse Abschied. Deswegen muss er immer kurz und schmerzlos sein.

Als ich ins Bett ging, gewitterte es noch nicht, sonst wären Funny und ich auf der Liege schließlich nass geworden. Unser letzter gemeinsamer Abend wäre dann ins Wasser gefallen.

Leise und rhythmisch prasseln die Regentropfen gegen die Scheibe. Es ist sehr früh, das Frühstück ist noch nicht einmal da. Normalerweise werde ich jeden Morgen durch die Schwestern geweckt, doch heute bin ich schon eher wach. Ich konnte einfach nicht mehr schlafen.

In meinem Kindernachthemd stehe ich, hinter der Gardine versteckt, am Fenster und schaue hinunter auf den Hof. Vor dem Klinikeingang steht ein weinroter Opel Kadett. Eine Frau lädt hastig Gepäck in den Kofferraum. Es sieht so aus, als ob sie nicht nass werden will. Sie rennt ständig ins Haus und wieder hinaus, um den nächsten Koffer zu holen und zu verladen. Die Frau ist sehr nett, ich mag sie. Sie ist Funnys Mutter.

Dann erscheint Funny selber. Sie trägt eine Kappe und ihren geliebten schwarzen Wollpullover. Den habe ich auch oft getragen, wenn es abends kühl wurde.

Sie redet kurz mit ihrer Mutter und verschwindet wieder im Haus. Die Mutter klappt den Kofferraum zu und setzt sich ins Auto. Offenbar sind sie startklar. Doch wo ist Funny jetzt? Sicherlich verabschiedet sie sich noch von den Schwestern.

Ich drehe mich vom Fenster weg und gehe langsam wieder zum Bett. Vielleicht kann ich noch eine Runde schlafen.

In dem Moment wird die Zimmertür aufgerissen und Funny kommt außer Atem hereingestürmt. Sie wirft sich mir um den Hals.

„Ich musste dich unbedingt noch mal sehen“, sagt sie gehetzt. Ihre Augen sind feucht.

Ich drücke sie an mich. Wir stehen eine Weile so da und halten uns nur fest, so fest, dass mir bald die Luft wegbleibt.

„So, jetzt aber los. Meine Mutter wartet schon.“ Sie löst sich mit bebenden Lippen aus meiner Umarmung und drückt mir einen dicken Kuss auf die Wange.

„Wir telefonieren morgen, okay? Ich ruf dich an“, versichert sie mir. Dann ist sie weg.

Nachdenklich lege ich mich ins Bett. Ich hatte eben schon das Gefühl, dass sie sich ein wenig auf zuhause freut. Ich würde es ihr so wünschen. Sie soll glücklich sein und ihr Leben genießen können. Es ist jetzt ihre Chance.

Trotz allem wird sie mir unendlich fehlen. Aber ich weiß ja, dass wir in Kontakt bleiben werden, und dass wir uns treffen können, wann immer uns danach ist. Schließlich wohnen wir nicht weit voneinander entfernt. Es ist also keine wirkliche Trennung.

Ich vergrabe mich unter der Bettdecke und muss ein bisschen weinen.

Langsam gehe ich die Treppen zum Rauchertempel hoch. Der Regen hat etwas nachgelassen. Nur noch vereinzelte zarte Tropfen spüre ich im Gesicht. Ich glaube, heute ist nicht mein Tag. Meine Augen sind vor Müdigkeit total verquollen, und irgendwie werde ich nicht so richtig wach.

Ich bin vorhin noch einmal tief und fest eingeschlafen. Das Frühstück habe ich verpasst, und ich habe sogar die Morgengymnastik verpennt. Um halb zehn bin ich erst aufgewacht. Funny ist jetzt bestimmt schon zu Hause und packt ihre Koffer aus. Ich möchte auch nach Hause.

Im Pavillon sitzt nur die rothaarige Frau mit den zerschnittenen Armen. Sonst ist keine Menschenseele da. Ich habe bisher immer noch kein Wort mit ihr gewechselt. Ständig saßen andere Patienten um uns, deswegen habe ich mich nicht getraut, sie anzusprechen.

„Hallo", begrüße ich sie ein wenig schüchtern und setze mich mit übereinander geschlagenen Beinen ihr gegenüber. Sie lacht mich freundlich an. Sie ist gerade dabei, sich eine Zigarette zu drehen.

Ich zünde mir auch eine an und schaue aus dem Fenster. Nervös überlege ich, wie ich die Frau in ein Gespräch verwickeln könnte, doch ich lasse mir meine Gedanken nicht anmerken. Ich tue so, als ob ich mir über etwas anderes Gedanken machen würde. Vielleicht fängt sie ja an zu reden.

Ich schiele zu ihr, aber sie scheint gar nicht mit mir sprechen zu wollen. Stumm starrt sie auf den Aschenbecher, der in der Mitte des Pavillons steht, und zieht mit einem zusammengekniffenen Auge an ihrer Zigarette.

Ich werde kribbelig. Ich *muss* mit dieser Frau reden, keine Ahnung, warum. Vielleicht, weil sie der erste Mensch ist, den ich sehe, der auch ritzt. Ob sie ähnliche Probleme hat wie ich? Was sie wohl während des Ritzens fühlt?

Ich kann diese Stille schließlich nicht mehr ertragen und nehme meinen ganzen Mut zusammen und stelle mich vor: „Ich bin übrigens Janna", sage ich und versuche möglichst locker zu wirken.

Die Frau sieht mich an. Ihre Augen sind sehr interessiert.

„Hallo, ich heiße Bianca", erwidert sie mit einem netten Lächeln im Gesicht. Ihre Stimme ist sympathisch. „Bist du schon lange hier?" fragt sie, während sie die Kippe im Aschenbecher ausdrückt und sich gleich darauf eine neue dreht.

„Genau sieben Wochen", antworte ich. „Es werden wohl auch noch einige Wochen werden." Ich seufze mit einem sarkastischen Grinsen.

Bianca nickt verständnisvoll. „Vor zwei Jahren war ich drei Monate hier in Arnsberg. Das war auch eine lange Zeit, aber es hat mir geholfen." Sie legt eine kurze Pause ein. „Ich nehme an, du bist auch wegen deiner Autoaggression hier?" Sie wirft einen Blick auf meine Arme.

„Wie kommst du nur darauf?" frage ich ironisch und wedele mit meinem verbunden Arm in der Luft herum. Bianca lacht und zieht die Ärmel ihres Pullis hoch.

„Da haben wir ja etwas gemeinsam", meint sie belustigt. „Benutzt du auch hauptsächlich Rasierklingen?"

Ich nicke. „Meistens schon, aber glühende Kippen sind auch nicht übel. Das zischt so schön." Wir kichern beide. Endlich kann ich mal mit jemandem darüber witzeln. Unsere Unterhaltung ist trotz des Ernstes amüsant. Ich habe mit noch keinem auf diese Art über die Selbstverletzung gesprochen. Jeder andere hätte jetzt entsetzt das Gesicht verzogen. Aber für uns beide ist das normal. Es gehört wie das Zähneputzen zu unserem Alltag, doch das kann niemand verstehen.

Ich erzähle Bianca von dem drohenden Zimmerwechsel, wenn ich noch einmal Hand an mich selber anlege. Sie hört mir aufmerksam zu und grinst wissend.

„So etwas ähnliches hat mir mein Arzt heute auch prophezeit. Er hat mir nicht mit einem Zimmerwechsel gedroht, sondern gleich mit einer Einweisung in die Geschlossene. Er weiß nämlich genau, dass es mir egal wäre, in welchem Zimmer ich bin." Sie verdreht die Augen und schüttelt den Kopf.

Ich bin baff, das ist ja interessant. Offenbar wird hier jedem Ritzer das Schneiden mit Gewalt verboten. Die sanfte Tour zieht wohl bei keinem. Anscheinend kann man nur so von diesem Selbstverletzungsdrang loskommen. Ich dachte immer, nur bei mir wäre es derartig extrem. Es beruhigt mich ja irgendwie, dass ich nicht die einzige bin, der es so ergeht.

Wir unterhalten uns lange über Autoaggression und deren entspannende und erlösende Wirkung. Bianca spürt in solchen Momenten haargenau das gleiche wie ich. Vorher entsteht ein massiver Druck im Körper, den man durch das Blut herauslässt. Man kann an nichts anderes mehr denken. Es ist einfach zu geil, den verhassten Körper bluten zu sehen.

„Ich weiß überhaupt nicht, ob ich es ohne Schneiden aushalte", meint Bianca nachdenklich. „Driftest du auch manchmal massiv ab und hast das Gefühl, neben dir zu stehen? Hast du dann auch teilweise richtige Erinnerungslücken?" erkundigt sie sich.

Ich nicke heftig. „Oft fühle ich mich auch gar nicht, dann bin ich total leer", sage ich und Bianca fällt mir beinahe aufgeregt ins Wort: „Man kommt sich vor wie ein toter Gegenstand, der nicht einmal seinen eigenen Körper spürt. In solchen Momenten muss ich erst recht schneiden, um zu sehen, ob ich noch lebe. Ist das bei dir auch so?“ Bianca sieht mich mit großen Augen an.

Ich bringe nur ein verblüfftes „ja“ heraus. Das gibt es doch nicht, dass da jemand vor mir sitzt, der das gleiche wie ich empfindet. Wir könnten fast ein und dieselbe Person sein.

„Ich finde mich total scheiße, und mein Körper ist auch hässlich. Der muss einfach verstümmelt werden“, meint Bianca.

Ich kann ihr von ganzem Herzen nachfühlen. Mir geht es nicht anders.

„Hast du auch schlechte Erfahrungen mit Männern gemacht?“ erkundigt sie sich vorsichtig.

Ich nicke gedehnt und verziehe die Lippen. Gibt es eigentlich irgendetwas, das wir nicht gemeinsam haben? Jetzt fehlt nur noch, dass Bianca ebenfalls schon versucht hat sich umzubringen.

Und Bianca hat schon einige Suizidversuche hinter sich.

„Manchmal denke ich, ich bin nichts wert“, erzählt sie. „Ich glaube, ich bin zu allem unfähig, was ich mache, und dass ich einfach nur dumm bin. Ich habe dann keinen Bock mehr zu leben. Oft fühle ich mich dazu noch völlig einsam. Und irgendwann willst du schließlich sterben.“

Bianca spricht mir aus der Seele. Ich stehe wie vor einem Spiegel, in dem ich mein Innerstes betrachten kann. Wir verstehen uns, was ein Wahnsinnsgefühl.

Wir vergleichen weiterhin unsere Symptomatiken und müssen letztendlich feststellen, dass wir fast alles gemeinsam haben. Unsere Ängste, sei es vor nächtlichen überraschenden Besuchen, vor der Einsamkeit oder einfach versagen zu können, sind völlig identisch. Ich kann es kaum glauben. Es gibt einen Menschen, der mich versteht.

„Du hast wohl auch wie ich eine Borderline-Störung?“ fragt Bianca zum Schluss. Ihre Frage klingt eher wie eine Feststellung.

„Eine was?“ Überrascht sehe ich sie an. Was hat sie eben gesagt? Dieses Wort habe ich irgendwann schon einmal gehört. Ich kann mich aber nur dunkel daran erinnern.

„Eine Borderline-Störung“, wiederholt sie klar und deutlich. „Das ist eine Persönlichkeitsstörung“, erklärt sie.

Ich zucke mit den Schultern. „Bei mir hat bisher noch niemand eine Diagnose gestellt. Ich weiß nicht, ob ich so etwas habe." Mir ist es beinahe peinlich, dass ich nicht sagen kann, an was ich leide. Aber ich habe Dr. Fock schon so oft nach einer Diagnose ausgequetscht, und er konnte mir nie eine genaue Antwort geben. Ständig hieß es, meine Symptome würden teilweise auf Depressionen hinweisen, dann plötzlich auf eine Form von Schizophrenie, und an einem anderen Tag könnte man Züge einer manischen Depression erkennen. Meine euphorischen Höhenflüge würden nämlich auf eine manische Phase hindeuten. Mein Krankheitsbild zeigt so viele Symptome verschiedenster Störungen, dass ich nicht im geringsten vermuten kann, was bei mir nicht in Ordnung ist. Frau Grünert sagt immer, dass ich unter einer posttraumatischen Belastungsstörung leide. Unter dem Begriff kann ich mir auch nicht viel vorstellen.

Vielleicht sollte ich Dr. Fock heute Nachmittag einmal gezielt auf eine Borderline-Störung ansprechen; schließlich hat Bianca die gleichen Probleme wie ich.

Dr. Fock und ich spazieren durch den Wald. Der Regen hat den Weg in einen matschigen Schlammboden verwandelt. Die Luft ist diesig und feucht. Es ist ein Tag wie im November, nur dass es nicht so kalt ist.

Wir reden nicht viel, Dr. Fock scheint nachzudenken. Ich frage aber nicht nach. Er würde mir sowieso nicht erzählen, worüber er sich gerade den Kopf zerbricht.

Wir gehen oft einfach schweigend spazieren. Es tut gut, den leisen Geräuschen der Natur zu lauschen und doch zu wissen, dass man nicht allein ist. Solche Spaziergänge beruhigen unheimlich, und man baut Kontakt zu sich selbst auf. Bis vor kurzem waren sie für mich noch das Größte, weil ich während des Laufens die tiefe Verbindung (die ich mir vielleicht nur einbildete) zu dem Arzt genoss. Ich schmolz völlig dahin, wenn er mit großen sicheren Schritten neben mir ging und manchmal sogar einen Arm um meine Schultern legte. Ich wünschte mir, diese Momente würden für die Ewigkeit anhalten. Man kann so verrückt sein, wenn man verliebt ist. Vor allem für mich waren diese heftigen Gefühle total neu. Ich habe mich teilweise nicht wieder erkannt.

Umso mehr wundert es mich jetzt, dass diese vielen Schmetterlinge in meinem Bauch so einfach und plötzlich verflogen sind. Ich liebe diesen Mann immer noch abgöttisch, allerdings auf eine andere Art.

Ich möchte nicht mehr mit ihm zusammen sein, der Wunsch ihn zu küssen und an meinem Körper zu spüren ist wie weggeblasen. Ich könnte mir es nicht einmal mehr vorstellen.

Ich kann mir nicht erklären, warum ich nicht mehr verliebt bin. Vielleicht habe ich innerlich begriffen, dass ich keine Chancen bei ihm hätte, vielleicht ist aber auch mein Vergangenheitsausbruch daran Schuld.

Ich liebe ihn einfach als Menschen, als Beschützer und Begleiter. Ich bin sehr erleichtert darüber, dass mich dieses wahnsinnige und hoffnungslose Verliebtsein nicht mehr quält. Schließlich hat es mich fast jede Minute begleitet.

Ich weiß nur eines, und zwar, dass ich Dr. Fock brauche und mir mein Leben ohne ihn nicht mehr vorstellen kann.

Dr. Fock überwindet mit großem Schritt eine Pfütze. Sein Kittel ist hinten mittlerweile mit einigen Schlammspritzern verdreckt.

Allmählich verspüre ich das Bedürfnis, meine brennende Frage, die mir seit dem Gespräch mit Bianca nicht mehr aus dem Kopf geht, an ihn loszuwerden.

„Habe ich eigentlich eine Borderline-Störung?“ erkundige ich mich in einem normalen und gleichgültigen Tonfall, als ob ich fragen würde, was es heute zum Abendessen gibt.

Dr. Fock bleibt verwundert stehen. Ohne eine Antwort abzuwarten, erzähle ich ihm von Bianca, von unseren identischen Symptomen und Problemen und schließlich von ihrer Diagnose.

Dr. Fock starrt nachdenklich auf einen Baumstamm und schweigt. Dann nickt er.

„Ja, es könnte gut sein, dass du eine Borderlinerin bist“, gibt er zu. „Ich habe mir darüber oft schon Gedanken gemacht, weil deine Symptomatik wirklich auf dieses Krankheitsbild zutrifft.“ Er möchte sich auf eine Bank setzen, doch bemerkt in letzter Sekunde, dass die Bank vom Regen noch völlig nass ist. Ich kann mir ein Grinsen nicht verkneifen.

„Warum haben Sie mir nichts davon gesagt?“ Er wusste doch genau, wie sehr ich auf eine Diagnose wartete. Er sieht mich mit hochgezogener Stirn von der Seite an. Sein Blick hat etwas Entschuldigendes an sich.

„Ich stelle nicht gerne Diagnosen“, gesteht er. „Ich habe ein Problem damit, Menschen in Kategorien einzuordnen und abzustempeln. Was hätte es dir außerdem gebracht, wenn ich sie dir genannt hätte?“

„Ich möchte mir ein klares Bild über mich machen“, sage ich bestimmt. Ich bin ein wenig von ihm enttäuscht, dass er nicht mit offenen Karten gespielt hat. Mit ernsten Augen schaue ich ihn an. „Ich will über mich Bescheid wissen. Meine

Verrücktheit muss doch einen Namen haben. Wenn ich den nur wüsste, könnte ich mir Bücher darüber besorgen. Ich könnte über die Krankheit nachlesen und mich erkundigen. Vielleicht würde ich mich und mein Verhalten dadurch besser verstehen und könnte mir teilweise dann sogar selber helfen." Ich scharre mit meinem linken Fuß eine kleine Kuhle in den Waldboden.

Dr. Fock nickt langsam. „Du hast Recht, ich hätte es dir sagen sollen", gibt er kleinlaut zu. Dann stellt er sich mit einer Schmolllippe und treuen Hundeaugen vor mich. Er faltet die Hände zusammen, als ob er ein Gebet zum Himmel schikken wolle und fleht mich mit theatralischer Stimme an: „Kannst du mir noch einmal verzeihen, oder willst du jetzt den Arzt wechseln?"

Ich kann über diese Witzfigur nur lächelnd den Kopf schütteln und drehe mich um. Was für ein verrückter Vogel. Mit sicheren Schritten gehe ich zurück in Richtung Klinik.

Er rennt mit gespielter Verzweiflung hinter mir her. „Herzsche, lass misch net im Stisch. Ich fürscht misch doch so im dunkle Wald!"

Als er sich bei mir einhakt, stelle ich ihm willkürlich ein Bein. Er kann sich im letzten Moment noch abfangen, bevor er der Nase nach hinfällt. Ein Bild für die Götter. Ich gehe in die Knie vor Lachen. Wir albern auf dem Weg noch eine Weile so herum, bis unsere Gespräche langsam wieder halbwegs normal werden.

„Was ist eigentlich eine Borderline-Störung?" möchte ich wissen. Ständig kreist dieser Begriff in meinem Kopf und ich weiß nicht einmal, was er bedeutet.

Dr. Fock legt einen Arm um meine Schultern. Dann fängt er mit seiner ruhigen und sachlichen Stimme an zu erklären: „Als Borderline-Syndrom bezeichnet man eine frühkindliche Persönlichkeitsstörung, die zum größten Teil durch Entwicklungsstörungen in den ersten Lebensjahren hervorgerufen wird. In den meisten Fällen spielen auch emotionale Vernachlässigung und traumatische Erlebnisse, wie beispielsweise sexueller Missbrauch, eine Rolle." Dr. Fock hält inne.

Ich werfe ihm einen neugierigen Blick zu, der ihn zum Weiterreden auffordern soll.

„Borderliner haben daher große Schwierigkeiten, Beziehungen zu anderen Menschen aufzubauen und zu pflegen, denn sie durften als Kind nie eine vertrauensvolle und Sicherheit gebende zwischenmenschliche Beziehung erfahren. Sie kennen so etwas nicht und können somit kaum jemandem vertrauen. An Anerkennung und Achtung sind sie nicht gewöhnt.

Eine Freundschaft zu einem Borderliner entpuppt sich nicht gerade als einfach, weil Borderliner immer massive Gefühlsschwankungen ihren Mitmenschen gegenüber erleben. Entweder lieben sie sie heiß und innig, oder sie hassen sie abgrundtief. Sie sind sehr schnell zu enttäuschen und können mit Kritik nur schlecht umgehen. Bekommt ein Borderliner die kleinste Kritik zu hören, ist das für ihn ein persönlicher Angriff und ein Beweis dafür, dass er nicht geliebt und abgestoßen wird. Da ihm sowieso ein klares Ich-Identitätsgefühl und ein positives Selbstbild fehlt, ist für ihn Kritik nur die reinste Bestätigung. Es entsteht Hass, Hass auf die „verletzende" und „lieblose" Person und letztlich Hass auf sich selbst. Und wie das dann endet, weißt du ja, stimmt's?" Dr. Fock knufft mich sanft in die Seite.

Ich habe ihm aufmerksam zugehört und gehe meinen Gedanken nach. Wenn ich nur daran denke, wie sehr ich an Katja hänge. Die Vorstellung kreist ständig in meinem Kopf, ohne sie nicht leben zu können. Würde sie mich hängen lassen und nicht mehr mögen, wäre ich am nächsten Tag tot. Selbst wenn sie mich mal nicht so freundlich grüßt, wie ich mir das wünsche, bricht für mich eine Welt zusammen. Zeigt sie mir ihre schlechte Laune, nehme ich das immer gleich persönlich und entwickle regelrechten Hass gegen sie. Wenn sie mich nämlich nicht leiden kann, kann ich sie eben auch nicht leiden. Sobald sie jedoch wieder nett zu mir ist, sind meine Gefühle ihr gegenüber wieder auf Hochtouren, und ich liebe sie abgöttisch. Dann geht es mir gut, denn sie vermittelt mir, dass ich okay und liebenswert bin.

Schon komisch, so eine Borderline-Störung. Doch irgendwann hatte ich von diesem Begriff schon einmal gehört …

… Pia und ich saßen auf der Bank vor dem Stall. Mir ging es beschissen, kurz zuvor hatte ich mir wieder den Oberschenkel zerschnitten. Ich bildete mir ein, Katja würde mich hassen und fühlte mich ziemlich allein. Es gab keinen Anlass dazu, doch ich hatte irgendwie das Gefühl im Bauch, unbeliebt bei ihr zu sein. In dem Moment hasste ich also auch Katja und spielte mit dem Gedanken, mir das Leben zu nehmen. Pia versuchte, mich zu beruhigen und mich in die Realität zurückzuholen, doch ich konnte ihr kein Wort glauben. Woher wusste sie, dass Katja mich mochte?

„Eine Bekannte von mir leidet an einem Borderline-Syndrom", begann Pia plötzlich. „Frag mich nicht, was das ist, aber ich glaube, du hast das auch. Meine Bekannte hat nämlich so ähnliche Probleme wie du."

Verwirrt sah ich Pia an. Was redete sie da? In dem Moment war mir ihre Aussage allerdings kaum von Bedeutung, also vergaß ich dieses komische fachlateinische Wort ganz schnell wieder …

„Warum heißt die Störung eigentlich Borderline?“ frage ich Dr. Fock neugierig. Unsere Schritte haben sich mittlerweile derartig verlangsamt, dass wir fast auf der Stelle gehen. Der Arzt hat immer noch den Arm um mich gelegt. Die Jogger und Spaziergänger um uns herum nehme ich kaum wahr, so sehr bin ich in unser Gespräch vertieft, wenn es dabei doch nur nicht um mich ginge.

„Der Begriff Borderline kommt aus dem Englischen und heißt Wort wörtlich übersetzt: Grenzlinie“, erklärt Dr. Fock geduldig. Ich meine, ihn wie eine Zitrone auszuquetschen. Der Ärmste.

„Menschen, die an dieser Störung leiden, gehen stets an die Grenzen ihrer Gefühle und ihres Handelns. Entweder sitzen sie in einem so tiefen Loch, dass sie absolut keinen Lichtblick mehr sehen und ernstzunehmende Selbstmordgedanken pflegen, oder sie schweben weit über dem Erdboden und sind auf völlig unrealistische Weise glücklich. Sie sind dann wie auf Droge.“

Ich lächle scheinheilig. Das kenne ich nur zu gut.

„Borderliner haben oft ungehaltene und extreme Gefühlsausbrüche, die scheinbar aus dem Nichts entstehen. Sie reagieren somit in vielen Situationen unpassend und oft auch ungerecht. Wenn beispielsweise ein Eisverkäufer einem Borderliner eine Eiskugel verkauft, und diese Kugel ist vielleicht ein bisschen kleiner als sonst, ist es möglich, dass der Borderliner vor Wut ausrastet und den Eismann aufs Übelste beschimpft. Er geht also wieder an diese berühmte Grenze.“

Auch das kenne ich nur zu gut. Ich kann mich noch genau erinnern, wie mir auf einem Rockkonzert ein Fan aus Versehen auf den Fuß getreten ist. Es hat kaum wehgetan, doch in mir wuchs auf einmal so unbeschreiblicher Zorn, dass ich diesen Fan bis ins Mark mit Schimpfwörtern beleidigte und richtig demütigte. Fast wäre ich noch auf ihn losgegangen.

„Woher kommen diese Ausbrüche?“ erkundige ich mich.

„Intensive Gefühle von früher treten aus dem Unterbewussten ins Bewusstsein. Gefühle, die du damals empfunden hast, kommen immer wieder zum Vorschein. Wut, die jahrelang verdrängt wurde, staut sich in dir auf, und irgendwann platzt sie heraus. Das klingt doch eigentlich logisch, oder?“

Ich nicke schnell. Dr. Fock bleibt stehen und nimmt mich in den Arm. Wir stehen vor dem kleinen Gartentörchen, auf dem ein Metallschild mit „Klinikgelände“ montiert ist.

Ich bin ihm sehr dankbar für das Gespräch. Warum haben wir nicht schon eher darüber geredet? Dann hätte ich längst ein wenig Klarheit gehabt.

Jetzt kann ich alles besser verstehen. Meine Krankheit hat endlich einen Namen. Ich tappe nicht mehr im Dunklen herum, sondern weiß, was Sache ist und kann mir nun vielleicht auch einiges besser erklären. Ich habe das Gefühl, mich auf einmal ein Stück weit mehr zu kennen. Wie erleichternd!

„So, Bordi! Jetzt geh aber schnell zum Abendessen, damit du noch etwas bekommst.“ Dr. Fock lässt mich los und geht mit eiligen Schritten mir voraus. Ich watschle wie eine Ente hinter ihm her. Bordi, das ist von nun an wohl mein neuer Spitzname. Wirklich sehr witzig.

Als wir mit großem Abstand nacheinander ins Haus gehen, dreht er sich noch einmal zu mir um und ruft grinsend: „Wie wäre es, wenn du dir einen Bordercollie zulegen würdest?“

Lachend zeige ich ihm meinen Stinkefinger. So ein Spinner!

Auf dem Weg zum Speisesaal gelangt meine Stimmung allmählich auf Hochtouren. In meiner Magengegend beginnt es, übermütig zu hüpfen und mein Herz scheint immer schneller und aufgeregter zu schlagen. Am liebsten würde ich jetzt mal schreien. Schreien vor Freude und Glück. Ich weiß nicht, warum ich plötzlich so fröhlich und glücklich bin. Ich weiß nur, dass ich ungefähr in einer halben Stunde abheben werde. Nachher muss ich unbedingt Funny anrufen. Mit Katja werde ich auch telefonieren. Ich habe die alle so lieb!

Wahnsinn, das Leben ist einfach nur geil!

19

Die Schule hat wieder begonnen. Fast täglich besuchen mich meine engsten Klassenkameraden und bringen mir Arbeitsblätter und Aufgaben vorbei. Ich freue mich, dass sie sich so um mich bemühen. Die Lehrer und Mitschüler wissen nun also, dass ich in einer Klapse bin. Doch die meisten wissen nicht, was mit mir los ist, und das ist auch gut so.

Ab nächste Woche werde ich auch wieder zum Unterricht gehen. Ich freue mich sogar fast darauf, wieder etwas zu lernen und mit meinen Freundinnen die Schulbank zu drücken. Es ist immerhin eine Ausbildung, die mir großen Spaß macht, und in der ich sehr ehrgeizig bin. Das ist eine Sache, in der ich gut bin, und ich bin stolz darauf.

Ich weiß, dass es ein wenig stressig werden wird, Schule und Therapie unter einen Hut zu bringen, aber meine Freude ist einfach so groß, dass ich diese Bedenken vorerst noch in den Hintergrund stelle. Es wird schon klappen, wie ich mir das alles vorstelle. Die Hauptsache ist, dass ich mein Examen bald in der Tasche habe.

Außerdem ist es wichtig, sich langsam wieder in die wirkliche Welt zu integrieren. Man kann sich hier nicht verstecken, man muss hinaus in den Alltag. Je länger ich darüber nachdenke, umso größer wird meine Sehnsucht nach der Außenwelt. Jetzt lasse ich wieder etliche Besuche von Freunden und Bekannten zu. Ich will unter Menschen, ich möchte hier in der Klapse nicht versauern und den Bezug zu der Realität nicht verlieren. Oft fahre ich auch noch abends nach dem Essen in den Stall zu meinem Pferd und gehe mit ihm spazieren. Es kann sich keiner vorstellen, wie wichtig mir die Nähe zu ihm ist. Es tut mir so gut, und Glamour genießt es auch sichtlich, mich wieder mehr um sich zu haben. Er kuschelt sich dann in meine Arme ein, und ich spüre, dass er sich wohl fühlt.

Manchmal treffe ich sogar noch Katja auf dem Hof. Wir setzen uns in die Praxis, und sie nimmt sich meistens ein wenig Zeit für mich, damit ich ihr von der Therapie erzählen kann. Ich glaube, sie ist von allen meine beste Therapeutin. Sie ist der tollste Mensch, den ich kenne.

Wenn ich schließlich um kurz vor 22 Uhr zurück in die Klinik fahre, bin ich glücklich, und zwar so glücklich, dass ich die ganze Welt umarmen könnte. Ich kann ohne meine Liebsten einfach nicht leben.

Mir geht es zur Zeit total gut. Ich weiß wirklich nicht, warum ich hier in Arnsberg bin, ich bin doch fit. Morgens stehe ich mit der besten Laune auf und schwebe durch den Tag. Meine positive Energie und Lebenseinstellung ist kaum zu bremsen. Ich bin so super drauf wie schon lange nicht mehr. Vielleicht bin ich ja endlich geheilt. Seit ungefähr zwei Wochen habe ich mich in keiner geringsten Weise mehr verletzt. Ich habe mich artig an unsere Abmachung gehalten und sogar nicht einmal den Drang zum Schneiden verspürt. Dr. Fock und meine Therapeuten haben mich hoch gelobt. Zur Belohnung durfte ich dann das Wochenende die erste Nacht in meiner neuen Wohnung verbringen. Von Samstag morgen bis Sonntag Abend hatte ich Freigang. Auch wenn es ein merkwürdiges Gefühl war, einen Rucksack für zuhause zu packen, freute ich mich sehr. Endlich konnte ich mal wieder eine längere Zeit mit meinen Tieren verbringen.

Den Samstagnachmittag verbrachte ich damit, Glamour liebevoll zu umsorgen und zu reiten. Elmo war auch ganz hin und weg, endlich wieder bei mir und auf dem Hof zu sein. Er ist hier nämlich auch zuhause. Alles war so schön, ich fühlte mich richtig gut. Später kamen noch Marc und Janine. Wir gingen spazieren und ich zeigte ihnen die Wohnung. Sie waren begeistert von dem Hof und der herrlichen Natur.

Als sie sich gegen Abend verabschiedeten und in die Klinik zurückfuhren, überkam mich plötzlich so etwas wie Heimweh. Auf einmal wäre ich am liebsten mit den beiden wieder mitgefahren, doch ich zwang mich, meine komischen Gedanken zu verdrängen. Warum in aller Welt sollte ich Heimweh haben? Schließlich war hier mein Zuhause, hier bei den Tieren und Katja. War ich denn bescheuert, in die Klapse zurück zu wollen? Ich sollte über meinen Freigang doch froh sein, immerhin war er nicht selbstverständlich und ich hatte ihn mir regelrecht verdient. Also schob ich diese Sehnsucht weit von mir.

Am Abend schnappte ich mir Elmo und ein gutes Buch und verkroch mich in mein Bett. Niemand war da. Meine Mitbewohnerin Anke war auf einer Party, Katja mit ihrem Mann über das Wochenende verreist, und Pia und Julia waren auch unterwegs.

Ich fühlte mich ein bisschen allein und verloren in meinem noch fremden Zuhause. Alles war so neu, außer meinem alten Bett hatte dieses Zimmer noch nichts Persönliches von mir an sich. Es erschien mir, als ob ich irgendwo zu Besuch wäre. Selbst mein vertrautes Bett kam mir hart und unbequem vor. Das Bett in der Klinik war viel weicher und gemütlicher.

Scheiße, weshalb war ich nur so schrecklich unzufrieden? Hatte ich einen Grund? Mit Sicherheit nicht. Ich löschte ziemlich zeitig das Licht, damit schnell der nächste Tag herbeikam. Elmo durfte ausnahmsweise die ganze Nacht in meinem Arm schlafen.

Am folgenden Morgen stand ich früh auf und ging hinunter in den Stall. Keine Menschenseele war zu sehen. Ich sattelte mein Pferd und ritt in den Wald. Es war herrlich, niemandem zu begegnen und die noch tiefstehende Sonne hinter den Bäumen zu betrachten. Es war, als ob mir der ganze Wald gehören würde. Von solchen Ausritten träumte ich schon immer, und meine belastenden Gedanken verschwanden. Ich fühlte mich unheimlich frei und glücklich.

Zum krönenden Abschluss fuhr ich nachmittags zu Funny. Die Wiedersehensfreude war nach zwei Wochen groß, wir konnten kaum aufhören uns zu umarmen. Wir knutschten uns ab und zerquetschten den anderen bald. Anschließend gab es viel zu erzählen und nach ein paar Stunden fiel es mir sehr schwer, wieder von ihr Abschied zu nehmen.

Trotzdem war ich froh, als ich dann in meinem Auto saß und zur Klinik zurückfuhr. Das Wochenende war, von meiner kurzen Niedergeschlagenheit abgesehen, voll gelungen. Ich betrachtete es ungewollt als eine Art Kurzurlaub.

Während ich durch das Kliniktor fuhr spürte ich, wie es in meiner Magengegend vor Freude heftig zu brodeln begann. Ich freute mich riesig auf die Patienten, die Schwestern und auf Dr. Fock. Gleich würde ich mich in meinem kleinen gemütlichen Zimmer erst einmal genüsslich auf das Bett werfen.

Endlich war ich wieder zuhause!

Jeden Sonntag Abend ist in der Raucherecke die Hölle los. Alle Heimurlauber treffen wieder zusammen und erzählen von den mehr und weniger gelungenen Wochenenden. Die Patienten, die nicht nach Hause durften, hören aufmerksam zu oder berichten von den Neuigkeiten in der Klinik, wenn es denn welche gibt. Bisher gehörte ich auch immer zu den „Inhaftierten“, doch heute kann ich voller Stolz das erste Mal von meinen zwei Tagen Ausgang erzählen.

„Wie hast du in deiner neuen Wohnung geschlafen?“ fragt Bianca. Sie durfte ebenfalls eine Nacht bei einer Freundin verbringen.

Begeistert berichte ich von meinem Wochenende, von meinen Tieren und dem Besuch bei Funny. Ich schwärme von meiner Wohnung, insbesondere natürlich von meinem Zimmer. Über die Einsamkeit, die ich zwischenzeitlich verspürte, verliere ich kein einziges Wort.

„Schön, dass du wieder da bist“, sagt Marc und kuschelt sich an mich und streichelt mein Ohr. Er ist immer so liebebedürftig und anhänglich. Manchmal nervt mich das. Er muss sich immer an irgend jemanden lehnen und schmusen. Andreas legt zwar auch öfter den Arm um mich, aber er ist dabei in keiner Weise aufdringlich.

Ich kann engen Körperkontakt nur bei wenigen Menschen ertragen, doch heute macht es mir nicht viel aus. Die Freude, alle wieder zu sehen, ist erheblich größer. Jetzt weiß ich, warum ich gestern Abend Heimweh hatte, diesen vertrauten Kreis habe ich vermisst. Hier ist man nie allein.

Ich habe große Angst vor der Einsamkeit. Früher, bevor ich in die Klinik kam, fühlte ich mich eigentlich immer einsam, außer wenn Katja bei mir war, aber Katja konnte natürlich nicht rund um die Uhr da sein. Sie nahm sich schon viel Zeit für mich, aber es reichte trotzdem nicht aus, um wirklich glücklich zu sein. Es ist schon merkwürdig, man hat zahlreiche Freunde um sich herum und fühlt sich dennoch verlassen. Man ist allein in einer riesigen Menschenmasse. Alle sind bei einem, dennoch sind sie nicht da. Die Vorstellung ist ganz schön absurd, aber ich glaube, ich bin nicht die einzige, der es so ergeht.

Mich fröstelt ein wenig, ich ziehe die Knie an meinen Bauch. Die Abende werden von Mal zu Mal kühler, und es wird immer früher dunkler. Der Sommer ist fast vorbei, die letzten schönen warmen Tage dieses Jahres werden wir wohl an einer Hand abzählen können. Schade, der Sommer ist meine Lieblingszeit. Wie es hier im Winter aussehen mag, wenn sich die Wiese und der Wald in eine Schneelandschaft verwandeln werden? Ob der Pavillon für die Raucher dann beheizt wird? Bestimmt nicht, die alte Chefärztin, Frau Dr. Arnsberg ist doch ein absoluter Gegner vom Rauchen. Die wird die Sucht mit Sicherheit nicht noch unterstützen.

Aber was mache ich mir überhaupt Gedanken darüber, bis zum Winter werde ich längst entlassen sein. Vielleicht brauche ich dann auch keine Zigaretten mehr.

Zufrieden räume ich meinen Rucksack aus und lege die Wäsche ordentlich zurück in den Schrank. Ich hatte viel zu viele Klamotten ins Wochenende mitgenommen. Die Hälfte habe ich überhaupt nicht gebraucht.

Als ich mein Waschzeug auf die Ablage vor dem Spiegel stelle, kommt die

Nachtschwester Gudrun herein. Schade, dass es Schwester Nina nicht ist. Mit ihr hätte ich jetzt gerne ein wenig gequatscht.

„Na, wie war es zu Hause?“ erkundigt sich Schwester Gudrun und setzt sich auf mein Bett.

Ich drehe mich zu ihr um und stütze mich mit den Händen hinter dem Rücken am Waschbecken ab.

„Schön“, sage ich lächelnd. Plötzlich steigt leichte Nervosität in mir auf. Ich kann mir ihre Ursache aber auf keine Weise erklären.

Während wir uns unterhalten, wandern meine Augen unruhig im Zimmer umher. Ich stehe immer noch wie versteinert ans Waschbecken gelehnt und warte darauf, dass die Schwester das Zimmer verlässt. Ich möchte gerne allein sein. Seltsam, normalerweise freue ich mich, wenn jemand abends noch bei mir sitzt. Wahrscheinlich bin ich einfach nur müde.

Als sie endlich weg ist, ziehe ich mich schnell aus und schlage die Bettdecke zurück, um meinen Pyjama zu nehmen. Dabei fällt mir mein Teddybär in die Hände. Ich halte ihn vor mich und muss ihn eine ganze Zeit lang anschauen. Ihn hatte ich am Wochenende vergessen. Zittrig streiche ich ihm über das Gesicht. Dann rieche ich vorsichtig an seinem verfilzten und struppigen Fell. Er trägt meinen Geruch und das schon, seit ich mich erinnern kann. Ich habe ihn zur Geburt bekommen, er wurde noch nie gewaschen. Meine Mutter wollte ihn zwar immer in die Waschmaschine stecken, doch ich habe es nie zugelassen. Ich hatte Angst, den vertrauten Geruch zu verlieren.

Mit seinen treuen und klugen braunen Glasaugen sieht mich der Teddy an. Diese Augen haben schon viel gesehen. Fast zu viel für so ein kleines Bärenherz.

Sein Gesicht wirkte immer ernst, beinahe traurig. Als Kind habe ich mir ständig Sorgen um ihn gemacht. Ich wollte, dass er glücklich ist. Später, obwohl ich ihn jede Nacht bei mir hatte, achtete ich nicht mehr darauf, es wurde unwichtig.

Mit einem schlechten Gewissen lege ich ihn zurück auf das Kopfkissen. Auch wenn Teddybären nur aus Stopfwolle und einem Plüschpelz bestehen, glaube ich, dass jeder einzelne von ihnen so etwas wie eine kleine Seele besitzt. Daran glaube ich fest, auch wenn es kindisch erscheinen mag.

Ich streife mir den Pyjama über und gehe zum Waschbecken, wo ich mich mit Feuchttüchern abschminke. Langsam verwische ich die schwarze Wimperntusche und den Lidschatten an meinen Augen. Ich hasse meinen ungeschminkten Anblick. Ich sehe so nichtssagend aus, total öde und langweilig. Wie hässlich man sein kann. Als ich fahrig nach der Zahnbürste greife, passiert es. Ich stoße an das Zahnputzglas und reiße es von der Spiegelablage. Mit einem lauten Klirren zerspringt es im Waschbecken. Erschrocken starre ich auf die etlichen Scherben und kleinen Glassplitter, die sich am verschlossenen Abfluss häufen und lasse die Zahnbürste aus der Hand fallen. Wie hypnotisiert betrachte ich das Missgeschick, ich kann meinen Blick nicht abwenden. Ich bin fasziniert, es ist ein wunderschönes Bild. Man könnte es fotografieren und als moderne Kunst darstellen. Ich würde dieses Bild sofort kaufen.

Auf einmal verschwimmen die Scherben vor meinen Augen. Sie ziehen sich wie Gummi in die Länge und werden immer größer. Ihre Formen verändern sich, sie bekommen sogar Gesichter, die mich frech angrinsen. Die Scherben grinsen mich an, so etwas habe ich noch nie erlebt.

„Los, nimm uns und schneide dich", flüstern sie jetzt raunend. „Wir machen dich glücklich. Du brauchst uns doch." Die Stimmen schwirren durcheinander, jede einzelne Scherbe scheint zu reden. Nun fangen einige auch noch an zu lachen. Es ist ein hohes und schrilles Lachen. Ich komme mir vor wie in einem billigen Horrorfilm.

„Lasst mich in Ruhe", schreie ich verzweifelt. „Hört auf, ich brauche euch nicht!"

Die Stimmen werden lauter und das Gekicher eindringlicher. Sie versuchen, mich zum Schneiden zu zwingen. Sie wollen mich kaputt machen. Ich meine, Nellys Lachen am lautesten zu hören.

„Was ist mit dem geilen Schmerz? Hast du den etwa schon vergessen?"

Ich halte mir krampfhaft die Ohren zu. Ich will von der Scheiße nichts mehr wissen. Arschlöcher!

Abrupt wende ich mich ab und eile zum Bett. Ich werfe mich auf die Matratze, die laut aufquietscht, und vergrabe meinen Kopf unter dem Kissen. Die Hände sind immer noch zitternd auf meine Ohren gepresst, aus Angst, die zwingenden Stimmen erneut zu hören. Mein Herz rast, die werden mich noch rumkriegen, befürchte ich. Und dann?

Voller Panik knalle ich immer wieder meinen Kopf gegen die Wand. Ich muss diesen Druck loswerden. Weg! Weg! Weg! Das halte ich nicht aus. Die wollen mich umbringen.

Ich kann mich nur schwer beruhigen, doch langsam und allmählich spüre ich, wie mein Herz nicht mehr so klopft und mein Atem auch wieder gleichmäßiger wird. Der immense Druck verkleinert sich, und ich stelle nach und nach die selbst verursachten Schläge auf den Kopf ein. Meine Kraft lässt auch nach, ich bin völlig erschöpft. Ich lasse die Hände, die wie auf meine Ohren angeklebt wirkten, ab und umarme meinen Oberkörper. Dabei bemerke ich, dass die Stimmen verstummt sind. Kein Geschrei mehr, kein Gekichere mehr. Alles ist still. Erleichtert lache ich schluchzend auf. Der Spuk ist vorbei, ein Glück. Ermattet lege ich mich bequem hin und drücke meinen Teddy an mich. Es kann sich keiner vorstellen, wie froh ich jetzt bin. Ich kann es immer noch nicht fassen, dass es nun ruhig im Zimmer ist. Während ich mich gemütlich in die Decke kuschle, steigt in mir plötzlich die Sorge auf, was ich mit den Scherben jetzt mache. Sie können unmöglich heute nacht dort liegen bleiben. Sie müssen beseitigt werden, sonst komme ich vielleicht doch noch auf dumme Gedanken.

Ich traue mich nur nicht, wieder zum Waschbecken zu gehen. Nicht, dass der Horror von vorne beginnt. Und dann endet es vielleicht wirklich in einem Blutbad.

Also drücke ich mutig auf die Klingel, auch wenn die Gefahr besteht, dass mich die Schwester für verrückt hält. Aber das ist mir in diesem Moment egal, ich brauche Hilfe. Alleine kann ich die Scherben nicht entfernen. Nur wenige Minuten, nachdem ich geklingelt habe, steht Schwester Gudrun mit einem ängstlichen Gesichtsausdruck in der Tür. Wahrscheinlich hatte sie auf dem ganzen Weg hierher gebangt, ich hätte mir etwas angetan.

„Ich habe nichts gemacht“, beruhige ich sie in einem entschuldigenden Ton. „Mir ist nur eben der Zahnbecher im Waschbecken zerbrochen, und ich befürchte, den Scherben nicht widerstehen zu können, wenn ich sie wegwerfe.“ Ein wenig beschämt grinse ich sie an.

Schwester Gudrun atmet sichtlich auf. Mit einem Wenn-es-nur-das-ist-Blick geht sie zum Waschbecken.

„Magst du versuchen, mir zu helfen?“ fragt sie aufmunternd und sieht sich das Unglück an. „Vielleicht schaffst du es mit mir zusammen, die Splitter aufzusammeln.

Mit einem skeptischen Nicken folge ich ihr. Hoffentlich geht das gut, aber andererseits ist sie ja dabei, es kann also nichts passieren.

Mit bebenden Fingern helfe ich ihr also, die Scherben aus dem Becken zu lesen. Keine Stimmen ertönen mehr, die Scherben sind stinknormale Scherben. Ich habe sogar kein Problem damit, sie anzufassen.

„Ich finde es super von dir, dass du geklingelt hast", lobt mich Schwester Gudrun. „Die Lage hast du prima gemeistert, du musstest dich nicht schneiden."

Stolz lächle ich vor mich hin. Eigentlich ist das wirklich eine Leistung. Vor ein paar Wochen hätte ich mir noch die Arme aufgeschlitzt. Damals hätte ich solch einer Versuchung nicht widerstehen können. Auch wenn es heute sehr schwer war, ich habe es geschafft. Und das ist die Hauptsache. Zum Schluss sind alle zerbrochenen Glasteile im Mülleimer. Das Waschbecken ist wieder ungefährlich. Schwester Gudrun nimmt den Beutel aus dem Eimer.

„Den nehme ich vorsichtshalber mit", sagt sie.

Ich bedanke mich tausendmal für ihre Hilfe. Das war echt nett von ihr.

Nachdem sie sich mit dem Müllbeutel in der Hand verabschiedet hat, öffne ich das Fenster, um noch einmal durchzulüften. Es ist unheimlich heiß und stickig hier drin.

Eigentlich könnte ich bei der Gelegenheit noch eine Zigarette rauchen.

Ich hole mein Päckchen aus der Jackentasche und wickle mir die dicke Wolldecke um, die tagsüber immer auf dem Bett liegt. Es ist kalt draußen.

Dann lehne ich mich weit über die Fensterbank, damit der Rauch nicht so sehr ins Zimmer herein zieht. Das Rauchen auf den Zimmern ist nämlich strengstens untersagt.

Während ich das Nikotin tief inhaliere, bemerke ich, dass ich gerade im Moment eigentlich gar nicht so glücklich bin. Irgendwie bin ich ein bisschen traurig, obwohl ich nicht sagen kann, warum. Das Wochenende zuhause war immerhin schön gewesen, eigentlich habe ich mich doch wohl gefühlt.

Es gibt also keinen Grund Trübsal zu blasen. Typisch für mich, nie kann ich zufrieden sein.

Ich drücke die Zigarette auf meinem Oberschenkel aus, schließe das Fenster und lege mich ins Bett.

20

Das pure Chaos herrscht auf den Straßen Grünwalds. Ungeduldig taste ich mich im ersten Gang Stück für Stück voran. Es ist kurz nach acht, alle sind auf dem Weg zur Arbeit. Und ich gehe heute das erste Mal wieder zur Schule. Ich bin sowieso schon viel zu spät, und dann stehe ich auch noch im Stau. Eigentlich beginnt der Unterricht schon um acht, aber es ist einfach unmöglich, früher loszufahren. Jeden Morgen wird nämlich das Gewicht der Patienten überprüft und Blutdruck gemessen. Außerdem wird das Frühstück erst gegen halb acht serviert. Ich werde mich also damit abfinden müssen, immer ein paar Minuten später in der Schule zu sein. Na ja, immerhin ist das besser, als den Unterricht komplett zu verpassen. Schließlich wissen die Lehrer auch Bescheid. Allerdings ist es schade, dass ich von nun an nicht mehr am Frühsport teilnehmen kann.

Ein wenig nervös bin ich ja schon. Wie meine Klassenkameraden wohl reagieren werden? Hoffentlich versuchen sie mich nicht auszuquetschen, ansonsten gehe ich gleich wieder. Auf ein Frage-Antwort-Spiel habe ich keine Lust. Ich öffne mit einer Hand meinen Rucksack, der auf dem Beifahrersitz liegt, und hole meinen Stundenplan heraus. Welches Fach haben wir jetzt überhaupt?

Der Plan zeigt für die ersten vier Stunden Recht/Verwaltung an. Ich stöhne leise auf, auch das noch. Das ist der langweiligste Unterricht bei dem langweiligsten Lehrer. Die Schlaftabletten aus der Klinik sind dagegen harmlos.

Psychologie bei Frau Seifert wäre mir jetzt lieber gewesen. Da hätte ich mit Sicherheit einige gute Beiträge geleistet. Schließlich mache ich den ganzen Tag nichts anderes außer Psychologie.

Während ich den Stundenplan wieder in meine Mappe einhefte, fällt mir das kleine Pillendöschen in die Hände, das zwei Tavor beinhaltet. Ich muss ein wenig grinsen. Die beiden Tabletten hat mir Schwester Barbara mitgegeben, kurz bevor ich losfuhr. „Für alle Fälle", meinte sie und steckte sie mir in den Rucksack. Schwester Barbara habe ich richtig lieb. Die hätte ich gerne als Mutter. Ihre Warmherzigkeit und Fürsorglichkeit tun mir ausgesprochen gut. Sie ist ein toller Mensch.

Ein hinter mir entstehendes Hupkonzert reißt mich unsanft aus meinen Gedanken. Erschrocken werfe ich erst einen Blick in den Rückspiegel, dann auf die Straße. Die Autos vor mir sind über alle Berge.

Entschuldigend und kleinlaut hebe ich die Hand und trete auf das Gas. Wie peinlich! Phantasievoll male ich mir innerlich die Staumeldung im Radio aus. „Blauer Fiat Cinquecento, Fahrerin mit höchster Wahrscheinlichkeit aus der Psychiatrie, legt Grünwalds Verkehr lahm!" Das könnte ich jetzt noch gebrauchen. Dabei habe keinerlei Medikamente im Blut, mein Verstand ist völlig klar. Das denke ich zumindest. Wenn ich die beiden Tavor schlucken würde, sähe die Sache schon anders aus. Ich frage mich wirklich, wie man mit solchen harten Dämpfern Auto fahren will. Offenbar hat Schwester Barbara geglaubt, ich nehme den Bus oder die Bahn zur Schule. Aber es ist lieb, dass sie überhaupt an mich gedacht hat.

Endlich komme ich an den großen Kreisel, der die Massen an Autos in die verschiedenen Richtungen verteilt. Hier hat der Stau immer ein Ende. Jetzt handelt es sich nur noch um Minuten, bis ich in der Schule bin. Normalerweise ist der Weg nicht weit, ohne Stau würde ich höchstens eine viertel Stunde bis dorthin brauchen. Die Schule liegt gerade mal zwei Ortschaften weiter.

Ich trete voll in die Pedalen und eile die beinahe leeren Straßen entlang. Die Uhr zeigt mittlerweile halb neun an, später dürfte ich wirklich nicht sein.

Die Freude auf die Schule, auf meine Freundinnen und auf ein Stück normales Leben wächst in meinem Bauch, umso mehr ich mich der Schule nähere. Endlich wird mein Alltag nicht mehr nur von der Klinik geprägt. Endlich gibt es wieder Gespräche, die sich mal nicht um Depressionen, Sucht und andere psychische Probleme drehen. Mit der Zeit können solche Themen nämlich ganz schön nerven und auch belasten, denn in der Klinik redet man ständig darüber.

Mittlerweile bin ich fast angekommen. Schon von weitem erkenne ich die vielen Autos, die seitlich des Waldrandes parken. Die Schule liegt direkt am Wald, weit weg von jeglichen stark befahrenen Straßen. Mein Herz macht einen kleinen Freudenshüpfer. Die letzten Meter bin ich gehackt wie eine gesenkte Sau, ich konnte es einfach nicht mehr abwarten. Zu ungeduldig war ich gewesen. Kaum zu glauben, dass man sich derartig auf die Schule freuen kann. Viele können das sicherlich nicht verstehen. Vor ein paar Monaten hätte ich das wahrscheinlich auch noch nicht verstanden.

Neugierig sehe ich nach, ob mein „Spezialparkplatz", auf den ich mich jeden Morgen gestellt habe, noch frei ist. Er befindet sich direkt vor dem Schuleingang, ich bin in der Frühe doch immer so lauffaul. Die Parklücke ist sehr klein und kaum ein Auto findet darin Platz.

Und sie ist noch frei. Als ob sie auf mich gewartet hätte. Ich habe beinahe das

Gefühl, nach Hause zu kommen. Alles ist noch so, wie es vor den großen Ferien war. Bis jetzt hat sich also nichts verändert.

Schnell parke ich ein, greife nach meinem Rucksack und springe voller Motivation und Elan aus dem Wagen. Seit langem habe ich mich nicht mehr so gut und stark gefühlt. Ich könnte laut jubeln.

Mit eiligen Schritten gehe ich durch das Schultor, gehe den kleinen Weg entlang, der an von Schülerinnen angefertigten Kunstskulpturen und einem Indianerzelt vorbei führt, und steuere auf den Eingang zu. Das hier ist keine gewöhnliche Schule, die von lustlosen Lehrern und ödem Unterricht geprägt ist. Unsinnige chemische Formeln und trockene Matheaufgaben sind unwichtig, niemand fragt nach solchen Kenntnissen. Hier zählt Phantasie, Kreativität und die Zusammenarbeit zwischen den Schülern; halt alles, was man sich als zukünftige Erzieherin aneignen sollte. Vielleicht macht mir auch deshalb die Ausbildung so Spaß. Außerdem ist die Schule relativ klein, gerade mal 200 Schüler werden hier ausgebildet. Jeder kennt praktisch jeden, was die Atmosphäre gemütlich und familiär gestalten lässt. Ich gehe wirklich gerne zur Schule.

Allerdings habe ich nun ein wenig Pudding in den Knien, als ich durch den langen Flur zu meinem Klassenzimmer laufe. Es ist keine Pause, ich werde also mitten in den Unterricht hineinplatzen. Hoffentlich starren die mich alle nicht so an. Schließlich bin ich nicht mehr die nett gekleidete Janna, wie mich die meisten bisher kannten. Mit Piercings im Gesicht, zerrissenen schwarzen Lederhosen und einer wilden Hochsteckfrisur haben mich noch nicht viele gesehen. Ich könnte nicht sagen, dass ich ungepflegt wirke, ich bin einfach nur anders. Und so fühle ich mich erheblich wohler.

Mit klopfendem Herzen stehe ich vor der Klassenzimmertür. Von drinnen höre ich dumpf die Stimme unseres Lehrers, was er allerdings spricht, kann ich nicht verstehen. Da muss ich jetzt hineingehen. Alles wird gut, schließlich habe ich mich ja tierisch gefreut. Mit einer Haarsträhne versuche ich meine Nervosität wegzupusten. Ich brauche doch nicht aufgeregt zu sein.

Leise klopfe ich an und öffne die Tür. Der Lehrer, Herr Wieland, unterbricht mitten im Satz, unzählige Augenpaare sind auf mich gerichtet, niemand bewegt sich. Es entsteht für ein paar Sekunden eine Totenstille. Es ist, als ob eine Szene im Film angehalten würde. Wenige Sekunden können ganz schön lang sein.

„Hey, da bin ich wieder“, löse ich das Schweigen mit einer lauten Stimme und einem Grinsen. Ich bete zu Gott, dass niemand mein leichtes Zittern um die Mundwinkel bemerkt.

„Guten Morgen, Janna“, begrüßt mich Herr Wieland. Der Film läuft weiter, einige Mädchen lächeln mich nun an, andere bringen ein schüchternes „hallo“ heraus.

Möglichst unauffällig gehe ich zu meinem Platz in der letzten Reihe. Währenddessen höre ich Getuschel aus den Bänken, Herr Wieland fährt mit seinem Unterricht fort.

Ich bin noch nicht einmal fünf Minuten hier und bin schon genervt. Könnt ihr nicht normal mit mir umgehen? Andere kommen auch zu spät. Ich bin nicht verrückt.

Als ich mich hinsetze, spüre ich die verstohlenen auf mich gerichteten Blicke. Oh Gott, die ist in einer Psychiatrie, denken die jetzt bestimmt. Leckt mich am Arsch, ihr seid doch alle dumm!

Meine Banknachbarin umarmt mich herzlich. „Schön, dass du wieder da bist. Ohne dich war es total langweilig“, sagt sie. Ich weiß, dass sie es ernst meint, sie hat mich in letzter Zeit auch öfter in Arnsberg besucht. Mit ihr habe ich mich von Anfang an gut verstanden.

Herrn Wielands eintönige Worte klingen in meinen Ohren. Auf das Thema achte ich allerdings noch nicht, als ich meinen Block und mein Mäppchen aus dem Rucksack räume. Mir fällt nur auf, dass er nervös wirkt. Immer wieder sieht er mich beinahe ängstlich an.

Ich raste gleich aus. Was denken die eigentlich von mir? Dass ich vielleicht Amok laufen könnte? Oder dass ich gleich wirres Zeug faseln werde? Bevor ich mich über das Verhalten der Lehrer und meiner Mitschülerinnen jedoch weiter aufrege, versuche ich, mich auf den Unterricht zu konzentrieren. Ich muss auf andere Gedanken kommen, sonst laufe ich wirklich noch Amok.

Ich nehme Stift und Zettel zur Hand und höre aufmerksam zu. Jetzt bloß nicht negativ auffallen, sonst spekulieren sie wohl möglich noch über meine Krankheit. Sie sollen ja nicht glauben, dass sie, nur weil sie einmal die Woche Psychologieunterricht haben, mich analysieren könnten. Mir ist nämlich zu Ohren gekommen, dass mich die meisten sowieso für magersüchtig halten. Wenn sie wüssten, wie lächerlich sie sind.

Jetzt rege ich mich also doch auf, so ein Mist, dabei sind die es überhaupt nicht wert. In mir entwickelt sich gerade unbeschreiblicher Hass, ich könnte kotzen. Mann, ich hatte mich so sehr auf die Schule gefreut.

Ich reibe mir die Stirn, ich sollte mich lieber auf das Thema konzentrieren. Nachher, in der Pause, hat sich die Lage bestimmt wieder normalisiert. Für viele ist es vielleicht fremd, es mit einer psychisch Kranken zu tun zu haben. Ich sollte versuchen, sie zu verstehen und ihnen helfen, damit umzugehen, ihnen zeigen, dass daran nichts schlimm ist, und dass ich ein Mensch bin, wie jeder andere auch. Diese Überlegungen besänftigen meine Wut ein wenig, und ich kann Herrn Wielands Monolog endlich folgen. Meine Banknachbarin stößt mich sachte in die Seite und lächelt mich kumpelhaft an. Ich grinse zurück und male ihr einen kleinen Smiley in ihr Heft.

Dann wende ich meinen Blick auf die Tafel. Ich schlucke erschrocken, als ich auf ihr in Großbuchstaben „DIE FOLGEN DES SEXUELLEN MISSBRAUCHES" ablese. Was soll das denn?

Das Thema hatten wir doch schon vor den Ferien. Darüber hatten wir sogar eine Klausur geschrieben, in der ich als Beste mit einer Eins abgeschnitten hatte. Ich lernte dafür nichts, ich konnte einfach nicht. Als ich morgens ins Klassenzimmer kam, wusste ich, entweder würde ich eine Eins oder eine Sechs schreiben. Irgendeine Note in der Mitte kam nicht in Frage. Herr Wieland hatte später unter meiner Klausur angemerkt: „Sehr einfühlsam und mit ausführlichem Hintergrundwissen beschrieben. Man merkt deutlich, dass Sie gut gelernt haben!"

Ich lachte innerlich und warf die Klausur in den nächsten Abfalleimer.

Umso mehr ärgert es mich, dass dieses Scheiß-Thema noch immer aktuell ist. Wir hatten es doch bis ins kleinste Detail auseinander klamüsert, was übrigens nicht spurlos an mir vorübergegangen ist. Wie oft hatte ich nach der Schule geritzt oder mich heulend in irgendeine Ecke verkrochen. Es hatte mich stets Überwindung gekostet, zu diesem Unterricht zu erscheinen. Was gibt es jetzt noch darüber zu besprechen? Bitte lasst uns dieses beschissene Thema wechseln, flehe ich gedanklich.

Doch der Lehrer kann meine Gedanken natürlich nicht lesen.

„Wie verhalten Sie sich, wenn Sie als Erzieherin den Verdacht schöpfen, dass ein Kind sexuell missbraucht werden könnte?" fragt er in sachlichem Ton, als ob es die gewöhnlichste Frage der Welt wäre. Die Schülerinnen denken nach, manche diskutieren leise, manche heben schon den Finger. Wie *ich* da handeln würde?

Ich würde dem Täter die Eier abschneiden, würde ihn vor der ganzen Menschheit bloßstellen. Er müsste bis an sein Lebensende leiden. Kinderschänder, die ihre Opfer mutwillig quälen, gehören lebenslänglich gefoltert in den Knast. Bei mir damals war das etwas anderes. Onkel Albert wollte mich nicht absichtlich quälen, er liebte mich ja. Außerdem war ich selbst Schuld.

„Man müsste erst einmal Beweise sammeln", ist der Kommentar eines Mädchens vorne in der ersten Reihe. Ich muss aufpassen, dass ich nicht lauthals loslache. Wie soll man in solchen Fällen denn bitte schön Beweise sammeln? Soll man den mutmaßlichen Täter etwa fragen: „Kann es sein, dass Sie Ihre kleine Tochter sexuell missbrauchen? Sie können ruhig ehrlich sein!"

Mensch Mädel, wie stellst du dir das vor? Für so etwas gibt es keine Beweise! Noch nicht einmal den Kindern wird geglaubt. Sie werden nicht einmal ernst genommen …

… Meine Mutter hob mich aus der Badewanne und trocknete mich ab. Dabei rieb sie mit dem Handtuch auf frische Brandmarken auf meiner Brust. Ich schrie kurz auf vor Schmerz.

„Was ist das?" fragte sie und zeigte auf die kleinen wunden Stellen.

„Onkel Alberts Zigaretten", schoss es mir wie aus einer Pistole heraus. Sogleich hielt ich mir die Hand vor den Mund. Ich durfte um Himmels Willen doch nichts sagen.

„Das hat er bestimmt nicht absichtlich getan", sagte meine Mutter nur und zog mir den Bademantel über. Später fielen ihr solche Brandmarken nicht mehr auf …

„Man müsste auch genauer überprüfen, ob an den Aussagen des Kindes etwas dran ist", wirft eine andere ein. Ich kann dieses Gesülze nicht mehr hören. Was wisst ihr denn schon von solchen Aussagen? In mir brodelt es heftig, doch ich gebe nicht ein einziges Kommentar dazu. Ich möchte an so einer Diskussion nicht teilnehmen. Ich will verdammt noch mal das Thema wechseln! Meinetwegen können wir über Scheidungsrechte oder Aufsichtspflicht reden, aber nicht über sexuellen Missbrauch. Ich hasse dieses Wort.

Als meine Klassenkameradinnen schließlich noch die Seele und die Gefühle eines missbrauchten Kindes analysieren, bekomme ich plötzlich krampfartige Bauchschmerzen. Mit gesenktem Kopf über meinen Block zeichne ich Muster auf das Papier. Ich merke, wie mich Herr Wieland beobachtet.

„Diese Kinder fühlen sich dreckig und schuldig."

„Sie haben Angst, dass ihnen keiner glaubt.“

„Die frühere Freundin meiner Großcousine ist auch missbraucht worden.“

„Die Täter geben es nicht zu.“

„Die Opfer haben meistens ihr Leben lang Probleme damit.“

Etliche Sätze bombardieren mir um die Ohren. Es sind alles belanglose Sätze, Sätze, die einfach nur daher gesagt sind. Sie könnten aus einem Fachbuch abgelesen sein. Ihren Inhalt versteht jedoch keiner. Ich halte das Gerede, das teilweise wie ein Echo in meinem Gehör vibriert, nicht mehr aus. Ich muss hier weg. Keine Minute länger kann ich mehr hier sitzen bleiben. Ich möchte zurück nach Arnsberg, dorthin, wo ich mich sicher fühlen kann. Fort von diesen oberflächlichen Tussis.

Leise packe ich nach und nach meine Schreibutensilien in meinen Rucksack. Den genauen Inhalt der Klassendiskussion nehme ich inhaltlich schon gar nicht mehr richtig wahr.

„Ich gehe“, flüstere ich meiner Banknachbarin zu, die mich mit fragendem Blick ansieht, schiebe vorsichtig meinen Stuhl zurück und stehe auf. Ich ziehe meine Jacke über und schleiche mich auf Zehenspitzen aus dem Raum. Alle, Herr Wieland eingeschlossen, schauen mir verwundert hinterher, doch ich verabschiede mich nicht. Ich öffne fast lautlos die Tür und schlüpfe hindurch. Ich bin nicht mehr da.

Dann renne ich den Gang entlang, als ob mich der Teufel verfolgen würde, ich renne aus dem Schulgebäude über den kleinen Weg, vorbei an dem Indianerzelt und den Kunstskulpturen. Ich will nur noch in mein Auto und schnell in die Klinik fahren.

Ich reiße die Fahrertür auf und lasse mich auf den Sitz fallen. Hastig drücke ich den Verriegelungsknopf hinunter und drehe den Zündschlüssel um. Nur noch weg!

Mit aufheulendem Motor fahre ich los. Auf einmal muss ich weinen. Ich kann nicht zur Schule gehen.

Ich will da nicht mehr hin. Das Verhalten der Klassenkameradinnen, das Verhalten des Lehrers, das beschissene Unterrichtsthema, alles hat mich angekotzt. Die können mich jetzt bestimmt nicht mehr leiden. Ich bin eine Versagerin.

Dass sich missbrauchte Kinder einsam und unverstanden fühlen, hat vorhin übrigens niemand gesagt.

Hochgradig gereizt stampfe ich die Treppe hinauf. Die verdutzte Schwester Barbara, die mit einem Pillentablett auf dem Flur steht und mich fragend ansieht, beachte ich nicht. Sie wundert sich bestimmt darüber, warum ich um diese Uhrzeit schon wieder hier bin. Die Schule endet schließlich erst um eins, und jetzt haben wir erst kurz nach elf. Aber wehe, sie spricht mich an, mir soll jetzt bloß keiner in die Quere kommen. Wütend reiße ich meine Zimmertür auf und knalle sie sogleich wieder hinter mir zu. Ich schmeiße den Rucksack auf mein Bett und feuere meine Jacke in die nächste Ecke. Dann stehe ich, ohne etwas mit mir anfangen zu wissen, mitten im Raum. Was soll ich tun? Ich komme mir gerade vor wie ein Nichts. Besser gesagt, ich *bin* ein Nichts!

Unruhig laufe ich auf und ab. Meine Zukunft, mein Leben ist soeben zusammengebrochen. Ich bin einfach abgehauen, mitten aus dem Unterricht, nur weil ich solch ein Thema nicht ertragen habe. Und weil mich die Reaktionen meiner Mitschülerinnen enttäuscht haben. Bei mir im Gehirn läuft wohl etwas schief. Ich bin doch verrückt. Meine Ausbildung kann ich mir an den Hut stecken. Ich schaffe es einfach nicht, ich kann da nicht mehr hingehen. Bis auf alle Knochen bin ich blamiert.

Hektisch fahre ich mir durch die Haare, ich bin eine elende Versagerin. Ich hatte mich so sehr auf die Schule gefreut, und diese Freude hat sich in Angst und Unwohlsein verwandelt. Ich habe das Gefühl, am Abgrund zu stehen. Ich bin unbeschreiblich zornig, zornig auf mich selbst. Ich bin nicht nur psychisch krank, sondern kann nicht einmal eine Ausbildung durchhalten. Ich bin zu blöd dafür, wenige Stunden im Klassenzimmer zu sitzen. Was ist denn daran schwer? Vor dem Klinikaufenthalt habe ich es doch auch geschafft. Davor war ich ganz normal. Je länger ich hier bin, desto gestörter werde ich. Die Klinik ist an meinem Zustand schuld, jetzt weiß ich es. Die machen mich krank, die machen aus mir einen lebensunfähigen Menschen. Dr. Fock will mich absichtlich quälen, dieses verdammte Schwein. Er versaut mir mein Leben. Er hasst mich!

Außer mir vor Wut fege ich mit meiner flachen Hand den Bücherstapel, den ich mir aus der Bücherei über das Thema „Borderline" ausgeliehen habe, vom Tisch. Von wegen „Borderline"! Ich bin gesund, man kann jedem eine psychische Krankheit einreden. Ich sollte sieben Wochen hier bleiben, und nun bin ich schon bald drei Monate hier. Die Klinik braucht wohl Geld! So machen die das bestimmt mit allen Patienten. Ich könnte schreien! Verdammt noch mal, ich bin nicht krank.

„Na, wie war die Schule?" Dr. Focks Stimme ertönt hinter mir.

Ruckartig drehe ich mich um. Er schließt die Tür.

„Ich dachte, du kommst erst um halb zwei wieder“, sagt er in seiner typischen Ruhe und schaut auf die Uhr.

Wutentbrannt gehe ich auf ihn los. „Sie können mich am Arsch lecken, Sie Pseudo-Psychiater!“ Mit geballten Fäusten möchte ich auf ihn einschlagen. Er ist schließlich dafür verantwortlich, dass ich derartig versage.

Sichtlich erschrocken hält Dr. Fock meine Arme fest. „Janna, was ist denn los mit dir?“ fragt er mit einer Spur von Fassungslosigkeit. Damit hat er scheinbar nicht gerechnet.

Ich versuche mich aus seinem Griff zu befreien, doch er lässt mich nicht los.

„Scheiße, Sie gehen mir auf den Sack, ich habe keinen Bock mehr auf Sie!“ schreie ich ihn an. „Ich will normal sein, ich möchte morgens wie jeder andere Mensch aufstehen, zur Arbeit oder Schule gehen und ein ganz gewöhnliches Leben führen! Ist das so schwierig zu verstehen?“ Meine Augen füllen sich mit Tränen. Verzweifelt lasse ich meine Arme locker, mich verlässt die Kraft.

„Was ist heute morgen in der Schule passiert?“ fragt mich Dr. Fock eindringlich. Er sieht mich mit Sorgenfalten auf der Stirn an.

Ich lasse mich auf mein Bett sinken. Mein nicht zu bändigender Zorn verwandelt sich plötzlich in massive Trauer.

„Ich bin einfach gegangen, ich konnte nicht mehr bleiben. Und das Schlimmste daran ist: Ich glaube, dort nicht mehr hingehen zu können“, sage ich lahm und starre, immer noch fassungslos über mein fluchtartiges Verhalten, auf den Teppich vor mir. „Ich habe versagt!“

Dr. Fock setzt sich neben mich. „Warum bist du einfach gegangen?“ erkundigt er sich und fixiert ebenfalls den Teppichboden.

„Weil ich dieses Gerede und die neugierigen Gesichter nicht ausgehalten habe“, antworte ich monoton wie ein Roboter. Ich fühle mich so scheiße.

„So etwas habe ich mir schon fast gedacht“, seufzt Dr. Fock und legt seinen Arm um meine Schultern. Ich lehne mich an ihn. Die Wut auf den Arzt und die Klinik ist mit einem Male verflogen. Ich bin nur noch froh, dass ich hier bin, hier bei Dr. Fock jetzt im Arm. Niemand könnte mir in diesem Moment mehr Sicherheit und Schutz geben.

„Ich hätte es dir gewünscht, die Schule neben der Therapie zu meistern“, beginnt er nachdenklich. „Aber insgeheim habe ich daran gezweifelt. Es hätte fast an ein Wunder gegrenzt, wenn du beides geschafft hättest.“ Er drückt mir mit seiner Hand leicht in den Oberarm. Erstaunt sehe ich ihn von unten an. Was sagt er da?

„Du bist zur Zeit in einem großen Kampf mit dir selbst“, fährt er fort. „Du bist gerade dabei, an dir hart zu arbeiten. Da ist für andere Dinge eben nun kein Platz in deinem Kopf. Eine Ausbildung benötigt viel Kraft und Ausdauer, woher willst du die momentan nehmen? Schau mal, bald beginnt Frau Grünert mit dir die Traumatherapie. Wie kannst du dein Gehirn zum Lernen freischalten, während du deine schmerzhafte Vergangenheit hoch holst? Wenn du beides versuchst unter einen Hut zu bringen, kann ich dir versichern, dass eine Sache schief gehen wird. Man kann sich nicht auf zwei so wichtige Dinge gleichzeitig konzentrieren. Verstehst du, was ich meine?“

Ich nicke langsam. Dr. Fock hat leider Recht, ob es mir passt oder nicht. Trotzdem werde ich das unangenehme Gefühl nicht los, dass ich bis ins Letzte versagt habe.

„Die Ausbildung ist mir sehr wichtig. Sie war bisher immer mein großes Ziel. Ich konnte mir selbst endlich mal beweisen, dass ich gut war, und nicht irgendein Taugenichts, der nichts zustande bringt. Meine Mühe und mein Eifer wurden stets belohnt. Ich wurde anerkannt. Ich kann das doch jetzt nicht einfach alles aufgeben!“ Vor lauter Tränen kann ich kaum noch etwas klar erkennen, doch ich kann nicht weinen. Eine innere Blockade hindert mich daran.

„Wer sagt denn, dass du das alles aufgeben sollst? Du könntest eine Pause einlegen und zum nächsten Schuljahr wieder dort einsteigen, wo du aufgehört hattest. Das wäre eine Möglichkeit. Dann hättest du zwar ein Jahr verloren, aber wen kümmert das schon? Ob du nun mit 21 oder 22 Jahren ausgelernt hast, ist letztendlich doch egal. Danach fragt kein Mensch.

Es wäre nur ein Jammer, wenn du wegen der Ausbildung jetzt deine Therapie abbrechen oder vernachlässigen würdest. Du bist so weit und ganz nah dran, dein Kernproblem zu knacken. Du wirst es schaffen, du bist eine starke Frau! Hab nur ein wenig Geduld mit dir. Werde erst einmal gesund, dann stehen dir alle Türen offen.“ Dr. Fock versucht mich aufzumuntern.

Ich löse mich aus seinem Arm und trotte ans Fenster. Müde schaue ich auf die langsam bunt werdenden Blätter der Bäume. Der Herbst löst jedes Jahr erneut Traurigkeit in mir aus. Die Wärme ist vorbei, nun steht uns nur noch Kälte und Trostlosigkeit bevor. Wann scheint schon mal die Sonne?! Der Herbst ist die Zeit der Depressionen. Scheiße, ich möchte endlich *leben*!

Das kleine Pillendöschen, das mir Schwester Barbara heute morgen mitgegeben hat, habe ich mitsamt dem Inhalt ganz hinten in meiner Schreibtischschublade versteckt. Unter zahlreichen Haargummis liegt es nun. Ich hoffe, es findet keiner, aber ich denke auch nicht, dass dort jemand herumschnüffelt. Das wäre nämlich ziemlich dreist, und solche Dreistigkeit traue ich keiner Schwester und keiner Putzfrau zu. Das Pillendöschen lasse ich vorerst in diesem Versteck. Ich werde auch keine einzige Tablette entnehmen. Wer weiß, wann ich sie gebrauchen könnte. Ich möchte versuchen, noch einige zu sammeln. 50 bis 100 Stück würde ich schon gerne zusammenbekommen- für den Ernstfall!

„Janna, wo bist du mit deinen Gedanken?“ Frau Grünerts Stimme dringt zu mir.

Verwirrt schüttele ich den Kopf und sehe sie verpennt an. Ich war eben gar nicht da, was mir allerdings nicht aufgefallen ist. Vielleicht liegt es an der Tavor, die mir Schwester Barbara nach dem Gespräch mit Dr. Fock gegeben hat. Mir war nämlich plötzlich unheimlich nach Schneiden.

Ich lächle und blinzle Frau Grünert zu. Ich weiß gar nicht, was ich sagen soll.

„Das mit der Schule belastet dich sehr, stimmt's?“ spricht sie mein momentanes Problem an.

Ich zucke nur seufzend die Achseln und antworte ihr nicht. Über die Schule hatte ich mir gerade im Moment überhaupt keine Gedanken gemacht.

„Ich denke, es ist wirklich besser, wenn du einfach ein Jahr pausierst. Daran ist überhaupt nichts schlimm. Schau mal, du kannst in Ruhe deine Therapie zu Ende bringen, ohne dir jeglichen Stress zu machen. Du hast alle Zeit der Welt. Ist das nicht ein gutes Gefühl?“ heitert mich Frau Grünert auf.

Ich nicke, immer noch lächelnd. Aber es ist ein Nicken, das eher sie zufrieden stellt als mich.

Sie hat, ebenso wie Dr. Fock, auf jeden Fall Recht. Mir leuchtet auch ein, dass es für mich das Beste sein wird, nächstes Jahr mit einem klaren und freien Kopf wieder in die Ausbildung einzusteigen. Und ich weiß auch, dass es kein verlorenes Jahr sein wird und dass ich noch jung bin.

Trotz all dieser Einsichten tut es unheimlich weh, diese Schwäche und Unfähigkeit, zu spüren, solche Alltagssituationen nicht durchstehen zu können. Ich habe das Gefühl, ein altes Wrack zu sein. Ich funktioniere nicht mehr, ich bin kaputt, und somit nicht mehr lebenstauglich!

Nach der Therapie bei Frau Grünert setze ich mich in den Pavillon und rauche eine Zigarette nach der anderen. Kein Mensch ist da, ich genieße die Ruhe. Es ist angenehm, mal nicht ständig zu sprechen. Einfach für sich zu sein. Bald gibt es Abendessen, dann habe ich eh wieder genug Leute um mich herum, die auf mich einlabern. Ich ziehe den Kragen meiner Jacke über das Kinn, ich friere entsetzlich. Warum ist es nur schon so kalt? Wie soll das erst im Winter werden? Morgen rufe ich Frau Seifert an und sage ihr, dass ich nicht mehr zur Schule kommen werde. Sie hat bestimmt Verständnis dafür. Sie schien mir sowieso nicht gerade begeistert, als ich ihr von meinem Vorhaben berichtete, die Schule neben der Therapie zu besuchen. Allerdings hatte sie sich nicht näher dazu geäußert. In mir steigt langsam der Verdacht auf, dass alle wussten, dass ich es nicht schaffen werde. Alle, außer ich selbst. Jeder hat an mir gezweifelt und sie hatten Recht. Dabei hätte ich ihnen so gerne bewiesen, dass ich stark bin. Ich bin kein Schwächling! Aber das denkt jetzt sicher jeder von mir, auch wenn es mir gegenüber keiner zugibt. Von einem plötzlichen und kurzen Ausbruch geleitet trete ich mit voller Wucht den vollen Standaschenbecher um. Die unzähligen Kippen verteilen sich auf dem Boden des Pavillons. Ich habe allerdings nicht die geringste Lust, sie wieder einzuräumen. Also lasse ich sie einfach liegen, ich war es nicht!

Als ich mir erneut eine Zigarette anzünde, kommt Aischa um die Ecke geschlichen. Laufen kann man das wirklich nicht nennen. Schon von weitem wirft sie mir leidende Blicke zu.

Ich verdrehe die Augen. Das Gejammer kann ich mir jetzt nicht anhören. Bitte, verschon mich davon. Klage jemand anderem dein Leid. Aischa kommt zum Pavillon und stützt sich geschwächt an den Eingang. Mit einem herzerweichenden Seufzer sieht sie mich müde an.

„Na, geht es dir wieder einmal schlecht?“ frage ich mit einer Spur von Ironie und kann mir ein Lachen gerade noch verkneifen.

Aischa nickt lahm. „Sehr schlecht sogar. Ich habe eben mit meinen Eltern telefoniert. Wir haben uns gestritten“, jammert sie.

Ich hebe verächtlich die Augenbrauen. Streit mit den Eltern soll vorkommen. Wer kennt das nicht?

Sie setzt sich neben mich und lehnt ihren Kopf an meine Schultern.

„Weißt du, Janna, Manchmal frage ich mich, warum ausgerechnet *ich* immer so viel Pech im Leben habe. Womit habe ich das verdient? Bin ich wirklich so ein schlechter Mensch?“

Solche Äußerungen kenne ich bereits von meiner Mutter. Mittlerweile habe ich Aversionen gegen sie entwickelt. Anstatt Mitgefühl baut sich eher Hass und Verachtung in mir auf.

„Wenn man sich ständig einredet, was man für ein armes Würmchen ist, kann es einem natürlich nicht besser gehen", erwidere ich kühl und rücke ein Stück von ihr weg

Aischas Gesichtsausdruck ist überrascht. Mit dieser Antwort hat sie offenbar nicht gerechnet. Sie ist wohl noch niemandem begegnet, der sie nicht mit Mitleid überschüttet. Diese Verdutztheit ist jedoch nicht von langer Dauer.

„Ich habe vorhin sogar geritzt. Mein ganzes Bein ist offen." Aha, sie probiert es nun auf die härtere Tour. Da ist sie bei mir aber an der verkehrten Adresse.

„Echt?" frage ich, in mir kocht es vor Wut. „Wo denn? Zeig es mir mal!" Ich stehe auf und stelle mich vor sie.

„Nein", wehrt sie ab. „Die Schnitte zeige ich dir nicht!"

Ich kann mich nicht mehr beherrschen. Wutentbrannt packe ich sie an den Schultern und schüttle sie. „Du zeigst sie mir jetzt. Los, ich will sie sehen!" fahre ich sie an.

Aischa reißt die Augen vor Entsetzen weit auf. „Janna, du machst mir Angst. Lass mich los!"

Ich stoße sie zurück auf die Bank. Erschrocken rückt sie ihren Pullover zurecht.

„Was ist denn in dich gefahren?" fragt sie verdutzt.

„Was in mich gefahren ist? Du verarschst uns nach Strich und Faden. Jedem erzählst du, wie schlimm du dich ständig schneidest, aber gesehen hat die Schnitte noch niemand. Und ich weiß auch, warum du sie keinem zeigst. Weil du nämlich gar keine hast. Du würdest dich doch nie trauen, dich zu schneiden. Mit deinem Gerede willst du nur Aufmerksamkeit erregen, sonst nichts!"

Mit offenem Mund lasse ich Aischa im Pavillon sitzen und gehe zum Abendessen. Jetzt habe ich ihr endlich einmal die Meinung gesagt. Ich würde nie auf die Idee kommen, jedem Depp von meinen Ritzaktionen zu erzählen.

Abends telefoniere ich mit Katja. Ich habe es mir im Bett gemütlich gemacht. Draußen regnet es mal wieder, und ich bin warm und geborgen in meiner Decke eingekuschelt. Es gibt nichts Schöneres. Die anderen spielen in der Halle Rommé, aber ich hatte keine Lust bei ihnen zu sitzen. Lieber wollte ich allein sein und wenn überhaupt, nur mit Katja reden. Ich sehne mich so sehr nach ihr und genieße es, ihre vertraute Stimme wenigstens am Telefon zu hören.

Wir sprechen über die Schule. Ich erzähle ihr von meinem heutigen Tag, von den Mitschülerinnen, dem aufwühlenden Thema und von dem Beschluss, besser nicht mehr dort hinzugehen.

Katja ist der gleichen Meinung wie Dr. Fock und Frau Grünert.

„Ich habe mir schon eine ganze Zeit lang überlegt, ob diese Ausbildung überhaupt die richtige für dich ist", sagt sie nachdenklich.

Ich schlucke betroffen, mit solch einer Äußerung hatte ich nicht gerechnet „Wieso?" frage ich ein wenig schockiert. Glaubt sie etwa, dass man mich nicht auf Kinder loslassen könnte?

„Diese ganze Psychologie; meinst du nicht, dass du nur Psychologin werden möchtest, um dich selbst besser zu verstehen, um dir selbst helfen zu können? Ich könnte mir schon vorstellen, dass das ein unbewusster Wunsch von dir ist. Wenn du gesund bist, sehen deine Berufsziele bestimmt ganz anders aus."

Ich bin sprachlos. Über so etwas hatte ich bisher überhaupt noch nicht nachgedacht.

„Warum möchtest du wohl Kinderpsychologin werden? Um vielleicht deine eigene Kindheit aufzuarbeiten? Bald wirst du deine Erlebnisse verarbeitet haben, und wenn du das geschafft hast, brauchst du kein Psychologiestudium mehr", meint sie eindringlich.

An Katjas Worten ist eigentlich immer etwas Wahres dran. Manchmal glaube ich, sie kennt mich besser als ich mich selbst. Wie oft hat sie schon mein Verhalten analysiert und begründet, und meistens musste ich hinterher, nachdem ich darüber intensiver nachgedacht hatte, feststellen, dass sie Recht hatte. „In dir ist eine Psychologin verloren gegangen", sage ich immer zu ihr. Sie weiß genau, wie man mit mir umgehen muss. Sie hat bisher noch nie falsch gehandelt. Wenn ich Liebe brauche, nimmt sie mich in den Arm. Manchmal gibt sie mir jedoch auch einen Tritt in den Arsch, wenn ich mich beispielsweise mal wieder völlig hängen lasse. Sie hat stets das richtige Feeling, wann ich was brauche. Und egal, wie sie handelt, es hilft immer. Meine Katja ist einfach der Wahnsinn, ohne sie könnte ich nicht leben. Wenn sie mich heute nicht mehr mögen würde, wäre ich am nächsten Tag tot. Es ist unbeschreiblich, wie viel sie mir bedeutet.

Ob sie jetzt in ihrer Vermutung, die Ausbildung sei nur wegen meiner eigenen Probleme zu meinem Ziel geworden, allerdings richtig liegt, ist fraglich. Das wäre nämlich ziemlich niederschmetternd.

„Katja, das ist mein Leben. Seit meiner Kindheit ist dieser Beruf mein größter Wunsch. Was soll ich denn machen, wenn ich alles an den Nagel hänge? Dann stehe ich vor dem Nichts“, sage ich verzweifelt. Ich habe das Gefühl, mein Leben geht gerade komplett den Bach hinunter. Nichts ist mehr so, wie es einmal war.

„Du wirst merken, bald werden deine Träume anders aussehen. Da bin ich mir ganz sicher. Wir werden einen neuen Beruf für dich finden, in dem du aufgehst. Ich helfe dir dabei“, baut sie mich auf. Sie klingt sehr zuversichtlich und von sich überzeugt. Und ich weiß, dass sie für mich immer nur das Beste will, ich vertraue ihr.

„Ich muss mir das alles in Ruhe und gründlich überlegen. Momentan weiß ich überhaupt nicht mehr, was ich eigentlich möchte. Mein Kopf ist total verwirrt“, stammle ich. Plötzliche Müdigkeit überkommt mich wie ein zäher Nebel. Ich kann kaum noch die Augen offen halten.

„Janna, du hast Zeit. Kümmere dich jetzt erst mal um dich. Der Rest kommt anschließend von selbst. Aber nun bist allein nur du wichtig.“ Ich nicke zaghaft, was sie am anderen Ende der Leitung nicht sehen kann. Ihre Worte sollen tröstend wirken, doch irgendwie kann ich im Augenblick von niemandem Trost annehmen. Alles ist zu viel, ich möchte nur noch schlafen und diesen verkackten Tag hinter mich bringen.

„Ich bin immer für dich da, hörst du? Du bist nicht allein“, versichert sie mir liebevoll zum Abschied.

Ich gebe ihr einen kleinen Kuss durch den Hörer. Ich habe sie so lieb. Nachdem wir aufgelegt haben, lösche ich gleich das Licht. Keine Ahnung, wie viel Uhr es ist, aber es ist auch egal. Diese bleierne Müdigkeit, die durch meinen Körper kriecht, ist nicht aufzuhalten. Sie überkommt mich wie ein großes schwarzes Tuch. Kurz bevor ich einschlafe, kommt Schwester Nina ins Zimmer

„Du schläfst ja schon“, flüstert sie und beugt sich zu mir hinunter. Durch das schwache Flurlicht von draußen kann ich nur ihre Umrisse erkennen. Ich setze mich auf.

„Ich kann nicht einschlafen“, behaupte ich und versuche hellwach zu klingen. „Ich hätte gerne ein Schlafmittel.“

Schwester Nina setzt sich auf die Bettkante. „Wieso kannst du nicht schlafen? Geht dir etwas Belastendes durch den Kopf?“ erkundigt sie sich und streicht mir über die Wange.

„Nein, nein, ich bin nur hellwach", lüge ich. „Und wenn ich nicht genug schlafe, bin ich den ganzen Tag morgen müde."

Schwester Nina holt eine Tablette aus ihrer Kitteltasche und gibt sie mir. Ich stecke sie brav in den Mund und lege mich wieder hin.

Nachdem sie gegangen ist, spucke ich die Pille aus. Ich stehe auf und taste mich vorsichtig im Dunkeln zum Schreibtisch. Leise öffne ich die Schublade und fingere nach dem kleinen Döschen. Als ich es gefunden habe, schraube ich den Deckel auf und lasse die Tablette hinein fallen. Klick, eine mehr. Ich muss nur fleißig weitersammeln.

Dann lege ich mich wieder ins Bett. Ich starre ins Leere. Was für ein Tag. Damit hatte ich nicht gerechnet. So sehr hatte ich mich auf die Schule gefreut, und jetzt ist alles aus. Wenn wir dieses ätzende Thema heute nicht aufgegriffen hätten, wäre der Tag sicherlich anders ausgegangen. Doch bevor ich mir weiter darüber Gedanken machen kann, bin ich schon längst eingeschlafen.

Ich kratze mit meinen langen Fingernägeln über den nackten Rücken. Das weiße Fleisch gibt unter ihnen nach. Rote Striemen werden sichtbar. Mich ekelt es an.

Er stöhnt unter mir, er findet es geil. Ich hasse es. „Mehr", fordert er mit ächzender Stimme. Ich kratze tiefer, so tief, bis das Blut zwischen meinen Fingern hervorquillt. Warm und feucht läuft es an meinen Händen herunter. Ich kneife die Augen zusammen.

Dann dreht er sich um, nackt liegt er jetzt vor mir. „Mach weiter", haucht er. Ich sehe ihm ins Gesicht, doch ich kann es nicht erkennen. Er hat kein Gesicht, dort wo es sein müsste, ist ein großes schwarzes Loch.

Ich schaue mich langsam im Raum um. Ist noch irgend jemand hier?
Und am Schlafzimmerschrank steht Nelly. Erst sieht sie mich nur an, dann fängt sie an leise zu lachen. „So Janna, jetzt bist du an der Reihe", sagt sie raunend.

21

Seit Tagen geht es mir beschissen, ich sehe zur Zeit nichts Positives im Leben. Alles ist scheiße. Ich sitze in einem tiefen Loch und habe das Gefühl, dort nicht mehr herauszukommen. Nichts kann mich aufheitern. Selbst die Besuche von Pia und Julia, die momentan fast täglich sind, helfen mir auf keine Weise. Ich verkrieche mich in meinem Zimmer, gehe mit Ach und Krach gerade mal zur Therapie oder zum Rauchen in den Pavillon. Am Essen nehme ich nur unregelmäßig teil. Meine Gymnastiklehrerin hat mich auch seit einer Woche nicht mehr zu Gesicht bekommen. Es ist nicht so, dass ich mich gehen lasse, ich *kann* einfach nicht. Jede Bewegung, sogar jedes kleinstes Gespräch kostet mich unendlich viel Kraft. Ich will eigentlich niemanden sehen. Mir graut es schon davor, morgens überhaupt aufzustehen. Den freundlichen Gesichtern der Schwestern, die mich wecken, könnte ich entgegen springen. Am liebsten würde ich nie wieder erwachen, aber dazu habe ich noch zu wenig Tabletten gesammelt. Alles, was ich möchte, ist, in Ruhe gelassen zu werden.

Da ich ununterbrochen unter massivstem Schneidezwang stehe, bin ich fast nur noch auf Tavor. Ich könnte mich bis zu den Knochen aufschlitzen. Ich brauche ungefähr drei Tabletten am Tag, um mich unter Kontrolle zu halten. Ich weiß, dass Nelly wieder in mir wütet. Sie will mich kaputt machen. Das Unterbrechen der Ausbildung ist ein Triumph für sie. Sie hat es wieder einmal geschafft, mich zu beherrschen.

Dabei habe ich mich damit abgefunden, für ein Jahr mit der Schule zu pausieren. Mittlerweile sehe ich ein, dass diese Lösung die beste ist, zumal ich im Moment überhaupt nicht in der Lage wäre, den Unterricht zu besuchen. Meine Eltern haben meine Entscheidung schweigend zur Kenntnis genommen, ich glaube, ihnen ist jetzt wohl alles egal. Aber das kann mir ja nur recht sein. Diese Gleichgültigkeit ist schließlich besser für mich als ein permanentes aufdringliches Fordern zu Leistung. Sie bedrängen mich nicht mehr, fragen sogar nicht einmal mehr nach, wann ich entlassen werde. Es ist so, als ob sie mich aufgegeben hätten. Was soll's?

Ich fühle mich allein, da können mich noch so viele Leute besuchen, es ändert nichts. Wenn mich doch irgendjemand verstehen könnte. Alle versuchen es, aber trotzdem kann es keiner nachfühlen. Wie auch? Man muss es am eigenen Leib erleben. Ich wünsche mir nichts mehr, als ein normales fröhliches Mädchen zu sein, das glücklich ist. Wenn ich nur wüsste, wie ich das erreichen könnte. Ist es wirklich so schwer? Was kann ich verdammt noch mal tun? Das Schlimmste daran ist, dass ich keinen Ausweg sehe. Diese Scheiß-Depression frisst mich auf, sie verschlingt mich regelrecht. Ich befinde mich in einem Sog, es geht immer weiter bergab. Es ist schrecklich, zu nichts Lust zu haben, sich auf nichts zu freuen. Jeder Mensch freut sich auf irgendetwas, und wenn es nur eine Kleinigkeit ist. Ich wünsche mir nichts sehnlicher als einen winzigen Lichtblick, einen Lichtblick, an den ich mich klammern kann. Doch bei mir ist alles schwarz, das Leben hat für mich keinen Sinn. Ich glaube, wenn ein Mensch keine Hoffnung mehr in sich trägt, ist er schon so gut wie tot. Und was hält ihn dann noch am Leben? Meiner Meinung nach ist es die verflixte Einsamkeit, die Selbstmörder in den Tod treibt. Wer nicht einsam ist, braucht auch nicht zu sterben. Wer versteht, wer mitfühlt, der kann auch helfen. Doch wer versteht schon die Seele eines anderen?

Ich sehne mich nach dem Leben, aber nach einem anderen Leben; nicht so eines wie hier. Dafür würde ich alles in Kauf nehmen, sogar den Tod! Und ich denke, dass es dieses Leben, was ich mir so sehr wünsche, irgendwo da draußen geben wird!

Der Stern

Deine Welt ist schwarz,
du siehst nichts,
du denkst nicht mehr,
willst nur noch schlafen,
um dieser Welt zu entfliehen.
Doch in der endlosen Schwärze leuchtet ein kleiner Stern.
Du siehst ihn kaum,
doch es gibt ihn.
Er leuchtet für dich, der Stern, der Stern der Freiheit,
des wahren Lebens.
Auf ihm musst du dich nicht verstecken,
brauchst keine Masken zu tragen,
sondern kannst du selber sein.
Du sehnst dich nach diesem Stern.

Um zu ihm zu gelangen,
musst du dich einfach fallen lassen,
alles hinter dir lassen.
Dann spürst du nichts mehr;
weder die Angst,
die Verzweiflung,
noch das Gefängnis, welches deine Welt so verdunkelt.
Du lässt dich wiegen in den Wellen des Glücks.
Sanft trägt dich die Hoffnung,
die Hoffnung auf Veränderung.
Der Stern bedeutet nämlich nicht den Tod,
sondern das Leben:
Leben ohne innerliches Sterben.
Lass dich fallen und hoffe,
zu ihm zu gelangen!

„Manchmal fühle ich mich wie ein Außerirdischer, der in einer Welt gefangen gehalten wird, in die er nicht gehört. Schon als Kind habe ich davon geträumt, dass ich als Fremdling auf die Erde gefallen bin und mich in die Gestalt eines Menschen verwandelt habe. Oft habe ich am Fenster gestanden und darauf gewartet, dass mich meine außerirdische Mama wieder abholt. Ich habe mir vorgestellt, wie traurig sie war, mich verloren zu haben und mich nun im ganzen Universum sucht. Ich habe daran wirklich geglaubt!“ In Gedanken verloren rupfe ich einem kleinen Zweig die Blätter ab. Achtlos werfe ich sie auf den Boden. Diese Kinderträume haben mir immer Kraft gegeben.

Dr. Fock sitzt neben mir auf der Bank und hört schweigend zu. Seine Ellenbogen sind auf den Knien abgestützt. Sein Gesichtsaudruck ist ernst.

„Ich habe das Gefühl, hier fremd zu sein, hier nicht hinzugehören. Können Sie das verstehen?“ Ohne auf wirkliches Verständnis zu hoffen, sehe ich ihn an.

„Viele missbrauchte Kinder fühlen sich fremd auf dieser Welt, denn das, was mit ihnen geschieht, ist nicht normal. Sie spüren das und kommen sich ungewöhnlich vor. So etwas würde nämlich in einem Leben, das sie sich wünschen, nicht passieren“, nickt Dr. Fock. „Daher sehnen sie sich nach einem Leben, das ganz weit von der Realität entfernt ist.“

Ich reiße einen weiteren Zweig von dem Ast, der über der Bank hängt, ab. Lieblos schäle ich die Rinde ab. Ich muss etwas zerstören, wenn ich mich schon nicht selbst zerstören darf. Irgend jemand muss jetzt leiden, auch wenn es ein unschuldiger Baum ist.

Die Tavor lässt nach, der Druck wird wieder unausstehlich. Ich werde nervös. Kann das nicht endlich mal aufhören? Ich komme mir vor wie ein Raucher, der seiner Sucht gerade ein Ende gesetzt hat. Diese innere Unruhe ist kaum zu ertragen. Wenn ich jetzt ein Messer hätte, würde es mir sicherlich gleich besser gehen. Dann würde die Scheiß-Trauer und Verzweiflung einfach rausfließen. Ich würde sie anschließend mit Klopapier aufwischen und in die Toilette werfen. Die unangenehmen Gefühle hinunter spülen. Das wäre eine große Hilfe. Aber selber helfen darf ich mir hier in dem Laden ja nicht. Wenn meine Arme und Beine bloß nicht kontrolliert würden, könnte ich das heimlich machen. Ich könnte mir zwar Kippen auf der Haut ausdrükken, aber das ist noch lange nicht so ergiebig wie das Ausbluten. Verdammter Mist!

„Ich will schneiden", spreche ich an und hole mir den nächsten Zweig. „Ich will bluten, ich brauche jetzt Schmerzen. Können wir heute nicht einmal eine Ausnahme machen? Bitte!" Meine Laune kippt in destruktive und ironische Albernheit um.

„Bitte, nur heute", flehe ich kichernd und lasse meinen Kopf auf Dr. Focks Schulter fallen. Das Kichern hat nichts mit Ausgelassenheit zu tun. „Bitte, bitte, bitte! Ich mache auch alles, was Sie wollen. Sie dürfen mich auch vögeln, abgemacht?" Mein Lachen ist vor lauter Hysterie nicht mehr zu bändigen. Ich knalle meinen Hinterkopf auf die Banklehne, ich lache und lache! „Hey, ich bin gut im Bett, wirklich. Das können Sie mir ruhig glauben. Ich habe es früh gelernt, und ich hatte einen sehr guten Lehrer. Der hat mir alles beigebracht, was sich ein Mann nur wünschen kann!" Mir steigen die Tränen vor Anstrengung in die Augen, ich kann nicht mehr aufhören zu lachen. Plötzlich ist die ganze Welt um mich herum nur noch lächerlich. Es ist zum Totlachen!

Dr. Fock reagiert in keiner Weise auf meine Äußerungen. Ruhig holt er einen Notizzettel aus seiner Hemdtasche und beginnt aufzuschreiben. Was er jedoch schreibt, weiß ich nicht, es ist mir auch egal. Währenddessen krümme ich mich vor wildem Gekichere auf der Bank, dann rolle ich mich auf der Wiese zusammen und renne anschließend noch ein paar Runden um die Bank. Das Leben ist der blanke Wahnsinn und ich mittendrin! Es ist zum Heulen!

Nachdem ich völlig erschöpft und außer Atem bin, lasse ich mich wieder neben Dr. Fock fallen, der immer noch fleißig am Schreiben ist. Ich reiße den nächsten Zweig ab und fahre mit dem Zerstören fort. Kaum sitze ich, überkommt mich wieder die alte Trauer. Die so plötzlich aufgekommene Albernheit ist bis aufs Letzte verschwunden. Erneut werde ich in den starken Strudel der Passivität und Hoffnungslosigkeit gerissen. Es ist nicht aufzuhalten. Dr. Fock lässt sich in seinem Schreibwahn nicht stören. Besonnen lässt er den Stift über das Papier fliegen. Er ist nicht ansprechbar.

„Was schreiben Sie da eigentlich die ganze Zeit?" fahre ich ihn unwirsch an und boxe ihn nicht gerade sanft in die Seite. Ich spähe ihm über die Schulter.

Dr. Fock faltet den Zettel zusammen und steckt ihn mitsamt dem Stift in seine Hemdtasche. Er grinst mich schelmisch und schweigend an.

Dann zieht er mich zu sich auf die Brust und wuschelt mir durch die Haare. „Ach Herzchen, ohne dich wäre es langweilig auf der Welt. Ich mag dich, so wie du bist!"

Fluchtartig reiße ich mich aus seiner Umarmung und renne über die Wiese. Ich habe jetzt Therapie bei Frau Grünert. Ich renne, als ob es um mein Leben ginge.

Nach der Therapie gehe ich auf mein Zimmer. Eigentlich müsste ich zum Abendessen, doch ich habe keinen Hunger. Ein Bissen, und ich würde kotzen. Die Therapie war nicht anstrengend, sondern eher entspannend. Frau Grünert hat mich wieder auf eine innere Traumreise geschickt. Wir arbeiten in den letzten Tagen fast ständig mit Trance. Das dient der Stabilisierung. Ich stelle mir einen Ort vor, an dem ich mich sicher und geborgen fühlen kann. Es ist ein unrealistischer Ort, der nur für mich geschaffen ist. Meistens habe ich dann ein Nest vor Augen, das mit Bändern am Himmel befestigt ist und mit weißen Federn ausgestattet ist (es erinnert mich ein wenig an die Philadelphia-Werbung). Dort kann ich mich hineinkuscheln und es mir gut gehen lassen.

Frau Grünert übt die Vorstellung des Bildes eifrig mit mir, so dass ich diese Übung immer und überall anwenden kann, wenn ich sie benötige. So richtig hilft mir die Methode aber noch nicht. Ich kann nicht glauben, dass solch eine Trance meine Stimmung verändern soll. Das wäre zu schön. Ich stehe kurz vor dem Selbstmord, aber ich verziehe mich gerade mal für fünf Minuten in mein weißes Federnest, und dann bin ich wieder glücklich. Das wäre wirklich einfach. Dann dürfte es eigentlich keine Depressionen mehr geben, und allen Menschen ginge es gut.

Schwester Erika kommt mir auf der Treppe entgegen.

„Magst du nicht zum Abendessen?“ fragt sie besorgt.

Ich schüttle nur den Kopf.

„Keine Lust, unter Leute zu gehen? Ich lasse es dir dann auf dein Zimmer bringen. Du musst schließlich etwas essen, okay?“ sagt sie fürsorglich.

Ich nicke genervt, um sie zufrieden zu stellen. Manchmal geht mir diese Fürsorge gewaltig auf den Keks. Wenn das Tablett nachher auf meinem Zimmer steht, muss ich wieder überlegen, wie ich das Essen heimlich entsorge. Ich habe keinen Hunger, warum sieht das niemand ein? Die sollen mich doch mal alle in Ruhe lassen.

Als ich in meinem Zimmer bin, werfe ich mich auf mein Bett und trommle mit beiden Fäusten auf das Kopfkissen ein. Ich will weg! Ich möchte mich auflösen. Keine einzige Zelle soll mehr von mir übrig bleiben. Heute Abend werde ich wieder um eine Schlaftablette bitten.

Während ich mich unbehaglich auf dem Bett räkele, fällt mir ein Geraschel unter mir auf der Decke auf. Ich rolle mich zur Seite und entdecke ein beschriebenes und zerknittertes Blatt Papier neben mir. Überrascht nehme ich es in die Hand und beginne, es neugierig zu lesen.

Für Janna von Thomas Fock

Ritzen angesagt

Ritzen angesagt, Scheiße am Arm,
das Schreiben geht nur im Dunkel,
unruhige Müdigkeit, müde Unruhe
und dann die Angst, der Zustand endet nie.

Der Ast lässt sich gut brechen,
ritzen und entblättern:
Welkes Laub achtlos fortgeworfen.
Früher mal lebensspendend, saftig und grün,
heute nur trocken, welk und unnütz,

nur noch zur Zerstörung gut.
Irgendwann mal gebrochen,
vom Stamm amputiert,
achtlos fortgeworfen,
zum Vergehen verdammt.

Der Sinn im Vergehen erschließt sich erst spät,
erst in Auflösung kann er in neues Leben übergeh'n.
Wenn das Vergehen vergeht,
Vergangenheit wird,
die Seele des Wassers die letzten Spuren fortträgt,
wird, gelöst und geläutert, eine neue Kraft daraus.
Schenkt fruchtbares Strotzen, prallvolles Leben,
schenkt Blätter, Blüten und Frucht.
Doch bis dahin muss noch der Zahn der Zeit,
das Werkzeug des Todes
seine schwarze, verheerende Wirkung erst tun,
muss lösen, muss läutern,
um den Weg dir zu befrei'n.

Th. Fock

22

„Meinst du, das ist eine gute Idee?“ erkundigt sich Dr. Fock skeptisch und runzelt leicht die Stirn.

Mit meiner Reisetasche gehe ich im Treppenhaus an ihm vorbei. Ich antworte ihm nicht auf seine Frage.

„Wenn du es nicht aushältst, ruf an, ich habe das komplette Wochenende Dienst“, bietet er mir an.

Ich bleibe stehen und drehe mich zu ihm um. Mit Mühe bringe ich ein unsicheres Lächeln hervor.

„Ich muss herausfinden, was mir jetzt gut tun könnte“, sage ich. „Das Wetter ist schön, ich verbringe ein Wochenende zu Hause und heute Abend bin ich auf einer Party eingeladen. Das sind doch die besten Voraussetzungen, meine Stimmung wieder aufzuhellen, oder nicht?“

Dr. Fock nickt einsichtig, seine Blicke sind jedoch besorgt.

„Ich wünsche dir viel Spaß, und du weißt ja, dass du anrufen kannst“, betont er eindringlich.

Ich rolle mit den Augen. „Wenn Sie wirklich so fürsorglich heute sind, können Sie mir wenigstens die Tasche zum Auto tragen“, grinse ich und halte ihm die Tasche entgegen.

Dr. Fock zeigt mir den Vogel. „Pah, bloß nicht übermütig werden, sonst überlege ich mir das mit dem Heimurlaub noch einmal“, droht er belustigt und streckt mir die Zunge raus. Dann rennt er wie ein gestochenes Kalb die Treppe hinauf. Ich verabschiede mich noch von den Schwestern, hänge mir die Tasche über die Schultern und mache mich auf den Weg zu meinem Auto.

Insgeheim weiß ich wirklich nicht, ob es eine gute Idee war, das Wochenende zu Hause zu verbringen. Andererseits ist meine Stimmung derartig im Keller, dass es letztendlich egal ist, wo ich bin. Wenn ich hier in der Klinik bleibe, wird sich jedenfalls nichts daran ändern. Ich würde den ganzen Tag nur auf meinem Zimmer herumsitzen, fernsehen oder lesen. Die Klinik wäre wieder leer, mit niemandem könnte ich etwas unternehmen. Zuhause kann ich mich mit Sicherheit ablenken, ich würde nicht in diesem Loch versinken. Heute Nachmittag werde ich ausreiten, mit meinem Hund spazieren gehen und abends bin ich noch auf einer Party eingeladen. Bei so vielen Ereignissen muss ich von meinen düsteren Gedanken doch wegkommen. Der Höhepunkt ist außerdem noch, dass Katja heute Abend auch auf dieser Party, die übrigens eine Pferdebesitzerin gibt, eingeladen ist. Demnach müsste es also ein super Wochenende werden.

Trotz allem ist mir nicht ganz wohl in meiner Haut, als ich im Auto sitze und die Klinik für zwei Tage hinter mir lasse. Bevor ich zum Hof fahre, muss ich gezwungenermaßen meinen Eltern noch einen kurzen Besuch abstatten, um Elmo abzuholen. Der Gedanke an ihn weckt in mir wenigstens einen kleinen Funken Freude. Die Tiere können mich bestimmt aufheitern. Als ich die Haustür meiner Eltern aufschließe, kommt mir nicht wie gewohnt mein schwanzwedelnder Hund entgegen. Alles ist still, die Empfangsdiele ist dunkel.

„Hallo?“ rufe ich und lasse meinen Schlüssel mit lautem Geklimper auf die Kommode fallen. Keine Reaktion, keine Antwort. Elmo kommt immer noch nicht freudig die Treppe hinunter gerannt. Ich verstehe das nicht. Meine Eltern wissen doch, dass ich ihn heute abholen möchte.

Verwirrt schaue ich mich um, dabei entdecke ich einen kleinen gelben Zettel, der an den Spiegel über der Kommode angeklebt ist.

Hallo Janna!
Dein Vater und ich sind über das Wochenende
verreist. Elmo haben wir mitgenommen.
Du kannst uns auf dem Handy erreichen.
Gruß, Mama

Fassungslos starre ich auf den Zettel. Soll das jetzt ein Witz sein? Das darf doch nicht wahr sein.

Wütend reiße ich den Zettel ab, zerknülle ihn und werfe ihn auf den Boden. Das können sie mir nicht antun. Sie wissen doch, wie sehr ich mich immer auf ihn freue. Sie können ihn mir nicht einfach wegnehmen. Vor tiefster Enttäuschung steigen mir die Tränen in die Augen. Meinen Hund werde ich nun also nicht sehen. Scheiße! Meine Eltern wissen immer wieder, wie sie meine wundesten Punkte treffen. So etwas hätten sie wirklich nicht tun dürfen.

Noch niedergeschlagener als zuvor fahre ich schließlich in den Stall. Glamour werden sie wohl hoffentlich nicht mitgenommen haben. Aber vielleicht haben sie ihn mittlerweile ja verkauft. Das wäre ihnen jetzt auch noch zuzutrauen.

Zu meiner Erleichterung steht Glamour jedoch im Stall. Erwartungsvoll geht er an der Boxentür auf und ab, als er mich sieht. Ich stelle mein Tasche ab und öffne die Tür.

Sofort fährt er mit seiner großen Nase an meinem Körper entlang. Na, wo hast du etwas Fressbares versteckt? Es ist nicht schwer, die Gedanken eines Pferdes zu lesen.

Ich lege meine Arme um seinen Hals und schmiege mich an ihn. Das weiche Fell ist Balsam für meine Seele. Für ein paar Sekunden kann ich das ganze Elend vergessen. Ich genieße einfach nur diesen intensiven Körperkontakt. Glamour hält still und lässt die heftigen Liebkosungen geduldig mit sich geschehen. Für meine emotionalen Stimmungen hat er stets ein feines Gespür. Er merkt sofort, wenn mit mir etwas nicht in Ordnung ist. In solchen Momenten ist er dann besonders vorsichtig und rücksichtsvoll. Ich liebe ihn abgöttisch, meinen großen Freund. Er ist wie Elmo ein treuer Lebensbegleiter. Die beiden Tiere gehen mit mir durch Dick und Dünn. Bei ihnen fühle ich mich immer akzeptiert und geliebt, egal wie ich bin. Für sie spielt es keine Rolle, ob ich gepierct bin oder nicht, ihnen ist mein Äußeres gleichgültig. Ich könnte meine Haare knallgrün färben und wenn es in Mode käme, mir die Nase amputieren lassen, sie würden mich immer noch lieben. Sie kennen meine Stimme, sie vertrauen mir und wissen, dass ich für sie sorge und für sie da bin. Und genauso sind sie auch für mich da. Ich habe nie Angst, unwillkommen zu sein oder zu stören.

Eine intensive Beziehung zu einem Tier ist etwas Unbeschreibliches. Die meisten Leute, die solch eine Beziehung nicht erleben durften, können es nicht verstehen. Und da wären wir wieder beim Thema: Was kann man schon verstehen, was man noch nie selbst erfahren hat?

Ich weiß nur eines, die Freundschaft zu einem Tier ist fast immer bedeutender und inniger als die Freundschaft zu einem Menschen. Absichtliche Verletzungen in solchen Freundschaften sind uns fremd.

Die Party ist bereits im vollen Gange, als ich durch das niedrige knarrende Gartentörchen schlüpfe. Die lauten Stimmen konnte ich schon von weitem hören, somit ging ich gleich davon aus, die Fete müsse sich im Garten abspielen. Ziemlich gewagt, es ist immerhin Ende September, doch glücklicher Weise bin ich mit meiner dicken blauen Plüschjacke gewappnet. Der Abend ist im Vergleich zu den letzten auch relativ mild. Wer hätte gedacht, dass man dieses Jahr noch einmal draußen sitzen könnte?

Das herrliche Wetter, der Ausritt heute Nachmittag und die Vorfreude auf den Abend haben meine Stimmung ein Stück weit angehoben, allerdings wäre die Behauptung, mir ginge es gut, eine Lüge. Mein Befinden ist noch immer deutlich unterhalb der Mittellinie, jedoch bin ich nicht mehr ganz unten im Keller, wie die letzten Tage. Ich kann sagen, dass ich einigermaßen lebensfähig bin, und so lässt es sich wenigstens für vorübergehend aushalten.

„Hallo Janna! Schön, dass du da bist", empfängt mich Liz und überreicht mir sofort ein Sektglas. Sie lächelt mich überfröhlich an. Liz lacht ständig, sie ist unser Sonnenschein im Stall. Kaum jemand hat sie bisher mit einem ernsten Gesicht gesehen. Sie hat stets die beste Laune (was manchmal auch ziemlich nervig sein kann) und begrüßt jeden Pferdebesitzer, der ihr begegnet, so überschwänglich, als ob sie ihn seit Jahren nicht mehr gesehen hätte. Ihr dänischer Akzent und ihre lange strohblonde Löwenmähne lassen sie niedlich erscheinen, richtig ernst nimmt sie jedoch niemand. Sie wirkt für ihre 35 unheimlich kindlich und naiv. Ihre Gastfreundlichkeit lässt sich vielleicht auf ihre dänische Mentalität zurückführen, niemand vom Hof lädt so oft ein wie sie. Ich weiß nicht, wie viele Grillparties wir hier schon gefeiert haben. Im Grunde genommen ist sie schon beliebt, auch wenn sie mit ihrer übertriebenen Freundlichkeit und Fröhlichkeit kein bisschen authentisch ist.

„Wie geht es dir? Ich sehe dich in letzter Zeit überhaupt nicht mehr! Such dir einen Platz, es ist ganz viel zu essen da", strahlt sie mich an. Jedes Mal, wenn man sich mit ihr unterhält, könnte man meinen, ihr mit diesem Gespräch die größte Freude zu bereiten. Es ist wirklich amüsant.

Ich nippe vorsichtig an meinem Sektglas und schaue mich erst einmal um. Ungefähr vierzig Leute sind da, die meisten kenne ich. Sie sitzen auf Bierbänken verteilt, die ungeordnet auf dem Rasen platziert sind. Dazwischen stehen Fackeln und große Wärmepilze und vor einem Gebüsch ist ein Buffet aufgebaut, auf dem Salatschüsseln bereitgestellt sind.

Ganz zuletzt entdecke ich Katja, die zwischen Philippe, ihrem Mann, und einigen Pferdeeinstellern sitzt. Ich glaube, sie hat mich noch nicht gesehen. Mein Herz hüpft vor Freude. Schnellstmöglich möchte ich zu ihr, doch aufgrund permanenter Hallos und Smalltalks hier und da werde ich dauernd aufgehalten.

Als ich das alles hinter mich gebracht habe, kann ich mich endlich zu ihr setzen. In ihrer Nähe fühle ich mich plötzlich total gut, mein Trübsal ist wie weggeblasen. Am liebsten würde ich laut jubeln vor Glückseligkeit.

„Hey“, begrüßt sie mich fröhlich und streichelt über den Tisch meine Hand. Ihre Augen strahlen vor Wärme und Verbundenheit. Dankbar lächle ich sie an. Ich könnte ihr 24 Stunden lang nur dankbar sein. Ihre Anwesenheit beflügelt mich jedes Mal aufs Neue. Irgendetwas muss sie an sich haben, das in mir solche Glücksgefühle auslöst. Ich weiß nicht, was es ist, mir ist nur eines klar, und zwar, dass ich mich bei niemandem, nicht einmal bei Dr. Fock, so aufgehoben und geborgen fühle wie bei ihr. Wenn Katja bei mir ist, kann mir um nichts auf der Welt etwas passieren. So muss sich wohl ein Kind in der Nähe seiner Mutter oder seiner Eltern fühlen.

„Na, alles okay?“ erkundigt sich Katja augenzwinkernd und grinst mich wissend an.

„Klar“, sage ich überglücklich und muss mich zusammenreißen, damit ich sie nicht abknutsche. Nun bin ich überzeugt, dass es die beste Entscheidung für mich war, dieses Wochenende zu Hause zu verbringen und nicht einsam und allein in der Klinik zu versauern.

Es ist ein sehr schöner Abend, ich unterhalte mich viel mit den anderen Partygästen und natürlich auch mit Katja. Über persönliche Angelegenheiten können wir in so einer Runde nicht sprechen, aber das macht nichts, schließlich möchte ich mich amüsieren und die belastenden Themen, die ständig gegenwärtig sind, für eine Zeitlang hinter mich lassen. Ich kann nicht nur Probleme wälzen.

Meine Laune wird von Minute zu Minute besser, ich habe schon ewig nicht mehr so viel gelacht. Mir geht es richtig gut, ich genieße die Party in vollen Zügen.

Jedoch wird diese Laune bald getrübt. Katja beginnt mit Claudia, ihrer Tischnachbarin, ein Gespräch über die Einschläferung eines Pferdes.

„Ich habe letztens erlebt, wie ein Pferd eingeschläfert wurde. Es war so grausam, dass ich gar nicht richtig hinsehen konnte. Dieses Pferd bekam eine Spritze und fiel kurz darauf einfach um. Empfinden die Tiere eigentlich Schmerzen dabei?“ Claudia ist sehr an Katjas Fachwissen interessiert, sie beugt sich leicht zu ihr vor.

Katja zögert einen kurzen Moment und schüttelt dann den Kopf.

„Nein, sie spüren nichts. Die Pferde bekommen vorher eine starke Beruhigungsspritze, damit sie sich gerade noch auf den Beinen halten können, ansonsten merken sie um sich herum aber nichts mehr“, erklärt sie. An ihrer Stimme höre ich heraus, dass ihr das Thema jetzt gerade nicht recht ist. Sie wirkt ein wenig nervös.

„Das Schlimmste war, als das tote Pferd vom Abdecker abgeholt wurde“, fährt Claudia unbedacht fort. „Es wurde mit einer großen Kralle hochgehoben, der Kopf hing nach unten, und aus allen Körperöffnungen floss in Unmengen eine dunkle Flüssigkeit heraus. Dann wurde es unsanft in den Container fallen gelassen, es prallte zuletzt noch mit dem Kopf auf die Kante.“ Claudia stöhnt gequält auf. „Diese Abdecker müssen verdammt hart im Nehmen sein. Solch einen Beruf kann auch nicht jeder ausüben.“ Da ich direkt gegenüber der beiden sitze, bekomme ich das Gespräch bis ins kleinste Detail mit. Trotz der Versuche, mich in andere Unterhaltungen einzuklinken, um mich somit abzulenken, dröhnt jedes Wort von Claudia schmerzhaft in meinen Ohren. Ich könnte auch aufstehen und mich an den Nebentisch setzen, doch ich bleibe verkrampft sitzen. Irgendetwas tief in mir drinnen hindert mich daran. Am liebsten würde ich Claudia anschreien, sie solle gefälligst das Thema wechseln, aber ich bin wie erstarrt. Mein Körper verwandelt sich in einen Stein, wie hypnotisiert fixiere ich das kleine Teelicht, das vor mir auf dem Tisch steht. Ich kann mich nicht mehr bewegen.

„Wenn ich mir vorstelle, dass dieses Drama meinem Pferd und mir auch einmal bevorstehen wird, nicht auszudenken.“

…Anuschka atmete nicht mehr, es war nur noch ein nervlich bedingtes Zucken, das ihre Nüstern umspielte …

Ich spüre einen leichten Tritt ans Schienbein, dann Katjas sorgenvollen Blick. Ich sehe durch sie hindurch. Ich weiß, dass sie mich anschaut, doch ich kann ihr Gesicht nicht richtig erkennen.

„Stimmt es, dass tote Pferde in einem überdimensionalen Ofen verbrannt werden und anschließend Seife aus ihnen produziert wird?“

… Sie war tot, man konnte sie nicht mehr zurückholen. Es war vorbei, endgültig …

Katja nickt langsam. Unruhig rutscht sie auf der Bank hin und her. Dann wieder ein sanfter Tritt unter dem Tisch. Ich selbst bin nicht mehr da, nur noch Claudias Worte dringen in mich ein.

„Eingeschläferte Pferde können nicht zu essbarem Fleisch verarbeitet werden, oder?“ Claudia scheint das Thema nicht mehr loszulassen, wissbegierig saugt sie Katjas Erklärungen in sich auf.

Der Inhalt von Katjas Worten ertönt in meinem Gehör nur als „bla ... bla ... bla.“ Sie könnte genauso gut chinesisch sprechen. Außer ihrer Stimme nehme ich nichts mehr wahr.

Abrupt stehe ich auf. Ich muss hier weg. Schnell schwinge ich mich über die Bank und halte meine Jacke fest zusammen. Katja schaut ängstlich zu mir hinauf.

„Ich bin müde“, sage ich monoton winke kurz zum Abschied.

„Schläfst du heute nacht zu Hause?“ erkundigt sich Katja.

Ich antworte nicht und verschwinde, ohne mich bei Liz für den Abend zu bedanken, durch das Gartentörchen.

Im Auto knalle ich erst einmal meinen Kopf auf das Lenkrad und heule. Scheiße, scheiße, scheiße! Warum musste es so enden? Was soll ich jetzt tun? Es graut mir davor, in die Wohnung zu fahren; in der Wohnung, in der ich mich so unwohl fühle, und dazu noch ohne Elmo, zu schlafen. Ich will nicht nach Hause. Dort ist es fremd, dort bin ich allein.

Anke ist bis morgen früh in Diskotheken unterwegs. Sie wird bis mittags schlafen, ihr würde es also nicht auffallen, wenn ich nicht heim käme. Aber wo soll ich dann hin? Zurück in die Klinik?

Ich wische mir die Tränen aus den Augen und wähle Dr. Focks Handynummer.

Sogleich ist er am Apparat.

„Fock!“

„Ich komme jetzt wieder“, schluchze ich leise.

„War es so schlimm?“

Ich antworte nicht, sondern nicke nur. Die Tränen strömen mir erneut über die Wangen.

„Na, dann komm mal. Ich bin da. Wenn du magst, können wir noch ein bisschen reden, aber nur wenn du magst ...“

„Bis gleich“, sage ich und lege auf.

Ich drehe den Zündschlüssel um und fahre los. Ganz vorsichtig fahre ich. Meine Konzentration und geistige Zurechnungsfähigkeit sind gleich null. Zum Glück sind es bis Grünwald nur wenige Kilometer, und zum Glück sind kaum Autos auf der Straße.

Claudia ist noch nicht allzu lange bei uns im Stall. Sie weiß daher nicht, dass mein Pferd vor gut einem Jahr eingeschläfert wurde. Sie kennt mich nur mit Glamour. Ich kann ihr also nichts vorwerfen.

Nachdem ich heil in Arnsberg angekommen bin und mir der Nachtpförtner aufgeschlossen hat, schleiche ich leise die Treppe hinauf; ohne Gepäck, das steht in meiner Wohnung.

Oben, vor meinem Zimmer, sitzt Dr. Fock im Sessel und wartet bereits auf mich.

„Na?“ begrüßt er mich laut und kommt mir entgegen. Ohne einen Gruß lasse ich mich in seine Arme fallen. Es ist fast so schön, als wenn ich mich in Katjas Arme fallen lassen würde. In meinem Zimmer hocke ich mich vor das Bett auf den Boden und ziehe wie so oft meine Beine an meinen Körper. Ich zittere leicht. Dr. Fock greift sich den Schreibtischstuhl und setzt sich rittlings und verkehrt herum darauf. Mit seinen Ellenbogen stützt er sich auf der Stuhllehne ab.

„Was ist denn so Schlimmes passiert?“ fragt er und wirft einen kurzen Blick auf seinen Piepser in der Hemdtasche. Langsam werde ich klarer in meinem Kopf, ich bin nicht mehr ganz so abwesend. Mein Verstand schaltet sich allmählich wieder ein. Ich weiß nun wieder, wer ich bin.

„Ich möchte eine Zigarette rauchen“, werfe ich in den Raum. Meine Äußerung klingt eher wie ein Vorwurf. Erwartungsvoll sehe ich den Arzt an. Würde er mir es erlauben, ausnahmsweise einmal auf dem Zimmer zu rauchen? Dr. Fock seufzt übertrieben melancholisch und öffnet schließlich wider Willen das Fenster.

„Wenn's denn sein muss …“ meint er großzügig und verzieht das Gesicht. Er ist wirklich begabt im Grimassenschneiden.

Ich stelle mich gleich ans Fenster und hole gierig mein Päckchen Zigaretten aus meiner Jacke. Aus alter Gewohnheit halte ich es ihm anbietend hin. Zu meiner großen Überraschung nimmt er sich eine heraus und zündet sie sich an. Mit großen Augen sehe ich ihn an. Der Arzt raucht mit einer Patientin auf dem Zimmer, was strengstens untersagt ist?

„Jetzt glotz nicht so“, schimpft er scherzhaft und knufft mich in die Seite.

Ich beuge mich weit aus dem Fenster. Draußen nieselt es ein wenig, die Luft ist feucht und frisch. Der Pavillon wirkt bei dem Schein des Vollmondes beinahe unheimlich.

Während wir am Fenster stehen und rauchen, berichte ich Dr. Fock bruchstückhaft von dem heutigen Abend. Dr. Fock hört schweigend zu, der Rauch, welchen er aus seinem Mund bläst, entschwebt wie ein Flaschengeist und verliert sich schließlich in der Nacht.

Dr. Fock nickt. „Ein Jahr ist nichts, das ist keine Zeit“, sagt er.

Vertrauensvoll lehne ich mich an seine Schulter und schnicke die heruntergebrannte Kippe hinunter in den Hof. „Ich mag nicht mehr“, sage ich nur.

Mein Pferd Anuschka war mein Leben. Nichts und niemand auf der Welt war mir wichtiger als sie. Dass sie eines Tages sterben könnte, und das so plötzlich, war weitab meiner Vorstellungen. Lieber wäre ich selbst gestorben, als sie hergeben zu müssen.

Mit zehn Jahren begann ich, auf Anuschka das Reiten zu lernen. Sie gehörte damals dem Reitschulbetrieb des Hofes, auf dem ich jetzt wohne. Anuschka war noch ein sehr junges Pferd, das billig aus Polen importiert worden war. Sie war scheu und ängstlich, biss und trat um sich, beim Reiten war sie jedoch brav wie ein Lamm, warf nie einen Schüler ab.

Trotz ihrer Unnahbarkeit Menschen gegenüber, verliebte ich mich sofort in sie. Jeden Tag kam ich von nun an zu ihr, pflegte und striegelte sie stundenlang, selbst wenn ich gar keine Reitstunde hatte. Es war das Größte für mich, so viel Zeit wie möglich mit ihr zu verbringen. Alles andere um mich herum wurde unwichtig. Ich bettelte ständig meine Eltern an, sie zu kaufen, doch sie wollten davon nichts hören. Als der Reitlehrer allerdings bemerkte, wie sehr ich mich um das Pferd kümmerte, teilte er mir Anuschka als Pflegepferd zu. Ich war glücklich wie noch nie. Von nun an hatte ich also die Verantwortung für sie. Trotz der anfänglichen Schwierigkeiten, gewöhnte sich Anuschka allmählich an mich. Auch wenn sie nur langsam Vertrauen zu mir aufbaute, irgendwann legte sie nicht mehr drohend die Ohren an, wenn ich die Boxentür öffnete, sondern ließ sich ohne Probleme von mir anfassen. Ich glaube, sie verstand, dass ich zuständig für sie war und dass sie vor mir nichts zu befürchten hatte. Wer weiß, was sie zuvor schon alles erlebt hatte, was Menschen ihr angetan hatten. Sie akzeptierte mich, und nach einiger Zeit begann sie, mich sogar zu mögen. Genüsslich ließ sie sich von mir kraulen und massieren, legte ihren schweren Kopf auf meine Schulter und wuschelte mit ihrer Nase durch meine Haare. Während sie nach anderen Leuten biss, konnte ich mich schließlich zu ihr in den Stall legen. Sie passte auf mich auf, bei ihr fühlte ich mich sicher.

Es entwickelte sich eine sehr innige Freundschaft, wir konnten ohne einander nicht mehr auskommen. Für sie hatte ich bereits alle meine Hobbies aufgegeben, ich wollte nur noch bei ihr sein. Und ich kämpfte um sie, wo ich nur konnte. Ich kämpfte darum, dass sie nicht zu oft in der Reitstunde gehen musste, dass sie ausreichend auf die Koppel ging und dass man sie nicht schlug. Wenn ich sah, wie ein Reitschüler mit der Gerte auf sie einschlug, schrie ich ihn an und beschimpfte ihn auf schlimmste Weise. Meiner Anuschka durfte niemand weh tun!

Anuschka litt sehr unter dem Schulpferddasein. Sie kam nicht damit zurecht, dass jeden Tag ein Fremder auf ihr ritt. Immer öfter ging sie lahm, ständig tat ihr ein anderes Bein weh, was sie dann schmerzerfüllt nachzog.

In solchen Phasen führte ich sie, oft bei Wind und Regen, im Schritt über den Hof. Meistens durfte sie bei diesen Lahmheiten nämlich nur auf hartem Boden laufen. Natürlich achtete ich anschließend wie ein Adler darauf, dass sie nicht zu früh wieder im Schulbetrieb eingesetzt wurde.

Es belastete mich unwahrscheinlich, Anuschka so leiden zu sehen. Ich wünschte mir nichts sehnlicher, als dass dieses Pferd glücklich war.

Als ich 14 war, hatte ich meine Eltern endlich dazu überredet, sie zu kaufen. Sie handelten mit dem Reitlehrer über den Preis, und zwei Wochen später gehörte Anuschka mir. Sie war *mein* Pferd, nichts und niemand konnte sich mehr zwischen uns stellen. Ich glaubte, aus Freude abzudrehen, ich konnte es nicht fassen. Erst als ich mit ihr alleine ausritt und sie hinterher bis spät abends auf die Koppel stellte, wurde mir bewusst, dass dieser Traum Wirklichkeit geworden war. Von da an blühte Anuschka auf. Ihr Fell begann zu glänzen, sie baute Muskulatur auf und ging immer seltener lahm. Sie sprühte vor Energie und Lebensfreude und ihren Augen spiegelte sich der Schalk. Wir beide waren ein Team, fast eins, nichts konnte uns trennen. Die Jahre, die ich mit ihr verbrachte, waren die schönsten in meinem Leben. Ich fühlte mich gebraucht und geliebt. Bei Anuschka hatte ich nichts zu befürchten.

Heulend liege ich halb auf Dr. Focks Schoß, halb auf seinem Arm. Ich heule und heule. Ganze Flutwellen stürzen aus mir, ich werde von Weinkrämpfen nur so geschüttelt.

Dr. Fock hält mich fest und wiegt mich leicht. „Ist gut, lass es heraus, das ist völlig okay“, spricht er ruhig auf mich ein. „Ich bin bei dir.“

Seine Schulter ist tränendurchnässt und von meiner Wimperntusche schwarz verschmiert. Vor lauter Schluchzen gelingt es mir kaum zu atmen.

„Ich vermisse sie so sehr … ich vermisse sie so sehr. Sie ist tot, verdammte Scheiße … sie ist einfach tot!“ Ich bin nicht in der Lage, vernünftige Sätze zu formulieren. Dr. Fock streichelt mir über den Kopf. „Erzähl mir davon“, fordert er mich leise auf und hält mich noch fester.

… Mit gerunzelter Stirn betrachtete Katja die Röntgenbilder. Ihr Gesicht verriet nichts Gutes. Ängstlich wartete ich eine Reaktion ab, aber ich schwieg, die paar Sekunden erschienen mir wie Stunden.

„Also reiten würde ich sie nicht mehr“, seufzte Katja und zog mitleidig die Augen hoch. „Siehst du, das hier ist die Wirbelsäule“, erklärte sie und deutete mit dem Zeigefinger auf das Bild. „Wenn du genauer hinschaust, erkennst du, dass alle Wirbel miteinander verwachsen sind. Die Wirbelsäule gleicht einem steifen Stock.“

Ich starrte auf das Bild, aber ich konnte nichts erkennen, vielleicht wollte ich auch nichts erkennen.

„Was bedeutet das jetzt?“ fragte ich fassungslos. Vor Schreck und Angst zitterten mir die Beine.

„Vielleicht kannst du sie auf eine Gnadenbrotkoppel stellen, aber eigentlich schmerzt sie jeder Schritt. Wir können es versuchen, aber ich möchte dir da keine großen Hoffnungen machen“ ,schlug Katja vor. Doch an ihrem Blick merkte ich, dass sie von ihrem eigenen Vorschlag nicht begeistert war.

Ich stand wie unter Schock und konnte nichts erwidern. Niedergeschlagen sah mich Katja an, sie wusste scheinbar nicht, was sie noch sagen sollte. Die Situation war ihr keineswegs angenehm.

Ich drehte mich auf dem Absatz um und rannte aus der Praxis. Rannte über den Hof, vorbei an der verdatterten Julia und Pia und ließ Anuschka an ihrem Putzplatz stehen. Ich musste nur noch weg, ich wollte allein sein. Ich lief zur Koppel, wo ich mich auf einem großen Stein niederließ. Schwer atmend versuchte ich meine Gedanken zu sortieren. Was redete diese Tierärztin da? Wie sprach sie von meinem Pferd? Katja hatte gerade mal vor einem halben Jahr den Hof übernommen, und seitdem wurden erst die Pferde hier von ihr betreut, sie kannte Anuschka doch gar nicht. Wie konnte sie sie jetzt so einfach und plötzlich zum Tode verurteilen? Nur weil sie vorgestern etwas steif aus der Box kam, und Katja zufällig daneben stand und es ihr missfiel. Anuschka lief seit längerem schon so steif, keinem Tierarzt war dies zuvor aufgefallen. Ihr ging es doch gut, sie war noch jung, sie konnte noch keine zusammengewachsene Wirbelsäule haben.

Ich begann, puren Hass gegen Katja zu entwickeln. Sie wollte mir mein Pferd wegnehmen, mein Leben. Dass ich sie von heute auf morgen nicht mehr reiten konnte, war der eine Schock, dass sie aber vielleicht sogar eingeschläfert werden sollte, konnte ich jedoch nicht verkraften. Katja musste sich irren. Anscheinend war sie eine schlechte Tierärztin. Wie konnte sie so schnell nur ein Pferd aufgeben? Hatte sie denn kein Herz?

Völlig am Ende ging ich irgendwann zurück zum Hof. Katja sah ich zum Glück nicht mehr, dafür warteten Pia und Julia besorgt bei Anuschka auf mich. Wie eine Marionette lief ich an den beiden vorbei zu Anuschka. „Sie meinte, Anuschka müsse vielleicht eingeschläfert werden", sagte ich nur monoton und band mein Pferd vom Anbindehaken los. Als ich sie in den Stall führte, fiel mir die Steifheit in den Beinen zum ersten Mal richtig auf. Sie ging klamm wie auf Stelzen. Da brach ich heulend vor der Box zusammen …

Mein Körper zuckt unkontrolliert. Mir läuft die Rotze nur so an meinem Nasenring herunter. Ich kann meine Augen nicht mehr richtig offen halten, derartig schwellen sie an. Ich umklammere Dr. Fock, als ob ich Angst hätte, er könnte mir entrissen werden. Verkrampft halte ich mich an ihm fest. Ich kann nicht mehr. Dr. Fock streichelt immer noch über meinen Kopf. „Erzähl weiter", fordert er mich liebevoll auf.

…Von dem Tag an, an dem Katja mir diese Schreckensnachricht überbracht hatte, war nichts mehr so wie früher. Mein Lachen, meine Lebensfreude waren erloschen. Jedes Mal kam ich voller Angst in den Stall. Ich hatte Angst davor, Anuschka vielleicht in einem schlechten Zustand zu sehen. Damals arbeitete ich für ein Jahr im Kindergarten, ich meldete mich für diese Zeit komplett krank. Ich konnte an nichts anders mehr denken außer an Anuschka. Die Sorge um sie fraß mich auf.

Täglich ging ich kleine Runden mit ihr spazieren, in der Hoffnung, sie würde sich wieder regenerieren, doch zu meinem tiefen Entsetzen musste ich feststellen, dass sie von Tag zu Tag steifer wurde. Ich fand mich schweren Herzens damit ab, sie nicht mehr reiten zu können, doch den Gedanken an den Tod konnte ich nicht wahrhaben. Ich stellte sie auf Koppel, dort musste es ihr doch bestimmt gut gehen. Sie stand in einer Stutenherde. Ich setzte mich dazu, um ihr Verhalten zu beobachten. Kurz darauf musste ich mit ansehen, wie die Stuten auf sie losgingen und sie brutal zusammenschlugen. So ist das in der Natur, kranke Pferde werden ausge-

stoßen, weil sie die Herde behindern. Das Schlimmste daran war, dass sich Anuschka sich mit ihrem versteiften Rücken nicht wehren konnte, nicht einmal mehr weglaufen konnte. Wenn ich die Stuten nicht schreiend vertrieben hätte, wäre Anuschka wahrscheinlich totgetreten worden. Heulend und zitternd brachte ich Anuschka zurück in den Stall. Aus ihren Augen war jeglicher Glanz der Lebensfreude verschwunden. Es hatte alles keinen Sinn mehr ...

Dr. Fock schnieft. Fragend schaue ich zu ihm hinauf. Eine kleine Träne rollt über seine Wange.

...Verzweifelt saß ich auf der Bank vor dem Stall. Es war spät abends, kein Pferdeeinsteller war mehr da. Da wir Sommer hatten, war es noch nicht dunkel. Anuschka hatte ihr Futter heute nicht angerührt, das war in den ganzen Jahren nicht einmal vorgekommen. Sie legte sich nachts auch nicht mehr hin, wahrscheinlich aus Angst, mit ihrem kranken Rücken nicht mehr aufstehen zu können. Was konnte ich verdammt noch mal für mein Pferd tun? Ich wollte ihr unbedingt helfen, ich hätte alles dafür getan, dass sie wieder gesund wird. Ich starrte auf der Bank vor mich hin, in meinem Leben war ich noch nie so unglücklich. Es bahnte sich die entsetzliche Ahnung an, mein Pferd hergeben zu müssen. Irgendwann, vielleicht nach einer Stunde, kam Katja und setzte sich still neben mich. Ich fixierte immer noch das Leere und schwieg. Katja legte vorsichtig und behutsam einen Arm um meine Schulter. Ich zuckte bei der Berührung zusammen.

Dann konnte ich meine Tränen nicht mehr zurückhalten, ich lehnte mich an Katja an.

„Kann Anuschka nicht vielleicht operiert werden?“ fragte ich in der letzten Hoffnung.

Doch Katja schüttelte nur traurig den Kopf.

„Es ist das Beste, sie einzuschläfern, nicht wahr?“

Katja nickte bestimmend und ließ mich meinen Kopf in ihre Arme vergraben. Ich presste meine Fäuste auf die Augen und kuschelte mich eigenartig in die eigentlich verhasste Tierärztin ein. Der Hass und die Wut waren mit einem Male verflogen, ich fühlte mich plötzlich aufgehoben und geborgen.

„Ich kann mich noch nicht von ihr trennen“, schluchzte ich. „Das alles kam so schnell, ich bin noch nicht so weit.“ Kaum hatte ich diesen Satz ausgesprochen, fühlte ich mich schon wieder egoistisch.

„Das ist kein Problem. Wir können Anuschka solange starke Schmerzmittel

geben, bis du dich in Ruhe von ihr verabschiedest hast. Wir fangen gleich morgen früh mit den Hemmern an", schlug sie verständnisvoll vor, sie lächelte warmherzig.

Dankbar sah ich Katja an. Sie verstand mich. Seit diesem Augenblick spürte ich, dass ich ihr vertrauen konnte.

Von nun an hieß es Abschied nehmen. Anuschka würde sterben, jetzt war es endgültig. Ich lag in Katjas Arm und war auf dem Wege, meinen Körper zu verlassen.

Ich verabschiedete mich ungefähr dreieinhalb Wochen, dann fing die Wirkung der Schmerzmittel an nachzulassen. Anuschka, der es die letzten Wochen relativ gut ging, begann nun richtig zu leiden. Jedem Schritt folgte ein schweres Stöhnen, ihre Augen wurden zusehends dumpfer und leblos. Mir war bewusst, dass Anuschka sterben wollte.

Katja, mit der ich die letzte Zeit viel verbracht hatte, und ich einigten uns auf einen Tag, an dem wir mein Pferd abends endlich erlösen wollten.

An diesem Tag war ich nicht ansprechbar. Am Nachmittag ließ ich sie zum Abschied noch einmal auf den Auslauf, um allein mit ihr zu sein. Sie stand dicht bei mir, ich schmiegte mich an ihr Fell und redete mit ihr. Ich wollte sie nie mehr loslassen. Plötzlich machte Anuschka auf dem Absatz kehrt, galoppierte und bukkelte wiehernd über den Auslauf. Wie ein Fohlen hüpfte sie auf und ab. Ich konnte meinen Augen nicht trauen. Was war los? Warum war sie auf einmal wieder so fit? War sie vielleicht doch nicht krank? Fassungslos über den Übermut meines Pferdes lief ich am Zaun entlang. Erwachte ich gerade aus einem Albtraum? Ich heulte und kreischte vor Freude, alles würde gut werden. Zufällig kam Katja vorbei.

„Sieh doch, so ein Pferd können wir nicht einschläfern", rief ich überglücklich.

Katja aber senkte skeptisch den Kopf. „Heute Abend wird sie nicht mehr laufen können!"

Und so war es tatsächlich. Als ich Anuschka abends aus der Box holte, konnte sie kaum mehr einen Schritt vor den anderen setzen, solche Schmerzen hatte sie.

Stumpf führte ich sie zu einer abgelegenen Koppel. Dort stand bereits Katjas Auto. Sie und Philippe warteten schon auf mich. Ohne die beiden anzusehen ging ich an ihnen vorbei und ließ Anuschka auf der Wiese grasen. Langsam kamen Katja und Philippe hinterher. Ich streichelte unentwegt Anuschkas Hals. Ich hatte sie ordentlich geputzt, sogar ihre Hufe gewaschen und eingefettet. Sie sah aus wie immer, bloß dass ihr die Hufeisen fehlten. Die waren vorhin entnommen worden, weil der Abdecker keine toten Pferde mit Eisen mitnimmt.

„Ich gebe ihr jetzt eine Beruhigungsspritze“, bereitete mich Katja vorsichtig vor und holte die Spritze aus ihrer Jackentasche. Ich nickte nur, ihre Worte konnte ich gar nicht richtig aufnehmen.

Anuschka graste währenddessen weiter.

Katja stach die Kanüle in die Halsvene und drückte den Inhalt der Spritze langsam hinein. Nach nur wenigen Sekunden schon hörte Anuschka auf zu grasen, sie ließ ihren Kopf matt herunterhängen und konnte die Augen kaum offen halten. Stützend nahm ich ihren Kopf in meine Arme und sprach beruhigend auf sie ein. „Ich bin bei dir, hörst du? Ich liebe dich, ich werde dich immer lieben.“ Meine Stimme wurde schriller. „Ich werde dich nie vergessen“, kreischte ich heulend. Ich hatte Mühe, mich noch auf den Beinen zu halten. Die Welt um mich herum drehte sich, alles brach zusammen.

„Ich gebe ihr nun die endgültige Spritze“, hörte ich Katjas Stimme von weit her. Meine Beine gaben nach, ich sank zu Boden. Schreiend, schluchzend und weinend riss ich mit meinen Händen Grasbüschel aus der Erde. „Neeeiiin, neeeiiin!“ Ich schrie und schrie!

Dann fiel sie um …

Anuschka

Vertrauter Atem an meinem Ohr,
weiches Fell an meiner Wange.
Jedem Menschen gingst du vor,
bei dir fühlte ich keine Bange.

Das Spüren der Freiheit auf deinem Rücken,
dem Alltag im Galopp entfliehen.
Nichts konnte mich mehr beglücken,
als mit dir durch die Wälder zu ziehen.

Kaum ein Tag verging ohne dich,
war mit dir doch so verbunden.
Du warst das Wichtigste für mich,
bei dir fühlte ich mich nie geschunden.

Wir waren nicht zu trennen,
unsere Seelen waren gleich.
Nur du durftest mich kennen,
unsere Liebe machte uns reich.

Wir wollten noch viel erleben,
da war der Traum von einem Fohlen.
Doch wie kurz kann sein das Leben,
deins wurde mir unerwartet gestohlen.

Plötzlich kam das Leiden,
du hattest schlimme Schmerzen.
Ich musste mich dazu entscheiden,
dich freizugeben von meinem Herzen.

Dein letzter Weg war das größte Grauen,
ich durfte dich begleiten,
deinen sterbenden Körper anzuschauen,
meinem Leben musste die Freude entgleiten.

Schreie durchbrachen die endgültige Stille,
ich konnte nicht von dir gehen.
Es war mein einziger Wille,
dich möglichst bald wiederzusehen.

23

Meine seelische Verfassung verschlechtert sich von Tag zu Tag. Ich bin ganz unten angelangt. Keine Minute vergeht, an der ich nicht an Selbstmord denke. Ich hasse das Leben, und ich hasse mich. Der Freitod erscheint mir nur noch als einzige Möglichkeit, der abgrundtiefen Verzweiflung ein Ende zu setzen. Ich kann und will nicht mehr. Seit drei Tagen habe ich nichts mehr gegessen, bei dem kleinsten Bissen würde ich kotzen. Mein Magen behält kaum noch etwas bei sich, zwei Kilo habe ich jetzt abgenommen. Ich werde immer dünner und hässlicher. Mein Spiegelbild kann ich nicht mehr ertragen, ich meine, der widerlichste Mensch auf der ganzen Welt zu sein.

Alle hier sind sehr besorgt um mich. Ständig betritt eine Schwester mein Zimmer, um zu überprüfen, ob ich noch lebe. Ich werde als hoch selbstmordgefährdet eingeschätzt, was ich insgeheim natürlich bestätigen kann.

Dr. Fock hat mich seit gestern auf Antidepressiva gesetzt, er fand die Situation zu riskant. Drei Mal am Tag muss ich nun also eine Pille schlucken, das sind insgesamt 15 mg Aponal. Die Dosis soll mit der Zeit erhöht werden. Außer extremer Müdigkeit und einer Verlangsamung meiner Bewegungen, kann ich bis jetzt noch keine Wirkung feststellen. Ich darf so lange kein Auto mehr fahren, bis ich richtig auf die Medikation eingestellt bin und mich daran gewöhnt habe. Kurze Stallbesuche sind somit vorerst gelaufen, aber das geht mir gerade mal am Hintern vorbei.

Die Antidepressiva sind meine letzte Hoffnung, dass sich mein Zustand verbessern wird, ansonsten werde ich nicht lange fackeln. Mein Tablettendöschen in der Schreibtischschublade ist fast voll. Es würde noch nicht reichen, aber es ist zumindest ein guter und sicherer Weg. Jeden Abend täusche ich Schlaflosigkeit vor und lasse mir dann starke Mittel geben. Auch tagsüber bitte ich häufig um eine Tavor, selbst wenn ich sie gar nicht benötige. So komme ich meinem geplanten Ziel immer näher. Ich brauche so viel Tabletten wie möglich. Ich möchte schließlich nicht noch einmal dem Tod von der Schippe springen. Wenn, dann dieses Mal richtig.

Mit Frau Grünert spreche ich viel über den Tod. Sie weiß von meinen Selbstmordgedanken und versucht, mich mit allen Mitteln davon abzuhalten. Sie versichert mir dauernd, dass es mir nach der Traumatherapie sehr viel besser gehen wird, dass ich anschließend befreiter sein werde. Ich hoffe, sie hat Recht. Dann wäre dieses Elend endlich einmal vorbei.

Ich bin kein Mensch, der die Flinte sofort ins Korn wirft und bei jedem Bisschen einen Suizid plant. Ich suche immer nach Lösungen und Auswegen, damit es mir nicht mehr schlecht geht. Aber wenn der Zustand scheinbar nie endet, dann mache ich mir ernsthaft Gedanken über den Tod. Man möchte zwar leben, aber man *kann* nicht. Das ist schon ein Scheißgefühl. Ich bringe mich um, weil ich gerne leben würde. Wer kann das verstehen? So, wie ich zur Zeit drauf bin, bin ich einfach lebensunfähig.

Ich bin mir sicher, dass mich das letzte Wochenende auch wieder erneut heruntergezogen hat. Da ist immerhin sehr viel hochgekommen. Anuschkas Tod war so gegenwärtig, als ob es erst gestern geschehen wäre. Ich rede momentan viel über sie. Bei Frau Grünert, Frau Zapper, selbstverständlich bei Dr. Fock und sogar bei den Patienten. Es tut mir gut, über sie zu sprechen. Ich dachte die ganze Zeit, ich hätte ihren Tod gut weggesteckt, doch mir wurde jetzt klar, dass ich ihn noch kein Stück verarbeitet habe. Es ist kaum vorstellbar, aber Anuschka war für mich wie ein Mensch, fast noch bedeutender als ein Mensch. Ich bin froh darüber, dass die Therapeuten so großes Verständnis und Mitgefühl dafür zeigen. Ich hatte nämlich Angst, sie würden mir wie viele andere Leute vorwerfen: „Stell dich nicht an, sie war doch nur ein Tier. Was ist, wenn erst ein Mensch stirbt?" Auf diese Weise haben einige nach der Einschläferung reagiert, auch meine Mutter. In solchen Momenten erkennt man die wahren Freunde, die Menschen, die es wirklich gut mit einem meinen. Es werden somit wieder ein paar Leute von der Liste gestrichen.

Ich weiß nur, dass ich Anuschka immer noch wahnsinnig vermisse. Es vergeht kein Tag, an dem sie mir nicht fehlt.

Frau Grünert hat vorgeschlagen, dass ich ihren Tod in der Traumatherapie aufarbeiten solle. Das ist bestimmt eine gute Idee, wenn ich es recht überlege, war das Einschläfern wirklich ein traumatisches Erlebnis. Ich hoffe, dass auch dieses Schuldgefühl von mir genommen wird, nämlich nicht früher ihre Qualen bemerkt zu haben. Ich hätte es doch spüren müssen, so eine Krankheit kommt schließlich nicht von heute auf morgen. Ich habe mein Pferd leiden lassen, und das geht mir nicht aus dem Kopf. Ich habe es auf dem Gewissen. Anuschka hatte immer sofort gespürt, wenn mit mir etwas nicht stimmte, und ich habe bei ihr nichts gemerkt. Sie muss mich zum Schluss gehasst haben, und das mit Recht.

Ich bezweifle, dass mir die Traumatherapie diese enorme Schuld abnehmen kann. Mein Versagen ist nicht mehr rückgängig zu machen. Auch wenn nun Glamour eine sehr wichtige Rolle in meinem Leben spielt, ist der Schmerz über Anuschkas Verlust nicht zu lindern.

Trotzdem sehe ich die Traumatherapie als meine letzte Chance an, um endlich ein glückliches und normales Leben führen zu können. Schließlich wird dort *alles* aufgearbeitet. Ich hoffe nur, dass ich bis dahin durchhalte, dass ich nicht vorzeitig aufgebe.

Die ganze Arnsbergklinik ist in heller Aufruhr. Marie, ein Mädchen aus dem Haupthaus, hat sich heute Nacht versucht umzubringen. Sie hat sich Gift in die Vene gespritzt. Es muss sehr schlimm gewesen sein, die Nachtschwestern haben sie auf der Toilette gefunden. Nun liegt sie in Bad Homburg auf der Intensivstation. Allerdings ist sie noch nicht über dem Berg, es sieht nicht gut aus.

Obwohl ich von der Aktion nicht viel mitbekommen habe und auch keinen näheren Kontakt zu Marie hatte, nimmt mich das sehr mit. Ich muss nur noch an Marie denken. Warum hat sie das getan? Vielleicht aus einem ähnlichen Grund, weshalb ich es tun würde.

Es stimmt mich traurig, Marie nicht näher kennen gelernt zu haben. Sie saß immer still im Pavillon und redete kaum etwas. Selten sah man sie lachen, ihr Gesicht war ernst. Ich weiß nur von ihr, dass sie heroinsüchtig war, mehr nicht. Es war schwer, an sie heranzukommen, sie wirkte meistens kalt und abweisend. Ich hatte das Gefühl, sie könne mich nicht ausstehen, daher traute ich mich nie, sie direkt anzusprechen. Vielleicht war das aber auch nur so ein Gefühl von mir.

Ich wüsste gerne, was ihr kurz vor ihrer Tat durch den Kopf ging, was sie fühlte, und ob sie wirklich die Absicht hatte zu sterben.

Bei den Patienten ist Marie nun natürlich Gesprächsthema Nummer eins. Alle sind schockiert und fassungslos. Wie konnten wir gestern Abend, als wir zusammen im Pavillon saßen, ahnen, dass sie heute Nacht versuchen würde, sich umzubringen? Hätten wir etwas merken müssen? Aber *wie* hätten wir etwas merken sollen, wenn sie doch kaum jemand näher kannte? Sie erschien uns wie jeden Abend.

Die Patienten rätseln über das WARUM, tauschen ihre Eindrücke der letzten Tage aus. Hinterher ist man immer schlauer, dann findet man grundsätzlich Zusammenhänge. Viele glauben, dass Marie sich nicht umbringen wollte, sondern nur um Hilfe rief.

Ich glaube das nicht. Sich Gift in die Vene zu spritzen, ist für mich kein Hilferuf. Das hat etwas Endgültiges an sich. Die Pulsadern anzuritzen oder eine bewusst niedrige Tablettenüberdosis einzunehmen, sind meiner Meinung nach Hilferufe.

Ich persönlich denke, dass sie wirklich vorhatte, sich das Leben zu nehmen, aber ich spreche es nicht aus. Soweit wie möglich versuche ich, mich aus den Gesprächen herauszuhalten. Es ist kein Thema, über das spekuliert werden sollte, denn das geht in die Intimsphäre. Nur Marie allein weiß, warum sie sterben wollte, und ob sie überhaupt sterben wollte.

Manchmal habe ich mir gewünscht, sie näher zu kennen und mit ihr vielleicht befreundet zu sein. Ich glaube, sie ist eine sehr starke Persönlichkeit. Es gibt bestimmte Menschen, zu denen ich mich auf unbeschreibliche Weise hingezogen fühle. Marie ist auch so ein Mensch.

Ich würde mich liebend gerne einmal mit ihr unterhalten, wenn es ihr wieder besser geht. Ich kann sie so gut verstehen.

...Es war ein kalter Novembertag. Die Luft war feucht und grau. Ich saß auf einem Spielplatz und holte die vier Schachteln Schlaftabletten aus meinem Rucksack, die ich eben in verschiedenen Apotheken gekauft hatte. Eigentlich hätte ich jetzt Latein gehabt, doch wozu sollte ich noch in die Schule? An seinem letzten Tag im Leben geht man nicht mehr in die Schule. Ich musste nichts mehr lernen. Sorgfältig las ich mir die Packungsbeilage durch. Es waren starke Schlaftabletten, die stärksten, die ich ohne Rezept bekommen konnte. Damit die Apotheker keinen Verdacht schöpften, ging ich von Apotheke zu Apotheke. Immer wieder der gleiche Satz: „Eine Packung Betadorm bitte!“

Nun saß ich also auf dieser Bank und hatte den wichtigsten Entschluss meines Lebens gefasst, nämlich zu sterben. Mir ging es blendend dabei, seit langem war ich mal wieder glücklich. Heute Abend würde alles vorbei sein, und zwar für immer. Nie mehr etwas fühlen müssen, einfach weg sein. Ich hatte keine Vorstellung davon, wie es nach dem Tod weiter ging, aber es war mir auch egal. Hauptsache, ich musste nicht mehr auf dieser Welt sein. Bereits seit drei Wochen war dieser Tag geplant und festgelegt. Keine Ahnung, warum es ausgerechnet der 12. November sein musste. Ich dachte einfach, es wäre ein guter Tag zu sterben.

In diesen drei Wochen nahm ich innerlichen Abschied, von meiner Umwelt, von mir und meinem Leben. Egal, was ich tat, ich tat es intensiv und aufmerksam und wusste, bald würde ich es nicht mehr tun. Ich fühlte mich gut. Je näher der 12. November kam, desto freier und unbefangener wurde ich. Ich freute mich darauf, wie sich kleine Kinder auf ihren Geburtstag freuen.

Und heute war es endlich soweit. Ich konnte den Abend kaum abwarten.

Nachmittags besuchte ich das letzte Mal Anuschka und verbrachte zwei Stunden auf einem Ausritt durch den vernebelten Wald mit ihr. Julia würde Anuschka übernehmen, bei ihr wäre sie in den besten Händen. Ich hatte schon öfter angedeutet, dass, wenn mir etwas passieren sollte, Julia sich um sie kümmern möge. Sie versprach es mir jedes Mal. Meinem Pferd würde es also gut gehen, und damit war meine größte Sorge gelöst. Meinem Entschluss stand somit nichts mehr im Weg.

Als ich mich von Anuschka schließlich verabschiedete, war ich nicht einmal betrübt oder hatte ein schlechtes Gewissen, so sehr hatte mich der Selbstmordwunsch vereinnahmt. Alles um mich herum war unwichtig, nur noch der Tod zählte. Ich war wie in Trance.

Abends, nachdem ich noch mit einigen Freundinnen telefoniert hatte (wir alberten eine Menge, ich verlor nicht ein einziges Wort über meinen Plan) und meine Eltern zu Bett gegangen waren, holte ich die Tabletten aus meiner Nachttischschublade hervor. 80 Stück breitete ich vor mir auf meinem Kopfkissen aus. Es war ein riesiger Haufen, ich hätte laut jubeln können vor Freude. Dieses Mal waren es deutlich mehr als bei meinem letzten Versuch. Dieses Mal musste es klappen.

Mit einem Lächeln auf den Lippen begann ich, eine nach der anderen zu schlucken. Abwechselnd mit Wasser und Whisky spülte ich jede Tablette besinnlich hinunter. Es hatte fast etwas Feierliches an sich. Ich war so wahnsinnig glücklich. Mir war bewusst, dass ich eigentlich gar keinen Grund hatte, nicht mehr leben zu wollen. Ich hatte einfach nur keine Lust mehr, das war alles. Andere brachten sich aus Liebeskummer oder Schulproblemen um, und ich hatte die Nase gestrichen voll. Ich war buchstäblich lebensmüde. Bloß weg von der beschissenen Welt. Nachdem ich ungefähr die Hälfte der Tabletten eingenommen hatte, war meine Wasserflasche leer. Torkelnd schleppte ich mich zum Badezimmer, um die Flasche nachzufüllen. Alles drehte sich bereits um mich, ich hatte Mühe leise zu sein, damit meine Eltern nicht aufwachten. Jedoch schaffte ich es ohne größeren Lärm mit meiner vollen Flasche wieder ins Bett zu gelangen. Und dort ging es weiter. Tablette – Wasser – Tablette – Whisky – usw.

Es war gigantisch zu spüren, immer mehr abzudriften und immer mehr aus dem Leben zu scheiden. Die Gedanken wurden unklarer, mein Gehirn verschwamm, ich konnte kaum noch sehen. Ich wusste nicht, wo vorne und hinten war, ob ich Männlein oder Weiblein war, ich wusste gar nichts mehr, außer, dass ich weiter schlucken musste.

Mit letzter Kraft zwang ich irgendwann die letzte Tablette in mich hinein, mir stand es bis zum Hals. Ich war nur noch eine leere Hülle, die es nicht einmal mehr fertig brachte, die Nachttischlampe auszuschalten …

Die meisten Leute behaupten, Selbstmörder seien egoistisch. Einerseits haben sie mit dieser Behauptung Recht, klar, ein Selbstmörder denkt in dem Moment, in dem er die Tat plant und durchführt allein nur an sich. Die Welt um sich herum vergisst er, alles andere wird unwichtig. Die Leute bedenken dabei aber nicht, dass er in dieser Situation solch einer inneren Gehirnwäsche unterzogen wird, dass er gar nicht mehr anders denken und handeln kann. Der Todeswunsch wird von Stunde zu Stunde intensiver, und das Gehirn schaltet sich regelrecht aus. Man ist wie hypnotisiert und ferngesteuert. Es ist, als ob eine fremde Macht einen beherrsche. In meinem Fall wäre es wahrscheinlich Nelly, die mich in den Tod treiben würde. Und da ist nun die Frage, ob bei Suizid Egoismus wirklich das richtige Wort ist. Die Menschen können viel reden, viel urteilen und lästern, doch sie sind absolut nicht in der Lage, sich in jemanden hineinzuversetzen, der partout nicht mehr leben möchte. Was wissen die schon? „Man darf nicht aufgeben, man muss kämpfen. Das Leben ist nun mal nicht einfach!“ So lauten die meisten Kommentare. Doch wenn sie an Stelle des Selbstmörders wären, hätten *sie* vielleicht noch die Kraft und den Mut zu kämpfen? Alle haben eine große Klappe, aber innerlich sind sie völlig unwissend und dumm. Wie kann man über ein fremdes Leben urteilen, das man selber überhaupt nicht lebt? Niemand hat das Recht dazu.

Außerdem ist jeder für sein Leben persönlich verantwortlich. Jedem Menschen wurde sein einzelnes Leben geschenkt, und wer verbietet einem, es sich selbst wieder zu nehmen? Geht das denn überhaupt? Wenn jemand wirklich sterben möchte, kann ihn keiner aufhalten, keiner ist dazu berechtigt, ein anderes Leben zu bestimmen. „Du darfst dich nicht umbringen, ich käme damit nicht klar. Weißt du, was du mir antun würdest?“ Ist diese Einstellung etwa nicht egoistisch? Was hat das denn für einen Sinn, wenn man sich, bloß um die Umwelt zu verschonen, Tag für Tag durchs Leben quält. Da fragt man sich, wer hier wirklich egoistisch ist.

Meine persönliche Ansicht ist: Es ist *mein* Leben, und *ich* entscheide somit auch, wann es zu Ende sein wird!

... „Janna, um Gottes Willen!“ meine Mutter schrie – krachend fiel der CD-Ständer um – Hektik – Übelkeit – Nebel – Martinshorn – Männer – Blaulicht – ich schwebte – machte einfach in die Hose – fand es lustig – war nicht da – alle meine Freunde standen um mich – sah viele Tiere und Engel – läutete das Telefon für mich? – „Hey, ich hab mir in die Hose gepinkelt, einfach so, das macht Spaß!“ – Pia fiel über den Puzzlekasten und lachte – Anuschka – ich konnte fliegen – ich war ein Vogel !

Piep, piep, piep, das Geräusch raste unaufhörlich durch meinen Körper. Ich fühlte nichts, ich hörte es nur. Dann plötzlich Piiieeep, ganz lang. War ich das etwa?

Eilige Schritte kamen immer näher, nervöse Stimmen. Ich konnte mich nicht bewegen, immer noch das lange Piiieeep. Vielleicht war ich tot?! Auch egal! Kurz darauf versank ich in tiefster Schwärze ...

Ich sitze bei Peter auf dem Zimmer. Wir sitzen oft zusammen und reden, manchmal über unsere Gefühle, manchmal auch einfach nur über Gott und die Welt. Mit Peter verstehe ich mich sehr gut, er ist ein prima Kerl. Er ist Ende 40, von Beruf Journalist und ein verrückter Vogel. Mit seinen langen glatten Haaren, die seine Halbglatze umgeben und seiner Nickelbrille erinnert er mich immer an einen Poeten. Sein Zimmer ist voll mit Zeitungsartikeln, Schreibmaschinen und unzähligen wild umherfliegenden Papierzetteln. Trotz des Klinikaufenthaltes arbeitet er täglich bis tief in die Nacht. Er leidet an Depressionen.

Peter presst seine Handflächen auf die Augen, sein Körper bebt. Die Zigarette, die er in den Fingern hält, brennt allmählich immer weiter ab. Das Rauchverbot auf den Zimmern stört ihn nicht im geringsten.

Schweigend sitze ich ihm gegenüber, ich rühre mich nicht einen Zentimeter. Wir haben schon oft so auf seinem Zimmer gesessen, doch heute ist alles anders.

Peter ist der einzige Patient, der hier in Arnsberg mit Marie näher befreundet war und eine intensive Beziehung zu ihr aufgebaut hatte.

„Weißt du, was sie gestern Abend noch zu mir sagte?" Peter blickt auf, seine Augen sind stark gerötet und wirken erschöpft. Er sieht mich verzweifelt an.

Ich schüttle langsam den Kopf und frage nicht nach.

„Sie sagte zu mir: Peter, ich weiß nicht, wie ich die Nacht überstehen soll!"

Peter gräbt seinen Kopf in seine Arme, er schluchzt kurz auf.

Ich stehe auf und laufe zu ihm. Dann nehme ich ihn fest in den Arm.

... Den Raum, in dem ich mich befand, sah ich nur verschwommen. Ich konnte keine klaren Umrisse erkennen, geschweige denn wissen, wo ich war. Ich spürte, dass ich in einem Bett lag und dass an meinem ganzen Körper Kabel und Schläuche befestigt waren. Ein Schlauch steckte sogar in der Nase. Und es piepte in gleichmäßigen Abständen unaufhörlich an meinem Ohr. Wahrscheinlich war ich in einem Krankenhaus. Die Versuche, mich zu bewegen, blieben erfolglos, ich konnte mich nicht rühren. Was war passiert, warum lag ich hier?

Plötzlich kam eine Person an mein Bett. An den langen dunklen Haaren erkannte ich, dass es eine Frau war. Sie händelte irgendetwas an meinen Schläuchen.

„Janna, du bist wach?" fragte sie und beugte sich über mein Gesicht. Sie sah mich an.

Ich brachte ein mühsames Nicken hervor.

„Ich bin Schwester Angi! Du liegst auf der Intensivstation. Alles ist in Ordnung. Möchtest du mir erzählen, warum du dich umbringen wolltest?"

Ich drehte den Kopf zur Seite und schloss die Augen. Scheiße, ich hatte überlebt. Das konnte doch gar nicht sein. Ich war mir doch so sicher gewesen. Doch bevor ich mir weiter darüber Gedanken machte, schlief ich schon wieder ein.

Als ich erneut erwachte, saß ein Arzt an meinem Bett. Er schien mich während des Schlafes beobachtet zu haben. Meine Augen konnten nun deutlich besser sehen, sie erkannten jetzt auch den Rest des Raumes. Es war kein großes Zimmer, lediglich mein Bett und einige Geräte passten hinein.

Der Boden und die Wände waren grün gekachelt. Es gab kein Fenster, lediglich eine große Scheibe, durch die man einen Blick ins Schwesternzimmer werfen konnte. Somit wusste ich überhaupt nicht, welche Tageszeit wir hatten. Allerdings war ich auch zu geschwächt, um den Arzt zu fragen.

Der Arzt sah mich lange an und redete dann schließlich mit mir. Ich musste mich krampfhaft dazu zwingen, die Augen offen zu halten, während er mit mir sprach.

„Das ist gerade noch einmal gut gegangen", sagte er freundlich und in einem besorgten Ton.

„Eine halbe Stunde später, und es wäre vorbei gewesen. Warum nur wolltest du sterben?" Er schüttelte den Kopf.

Ich antwortete ihm nicht und schwieg. Ich sah ihn nicht einmal mehr an.

„Wir haben dir den Magen ausgepumpt und den Darm entleert. Es ist wie ein Wunder, dass du keine bleibenden Schäden davon getragen hast." Er hielt kurz inne und fuhr nach ein paar Sekunden fort: „Aber sag mal, du hast die ganze Zeit von einem Onkel Albert gesprochen. In dem komatösen Zustand hast du von früher erzählt." Er warf mir einen mitleidigen Blick zu.

Ich erschrak fürchterlich. Was hatte ich alles von mir preis gegeben? Was wusste dieser wildfremde Mann über mich? Ich riss nur die Augen auf, reden konnte ich noch immer nicht.

„Ich habe mit deinen Eltern darüber gesprochen. Sie äußerten sich jedoch nicht weiter über diesen Onkel Albert."

Ich glaubte, die Besinnung zu verlieren. Jetzt war also klar, dass von nun an auch mein Vater Bescheid wusste. Spätestens jetzt. Wie unerträglich! Verdammt, ich wollte doch sterben. Kurz darauf fiel ich wieder in einen Tiefschlaf.

Am nächsten Tag war ich soweit ansprechbar und wach. Meine Wahrnehmung und geistige Anwesenheit waren allerdings noch stark beeinträchtigt. Ich wollte aber sofort nach Hause, weil ich befürchtete, in der Geschlossenen zu landen. Somit versprach ich, keinen erneuten Selbstmordversuch mehr zu verüben und wurde ein paar Stunden später entlassen. Es wunderte mich, dass mein Selbstmordversuch keine weiteren sicherheitsgebenden Folgen hatte und dass ich so ohne weiteres gehen konnte. Mir wurde lediglich dringend geraten, einen Therapeuten aufzusuchen.

Meine Mutter holte mich ab. Sie sprach nur das Nötigste mit mir, über dieses Ereignis am 12. November wurde nie wieder ein Wort verloren …

Im Nebel

Nebel zieht auf,
alles wird dunkel,
Angst macht sich breit,
Angst, den Weg im Nebel nicht zu finden.

Gefühle verschwinden,
verlieren sich in der zähen Masse,
Gefühle, wie Glück, Freude und Liebe.

Übrig bleibt der Hass,
der Hass auf alles und jeden,
besonders auf sich selbst.
Der Versuch, die schönen Gefühle wiederzufinden,
endet erfolglos.
Verlieren, Versagen und Verzweiflung führen zur Einsamkeit.

Im Nebel wirkt alles leer und traurig.

Das Leben gibt nichts mehr her,
es kommt zum Wahnsinn.
Laute Schreie durchbrechen die unheimliche Stille,
doch niemand kann sie hören.

Plötzlich erscheint ein Tor,
mitten im Nebel.
Dahinter verbirgt sich Licht,
doch auch eine große Ungewissheit.

Gehe hindurch!
Vielleicht kannst du dort
Glück, Freude und Liebe wiederfinden.

Los, trau dich, flüchte vor deinem Leben,
du Feigling der Welt!

24

Fremd und beinahe ängstlich hocke ich zusammengekauert auf der Couch in einer Runde von zehn Leuten, mit welchen ich bisher so gut wie nichts zu tun hatte. Ich befinde mich ab heute in der Gesprächsgruppe, die an drei Vormittagen die Woche stattfindet. Es war nicht mein ausdrücklicher Wunsch, diese Gruppe zu besuchen, es war eher ein Kompromiss mit Dr. Fock, denn dafür muss ich nicht mehr zur Musiktherapie, die mir immer so verhasst war. Ich hoffe, dass ich in dieser Gruppe besser klar komme. Die Therapeutin macht zumindest schon mal einen sympathischen Eindruck. Vielleicht weil sie eine Frau ist? Sie sieht mit ihren roten Locken und der Brille aus wie eine typische Psychologin, die man sich vorstellt. Frau Linke ist mittleren Alters und ihre Stimme klingt unheimlich weich und gefühlvoll. Ich glaube, ich mag sie, aber ich bin mir noch nicht sicher, ob ich ihr auch vertrauen kann. Ob ich bei so vielen Menschen überhaupt in der Lage bin, mich zu öffnen, ist natürlich auch die Frage. Schließlich sind auch einige Männer hier in der Runde. Es wird mich wohl hoffentlich niemand zum Reden zwingen. Lieber halte ich mich vorerst im Hintergrund.

Ist es nicht unangenehm, umgeben von zuhörenden Leuten, seine Probleme preiszugeben? Ich befürchte, kein Wort herauszubringen. Eine Gesprächsgruppe ist schließlich nicht mit einer Musikgruppe zu vergleichen, wo man fast die ganze Stunde nur wahllos auf Instrumente einhackt.

Der eine Patient, der gerade ausführlich von seinen beruflichen Schwierigkeiten berichtet, hat offensichtlich keine Hemmungen, anderen seine Probleme mitzuteilen. Ob es ihm am Anfang auch schwer fiel?

Ich beobachte Frau Linke intensiv, wie sie reagiert und wie sie mit diesem Patienten umgeht. Ist sie auch wirklich einfühlsam und verständnisvoll? Kann sie sich in seine Lage hineinversetzen?

Leicht nervös rutsche ich unruhig auf der Couch hin und her. Ich befinde mich heute in einem merkwürdigen Zustand. Einerseits bin ich aufgeregt, andererseits erschöpft und völlig dusselig im Kopf. Es fällt mir schwer, mich zu konzentrieren, meine Gedanken schweifen ständig in verwirrende Bilderketten ab. Alle paar Minuten ertappe ich mich dabei, wie ich abwesend irgendeinen Punkt im Raum anstarre. Frau Linke wirft mir immer wieder freundliche Blicke zu, ich bringe ihr dann ein entschuldigendes Lächeln entgegen. Eine zehn Kilometer lange Strecke zu rennen, würde mir jetzt sicherlich gut tun, allerdings wäre ich zu matt dafür. Es ist komisch, zwei so gegensätzliche Empfindungen gleichzeitig in sich zu tragen, diese Rastlosigkeit und diese schwere Müdigkeit.

Ich weiß auch nicht, was mit mir heute los ist. Vielleicht liegt es an der neuen Gruppe, in der ich mich noch so fremd und fühle. Oder es hängt mit der Medikation zusammen. Ich bin mittlerweile bei 50 mg Aponal pro Tag angelangt. Wir steigern die Dosis vorsichtig von Tag zu Tag. Eigentlich fühle ich mich ganz wohl mit den Tabletten. Endlich ist meine Stimmung wieder angestiegen, ich bin nicht mehr bodenlos traurig und verzweifelt. Trotzdem merke ich, dass dieses einigermaßen zufriedene Gefühl nicht echt ist. Ich kann richtig spüren, dass die Depression durch die Pillen nur überdeckt wird, aber das ist immerhin erträglicher, als sie direkt greifbar zu erleben. Der einzige Nachteil an Aponal ist nur, dass ich ein permanentes Hungergefühl habe und ständig müde bin. Ich könnte den ganzen Tag nur essen, in meinem Zimmer stapeln sich die Süßigkeitenberge. Ich fresse und fresse, schlafe und schlafe. Wenn das so weitergeht, bin ich in ein paar Wochen dick und fett. Gegen einige Kilos hätte ich ja nichts einzuwenden.

„Janna, wie geht es Ihnen im Moment?“ Frau Linke unterbricht das Gruppengespräch und wendet sich mir zu. Alle Augenpaare sind mit einem Male auf mich gerichtet. Oh Gott, wie schrecklich!

„Gut … gut“, stottere ich und nicke beipflichtend. Was soll ich denn sagen? Unsicher grinsend schaue ich in die Runde. Ich bin so furchtbar aufgeregt. Wenn ich an heute Nachmittag denke, wird mir ganz schlecht. Heute Nachmittag findet nämlich die erste Traumatherapiesitzung mit Frau Grünert statt. Vielleicht bin ich auch deshalb so nervös!?

Nach der Gruppentherapie laufe ich in großem Abstand zu den anderen über den Parkplatz hoch zur Klinik. Ich habe Angst, dass mich die Gruppenmitglieder ausfragen könnten, ich kenne sie doch so gut wie gar nicht. Vielleicht mögen sie mich auch nicht, ich bin die einzige Jugendliche unter ihnen. Hoffentlich fühlen sie sich durch mich nicht gestört.

Ein roter Golf Kombi fährt nicht gerade langsam auf den Parkplatz und hält in der unmittelbar nächsten Parklücke. Kurz darauf steht der Motor still. Peter!

Ich gehe ein Stück zurück und auf ihn zu. Er öffnet die Fahrertür und klettert stöhnend aus dem Auto. Eine Zigarette wippt in seinem Mundwinkel und er hat, wie immer, einen riesigen Stapel Akten, Blöcke und Zeitschriften unter dem Arm, während er mit der freien Hand die Fahrertür verschließt. Ständig ist er gestresst.

„Hey“, begrüße ich ihn freudig und bleibe einige Meter vor ihm stehen.

Peter blickt überrascht auf. „Ach, hallo Janna“, lächelt er müde. Tapsig wie ein Bär kommt er mir entgegen. „Ich war gerade bei Marie.“

Ich hake mich bei ihm ein und wir schlendern besonnen den Weg entlang.

„Wie geht es ihr?“

„Sie lebt! Aber es geht ihr nicht gut“, seufzt er und zieht betrübt die Augenbrauen hoch. „Sie ist ziemlich geschwächt und hat zusätzlich noch Fieber bekommen. Ihr Arm ist dick verbunden, morgen wird sie wahrscheinlich operiert. Aber wir konnten wenigstens ein paar Minuten miteinander sprechen. Sie fragte, ob ich ihr böse sei.“ Peter lacht gequält auf, er schüttelt schmunzelnd den Kopf. An seiner Stimme merke ich, wie sehr er Marie mag.

„Ich habe ihr gesagt, dass ich unendlich froh bin, sie lebend zu sehen. Sie hat sogar ein bisschen gelacht.“ Seine warmen Augen verraten, dass er die Situation gerade bildlich vor sich sieht. Er starrt zu Boden, als ob auf ihm ein Film abliefe.

„Sie wird einige Male operiert werden müssen, denn der Arm ist von dem Gift total zerfressen. Hauptsache aber ist, dass sie *lebt*! Sie *lebt*!“

„Warte mal.“ Dr. Fock fängt mich auf der Treppe ab, als ich auf dem Weg in mein Zimmer bin. Er spurtet hinter mir her.

„Hast du einen kleinen Moment Zeit?“

Ich drehe mich um. Skeptisch werfe ich einen Blick auf meine Uhr, dann nicke ich. In einer Stunde erst muss ich zu Frau Grünert.

„Was gibt es denn?“ frage ich neugierig.

„Lass uns in mein Zimmer gehen, ich müsste mit dir etwas besprechen.“

Verwundert gehe ich mit ihm wieder die Treppe hinunter in sein Zimmer. Dort lasse ich mich in den Sessel fallen und strecke die Beine aus. Suchend halte ich nach der Schale mit den Gummibärchen Ausschau. Sie ist in der Düsternis und Stickigkeit das einzig Positive hier im Raum. Obwohl ich gerade zu Mittag gegessen habe, bin ich noch immer hungrig. Zur Zeit werde ich einfach nicht satt, ich kann essen so viel ich will.

Dr. Fock setzt sich auf seinen Schreibtischstuhl und rollt vor mich. Er räuspert sich kurz.

„Was liegt Ihnen denn auf dem Herzen? Kann ich Ihnen helfen? Erzählen Sie mir von Ihren Problemen!“ Belustigt übernehme ich die Therapeutenrolle, sie macht mir Spaß. Voll von ironischem Mitleid sehe ich den Arzt an.

Der springt mir scherzhaft an die Gurgel, dabei umfasst er aber nur leicht meinen Hals und schüttelt mich. „Hier, Frolleinsche, nett fresch werde!“ Er bleckt die Zähne wie ein zorniger alter Mann. Dann lässt er mich los. „Nee, jetzt mal Spaß bei Seite, ich würde gerne mit dir etwas besprechen“, fängt er an und rückt seinen Kittel zurecht.

„Heute Mittag beginnt Frau Grünert die Traumatherapie mit dir, das weißt du ja, stimmt's?“

Ich nicke gelangweilt. Worauf will er hinaus?

„In der Traumatherapie kommen viele Bilder in dir hoch. Es sind wahrscheinlich schreckliche Bilder und sogar welche, die du komplett aus deinem Gedächtnis verdrängt hast, von denen du bisher nichts wusstest. Es kann eine sehr harte und vielleicht auch gefährliche Zeit für dich werden. Eine Traumatherapie ist bei Gott weiß kein Zuckerschlecken“, sagt er mit ernstem Gesichtsausdruck. „Ja, und?“ Ich werde langsam ungeduldig. Er soll nicht so lange um den heißen Brei reden, sondern endlich zur Sache kommen.

„Demzufolge könnte es dir ziemlich schlecht gehen. Du könntest in einen Zustand gelangen, den wir hier in Arnsberg nicht unter Kontrolle brächten, weil wir einfach über keine ausreichenden Sicherheitsbedingungen verfügen.“

„Ich würde also in eine Geschlossene eingeliefert werden?“ unterbreche ich ihn rücksichtslos.

Dr. Fock nickt bedächtig. „Es wäre nur für ein paar Tage, bis sich dein Zustand wieder stabilisiert hat und du keine Gefahr mehr für dich selbst darstellst. Verstehst du, wir wollen nicht, dass du dir etwas antust.“

Ich stöhne auf, der macht mir vielleicht Mut. Ist die Traumatherapie wirklich so schlimm? Dr. Fock jagt mir regelrecht Angst ein.

„Wir versuchen alles Mögliche, was in unserer Macht steht, damit es erst gar nicht so weit kommt, aber man kann eben nie sicher gehen. Ich wollte nur, dass du Bescheid weißt.“ Seine Erklärung hört sich beinahe wie eine Entschuldigung an. Er tut mir fast ein wenig Leid.

„Ich sitze nachher in der Therapie dabei. Keine Angst, ich verziehe mich in eine Ecke und gebe kein Wort von mir. Es ist nur für alle Fälle, falls du in irgendeiner

Weise abbauen solltest. In der ersten Stunde ist es besser, wenn ein Arzt anwesend ist."

Ich spüre deutlich, wie mir die Farbe aus dem Gesicht weicht. Die Traumatherapie muss entsetzlich sein. Ich wusste von vorneherein, dass sie nicht ohne ist, aber dass sie solche Auswirkungen haben kann, hätte ich nicht gedacht. Ich habe jetzt voll Schiss. Hoffentlich laufe ich nicht Amok, oder drehe total ab, dass ich mich nicht mehr unter Kontrolle habe. Wer weiß, was da für Bilder hochkommen werden. Oh Gott, bin ich aufgeregt! Das ist ja schlimmer als eine Operation!

Schließlich ist es soweit. Nach langem Warten, Hoffen und Bangen sitze ich in Frau Grünerts Zimmer und bin innerlich bebend auf die erste Sitzung gespannt. Die Traumatherapie war immer weit entfernt, umso weniger kann ich glauben, dass dieser befürchtete Augenblick jetzt gegenwärtig ist. Nun wird in den tiefsten Verstecken der Seele gegraben, alles wird Stück für Stück herausgeholt und vor mir ausgebreitet. Kein Geheimnis bleibt mehr verborgen. Was für eine erschrekkende Vorstellung.

Dr. Fock hat es sich in der hintersten Ecke in einem Lehnstuhl bequem gemacht und wartet, offenbar auch neugierig, darauf, dass Frau Grünert mit der Traumatherapie beginnt.

Frau Grünert sortiert noch einige Zettel auf dem Schreibtisch und scherzt ausgelassen mit uns. Ob sie wirklich so ausgelassen ist wie sie sich gibt?

Dann zündet sie den heruntergebrannten Kerzenstummel auf dem Tischchen an, nimmt sich einen Hocker und setzt sich direkt vor mich.

„Ist die Nähe so okay, oder soll ich mich weiter zurücksetzen?" fragt sie und rückt mit dem Hocker.

„Nein, ist okay", antworte ich kurz. Ich bin entsetzlich aufgeregt.

„Gut", sagt sie gedehnt. „Dann wollen wir mal anfangen, ne, Jannachen?" Sie lächelt mich augenzwinkernd an.

Ich schiebe meine Handflächen unter meine Pobacken und wippe mit den Beinen.

Frau Grünert streichelt mir mutmachend über die Knie.

„Du musst immer daran denken, dass die Bilder Vergangenheit sind, sie sind vorbei. Stell dir vor, du sitzt in einem Zug, und die Bilder fahren an dir vorüber, du bist sicher", muntert sie mich auf.

Skeptisch bringe ich ein gequältes Lächeln zustande.

„Wenn es dir zu viel werden sollte, sag einfach Stop. Du bist doch auch nicht allein. Dr. Fock und ich sind bei dir, okay?"

Ich nicke bestimmt und komme mir dabei sehr tapfer vor.

Frau Grünert wirft Dr. Fock einen vielsagenden Blick zu. Dann richtet sie ihre Aufmerksamkeit schließlich auf mich und nimmt eine Karteikarte zur Hand.

„Wenn du an die Geschehnisse von damals denkst, kannst du mir auf einer Skala von eins bis zehn sagen, wie sehr dich das im Moment belastet?"

Wie mich das im Moment belastet? Ich muss einen Augenblick überlegen. Richtig bewusst belasten mich momentan die Ereignisse von früher eigentlich nicht. Es kommen zwar immer wieder mal erschreckende Bilder hoch, die mich dann auch quälen, aber ich könnte nicht behaupten, dass es mir deswegen jetzt gerade in dieser Minute schlecht ginge. Ich denke nicht ständig daran.

Daher schüttele ich nur ahnungslos die Schultern. Hoffentlich bringe ich deshalb nicht Frau Grünerts ganzes Konzept durcheinander.

„Okay, das ist völlig in Ordnung", sagt sie. „Versuche nun, an die Zeit mit deinem Onkel intensiv zu denken. Folge dabei mit den Augen meinen Fingern." Wie ein Pendel wedelt sie langsam und kontinuierlich die erhobene Hand vor meinem Gesicht. Ich muss wohl einen halb verwirrten und halb belustigten Eindruck machen.

„Diese Augenbewegung soll Blockaden in deinem Gehirn lösen, die durch das Trauma hervorgerufen wurden. Du siehst somit die Bilder deutlicher, und das Trauma kann besser verarbeitet werden", erklärt sie.

Also folge ich ihren Fingern und versuche, mich in meine Kindheit zurückzuversetzen. Zuerst fällt es mir schwer, ich kann mich nicht richtig konzentrieren. Ich komme mir vor wie ein hypnotisiertes Kaninchen und muss mich beherrschen, nicht zu lachen. Allerdings zieht mich die Pendelbewegung nach und nach in ihren Bann und ich vergesse allmählich, dass ich eigentlich hier bin.

„Denk daran, du sitzt in einem Zug und die Bilder fliegen an dir vorbei. Dir kann nichts passieren …"

… „Onkel Albert ist wieder da!" rief ich überglücklich. Ich rannte die Treppe zur Haustür hinab. Durch das Glas konnte ich erkennen, wie er mit zwei großen Koffern vor dem Eingang stand. Nelly kauerte mit verschränkten Armen in der hintersten Ecke des Flures. „Ich hasse ihn, er soll wieder gehen", hörte ich sie murmeln.

Ich achtete nicht auf ihre Worte und öffnete hastig die Tür. Onkel Albert ließ die

Koffer stehen und beugte sich zu mir herunter. Er schloss mich in seine Arme. „Meine Prinzessin, wie sehr habe ich dich vermisst", sagte er. Ich schmiegte mich an ihn.

Dann kamen auch meine Eltern und Bastian hinzu, Bastian war wie immer ihm gegenüber ein wenig reserviert. Die Begrüßung zwischen Onkel Albert und meiner Familie verlief kühl.

„Ich habe dir etwas mitgebracht", flüsterte er mir ins Ohr. Geschenke von Onkel Albert waren stets etwas Besonderes. Einmal hat er mir eine kleine Spieluhr aus Metall mit einer Kurbel geschenkt. Ich liebte ihre Melodie.

Nachdem wir Kaffee getrunken hatten, nahm mich Onkel Albert mit in sein Zimmer und schloss die Tür hinter uns ab. Gleich ging er an seinen Koffer und holte eine kleine Tüte heraus.

„Das habe ich dir mitgebracht", sagte er mit einem geheimnisvollen Lächeln und reichte sie mir. Zum Vorschein kam ein winziger Steiff-Teddy. Er war gerade mal so groß wie meine Hand. Ich drückte ihn selig an mich und strahlte Onkel Albert dankbar an. Dieser ergriff mich sanft an meinem Arm und zog mich zum Bett. Ich presste währenddessen den Teddy fest an meine Brust. Nelly, die mir leise folgte, warf mir traurige Blicke zu …

„Kommen Erinnerungen hoch?" fragt Frau Grünert aus einiger Entfernung und lässt die Hand sinken.

Ich nicke mechanisch wie ein Roboter und starre vor mich hin. Wir legen eine kurze Schweigepause ein. Meine Augen haben sich ein wenig Ruhe verdient.

„Versuche, dich noch mehr zu erinnern." Frau Grünert fährt mit dem Pendeln fort.

Hin und her, hin und her, zum Glück sind es nicht allzu schnelle Bewegungen.

Ich konzentriere mich wieder und steige zurück in meine Kindheit …

… Wie jedes Jahr an Weihnachten saßen wir am Heiligen Abend in der Kirche. Onkel Albert und ich saßen getrennt von meinen Eltern in der letzten Bank. Wir schwätzten unentwegt. Die Leute vor uns drehten sich immer wieder mit bösen Blicken zu uns um, doch uns störte das nicht.

„Du siehst bezaubernd aus in deinem Kleidchen", flüsterte Onkel Albert in mein Ohr. „Das Christkind bringt dir bestimmt tolle Geschenke. Während wir hier in der Kirche sitzen, bereitet es zu Hause alles vor."

Mit großen Augen sah ich zu ihm hinauf. „Hast du es etwa gesehen?" Mein größter Wunsch war es, das Christkind einmal persönlich kennen zu lernen.

Onkel Albert nickte. „Es hat mir erzählt, dass du ein ganz artiges und liebes Mädchen bist, und dass du immer schön gehorchst." Er nahm mich in den Arm.

Ich glaubte zu platzen vor Stolz. Wenn das Christkind so etwas sagte, musste es ja stimmen. Doch plötzlich musste ich an Nelly denken. Das Christkind konnte sie mit Sicherheit nicht leiden. Diese Vorstellung stimmte mich traurig, aber es hatte wahrscheinlich Recht. Nelly war schließlich oft traurig und böse.

Als der Pfarrer anfing zu singen, bogen Onkel Albert und ich uns vor Lachen. Mit Onkel Albert war es einfach immer lustig ...

„Du sitzt in dem Zug und alle Bilder rauschen an dir vorbei. Es ist wie ein Film, den du dir aus sicherer Entfernung anschaust. Die Bilder kommen und gehen ..."

... „Die Mama hat mich, glaube ich, nicht richtig lieb", weinte ich, während ich betrübt am Küchentisch vor einem Teller mit geschmierten Broten hockte. Meine Eltern waren ausgegangen und Bastian baute oben in seinem Zimmer ein Lego-Schiff. Onkel Albert leistete mir beim Abendessen Gesellschaft.

„Sie sagte vorhin, dass sie mit Bastian nie Probleme hätte, nur mit mir immer. Meinst du, das stimmt?" Ich hoffte, er würde etwas Gegenteiliges antworten, doch stattdessen rückte er mit seinem Stuhl dicht zu mir. „Die Hauptsache ist doch, dass ich dich lieb habe, oder? Du bist ein wundervolles kleines Mädchen. Ich werde dich immer lieben ..."

Frau Grünerts Finger werden langsamer bis sie schließlich sinken. „So, das reicht für heute. Die zwei Stunden sind auch vorbei." Sie zieht ihren Pulliärmel hoch, um einen Blick auf die Armbanduhr werfen zu können.

Zwei Stunden hat das gedauert? So lange kam es mir gar nicht vor. Ich habe nur Mühe, meine Augen noch offen zu halten. Durch dieses ständige Hin und Her sind sie völlig erschöpft.

„Wenn du möchtest, kannst du mir von den Bildern erzählen", bietet sie mir an.

Doch ich schüttle den Kopf. Ich möchte nicht darüber reden, ich bin viel zu müde. Außerdem sind es Bilder gewesen, die mir damals sehr wichtig waren. Ich habe ein Problem damit, schöne Dinge zu erzählen, denn ich habe Angst, sie könnten mir genommen werden. Wenn man sie für sich behält, kann man sie besser genießen, sie sind nämlich wie ein Eigentum, das einem schnell genommen werden kann.

„Ist in Ordnung, dann sehen wir uns morgen wieder." Frau Grünert hat wirklich für alles Verständnis. Ich mag sie so gerne.

Als Dr. Fock und ich zur Klinik hoch gehen, legt er einen Arm um meine Schultern.

„Geht es dir gut?“

„Ich bin total müde“, antworte ich matt. Meine Augen fallen mir ständig zu.

„Zwei Stunden sind schon hart. Am besten legst du dich jetzt ins Bett und schläfst eine Runde.

Das Abendessen lasse ich dir auf dein Zimmer bringen. Dann kannst du essen, wenn du geschlafen hast.“

Ich bin dankbar für seinen Vorschlag, er kommt mir gerade recht. Auf den vollen Speisesaal hätte ich nun keine Lust. Es sind so viele neue Patienten da. Die alten sind fast alle entlassen, auch Janine und Bianca. Marc und Andreas sind zwei der wenigen geblieben, die mit mir schon länger hier in Arnsberg sind. Aber mit Marc habe ich momentan nicht viel zu tun. Er ist andauernd mit seinen Emo-Leuten zusammen. Als Nicht- Emo fühlt man sich immer als Außenseiter.

In meinem Zimmer führt der erste Gang zum Bett. Ich lasse mich auf die Decke fallen und will einfach nur noch schlafen. Die Therapie war ziemlich anstrengend gewesen.

Ich schließe die Augen und kuschle mich in mein Kissen. Seit heute Nachmittag wird mir seit langem mal wieder bewusst, wie sehr ich Onkel Albert noch vermisse. Mir fehlt seine Liebe und Geborgenheit. Es war immer so schön mit ihm gewesen, ich war nie allein und hatte das Gefühl, geliebt zu werden. Ich kann nicht verstehen, dass er damals plötzlich verschwunden ist. Warum nur? Was ging in ihm vor? Es war bestimmt wegen mir. Dabei hatte er so oft versprochen, mich nie im Stich zu lassen. Und dann hat er es doch getan. Es war bestimmt meine Schuld, mit Sicherheit hatte ich ihn irgendwie verletzt, auch wenn ich nicht weiß womit. Vielleicht hatte er mich auch nicht mehr lieb. Verdammt, das tut weh. Aber ich liebe ihn doch noch so sehr. Ich weiß nicht einmal, wo er steckt, ob er überhaupt noch lebt. Er könnte auch tödlich verunglückt sein, und keiner hat davon erfahren. Schließlich weiß auch der Rest der Verwandtschaft nicht, wo er sich aufhält. Ich würde gerne mit ihm reden, ich würde ihm auch alles verzeihen. Wenn man einander lieb hat, verzeiht man sich gegenseitig doch alles, oder? Ich kann mir nicht erklären, warum, aber ich brauche ihn. Ich möchte, dass er wieder zurückkommt, dass er mir sagt, wie lieb er mich hat.

Er ist hundertprozentig wegen mir gegangen, er ist gegangen, weil ich allmählich erwachsen wurde. Ich hasse das Erwachsensein.

Kurz bevor ich einschlafe, kommt Schwester Erika ins Zimmer.

„Schon wieder nicht zum Abendessen?“ fragt sie mit leichter Empörung. „Wenn du hier nur herumliegst, wird es dir auch nicht besser gehen. Lass dich nicht hängen!“

Wütend richte ich mich mit kleinen Augen auf. „Ich lasse mich nicht hängen!“ fahre ich sie an. „Ich hatte eben zwei Stunden lang Traumatherapie und bin todmüde. Ich möchte eine Runde pennen!“ Hat die einen Schatten?

Schwester Erikas Gesichtszüge werden sogleich weicher. „Oh, tut mir Leid, ich wusste nicht, dass die Therapie so lange dauert und so anstrengend ist. Dann schlaf dich lieber erst einmal aus“, entschuldigt sie sich kleinlaut. Sie wusste es scheinbar wirklich nicht.

Kaum ist sie aus dem Zimmer, bin ich schon eingeschlafen.

Spät abends sitzt Schwester Nina noch bei mir im Zimmer. Ich bin total aufgelöst, solche Sehnsucht habe ich nach Onkel Albert. Ich kann nicht begreifen, dass er vielleicht nie wieder kommen wird, und dass er mich nie wieder in den Arm nehmen wird.

„Warum hat er mich einfach im Stich gelassen?“ frage ich Schwester Nina, in der Hoffnung, sie könnte mir darauf eine erklärende Antwort geben. Wir haben mittlerweile eine innige Freundschaft zueinander aufgebaut, so dass ich sie jetzt sogar duzen darf.

„Er hat dich dein ganzes Leben lang im Stich gelassen. Er hat dir so viel Schmerz zugefügt, was ein kleines Kind überhaupt nicht verkraften kann.“

„Aber er hat mir auch viel Gutes getan“, erwidere ich verständnislos.

„Dein Onkel hat dir rein gar nichts Gutes getan. Er hat versucht, dich mit allen Mitteln zu kaufen, um dich missbrauchen zu können. Er war ein elendiges perverses Schwein.“

Ich will Ninas harte Worte nicht hören. Sie kannte ihn nicht. Alle denken nur Schlechtes über Onkel Albert. Und das nur, weil ich von unserem Geheimnis erzählt habe. Ich hätte es lieber lassen sollen. Ich möchte nicht daran Schuld sein, dass Onkel Albert als Unmensch abgestempelt wird, denn das ist er ganz und gar nicht. Er ist ein toller Mensch!

„Was meinst du, warum es dir immer so beschissen geht, warum du all diese Probleme hast? Du fühlst dich als Frau nicht gut und ritzt dich, weil du deinen Körper nicht leiden kannst. Und der Grund dafür ist Onkel Albert. Er hat dir das gesunde Verhältnis zu deinem eigenem Körper geraubt“, erklärt Nina eindringlich. „Er hat es nicht verdient, von dir geliebt zu werden. Du solltest ihn hassen.“

Mir steigen die Tränen in die Augen. Ich kann ihn nicht hassen. Wofür auch? Ich hätte damals doch nein sagen können, oder etwa nicht? Ich allein bin an allem Schuld!

„Es war nicht Nelly, der das passiert ist. Du warst das kleine Mädchen, verstehst du? Du warst diejenige, der das passiert ist!" Nina fährt zart durch mein Haar.

Nachdem sie gegangen ist, lege ich mich ins Bett, jedoch kann ich nicht einschlafen. Die Gedanken lassen mich nicht los, ständig schwebt mir Onkel Alberts Gesicht vor Augen. Sein Lachen, seine Witze, seine Liebe und sein Verständnis. Bitte, bitte, komm wieder, flehe ich im Stillen.

In der Nacht sucht mich wieder ein merkwürdiger Traum auf.

Ich sitze zu Hause am Schreibtisch und blättere Urlaubsprospekte durch. Es ist spät am Abend, es ist schon dunkel. Ich bin allein, niemand ist bei mir.

Plötzlich höre ich von draußen panische Schreie. Es sind Schreie eines Mannes, sie kommen nicht von weit her. Ich öffne das Fenster. Er muss sich hier irgendwo in der Nähe des Hauses aufhalten. Ich lausche angestrengt, um zu verstehen, was er sagt.

„Hilfe ... Verwa ... hilfe ... Vergewaltigung ... hilfe ... Vergewaltigung!"

Ich sinke mit zitternden Knien zu Boden. Mich überkommt eine wahnsinnige Angst. In meinem Kopf dreht es sich. Plötzlich hört der Mann auf zu schreien, stattdessen höre ich das verzweifelte Weinen eines Kindes. Es weint so erbärmlich, ich kann es nicht ertragen. Ich presse die Hände auf meine Ohren, doch das Weinen dringt durch sie hindurch. Das Kind hört nicht mehr auf. Ich befürchte, dass es das, was ihm gerade widerfährt, nicht überleben wird.

„Das bist du ... das bist du ... das bist du ..." sagt mir eine Stimme. „Sieh es endlich ein, du verdammtes Stück Dreck!"

Am nächsten Morgen wache ich in einem argen Zwiespalt mit mir selbst auf. Ich fühle mich innerlich zerrissen, gleichzeitig jedoch auch beengt. Irgendetwas arbeitet hart in mir. Vielleicht ist es der Traum von heute Nacht, der mir immer noch in den Knochen sitzt. Mir geht diese bekannte Stimme nicht aus dem Kopf, ständig versuche ich, sie einer Person zuzuordnen, die ich möglicherweise kenne, aber ich komme nicht drauf. Die Worte, die sie zu mir sagte, verwirren mich, sie jagen mir regelrecht Angst ein. Was hat das zu bedeuten? Vielleicht waren es Nellys Worte.

Ich habe die leise Ahnung, dass sie momentan wieder in mir wütet. Mein ganzer Körper kribbelt vor Anspannung und Nervosität. Es scheint mir, als würde sie wie eine dicke Kakerlake aufgebracht in meinem Inneren randalieren und etwas in Bewegung setzen wollen.

Das bist du …das bist du …das bist du … Wenn sie es war, die zu mir sprach, was wollte sie mir mitteilen? Sie hat mich ein Stück Dreck genannt. Eigentlich hat sie damit ja Recht.

Ich habe das Gefühl, mit mir geschehen plötzlich merkwürdige Dinge, Dinge, die mir fremd sind und in mir Unsicherheit hervorrufen. Das ist mir alles nicht geheuer. Ich kann es nicht beim Namen nennen, ich kann es nur spüren. Und es ist unangenehm. Ich komme mir vor wie ein Ei, dessen Schale langsam aufplatzt. Der Gedanke, nicht zu wissen, was für eine Kreatur da ausschlüpft, macht mir Angst. Was passiert nur mit mir? Was hat die früher so geliebte und nun so verhasste Zwillingsschwester mit mir vor? Wahrscheinlich will sie mich vernichten, um selbst endlich leben zu können. Dr. Fock meinte vor langer Zeit, Nelly und ich müssten uns vereinen und zu einem Menschen verschmelzen. Heißt das vielleicht, ich muss auch die dunklen Seiten meines Lebens annehmen und akzeptieren? Ich weiß gar nichts mehr, das ist mir alles zu viel. Mein Ich ist eine einzige wüste Baustelle, in die nur schwer Ordnung zu bringen ist. Ich bin einfach verrückt.

Mit immer noch rotierenden Gedanken gehe ich die Stufen zum Pavillon hinauf, um meine erste Zigarette des Tages zu rauchen. Der Rauchertempel ist gerammelt voll. Es ist kaum ein Sitzplatz frei. Schließlich zwänge ich mich zwischen Aischa und irgendeinen Patienten. Alle tragen Pullover und Jacken, nur Aischa ist mit einem dünnen T-Shirt bekleidet. Demonstrativ stützt sie die Arme auf ihren Oberschenkeln ab. Die Arme sind mit zarten Kratzern übersät. Immer wieder schielt sie beinahe mit Stolz auf ihr Werk. Am letzten Tag vor ihrer Entlassung noch einmal ein bisschen Aufsehen erregen, das passt zu ihr. Aber diese Kratzerchen sind wirklich lächerlich. Wenn manche Leute wüssten, wie peinlich sie sind. Ich bin froh, Aischa ab morgen nicht mehr sehen zu müssen.

Die Unterhaltungen im Pavillon sind heute recht munter und fröhlich. Wenn ich mit meinen wuseligen Gedanken nicht so beschäftigt wäre, würde ich jetzt kräftig mitalbern.

Es ist schön, hier nicht jede Sekunde von miesen Emotionen umgeben zu werden. Der Mensch braucht auch Spaß und Ausgelassenheit. Manchmal glaube ich, einige verbieten sich das regelrecht. Es gibt wirklich ein paar Patienten, die man nicht einmal lächeln sieht. Dafür gibt es auch viele, die man nur lachend sieht. Das ist dann auch nicht echt, aber das kenne ich schließlich ebenfalls von mir. Ich denke, man sollte ein gesundes Mittelmaß finden. Traurigkeit und Freude wechseln sich im Alltag immer ab. Aischa scheint darauf zu warten, dass ich sie auf ihre Arme anspreche, aber das lasse ich schön bleiben. Ich habe wirklich keine Lust, mich damit jetzt auseinander zu setzen. *Ritzen ist In,* das kann ich nicht leiden!

Plötzlich fällt mir ein neuer Patient auf, der schweigend in der Gruppe sitzt. Mir jagt ein leichter Schauer über den Rücken. Ich kann meinen Blick nicht von ihm richten. Er hat eine enorme Ähnlichkeit mit Onkel Albert. Sein Schnurrbart, die Brille und die markanten Gesichtszüge lassen mich stutzen. Selbst wie er da sitzt, die Beine übereinander geschlagen und die Zigarette lässig zwischen den Fingern, das alles erinnert mich an meinen Onkel. Ist er es vielleicht? Aber das kann doch nicht sein. Ich habe bestimmt Halluzinationen.

Ich fange leicht an zu zittern und bevor ich meinen Kopf wegdrehe, lächelt mich der neue Patient an. Ich erwidere sein Lächeln nicht und schaue in eine andere Richtung. Dann stehe ich abrupt auf und verlasse ohne ein Wort zu sagen den Pavillon.

Als ich mittags zum Speisesaal gehe, kommt mir Aischa entgegen. Um ihren Arm ist ein dicker Verband gewickelt.

„Hast du noch mehr geritzt?“ frage ich und deute auf den Verband.

Aischa schüttelt den Kopf. „Nein, die Schnitte haben nur so entsetzlich wehgetan, da hat mir die Schwester den Arm mit einer Heilsalbe eingerieben und verbunden.“ Schmerzerfüllt verzieht sie das Gesicht.

Ich breche in schallendes Gelächter aus und muss mich am Treppengeländer festhalten.

„Was gibt es denn zu lachen?“ Aischa sieht mich leicht empört und verständnislos an.

„Ich kenne keine Ritzerin, die hinterher herumheult, weil die Schnitte wehtun. Das habe ich echt noch nie erlebt. Sorry, aber …“ Ich lasse die verdatterte Aischa einfach stehen und betrete kichernd den Speisesaal. Die hat sie wirklich nicht alle. Den neuen Patienten habe ich für kurze Zeit vergessen.

25

...Seine Hände wanderten über ihren Körper und strichen ihr zwischen den Schenkeln entlang. Langsam glitten sie über jedes einzelne Stück Haut, die Finger zitterten leicht. Schließlich zog er das kleine rosafarbene Frotteehöschen hinunter, das Nachthemd lag schon zusammengeknüllt auf dem Boden. Entblößt und splitternackt ...

Meine Augen bewegen sich gleichmäßig von links nach rechts. Sie sehen nichts außer dem Film, der sich vor ihnen wie auf einer Kinoleinwand abspielt. Es ist ein alter Film in Schwarzweiß.

„Was siehst du für Bilder?" fragt Frau Grünert und lässt die Hand sinken.

Ein wenig verwirrt über das plötzliche Stillstehen blinzle ich kurz, als ob ich soeben aus einem Traum erwacht wäre. Dann schaue ich Frau Grünert von weit her an. Was hatte sie gerade gefragt?

„Erzähl mir von den Bildern", bittet sie mich ruhig.

Bedeutungslos atme ich tief durch und berichte ihr ohne die Miene zu verziehen von meinen Erinnerungen. Meine Erzählungen klingen wie eine Geschichte aus irgendeinem Roman, den jeder mal liest.

„Was fühlst du?"

„Nichts", antworte ich tonlos.

„Kommen keine Gefühle hoch?"

Ich schüttle nur den Kopf. In mir regt sich rein gar nichts, mir geht es wie immer. Trotz der Bilder, die ich so nah vor mir sehen konnte, empfinde ich nicht die kleinste Emotion. Ich bin nicht in der Lage, etwas an mich heranzulassen. Eine dicke durchsichtige Mauer umgibt mich wie ein Schutzwall. Alles prallt an mir ab.

Entschuldigend lächle ich Frau Grünert an. Sie gibt sich solche Mühe, und ich vermassle ihr die Therapie. Seit einer Woche arbeitet sie täglich zwei Stunden hart mit mir und es springt nicht im geringsten an. Jedes Mal sitze ich regungslos wie eine Schaufensterpuppe vor ihr und habe ein schlechtes Gewissen. Die Filme laufen vor meinen Augen ab, als würde ich fernsehen, weit weg hinter einer Glaswand. Ich könnte genauso gut in ein anderes Programm umschalten. Was hat das kleine Mädchen schließlich mit mir zu tun?

Tatsache ist, dass ich nichts spüre, und ich weiß nicht, ob ich das begrüßen soll. Was wäre, wenn ich etwas spüren würde?

„Bist du dir eigentlich im Klaren, dass du das kleine Mädchen damals warst?“ fragt Frau Grünert mitfühlend nach. Ich bewundere diese Frau, nie verliert sie die Geduld. Ich rümpfe die Nase und zucke mit den Schultern. Was weiß ich denn schon?!

Am Morgen darauf spüre ich wieder eine unerträgliche Zerrissenheit in mir. Irgendetwas tobt wie ein wildes Tier in meinem Inneren, aber ich kann nicht sagen, was es ist. Ich könnte platzen. Was geschieht nur mit mir? Tausend Insekten krabbeln durch meinen Körper.

Während ich hastig die beiden Brötchen hinunterschlinge, überlege ich krampfhaft, wie ich gegen dieses unangenehme Gefühl ankämpfen könnte. Mir ist merkwürdigerweise überhaupt nicht nach Schneiden oder sonstiger Autoaggression, ich muss irgendetwas *anderes* tun.

Vielleicht sollte ich eine massive Veränderung an meinem Äußeren vornehmen. Ich könnte mir beispielsweise die Haare färben. Das langweilige Blond gefällt mir schon lange nicht mehr. Doch welche Farbe würde mir stehen? Rot oder lieber pink wie Funnys Haare? Blau?

Nein, ich hab's. Schwarz werde ich mir sie färben, tiefschwarz! Und zwar jetzt gleich!

Von einem plötzlichen Energieschub vorangetrieben schwinge ich mich in meine Klamotten, schlucke meine Medikamente und putze mir die Zähne.

Dann jogge ich in zügigen Schritten in die Stadt zu Kaisers Drugstore. Ich habe nicht viel Zeit, denn in zwei Stunden muss ich zur Gruppentherapie. Mit dem Auto wäre ich jetzt schneller, allerdings darf ich ja vorerst wegen der Medikamente noch nicht fahren. Eigentlich könnte ich das Färben auch in Ruhe nach dem Mittagessen durchführen, doch wenn ich mir etwas in den Kopf gesetzt habe, muss es immer sofort passieren. Ich kann an nichts anderes mehr denken und renne und renne. Keine Minute mehr länger kann ich es mit dem blonden Haar aushalten, es muss weg.

Es erscheint mir daher wie eine Erlösung, als ich schließlich völlig außer Puste aber überglücklich vor dem Regal mit den unzähligen Färbungen und Tönungen stehe. Ich suche eine Packung mit der Aufschrift „blauschwarz“ aus. Das ist genau das Richtige. Vorsichtshalber nehme ich bei meiner Haarlänge gleich zwei Packungen mit.

Nachdem ich mich unauffällig in der Kassenschlange vorgedrängelt und bezahlt habe, eile ich wieder zurück in die Klinik. Ich komme mir vor wie eine Comicfigur im Schnelldurchlauf. Welche Kräfte man allein nur mit Willen aufbauen kann. Ich staune selber über meine Kondition, normalerweise breche ich nach zehn Metern schon zusammen. Die nikotinverseuchte Raucherlunge ist nun einfach mal nicht gefragt.

Während ich den Waldweg entlang spurte, überlege ich, wer mir die Farbe jetzt in die Haare schmieren könnte. Vielleicht Schwester Barbara? Aber die hat für so Scherze bestimmt keine Zeit. Schließlich ist sie Krankenschwester und keine Friseurin. Wenn ich sie jedoch ganz lieb darum bitte?

Dr. Fock könnte ich auch fragen, aber der kann das bestimmt nicht. Der bekommt ja nicht einmal seine Halbglatze in den Griff. Scheiße, ich muss dringend jemanden finden! Mein erster Weg führt zum Pavillon. Hoffentlich treffe ich dort eine geeignete Person an. Der Pavillon ist bis auf Ingrid, einer Mitpatientin, gähnend leer. Ingrid sitzt nichtsahnend auf der Bank und raucht gemütlich eine Zigarette.

„Kannst du Haare färben?" begrüße ich sie und wedele mit der kleinen Tüte.

„Äh … ja. Meinen beiden Töchtern muss ich sie immer färben", sagt sie überrascht. Ich bin gerettet.

„Hast du *jetzt* Zeit?" frage ich aufgeregt.

„Jetzt? Muss das denn sofort sein?"

„Ja, unbedingt. Die Gruppentherapie fängt bald an, und ich halte es mit meinen blonden Haaren nicht mehr aus." Ich wippe von einem Bein aufs andere. „Bitte!" Mit treuen Hundeaugen sehe ich sie an.

„Darf ich wenigstens meine Zigarette zu Ende rauchen?"

„Nein, das ist vergeudete Zeit, sonst schaffen wir das nicht mehr. Die Farbe muss schließlich auch noch einwirken." Ich nehme ihr die Zigarette aus der Hand, drücke sie im Aschenbecher aus und ziehe die seufzende Ingrid hinter mir her.

„Du hast echt einen Knall, du Dickschädel", meint sie lachend. „Jetzt lauf wenigstens nicht so schnell!" Doch ich bin nicht zu bremsen.

Als Ingrid keuchend in meinem Zimmer ankommt, habe ich schon alles bereit gestellt. Stuhl, Bürsten und Handtücher. Ich sitze in der Mitte des Raumes und studiere nach vorne übergebeugt die Gebrauchsanweisung durch.

„Da bist du ja endlich." Scheinheilig grinsend schaue ich auf.

„Du hältst die ganze Klinik auf Trab", stöhnt sie und zieht sich die beigelegten Einweghandschuhe über. Dann wirft sie einen kurzen Blick auf die Packung.

„Schwarz?“ ruft sie entsetzt. „Das ist doch nicht dein Ernst!“ Sie lässt die Pakkung sinken.

„Und ob!“ Ich bin nicht zu beirren und halte ihr ungeduldig das Farbfläschchen entgegen. „Los, fang an, die Zeit rennt.“

„Wenn es dir hinterher nicht gefällt, gib bloß nicht mir die Schuld!“ warnt sie und beginnt meine Haare durchzukämmen.

Ich höre ihr gar nicht richtig zu, sondern halte gespannt einen kleinen Taschenspiegel vor mich.

Ingrid zieht einen gleichmäßigen Scheitel und massiert vorsichtig die Farbe auf meine Kopfhaut.

Genau beobachte ich, wie sich nach und nach jede einzelne Strähne in tiefes Schwarz verwandelt. Das Blond wird immer weniger, ich fühle mich wie eine Schlange, die sich häutet. Eine neue Haut, die eigentlich mein wahres Ich widerspiegelt.

„Oh scheiße, der Teppich hat ein paar Tropfen abbekommen“, jammert Ingrid.

Ich schaue kurz unter mich. Der helle Teppich ist mit zahlreichen schwarzen Punkten übersät.

„Ach, das macht nichts“, erwidere ich großzügig. Ist ja nicht mein Teppichboden. Außerdem ist er mittlerweile mit so vielen Blutspuren eingesaut, da sind ein paar schwarze Flecken auch nicht mehr tragisch. Nachdem Ingrid die komplette Farbe in meinem Haar verteilt hat und ich sie eine halbe Stunde habe einwirken lassen, kann ich endlich das Handtuch vom Kopf nehmen.

„Wow“, kann ich nur leise sagen und bewundere mich völlig hingerissen im Spiegel. Es erscheint mir unmöglich, den Blick abzuwenden.

„Komm, wir gehen in die Dusche und waschen das Zeug aus.“ Ingrid hat Mühe, mich vom Spiegel loszureißen.

Weil die Zeit rennt – in 20 Minuten beginnt die Gruppentherapie – gehen wir schleunigst in den Duschraum. Kopfübergebeugt mit einem Handtuch vor meinem Gesicht gepresst kniee ich vor der Dusche. Der warme Wasserstrahl holt eine tiefschwarze Suppe aus meinem Haar hervor. Ich habe Angst, dass zu viel Farbe herausgespült wird.

„Das reicht doch jetzt“, quengle ich mit halb erstickter Stimme hinter meinem Handtuch.

„Jetzt sei nicht so ungeduldig, das Zeug muss doch raus, oder soll diese Chemie dein Haar zum Ausfall bringen?“

Ich sehe es ja ein, trotzdem kommen mir die wenigen Minuten wie eine halbe Ewigkeit vor. Außerdem ersticke ich gleich. Doch schließlich ist es soweit, und wir sind fertig. Netterweise föhnt mir Ingrid meine neue Haarpracht noch. Wieder stehe ich fasziniert vor dem Spiegel, und mir fehlen einfach die Worte. Ich sehe ganz anders aus. Das lange schwarze Haar verleiht meinem Gesicht einen neuen Ausdruck. Es wirkt hübscher und betonter, doch auch wesentlich härter. Und genau das will ich sein, hart und unverletzlich. Sogar die Piercings kommen anders zur Geltung. Die silberfarbenen Ringe passen noch viel besser zu schwarz als zu blond. Ich bin überglücklich. Ich entwickle mich zu einem neuen Menschen. Die alte brave und liebenswerte Janna verblasst immer mehr und verwandelt sich zu einem flippigen Vamp. Endlich bin ich so, wie ich eigentlich bin, wie ich schon immer war, aber nie sein durfte. Das erste Mal in meinem Leben fühle ich mich wie ein eigenständiger Mensch und nicht wie ein zurechtgemachtes Püppchen. Mein altes Leben hat sich verabschiedet. Von ganzem Herzen dankbar falle ich Ingrid um den Hals. Sie ahnt nicht im geringsten, was sie mit dieser Aktion für mich getan hat. Nachdem sie gegangen ist, drehe ich mich vor dem Spiegel in alle Richtungen. Ich nehme meine Haare in die Hand, fahre mit den Fingern durch sie wie mit einem Kamm und rieche genussvoll daran. Ich könnte ausrasten vor Glückseligkeit. Am liebsten würde ich den Spiegel mit in die Therapie nehmen. Zum Schluss, bevor ich los muss, werfe ich noch einmal einen letzten Blick hinein. Einen Augenblick lang, es sind nur wenige Sekunden, lächelt mir Nelly entgegen. Es ist ein freundliches Lächeln, doch gleichzeitig auch ein siegessicheres Lächeln.

Du musst mit Nelly zu einer Person verschmelzen!

Stutzig über dieses Bild schüttle ich mich kurz und schließe die Badezimmertür hinter mir. Nelly hat auch schwarze Haare. So erschien sie mir zumindest in der damaligen Hypnose und in meinen bisherigen Träumen.

Durch meine überschwängliche Freude verwische ich den Gedanken jedoch sofort wieder und stolziere beinahe majestätisch die Treppe hinunter. Soll ich noch schnell im Schwesternzimmer vorbeischauen und Schwester Barbara mein neues Aussehen vorstellen? Allerdings reicht dazu die Zeit nicht mehr aus, Frau Linke und die Gruppenteilnehmer warten sicherlich schon auf mich.

Als ich vor die Tür trete, inhaliere ich genüsslich die frische Oktoberluft ein. Mann, geht es mir gut! Was man mit einer äußerlichen Erneuerung doch alles erreichen kann. Fröhlich und voll guter Dinge mache ich mich auf den Weg zum Therapiehaus.

Zu jenem Zeitpunkt ist mir aber noch nicht bewusst, dass diese Veränderung nicht nur angenehme Seiten in sich trägt, und dass sich die unangenehmen schon bald zeigen werden.

Die Gruppentherapie verbringe ich heute mal nicht in meiner üblichen zusammengekauerten Haltung. Selbstsicher, mit übereinandergeschlagenen Beinen und in gerader Körperaufrichtung lausche ich konzentriert den Problemen anderer und gebe ab und zu sogar einen Kommentar ab, der natürlich nicht im geringsten etwas mit meinen eigenen Problemen zu tun hat.

Die Gruppenmitglieder und Frau Linke hatten mich zu Beginn der Stunde bestaunt, und die meisten hatten meine neue Haarfarbe sogar gelobt, was mein Selbstbewusstsein natürlich anhob.

„Du bist ein ganz neuer Mensch“, sagte einer, und ich nickte darauf eifrig. Ein neuer Mensch will ich schließlich auch sein.

Durch die anhaltende Euphorie, die mein Herz bald zum Zerspringen veranlasst, überstehe ich ohne innerliche Zweifel und Ängste die anderthalb Stunden und gehe mit den anderen anschließend munter plaudernd zum Mittagessen in den Speisesaal. Der Saal ist bereits gerammelt voll, während ich mich durch die Tische zu meinem Platz schlängele. Dabei spüre ich die verwunderten Blicke auf mir. Ich scheine aufzufallen, doch komischerweise macht mir das im Moment gar nichts aus. Ich genieße es sogar fast.

„Das sieht ja toll aus, Janna“, begrüßt mich Elsbeth, meine Tischnachbarin, als ich mich zu ihr an den Tisch setze. Sie ist Ende fünfzig und befindet sich offenbar in einer späten Wechseljahrdepression. Den ganzen Tag schwelgt sie im Selbstmitleid, klimpert ununterbrochen schwermütig mit ihren hinter der Brille winzig wirkenden Augen und jammert. Eigentlich kann ich sie auf den Tod nicht ausstehen, was ich ihr, auch wenn es nicht unbedingt gewollt ist, durch Einsilbigkeit und teilweise patzigen Antworten auf nervende Fragen letztendlich auch zeige.

Doch heute, zur Feier des Tages, erntet selbst sie ein freundliches und entgegenkommendes Lächeln meinerseits. Ach, ich bin so gut zu dieser Welt!

Ich komme gar nicht richtig zum Essen, weil mir ständig jemand Anerkennung und Lobe zuruft.

„Das steht dir viel besser“, und: „die Haarfarbe passt zu dir!“

Es sind so viele positive Rückmeldungen, dass es mir schon beinahe peinlich ist. Ich bin zwar gerührt über diese rege Anteilnahme meiner Mitpatienten, doch langsam reicht es. Ich meine, wer hört schon nicht gerne Komplimente, aber was zu viel ist, ist zu viel?!

Nachdem ich das Essen hinter mich gebracht habe und Elsbeth wie jeden Mittag allein am Tisch zurücklasse, laufe ich zum Pavillon, um meine Zigarette zu rauchen.

Draußen an der Treppe steht Dr. Fock und unterhält sich angeregt mit einem Patienten. Als ich mich ihm von hinten nähere, dreht er instinktiv den Kopf kurz zu mir und wendet sich wieder dem Patienten hin. Doch im nächsten Augenblick dreht er sich noch einmal um und starrt mich mit großen Augen an.

„Du liebe Zeit“, stammelt er und lässt seine Kinnlade nach unten klappen. „Wie siehst du denn aus?“

„Tja“, erwidere ich nur mit erhobenem Kopf. „Öfter mal was Neues!“

Triumphierend schlendere ich an dem versteinerten Dr. Fock und seinem Patienten vorbei. Ich dachte schon, diesem Arzt würde es niemals die Sprache verschlagen.

Im Pavillon ist bereits die Hölle los, und ich werde mit einem lauten „Hallo“ begrüßt. Und wieder prasseln unzählige Komplimente von allen Seiten auf mich ein.

„Hey Leute, ist ja gut. Ich habe lediglich eine neue Haarfarbe und mir nicht die Brust vergrößern lassen“, antworte ich halb belustigt und halb genervt.

Ich zwänge mich neben Marc und Ingrid auf die Bank und zünde mir eine Zigarette an. Dabei schiele ich auf die pechschwarze Strähne, die an meinem Kinn herabhängt. Eigentlich wollte ich nur mir gefallen. Die meisten Männer stehen schließlich auf blonde Frauen …

Ingrid massiert mir liebevoll mit einer Hand die Schulter. Marc durchwuselt meine Haare.

„Hier hinten habt ihr aber was vergessen“, meint er mit einem spitzen Unterton.

„Du kannst mich mal am Arsch lecken“, keife ich zurück, und ehe ich mich recht versehe, habe ich ihm eine geknallt. Sogleich erschrocken über meine heftige Reaktion, halte ich inne. Scheiße, das wollte ich nicht, es tut mir Leid.

Eine Entschuldigung bringe ich allerdings nicht über die Lippen. Mit gerunzelter Stirn sehe ich ihn beschämt von unten an.

„Schon gut.“ Marc lächelt versöhnlich und verständnisvoll.

Ich bin total erleichtert, dass er mir das nicht übel nimmt, und mein Körper entspannt sich wieder. Was ist nur in mich gefahren? Wieso schlage ich auf einmal andere Leute? *Nelly?*

Aber was fährt er mir auch einfach durch die Haare.

Um 16 Uhr mache ich mich auf den Weg zu meiner täglichen Traumatherapie. Ruhig gehe ich den Pfad zum Therapiehaus entlang und rauche noch eine Zigarette. Die Angst vor den bevorstehenden zwei Stunden ist mittlerweile verflogen, da ich eh nichts an mich heranlassen kann. Ich befürchte, Frau Grünert wird bald ihre Geduld verlieren, wenn die Therapieform nicht anschlägt. Und wenn sie nicht anschlägt, was kann mir dann noch helfen? Es muss deprimierend für sie sein, wenn ich jeden Tag vor ihr sitze und ohne mit der Wimper zu zucken von den aufkommenden Bilder berichte. Mir ist es natürlich mehr als Recht, dass ich nicht wirklich etwas dabei fühle, doch im tiefsten Inneren weiß ich, dass das nicht gut ist. Es muss schließlich aus mir heraus, ansonsten wird es ewig mit mir so weiter gehen. Und eigentlich bin ich ja hier, damit meine Zustände endlich mal vorübergehen.

Frau Grünert staunt nicht schlecht, als sie die Zimmertür öffnet und mich hereinbittet.

„Hey, das sieht ja stark aus“, meint sie mit großen Augen und streichelt mir lächelnd über den Rücken.

„Ich musste mich ein wenig verändern“, gestehe ich. „Das brauchte ich irgendwie.“

Frau Grünert nickt mit einem wissenden Blick. Sie ahnt offenbar genau, dass ich nicht mehr die Janna sein wollte, die ich mein Leben lang spielen musste.

„Was sagen deine Eltern dazu?“ fragt sie breit grinsend.

„Och, die haben mich noch nicht gesehen, aber ihre Meinung ist mir ziemlich egal.“ Darüber hatte ich mir bisher gar keine Gedanken gemacht, es war wohl auch nicht nötig gewesen. Seit ich in der Klinik bin, ist die Angst vor ihren Drohungen, meinen Hund ins Tierheim zu bringen und mein Pferd zu verkaufen, wie verflogen. Ich fühle mich sicher hier, denn wenn sie ihre Drohungen wirklich wahr machen würden, hätten sie sofort Frau Grünert und Dr. Fock am Hals. Und das wäre meinen Eltern zu peinlich. Man könnte dann ja denken, sie seien schlechte Eltern, und daher würden sie es erst gar nicht riskieren. Meine Eltern so machtlos zu sehen, gibt mir ein Gefühl von vollster Zufriedenheit und Triumph. Endlich habe ich das Ruder in der Hand. Komischerweise haben sie mir, seitdem ich in Arnsberg bin, kein einziges Mal mehr gedroht.

Frau Grünert und ich rücken die Stühle zurecht, und schon geht es los mit der Traumatherapie. Erst beginnt es wie immer mit einer kurzen Entspannungsübung, um meine Konzentration zu sammeln und meine gesamte Aufmerksamkeit auf mich selbst und mein Inneres zu richten.

Kurz darauf achte ich schon nicht mehr auf die Schritte draußen auf dem Gang, auf den Straßenverkehr und das laute Ticken der Wanduhr. Ich höre nichts außer Frau Grünerts Stimme und fühle meinen Körper intensiv von der Haarwurzel bis hin zum kleinen Zeh. Ich bin voll bei mir.

Dann schwingt Frau Grünert vorsichtig die Finger vor mir hin und her. Aus Gewohnheit folge ich ihnen mit meinen Augen sofort. Langsam wandern sie nach links und rechts, nach links und rechts.

„Erinnere dich an Situationen mit deinem Onkel. Was passierte damals? Du warst klein, ein Kind …“

Nach wenigen Minuten erscheinen allmählich verschwommene Bilder, die ich noch nicht richtig erkennen kann. Es werden nur zwei Umrisse sichtbar, die menschliche Gestalten darstellen.

Erst mit der Zeit werden die Bilder klarer und deutlicher. Mit einem altem Schwarzweißfilm zu vergleichen, tanzen sie wieder vor meinen Augen. Es sind ähnliche Szenen wie in den vergangenen Tagen, doch irgendetwas ist heute anders an ihnen. Sie sind so nah, so fühlbar.

„Du sitzt in einem Zug, die Bilder rauschen an dir vorbei. In deinem Abteil bist du sicher.“

Aber ich sitze nicht in einem Zug. Ich bin mitten im Film, ich spiele die Hauptrolle.

Unwillkürlich fange ich an, mit den Beinen zu wackeln, ich will hier weg, will hier raus. Schalte doch einer dieses Video ab.

„Janna, was fühlst du?“ höre ich Frau Grünert, die sanft meine Hand ergreift, was ich sogleich als unangenehm empfinde. Ich bin jedoch nicht fähig sie wegzuziehen.

Ich starre zu Boden, der Film …

„Was fühlst du?“ wiederholt Frau Grünert eindringlich.

…nackt und entblößt, ich friere, meine Beine … sie sind auseinander …

Die Scham! Schleichend aber bestimmt kommt sie in mir hochgekrochen, sie droht mich zu ersticken.

Verkrampft presse ich die Beine übereinander, sie müssen zusammenbleiben. Ihr *müsst*, befehle ich ihnen im Stillen. Bitte, bitte, bitte!

„Möchtest du mir von den Bildern erzählen?“ Frau Grünerts Stimme hallt in meinen Ohren.

Ich antworte nicht. Ich kann es ihr nicht erzählen, außerdem *darf* ich nicht. Niemand darf das wissen.

Außerdem schäme ich mich so entsetzlich. Ich bin ein Stück Scheiße!

„Janna, kannst du mir sagen, wer das kleine Mädchen war?“ Frau Grünert streichelt unentwegt meine Hand. Sie sieht mich intensiv an.

„Das …das … war …ICH!“ bricht es schließlich aus mir heraus.

Ich kann mich nicht mehr daran erinnern, wie ich auf mein Zimmer gekommen bin. Eingerollt liege ich auf meinem Bett und betrachte die Wand. Eigentlich betrachte ich sie nicht wirklich. Ich habe nur Angst davor, die Augen zu schließen, ich möchte nichts sehen. Mein Gesicht ist mit tiefen Kratzern durchzogen. Ich hasse mich, ich bin widerlich. Meine Beine habe ich ineinander verknotet, sie dürfen nicht gespreizt werden. Nein, sie dürfen nicht, niemals! Zitternd trommle ich mit meinen Fingerknöcheln gegen die Wand. Ich weiß nicht, warum, ich tu’s einfach. Mein Gehirn macht mit mir, was es will. Gedankenketten rasen hindurch, belangloses Zeug, das keinen Sinn ergibt. Vergeblich versuche ich, die Ketten rückzuverfolgen, doch ich vergesse alles, woran ich eben gerade noch gedacht habe. Mein Hirn gleicht einem Sieb.

Irgendwann geht die Tür auf, und ich höre an dem deutlichen Räuspern, dass es Dr. Fock ist.

Behutsam setzt er sich zu mir ans Bett.

„Na, schwarze Schönheit?“ sagt er und streicht über die Decke, als wolle er sie glätten.

Fass mich nicht an!

Schlagartig ziehe ich die ineinander verschlungenen Beine an den Bauch, ich rede nicht. Dr. Fock soll weggehen, oder … nein, er soll bleiben. Ich fühle mich so allein.

Warum ist Katja jetzt nicht hier? Sie mag mich bestimmt nicht mehr. Vor einer Woche haben wir das letzte Mal telefoniert. Weshalb ruft sie nicht an? Vielleicht gehe ich ihr auf die Nerven. Oder vielleicht ekelt sie sich vor mir, genau wie ich mich vor mir ekle. Hoffentlich habe ich bei unserem Telefonat nicht etwas Verletzendes zu ihr gesagt, was sie gekränkt haben könnte. Ich probiere, mich bis ins kleinste Detail an unser Gespräch zu erinnern. Wie habe ich die Sätze formuliert? Über was hatten wir überhaupt gesprochen? Ich weiß es nicht mehr, verdammte Kacke.

In mir wächst die nackte Angst, Katja verlieren zu können.

„Wie geht es dir, Janna?" erkundigt sich Dr. Fock leise.

Prompt fahre ich hoch und schaue ihm ernst ins Gesicht. Lange sehe ich ihn so versteinert an, erst dann kann ich ihm eine Antwort geben.

„Super!" Ich strahle über das ganze Gesicht und klatsche in die Hände.

„Was hast du mit deinem Gesicht angestellt?"

„Da hat mich eine Katze gekratzt." Vor lautem Lachen lasse ich mich nach hinten überfallen. Ich lache und lache. Dr. Fock ist die reinste Witzfigur, wie er auf meinem Bett sitzt mit seiner Glatze und seinem weißen Kittel, und der Blick erst!

Dr. Fock setzt sich näher zu mir und streichelt meine Schulter. *Der will mich ficken!*

„Möchtest du weinen?"

Bei der Frage ist es aus. Ich kreische vor Lachen. Frag doch am besten gleich, ob du mich haben kannst. Immer dieses blöde „um den heißen Brei" reden.

„Warum sollte ich denn heulen?" gluckse ich, als ich mich annähernd beruhigt habe. „Das Leben ist viel zu schön, um zu heulen. Man muss es genießen, ansonsten stirbt man!"

Als ich diese Worte ausgesprochen habe, halte ich mir sogleich die Ohren zu. Ganz fest presse ich die Hände auf sie, als ob ich meinen Schädel zerquetschen wollte. Ich will nichts mehr hören!

„Ich bin gleich wieder da!" Scheiße, ich höre doch noch etwas. Wild trete ich auf die Matratze ein. Haut alle ab, lasst mich nur allein! Ihr habt doch alle Schiss vor mir, ihr Versager.

Als meine Beine allmählich lahm werden, drücke ich sie wieder fest zusammen und wiege mich hin und her. Ich möchte jetzt gerne schlafen. Einschlafen und nie wieder aufwachen.

Kurze Zeit später betritt erneut jemand mein Zimmer. Dr. Fock? Er wollte ja gleich wiederkommen.

Doch es ist Schwester Margit. Ich werfe ihr finstere Blicke zu. Dr. Fock wollte doch kommen.

„Ich habe eine Pille für dich. Schluck sie mal gleich." Sie hält bereits einen Becher mit Wasser in der Hand.

Ohne zu zögern schiebe ich mir die Tablette in den Mund und trinke daraufhin den gesamten Becher leer. Erst als ich sie hinunter geschluckt habe, fällt mir brennend ein, dass ich sie eigentlich für meine Sammlung hätte aufheben sollen.

„Du wirst jetzt schnell einschlafen, und morgen früh wird es dir besser gehen. Ich bleibe noch eine Weile bei dir. Du bist nicht allein, ich bin da, okay?"

Die hat gut Reden. Und ob ich allein bin. Dr. Fock wollte kommen und hat es nicht getan. Er hat mich im Stich gelassen. Vielleicht hätte ich mich doch gerne in seinen Arm gekuschelt ...

Aber er scheint mich zu hassen, genau wie Katja. Beide habe ich vergrault, durch irgendwelche gemeinen Sätze. Ich bin Schuld, dass sie mich nicht mehr mögen. Und überhaupt bin ich an allem Schuld.

Nachts wache ich durch das Streicheln einer Hand auf. Sie streichelt zärtlich über meinen Kopf. Es ist stockdunkel, als ich meine Augen einen kleinen Spalt öffne.

Onkel Albert!

Starr vor Angst rühre ich mich nicht einen Millimeter. Bloß nicht bewegen, bald ist es vorbei. Einfach aushalten und wegdriften, raus aus meinem Körper. Dann spüre ich nichts mehr, dann tut es nicht weh.

Kurz bevor ich drauf und dran bin, aus meinem Körper zu schweben, merke ich, dass diese Hand anders ist. Sie ist nicht groß und hart, sondern weich und sanft. Sachte fährt sie mir durch das Haar.

Wer ist das?

Ich nehme meinen ganzen Mut zusammen und drehe mich vorsichtig und langsam um. Jetzt erst fällt mir auf, dass ich zittere.

Ich reiße die Augen auf, um die Umrisse der Person erkennen zu können. Durch den schwachen Schein der Laterne unten im Hof und das Gewöhnen an die Dunkelheit erkenne ich lange, offen getragene Haare, das Gesicht ist allerdings nicht zu sehen.

„Nina?“ flüstere ich und bete zu Gott, dass *sie* mir Antwort gibt.

Und Gott hat mich offenbar gehört.

„Ja, mein Schatz. Ich bin es. Du brauchst keine Angst zu haben“, flüstert sie zurück und streichelt mir weiterhin mein Haar.

Mir fällt ein riesiger Stein vom Herzen. Es ist Schwester Nina, mir kann nichts passieren.

Wie von Geisterhand lege ich mich mit meinem Kopf in ihren Schoß und halte meine Fäuste vor die Augen. Schwester Nina zieht mütterlich die Decke nach.

„Ich fühle mich einsam“, gestehe ich kleinlaut und schäme mich bereits über meine Aussage.

„Ich weiß“, antwortet sie nur und legt nun ihre Arme fest um mich. Sie schaukelt mich ein bisschen.

Und kurz darauf fange ich an zu weinen.

26

Nach meiner zweistündigen morgendlichen Dusche fühle ich mich halbwegs wieder wie ein sauberer Mensch. Es hat eine Ewigkeit gedauert, bis der ekelhafte Dreck mit dem heißen Wasserstrahl endlich abgespült war. Einige Patienten beschwerten sich schon durch lautes Klopfen an der Badezimmertür, dass ich die Dusche so lange blockieren würde. Es tat mir wirklich Leid, aber ich *konnte* die Brause einfach nicht früher abstellen. Mit diesem Schmutz wäre ich im Leben nicht nach draußen gegangen, geschweige denn zur Kunsttherapie.

Nun sitze ich also mit einem komplett durch das heiße Wasser betäubten Körper bei Frau Zapper im dicken Lehnsessel. Der Duschstrahl scheint nicht nur den Dreck, sondern auch meine Gefühle ausgespült zu haben. Ich bin leer, mein Kopf ist leer, alles ist weg. Ich spüre nichts mehr, nicht einmal mehr meine Haut. Meine Vitalfunktionen sind offenbar das einzige, was noch im Gange ist. Doch selbst sie kann ich nicht wahrnehmen. Ausgelaugt starre ich Löcher in die Luft. Ich bin wie tot.

„Was möchten Sie heute in dieser Stunde machen, Janna?“ unterbricht Frau Zapper mein Schweigen.

Ich tue im ersten Moment so, als hätte ich sie nicht gehört. Was soll ich antworten? Ich will nichts machen. Ich möchte hier in dieser Position, mit verknoteten angewinkelten Beinen, sitzen bleiben und meinem Gehirn eine Ruhepause gönnen und keinen einzigen Gedanken in meinen Kopf lassen.

„Gar nichts“, sage ich schließlich ehrlich und sehe Frau Zapper fest an. Dabei schlinge ich meine Arme noch fester um die Knie.

Frau Zapper legt wie so oft ihren nachdenklichen Gesichtsausdruck auf und reibt sich die Nase.

Dann schlägt sie vor: „Wie wäre es, wenn ich Ihnen ein Märchen vorlese?“ Sie lächelt voller Warmherzigkeit.

Ich nicke auf Anhieb und lege meinen Kopf in die Ellenbogenbeuge. Einem Märchen jetzt zuzuhören ist eine gute Idee. Ich liebe Märchen.

Frau Zapper steht auf und holt ein dickes Buch aus dem Regal. Es sind die gesammelten Werke der Brüder Grimm.

„Möchten Sie ein bestimmtes Märchen hören?“ Sie blättert durch die Seiten.

„Das Märchen von Allerlei-Rauh“, antworte ich prompt. Das habe ich als Kind geliebt. Ich hatte es sogar auf einer Hörspielkassette. Wie oft habe ich sie zum Einschlafen gehört. Ich kenne dieses Märchen in- und auswendig und muss feststellen, dass ich es gar nicht oft genug hören könnte.

Frau Zapper zieht ihre Lesebrille auf und sucht im Inhaltsverzeichnis nach der Seite. Als ich sie so anschaue, sehe ich gerade eine Mutter und Oma zugleich in ihr, was in mir ein warmes Wohlbefinden auslöst. Frau Zapper bemerkt meine Blicke und zwinkert mir freundlich zu.

„Wenn Sie möchten, können Sie die Augen schließen und sich ganz auf die Geschichte konzentrieren."

Ich folge ihrem Rat sofort und schmiege mich noch weiter in den Sessel hinein. Wie ein kleines Mädchen fühle ich mich.

Und schon beginnt Frau Zapper mit ruhiger und angenehmer Stimme, mein Lieblingsmärchen vorzulesen.

Es war einmal ein König, der hatte eine Frau, die war die schönste auf der Welt und hatte Haare von purem Gold; sie hatten auch eine Tochter miteinander, die war so schön wie ihre Mutter, und ihre Haare waren ebenso golden. Einmal ward die Königin krank, und als sie fühlte, dass sie sterben müsse, rief sie den König und bat ihn, er möge nach ihrem Tod doch niemand heiraten, der nicht ebenso schön wäre wie sie und ebenso goldene Haare hätte; und nachdem ihr der König das versprochen hatte, starb sie. Der König war lange Zeit so betrübt, dass er gar an keine zweite Frau dachte, endlich aber ermahnten ihn seine Räte, sich wieder zu vermählen: da wurden Botschafter abgeschickt an alle Prinzessinnen, aber keine war so schön wie die verstorbene Königin, so goldenes Haar war auch gar nicht mehr zu finden auf der Welt. Da warf der König einmal die Augen auf seine Tochter, und wie er so sah, dass sie ganz ihrer Mutter glich und auch ein so goldenes Haar hatte, so dachte er, du kannst doch deine Tochter heiraten, und fühlte in dem Augenblick eine so große Liebe zu ihr, dass er gleich den Räten und der Prinzessin seinen Willen kundtat. Die Räte wollten es ihm ausreden, aber das war umsonst. Die Prinzessin erschrak von Herzen über dies gottlose Vorhaben, weil sie aber klug war, sagte sie dem König, er solle ihr erst drei Kleider schaffen, eins so golden wie die Sonne, eins so weiß wie der Mond, und eins so glänzend wie die Sterne, dann aber einen Mantel von tausenderlei Pelz zusammengesetzt, und alle Tiere im Reich müssten ein Stück von ihrer Haut dazugeben. Der König war so heftig von seiner Begierde, dass er im ganzen Reich daran arbeiten ließ, seine

Jäger alle Tiere auffangen und ihnen die Haut abziehen mussten, daraus ward der Mantel gemacht, und es dauerte nicht lang, so brachte er der Prinzessin, was sie verlangt hatte. Die Prinzessin sagte nun, sie wolle sich morgen mit ihm trauen lassen, in der Nacht aber suchte sie die Geschenke, die sie von ihrem Bräutigam hatte, zusammen, das war ein goldener Ring, ein goldenes Spinnrädchen und ein goldenes Häspelchen, die drei Kleider aber tat sie in eine Nuss, dann machte sie sich Gesicht und Hände mit Ruß schwarz, zog den Mantel von allerlei Pelz an und ging fort. Sie ging die ganze Nacht, bis sie in einen großen Wald kam, da war sie sicher, und weil sie so müde war, setzte sie sich in einen hohlen Baum und schlief ein.

Sie schlief noch am hohen Tag, da jagte gerade der König, ihr Bräutigam, in dem Wald, seine Hunde aber liefen um den Baum und schnupperten daran. Der König schickte seine Jäger hin, die sollten sehen, was für ein Tier in dem Baum steckte, die kamen wieder und sagten, es liege so ein wunderliches Tier darin, wie sie ihr Lebtag noch keins gesehen, Rauwerk allerlei Art sei an seiner Haut, es liege aber und schlafe. Da befahl der König, sie sollten es fangen und hinten auf den Wagen binden. Das taten die Jäger und wie sie es hervorzogen, sahen sie, dass es ein Mädchen war, da banden sie es hinten auf und fuhren mit ihm heim. „Allerlei-Rauh“, sagten sie, „du bist gut für die Küche, du kannst Holz und Wasser tragen und die Asche zusammenkehren“; dann gaben sie ihm ein kleines Ställchen unter der Treppe, wohin kein Tageslicht kam: „Da kannst du wohnen und schlafen.“ Nun musste es in die Küche, da half es dem Koch, rupfte die Hühner, schürte das Feuer, belas das Gemüse, und tat alle schlechte Arbeit. Weil es alles so ordentlich machte, war ihm der Koch gut und rief manchmal Allerlei-Rauh abends und gab ihm etwas von den Überbleibseln zu essen. Ehe der König aber zu Bett ging, musste es hinauf und ihm die Stiefel ausziehen und wenn es einen ausgezogen hatte, warf er ihn allemal ihm an den Kopf.

So lebte Allerlei-Rauh lange Zeit recht armselig: ach, du schöne Jungfrau, wie soll's mit dir noch werden? Da war ein Ball in dem Schloss, Allerlei-Rauh dachte, nun könnt' ich wieder meinen lieben Bräutigam recht sehen, ging zum Koch und bat ihn, er möge ihr doch erlauben, nur ein wenig hinaufzugehen, um vor der Türe die Pracht mit anzusehen. „Geh hin“, sagte der Koch, „aber länger als eine halbe Stunde darfst du nicht ausbleiben, du musst noch die Asche heut Abend zusammenkehren.“ Da nahm Allerlei-Rauh sein Öllämpchen und ging in sein Ställchen, und wusch sich den Ruß ab, da kam seine Schönheit hervor, recht wie die Blumen im Frühjahr; dann tat es den Pelzmantel ab, machte die Nuss auf und holte das Kleid heraus, das wie die Sonne glänzte. Und wie es damit geputzt war, ging es hinauf, und jedermann machte ihm Platz und meinte nicht anders, als eine vornehme Prinzessin käme in den Saal gegangen. Der König reichte ihr gleich seine Hand zum Tanz und wie er mit ihr tanzte, dachte er, wie gleicht diese unbekannte schöne Prinzessin meiner lieben Braut und je länger er sie ansah, desto mehr glich sie ihr, dass er es fast gewiss glaubte und wenn der Tanz zu Ende wär', wollte er sie fragen. Wie sie aber ausgetanzt hatte, verneigte sie sich und war verschwunden, ehe sich der König besinnen konnte. Da ließ er die Wächter fragen, aber keiner hatte die Prinzessin aus dem Hause gehen sehen. Sie war geschwind in ihr Ställchen gelaufen, hatte ihr Kleid ausgezogen, Gesicht und Hände schwarz gemacht und wieder den Pelzmantel umgetan. Dann ging sie in die Küche und wollte die Asche zusammenkehren, der Koch aber sagte: „Lass das sein bis morgen, ich will auch ein wenig hinaufgehen und den Tanz mit ansehen, koch derweil dem König seine Suppe, aber lass keine Haare hineinfallen, sonst kriegst du nichts mehr zu essen." Allerlei-Rauh kochte dem König da eine Brotsuppe, und zuletzt legte es den goldenen Ring hinein, den der König ihr geschenkt hatte. Wie nun der Ball zu Ende war, ließ sich der König seine Brotsuppe bringen, die schmeckte ihm so gut, dass er meinte, er hätte noch nie eine so gute gegessen, wie er aber fertig war, fand er den Ring auf dem Grund liegen und wie er ihn genau ansah, da war es sein Trauring. Da verwunderte er sich, konnte nicht begreifen, wie der Ring dahin kam, und ließ den Koch rufen; der Koch ward bös über Allerlei-Rauh: „Du hast gewiss ein Haar hineinfallen lassen, wenn das wahr ist, so kriegst du Schläge." Wie aber der Koch hinaufkam, fragte der König, wer die Suppe gekocht habe, die wär' besser als sonst gewesen, da musste er gestehen, dass es Allerlei-Rauh getan, und da hieß ihn der König Allerlei-Rauh heraufschicken. Wie es kam, sagte der König: „Wer bist du und was machst du in meinem Schloss, woher hast du den Ring, der in der Suppe lag?" Es antwortete aber: „Ich bin nichts als ein armes Kind, dem Vater und Mutter gestorben sind, habe nichts und bin zu gar nichts gut, als dass die Stiefel mir um den Kopf geworfen werden, und von dem Ring weiß ich auch nichts", damit lief es fort.

Danach war wieder ein Ball; da bat Allerlei-Rauh den Koch wieder, er solle es hinaufgehen lassen. Der Koch erlaubte es auch nur auf eine halbe Stunde, dann solle es da sein und dem König die Brotsuppe kochen. Allerlei-Rauh ging in sein Ställchen, wusch sich rein und nahm das Mondkleid heraus, noch reiner und glänzender als der gefallene Schnee, und wie es hinaufkam ging eben der Tanz an, da reichte ihm der König die Hand, und tanzte mit ihm, und zweifelte nicht mehr, dass das seine Braut sei, denn niemand auf der Welt hatte außer ihr noch so goldene Haare, wie aber der Tanz zu Ende war, war auch die Prinzessin schon wieder draußen und alle Mühe umsonst, der König konnte sie nicht finden und hatte auch kein einziges Wort mit ihr sprechen können. Sie war aber wieder Allerlei-Rauh, schwarz im Gesicht und an den Händen, stand in der Küche und kochte dem König die Brotsuppe, und der Koch war hinaufgegangen und guckte zu. Und als die Suppe fertig war, tat sie das goldene Spinnrad hinein. Der König aß die Suppe, und sie däuchte ihm noch besser und als er zuletzt das goldene Spinnrad fand, erstaunte er noch mehr, denn das hatte er einmal seiner Braut geschenkt. Der Koch ward gerufen und dann Allerlei-Rauh, aber die gab wieder zur Antwort, sie wisse nichts davon und sei nur dazu da, dass ihr die Stiefel um den Kopf geworfen würden.

Der König stellte zum dritten Mal einen Ball an, und hoffte seine Braut sollte wiederkommen, und da wollte er sie gewiss festhalten. Allerlei-Rauh bat auch wieder den Koch, ob sie nicht dürfe hinaufgehen, der schalt aber und sagte: „Du bist eine Hexe, du tust immer etwas in die Suppe und kannst sie besser kochen als ich;“ Doch weil es so bat und versprach, ordentlich zu sein, so ließ er es wieder eine halbe Stunde hingehen. Da zog es sein Sternenkleid an, das funkelte wie die Sterne in der Nacht, ging hinauf und tanzte mit dem König; der meinte, so schön hätte er es noch niemals gesehen. Bei dem Tanz aber steckte er ihm einen Ring an den Finger und hatte befohlen, dass der Tanz recht lange währen sollte. Doch aber konnte er es nicht festhalten, auch kein Wort mit ihm sprechen, denn als der Tanz aus war, sprang es so geschwind unter die Leute, dass es verschwunden war, eh er sich umdrehte. Es lief in sein Ställchen, und weil's länger als eine halbe Stunde weg gewesen war, zog es sich geschwind aus und machte sich in der Eile nicht ganz schwarz, sondern ein Finger blieb weiß und wie es in die Küche kam, war der Koch schon fort, da kochte es geschwind die Brotsuppe und legte den goldenen Haspel hinein. Der König fand ihn, wie den Ring und das goldene Spinnrad, und nun wusste er gewiß, dass seine Braut in der Nähe war, denn niemand anders konnte die Geschenke sonst haben. Allerlei-Rauh ward gerufen, wollte sich wieder durchhelfen und fortspringen, aber indem es fortsprang, erblickte der König einen weißen Finger an seiner Hand, und hielt es fest daran; da fand er den Ring, den er ihm angesteckt und riss den Rauchmantel ab, da kamen die goldenen Haare herausgeflossen, und es war seine allerliebste Braut, und der Koch ward reichlich belohnt, und dann hielt er Hochzeit, und sie lebten vergnügt bis an ihren Tod …

Nachdem Frau Zapper das Märchen zu Ende gelesen hat, klappt sie vorsichtig das Buch zu und sieht mich erwartungsvoll an.

Ich schenke ihr ein schwaches Lächeln und klimpere müde mit den Augen. Die Geschichte hat mich derartig in ihren Bann gezogen, dass ich Raum und Zeit völlig vergessen habe. Ich habe alles genau bildlich vor meinen Augen gesehen. Ich liebe dieses Märchen.

„Wie hat Ihnen das Ende gefallen?“ erkundigt sie sich.

„Sehr gut.“ Meine Antwort erfolgt prompt.

Frau Zapper ist perplex, doch versucht sie, sich das nicht anmerken zu lassen.

„Was hat Ihnen daran gefallen?“

„Na, dass die Prinzessin nach einem langen Leidensweg ihren Traumprinzen gefunden hat.“ Die Erklärung ist doch ganz klar.

Frau Zapper atmet tief durch, sie runzelt die Stirn.

„Ist Ihnen eigentlich klar, dass der Mann, den Sie für ihren Traumprinzen hielten, ihr eigener Vater war?“

Das warme Gefühl, das in meinen Körper geschlichen kam, entschwindet sofort wieder. Ich verstehe die Welt nicht mehr.

„Aber …, aber …“, stammle ich verständnislos. „Die Prinzessin ist doch von ihrem Vater abgehauen …“

„Und ihr Vater hat sie wieder eingefangen“, vollendet Frau Zapper den Satz. „Sie war die ganze Zeit in seinem Schloss und hat ihn zum Schluss geheiratet.“ Eine Spur von Mitleid spiegelt sich in ihren Augen wieder.

Ich bin wie erstarrt. Das Märchen geht nicht gut aus. Meine Kindheitsillusion, der Wunsch nach einem guten Ende, die mich immer aufgemuntert hatte, ist zerstört.

Warum war ich stets der festen Überzeugung, dass das Märchen ein Happy-End besaß? Wie konnte ich mich nur so täuschen? Hatte ich nie richtig hingehört?

Oder hatte mich der Wunsch nach einem glücklichen Ende derartig vereinnahmt, dass ich letztendlich sogar daran glaubte?

Grübelnd sitze ich auf der Bank vor dem Pavillon und rauche gierig eine Zigarette. Ich lasse die Oktobersonne auf mich scheinen und beobachte die schon beinahe kahlen Bäume. Nur noch vereinzelte gelbe und rote Blätter hängen an den nackten Zweigen. Als ich herkam, war alles mit dichtem Grün zugewachsen. Damals konnte ich mir den Herbst in Arnsberg nicht vorstellen.

Ich bin allein, zum Glück ist gerade niemand hier, mit dem ich mich unterhalten muss, der meine wuselnden Gedankengänge unterbrechen könnte.

Ich weiß keine Antworten auf all diese Fragen, die mir im Kopf umherirren. Ich weiß nur, dass ich enttäuscht bin. Enttäuscht von dem Märchen, doch auch enttäuscht von mir, weil ich mir jahrelang etwas vorgemacht habe, mich jahrelang selbst belogen habe. War ich dumm und naiv? Hatte ich in allem nur das Gute gesucht und auch gesehen, um das Schlechte zu verdrängen? Ich glaube schon …

Da höre ich knirschende Schritte auf dem Kiesweg. Genervt blicke ich auf. Wer ist denn das?

Der Pavillon ist für alle da, nicht nur für dich, sagt mir meine innere Stimme, trotzdem werde ich tierisch wütend, dass mich jetzt jemand stört. Ich möchte einmal hier auf der Bank sitzen und in Ruhe nachdenken können.

Der neue Patient, der meinem Onkel zum Verwechseln ähnelt, kommt um die Ecke. Vor der Bank bleibt er stehen und zündet sich eine Zigarette an. Marlboro.

„Hallo“, sagt er dann und setzt sich neben mich. Bewusst rücke ich weit von ihm weg und drehe mein Gesicht zur anderen Seite. Plötzlich schäme ich mich wegen meiner Kratzspuren, die von den Wangenknochen bis hin zum Kinn reichen. Ich habe zwar dickes Make-Up aufgetragen, das sie zum größten Teil verdeckt, doch ich habe Angst, dass dieser Patient sie sehen könnte.

Unbehaglich schiele ich zu ihm hinüber, er wird mich hoffentlich nicht ansprechen, nicht mit mir reden. Was sollte ich auch zu ihm sagen? Der Kerl, der mich jahrelang gefickt hat, sah so aus wie du. Bist du auch einer von denen?

Der Patient sitzt allerdings ganz besonnen auf seinem Platz und macht keinerlei Anstalten, mich in ein Gespräch zu verwickeln. Ein wenig beruhigt atme ich auf, er beachtet mich nicht.

Zu meiner Freude läuft kurze Zeit später in einiger Entfernung Peter den Wiesenpfad auf und ab. Nachdenklich hat er den Kopf gesenkt und hält die brennende

Kippe weit von sich gestreckt. In dieser Haltung sieht man Peter ständig. Wie ein Philosoph, der an neuen Lebensweisheiten arbeitet, schreitet er durch die Gegend. Sein lichtes langes Haar wippt bei jedem Schritt im Takt mit. Manchmal muss ich über ihn echt schmunzeln, so auch jetzt.

„Hey, Peter", rufe ich ihm zu und unterbreche ihn unsanft in seinen Gedankengängen. Peter dreht sich verwirrt um, und als er mich erblickt hat, hebt er kurz die Hand und lächelt schwermütig.

„Ach, Janna, du bist das!" Er tapst auf mich zu und setzt sich seufzend zwischen dem Patienten und mir auf die Bank. Gleich fühle ich mich behaglicher. Da ist der große, dicke Peter, der mich bestimmt beschützen würde.

„Alles okay bei dir?" frage ich ihn und fahre mit der Hand über seinen Rücken.

Peter massiert sich die Stirn und schließt die Augen. Ihm geht es nicht gut, das sehe ich sofort.

„Nichts ist okay. Meine Frau will mir meine beiden Jungen wegnehmen. Sie verbietet mir, sie zu sehen, erzählt Schlechtes über mich. Ich liebe meine Kinder so sehr. Es wäre das Schlimmste für mich, sie zu verlieren, weißt du?"

Im ersten Augenblick vermute ich, dass Peter anfängt zu weinen, doch er unterdrückt mit Mühe seine Tränen. Ich nehme seine Hand.

„Sie kann dir deine Kinder gar nicht wegnehmen, es gibt keinen Grund. Du hast doch sicher einen guten Anwalt, oder?" Ich versuche Peter irgendwie aufzumuntern, ihm Mut zuzusprechen, doch meine lapidaren Kommentare helfen ihm wahrscheinlich auch nicht weiter. Ich würde ihm wirklich gerne behilflich sein, doch mit Sorgerecht kenne ich mich nicht im Geringsten aus. Außerdem frage ich mich oft, ob Erwachsene überhaupt Hilfe von uns Jugendlichen annehmen würden. Schließlich denken die meisten, wir hätten noch keine Ahnung vom wirklichen Leben, geschweige denn eine Ahnung von Problemen. Dabei haben einige von uns mehr Erfahrungen und Lebensweisheiten gesammelt, als manch achtzigjährige Frau. Es ist schade, dass viele Erwachsene Kinder und Jugendliche nicht als vollwertige und ernst zu nehmende Menschen betrachten. Leider werden sich solche Einstellungen wahrscheinlich nie ändern. Zum Glück sind aber nicht alle Erwachsenen dieser Meinung, deshalb freue ich mich auch darüber, dass mir Peter seine Sorgen anvertraut. Ich bin sogar fast stolz darauf. Wir unterhalten uns noch lange über seine problematische Ehe und über seine Söhne. Das Beste, was man tun kann, ist, einfach nur zuzuhören und dem Gegenüber zu zeigen, dass man interessiert ist. Das hilft meistens schon, und derjenige fühlt sich nicht mehr allein gelassen. Vielleicht fühlt er sich sogar verstanden.

Plötzlich wechselt Peter abrupt das Thema, und ein Strahlen wächst in seinem Gesicht.

„Übrigens, ich soll dir schöne Grüße von Marie bestellen“, sagt er mit einem liebevollen Lächeln.

„Ihr geht es ein wenig besser, der Arm verheilt langsam, und sie muss voraussichtlich nur noch einmal operiert werden. In ihren Augen schimmert wieder neuer Lebensmut.“

„Kommt sie wieder nach Arnsberg zurück?“

„Sie möchte unbedingt“, seufzt Peter. „Aber ich befürchte, dass sie nicht mehr aufgenommen wird.

Immerhin hat sie hier versucht, sich umzubringen. Die Ärzte werden dieses Risiko wohl nicht mehr eingehen.“

„Hat sie denn immer noch Selbstmordgedanken?“ erkundige ich mich ängstlich.

„Nein, hat sie nicht. Sie will leben, das sagt sie mir ständig, und ich glaube es ihr auch. Aber mach das mal der Klinik klar. Einmal Selbstmörder, immer Selbstmörder.“ Peter rollt ärgerlich mit den Augen. „Sie würde so gerne zurückkommen. Dr. Fock wäre der einzige Arzt, der ihr noch eine Chance geben würde, doch leider hat er hier nicht das Sagen. Ich habe nämlich schon mit ihm gesprochen.“

Dr. Fock ist schon gerecht. Vor allem aber ist er menschlich und behandelt seine Patienten dementsprechend. Er nimmt sich Zeit, und ist immer für sie da. So sind nicht alle Ärzte. Dr. Fock ist echt super. Obwohl … da fällt mir ein, dass er gestern Abend gar nicht mehr wie versprochen auf mein Zimmer kam und stattdessen Schwester Margit hoch geschickt hatte. Das war total Scheiße von ihm. Ein dummer Sack! Er hatte es versprochen und mich dann einfach im Stich gelassen. Arschloch! Auf einmal werde ich wütend, und zwar richtig wütend.

Ich erzähle Peter, was sich gestern Abend abgespielt hat und schimpfe auf übelste Weise über Dr. Fock. Wie gemein und unzuverlässig er sei, und dass man ihm keinen Meter trauen könne. Er wäre eben wie alle Männer, verständnislos, kaltherzig und unberechenbar. Ich hasse ihn.

Prompt, als ich meinen Zorn noch weiter ausleben möchte, kommt Dr. Fock um die Ecke.

„Na, ihr zwei“, begrüßt er uns strahlend und bleibt vor uns stehen. „Alles klar,

Prinzessin?“ Ich würde ihm am liebsten in seine dämlich grinsende Fresse hineinschlagen.

„Sie können mich mal am Arsch lecken!“ Wütend kicke ich ihm Kieselsteine entgegen.

Dr. Fock beugt sich immer noch grinsend zu mir hinunter. „Haben wir heute schlechte Laune?“ Seine Fröhlichkeit ist nicht zu beeinflussen.

„Verpissen Sie sich, Mann! Das können Sie doch so gut!“

Peter schaut entsetzt von einem zum anderen. Der blöde Patient ist schon längst gegangen.

Hastig stehe ich auf und will weglaufen, doch Dr. Fock stellt sich in Windeseile mit ausgebreiteten Armen vor mich. Ich versuche, ihn zur Seite zu boxen und wegzustoßen, doch er lässt sich nicht beirren. Ein sanfter, gleichzeitig aber auch fester Griff umfasst meine Schulter.

„Moment mal, Herzsche, so leicht kommst du mir nicht davon. Ich würde gerne wissen, was mit dir los ist. Ich schlage vor, wir gehen eine Runde spazieren.“

Bestimmt dreht er mich an der Schulter um und führt mich bestimmt zu dem schmalen Pfad.

„Nachher komme ich noch zu Ihnen“, ruft er Peter zu.

Schweigend laufen wir nebeneinander her. Ich schweige, weil ich beleidigt bin, und Dr. Fock schweigt offenbar, weil er darauf wartet, dass ich anfange zu erzählen. Darauf kann er aber lange warten. Nach etlichen Minuten der angespannten Stille finden wir eine Bank. Dr. Fock macht Anstalten, sich zu setzen, nur widerwillig folge ich seinem Wunsch und pflanze mich mit Abstand neben ihn. Ich würdige ihn keines Blickes und starre stumpf vor mich hin.

Irgendwann bricht er das Eis. „Was ist los?“

„Das fragen Sie noch?“ Ich fahre aus der Haut. „Das ist jetzt nicht Ihr Ernst, oder?“ Verbittert lache ich auf. Will der mich verarschen?

„Du bist wütend, richtig?“ stellt er in ruhigem Ton fest.

„Sie sind wirklich ein schlaues Kerlchen, und überlegen Sie mal, warum!“ Ich halte kurz inne, um Luft zu holen. „Sie haben mich gestern Abend einfach im Stich gelassen. Sie sagten, dass sie wiederkommen würden und haben es nicht getan. Stattdessen haben Sie Schwester Margit hoch geschickt. Nichts gegen Schwester Margit, aber ich wollte *Sie!*“ Ich verschränke die Arme vor der Brust und lege mein finsterstes Gesicht auf.

„Mhm“, Dr. Fock nickt langsam. „Ich kann gut verstehen, dass du sauer auf mich bist.“

„Warum haben Sie mich dann versetzt? Ich vertraue Ihnen, und Sie nutzen es aus! Sie sind genau wie alle anderen Männer auch!“ Ich kann mich vor Wut kaum halten. Auf ihn losgehen könnte ich.

„Es tut mir Leid“, gibt Dr. Fock schließlich zu. „Das war ein Fehler. Ich sehe ein, dass das nicht richtig war, und ich finde es gut, dass du jetzt wütend bist.“

Ich schaue ihn immer noch nicht an. „Warum sind Sie dann nicht mehr gekommen?“ frage ich ihn leise.

„Es kam noch ein Anruf, der mich lange aufgehalten hat. Und danach begegnete ich Schwester Margit, und sie sagte, dass du schon schläfst. Der Anruf war wirklich wichtig gewesen.“

„Ich dachte, ich wäre Ihnen auch wichtig.“ Meine Stimme versagt. Auf einmal werde ich total traurig.

Verdammt, ich brauche Dr. Fock. Ich könnte es nicht ertragen, wenn er mich hängen ließe.

„Natürlich bist du mir wichtig, du dummes Kind.“ Er nimmt meinen Hals in die Ellenbogenbeuge, zieht mich an sich und zerzaust mir die Haare. „Ich würde dich nicht im Stich lassen, das kannst du mir glauben. Es tut mir wirklich Leid, aber vielleicht war das auch mal eine gute Probe. Denn nur, weil ich dich einmal versetzt habe, heißt es noch lange nicht, dass ich dich nicht mehr mag. Das musst du lernen, du wirst noch oft in deinem Leben versetzt werden, und es hat nichts mit dir zu tun. Außerdem bin ich stolz auf dich.“ Dr. Fock grinst geheimnisvoll.

„Wieso?“ möchte ich wissen.

„Du hast dich geärgert, warst enttäuscht und hast letztendlich deine Wut an der richtigen Person ausgelassen. Du hast mir gesagt, dass dir mein Verhalten nicht passt. Anstatt es in dich hinein zu fressen und dich anschließend wieder selbst zu zerstückeln, hast du deinen Ärger rausgelassen. Das finde ich super.“ Dr. Fock tätschelt mir anerkennend den Kopf. Ich befreie mich aus seinem Griff und streiche mir verlegen die Hose glatt. Ich weiß jetzt gar nicht, was ich erwidern soll. Die Wut auf ihn ist jedenfalls restlos verflogen.

Als ob er meine Gedanken lesen könnte, fragt er: „Kannst du mir verzeihen?“

„Ich muss zur Traumatherapie“, sage ich nur, ohne auf seine Frage näher einzugehen. Ich stehe auf und gehe. Dr. Fock lasse ich einfach sitzen.

Natürlich bin ich nicht mehr sauer auf ihn, aber das muss er ja nicht wissen. Er soll ruhig mal ein bisschen schmoren.

„Kommen Bilder in dir hoch, Janna?“ Unentwegt pendeln Frau Grünerts Finger vor mir.

Ich nicke schnell, erzähle von den Bildern aber nichts.

...Onkel Albert stieg zu mir in die Badewanne. Er war nackt und ich auch. Meine Mutter war nicht da, sie war irgendwo. Ich drückte mich an das eine Ende der Badewanne und zog die Beine an den Körper. Ich lächelte. Es war ein Lächeln aus Angst und Scham.

„Komm, ich seife dich ab“, schlug er bestimmend vor und griff mich am Arm. Er nahm den Waschlappen und strich über meinen Körper. Arme, Bauch und Brust, nichts ließ er aus. Überall rubbelte er, auch zwischen meinen Beinen. Ich wollte mich ihm entziehen, doch er sagte sofort:

„Willst du ein schmutziges kleines Mädchen sein?“

Nein, das wollte ich nicht. Also ließ ich es mit mir geschehen. Gleich würde es vorbei sein.

Doch es war nicht vorbei, denn anschließend musste ich ihn waschen, und zwar ohne Waschlappen. Mit meinen bloßen Fingern berührte ich seinen Körper ...

„Was siehst du?“ Frau Grünert senkt die Hand.

Ich schlage die Hände vor mein Gesicht und wippe nervös mit den Beinen. Sie verlangt doch jetzt nicht, dass ich ihr davon erzähle. Das geht nicht. So etwas kann ich nicht aussprechen. Da kommt nämlich noch viel mehr ...

... Er drückte meinen Kopf unter Wasser und führte ihn zu seinen Genitalien. Unweigerlich wurde mir das große harte Ding in den Mund gesteckt. Ich kniff die Augen zusammen, das Badewasser brannte in meinen Augen. Schon bald ging mir die Luft aus. Ich wunderte mich, dass immer, nachdem die weiße Flüssigkeit austrat, gleich Schluss mit diesen merkwürdigen Spielchen war. Jedes Mal wartete ich sehnlicher auf diesen ekligen Schleim, der somit stets das Ende war.

„Trockne dich ab“, sagte Onkel Albert ...

27

Ich reiße die Schranktüren auf, wühle sämtliche Schubladen durch, stelle alle meine Taschen auf den Kopf, nur um eine einzige Rasierklinge zu finden – vergeblich! Ich werde nicht fündig, obwohl ich in jedem Winkel nachgeschaut habe. Die Schwestern haben wohl alle Klingen und Messer eingesammelt. Verdammte Scheiße, ich werde wahnsinnig. Ich brauche Blut! Unruhig drehe ich Kreise im Zimmer, was mache ich jetzt bloß? Gleich fange ich an, zu schreien oder aus dem Fenster zu springen. Ich halte diesen Druck einfach nicht aus. Mein ganzer Körper ist vor Anspannung total steif, meine Finger sind automatisch zu Krallen gekrümmt. Ich brauche unbedingt eine Rasierklinge, sonst raste ich aus.

Zittrig fahre ich mir durch Haare und Gesicht, dann fällt mein Blick plötzlich auf das Zahnputzglas am Waschbecken. Auf einmal werde ich ganz ruhig, ich glaube, ich bin gerettet.

Langsam gehe ich an das Waschbecken und nehme das Glas in die Hand. Mitleidig schaue ich es an. Sorry, nimm es nicht persönlich, es könnte genauso gut ein anderes Glas sein.

Dann hole ich aus und werfe es mit voller Wucht gegen das Stück gekachelte Wand. Schepper, klirr, ich zucke zusammen. Hoffentlich hat es niemand gehört. Ich sehe zu Boden, wo nun kleine und große Scherben liegen. Ein unbeschreibliches Glücksgefühl macht sich in mir breit. Gleich ist meine Sucht befriedigt. Wie geil, ich habe ewig nicht mehr geritzt. Gleich fließt endlich wieder Blut …

Ich bücke mich und suche aus dem Scherbenhaufen den größten und schärfsten Splitter heraus. Ich kann es kaum abwarten.

Schließlich kremple ich mir meine Ärmel hoch und hacke auf meinen Unterarm ein. Tiefe Schnitte entstehen nacheinander, das Blut quillt nur so aus den Wunden und läuft in kleinen Bächen über die Haut. Wie habe ich das vermisst, wie konnte ich nur so lange ohne leben! Erst jetzt bemerke ich, was das Ritzen für ein wichtiger Bestandteil meines Lebens ist. Es ist einfach *die* Erfüllung schlechthin. Ich schneide und schneide, der Unterarm wird immer blutiger, somit muss ich jetzt auch noch zum Oberarm übergehen. Es ist eine Wonne. Die Scherbe ist zwar nicht so scharf wie eine Rasierklinge, doch mit genügend Druck gelingen mir ebenso tiefe Schnitte.

Irgendwann habe ich mich „ausgeritzt“, und ich betrachte selig mein Werk.

Mein Arm ist wie mit roter Lackfarbe bestrichen. So, du dreckiges Gör, das hast du jetzt. Ich hasse meinen Körper, ich hasse ihn, dieses verschmutzte Teil. Er verdient es eben, geschunden zu werden. Das ist er schließlich auch gewöhnt. Nachdem ich mich an dem Elend satt gesehen habe, gehe ich auf die Toilette, um mir Klopapier zu holen. Dummerweise treffe ich auf dem Flur die neue Schwester, die auch Margit heißt. Es ist zu spät, ich kann mich nicht mehr verstecken.

„Oh, oh", sagt sie nur. „Ich komme gleich!"

Ich verdrehe die Augen und schließe die Klotür hinter mir ab. So eine Scheiße. Hätte ich denn nicht besser aufpassen können? Jetzt habe ich geschnitten, und jeder erfährt es wieder. Ich könnte mich ohrfeigen. Ich bin so dumm!

Während ich mir den Arm abwische, wird mir erst klar, welchen Mist ich gebaut habe. Ich habe trotz des strengen Verbotes geschnitten, also werde ich ins Haupthaus oder gar in die Geschlossene verlegt. Da habe ich mir jetzt ein Eigentor geschossen. Nun ist alles aus. Ich kämpfe mit den Tränen, ich habe alles kaputt gemacht. Warum habe ich nicht vorher daran gedacht? Aber das hätte wahrscheinlich auch nichts gebracht, der Zwang war zu groß … Was mache ich denn jetzt? Dr. Fock reißt mir den Kopf ab und die Chefetage erst. Die müssen mich doch langsam alle hassen, müssen doch schon voll den Horror vor mir haben. Was bin ich nur für ein widerliches Ding. Niedergeschlagen trotte ich in mein Zimmer. Ich bin eine Versagerin.

„Mein Mäuschen!" Schwester Barbaras Stimmer ertönt hinter mir. Ich drehe mich beschämt um. Sie und die neue Schwester Margit sind mit Verbandszeug bepackt und kommen die Treppe hinauf.

Betreten setze ich mich auf mein Bett und sage kein Wort. Automatisch halte ich den beiden Schwestern meinen Arm zum Verbinden hin. Schwester Margit tupft ihn mit Desinfektion ab und wickelt einen dicken Verband darum.

„Wird dir schlecht?" fragt sie.

Verwundert sehe ich sie an. „Warum sollte mir schlecht werden?"

„Na ja, wegen dem vielen Blut!"

Trotz der Misere muss ich ja doch kurz lachen. Was für eine süße Frage. Das hat mich noch nie jemand gefragt, wie süß. Sie hat wohl noch keine Erfahrungen mit Ritzern gesammelt.

„Dr. Fock kommt gleich zu dir, bleibst du also auf deinem Zimmer?" bittet mich Schwester Barbara. Ich verspreche es ihr und nachdem beide gegangen sind, setze ich mich ans Fenster und gerate ins Grübeln. Was wird jetzt aus mir? Dr. Fock ist bestimmt stocksauer. Nach Wochen habe ich wieder geschnitten. Ich dachte, ich hätte diesen Kampf besiegt, doch anscheinend werde ich es nie schaffen. Ich habe versagt. Diese Macht wird mich immer beherrschen.

Mir fließen die Tränen über die Wangen. Ich schaffe es einfach nicht. Jeder wird mich deswegen hassen, vor allem aber ich mich selber. Ich möchte doch so gerne davon loskommen.

Draußen höre ich jemanden die Treppe hinaufpoltern. Das sind Dr. Focks Schritte. Wo verstecke ich mich am besten? Wie kann ich mich vor der Predigt drücken?

„Janna?“ Die Tür geht auf.

Ich stehe um die Ecke am Waschbecken gepresst. Er kann mich auf dem ersten Blick nicht gleich sehen. Dr. Fock betritt weiter das Zimmer, schaut um die Ecke und erblickt mich.

„Moin!“ Erwartungsvoll bleibt er stehen.

Erst grinse ich ihn scheinheilig an, dann heule ich in voller Lautstärke los. „Es tut mir so Leid, ich wollte das nicht, das müssen Sie mir glauben.“ Ich schlage die Hände vor das Gesicht. „Ich weiß, ich habe es Ihnen versprochen. Jetzt können Sie mich bestimmt nicht mehr leiden, und ich kann es verstehen. Ich habe Scheiß gebaut und …“

Große Arme schlingen sich plötzlich um mich, und mein Gesicht wird an eine Brust gedrückt.

„Ist doch gut, Herzchen. Es ist völlig okay“, meint Dr. Fock schmunzelnd. „Niemand ist böse auf dich. Wir wissen ja, dass du es nicht absichtlich tust.“

Ich stutze einen kurzen Moment. Was hat er eben gesagt? Er ist nicht böse?

„Aber wir hatten doch ein Abkommen. Ich werde jetzt bestimmt ins Haupthaus verlegt, oder schlimmer noch, in die Geschlossene!“ Ich bin nicht mehr zu beruhigen. Was habe ich da nur angerichtet!?

„Stop, stop, stop!“ Dr. Fock setzt sich in den Lehnsessel und zieht mich wie ein kleines Kind auf seinen rechten Oberschenkel. Wie ein verständnisvoller Großvater schaut er mich an.

„Du wirst gar nichts. Du bleibst in deinem Zimmer, es ist alles in Ordnung“, besänftigt er mich.

Ich glaube, meinen Ohren nicht zu trauen.

„Ehrlich?“ hake ich ungläubig nach.

Dr. Fock nickt bestimmt. Mir fällt ein riesiger Stein vom Herzen.

„Wenn du jedoch beabsichtigst, aus dem Fenster zu springen, dann müssen wir uns noch einmal unterhalten“, droht er scherzhaft. „Jetzt mach dir keinen Kopf, und geh in die Gruppentherapie! Ich würde mich freuen, wenn du Frau Linke und den Patienten von diesem Ereignis erzählen würdest. Du kannst ihnen vertrauen, okay?“

Ich wische mir die restlichen Tränen ab und nicke. Vielleicht könnte ich heute ja wirklich ein bisschen etwas über mich erzählen. Schließlich kenne ich die Teilnehmer nun auch näher.

Als ich allerdings den Gruppenraum betrete, trifft mich fast der Schlag. Am liebsten würde ich wieder hinaus rennen. Das gibt es doch nicht, das können sie mir nicht antun.

Im Kreis sitzt der neue Patient, der Onkel Albert so ähnlich sieht. Ich kann meinen Augen nicht trauen. Wie angewurzelt bleibe ich im Türrahmen stehen. Da kann ich jetzt nicht hineingehen. Wenn der ab heute ein neues Gruppenmitglied ist, komme ich nicht mehr her.

„Wollen Sie sich nicht setzen, Janna?“ fragt Frau Linke auffordernd und wirft einen Blick auf die Uhr. Widerwillig löse ich mich von dem Türrahmen und lasse mich auf die Couch, meinen Stammplatz fallen. Ihr könnt mich alle mal!

„Guten Mooorgen“, begrüßt uns Frau Linke. „Herr Kispert ist heute neu in unserer Gruppe, herzlich willkommen. Was ich vorab klären muss, das sage ich auch immer den anderen Teilnehmern, ist, dass die Gespräche, die hier in dieser Runde geführt werden, auch hier in der Gruppe bleiben, ja?“ Frau Linke ist so eine nette Psychologin. Ihre Stimme ist immer weich und sanft. Wenn ich allein mit ihr wäre, würde ich bestimmt mit ihr reden. Ich könnte mir vorstellen, dass sie mich versteht.

Herr Kispert muss, wie jeder neue Patient, kurz berichten, weshalb er hier in der Klinik ist.

„Hallo, ich bin der Felix … ähm, ja, wo soll ich anfangen? Also, im Sommer sind mein Vater und mein Bruder kurz hintereinander gestorben, und das habe ich bisher noch nicht richtig verkraftet. Hinzu kommt noch der Alkohol, na ja … ihr kennt das ja.“ Er bringt ein gequältes Lächeln hervor, das seinen Monolog beendet. Frau Linke nickt ihm dankend zu, dann machen wir wie immer die Runde und alle stellen kurz ihre momentane Gefühlslage vor. Als ich an der Reihe bin, versuche ich, mich hinter meinen Beinen zu verstecken. Ich sage nichts und schaue auch niemanden an. Ich will hier raus.

„Ihnen geht es heute Morgen nicht so gut, stimmt's?“ spricht mich Frau Linke an. „Ich habe gehört, dass Sie vorhin geschnitten haben.“ Sie spricht ganz leise, als ob sie nur zu mir spräche.

„Wollen Sie heute in der Gruppe darüber reden? Vielleicht können wir Ihnen helfen“, schlägt sie sanft vor.

Doch ich drehe den Kopf zur Seite und erwidere nichts. Ich spüre die betroffenen Blicke der Leute und könnte mich in Luft auflösen. Gafft woanders hin, kümmert euch um eure eigenen Probleme!

Frau Linke bemerkt meine Resignation und dringt nicht weiter in mich hinein. Darüber bin ich sehr froh. Somit erzählt eine Frau fast den ganzen Vormittag von ihren ständigen Streitereien mit der Schwiegermutter. Das sind vielleicht Probleme, das interessiert mich einen Scheißdreck.

Alle hören geduldig zu, außer Felix, der rutscht nervös auf seinem Stuhl hin und her. Dauernd atmet er tief ein und aus, ich glaube, er möchte dringend etwas loswerden. Ich vergrabe meinen Kopf zwischen den Knien. Lange halte ich das nicht mehr aus, dieses Gelaber.

Plötzlich wird die Frau unterbrochen … von Felix.

„Was ist das hier eigentlich für eine Gruppe?“ braust er auf. „Ihr redet von irgendwelchem Kleinkram, den jeder normale Mensch in seinem Alltag bewältigen muss, und neben mir sitzt ein Mädel, dem es wirklich beschissen geht, das aber nicht beachtet wird. Was soll ich denn davon halten? Sie als Therapeutin müssen doch darauf eingehen!“ Felix schüttelt den Kopf.

Die Gruppe schweigt betroffen und alle starren Felix mit offenen Mündern an. Ich starre ihn ebenfalls an. Meint er etwa mich? Das kann doch nicht sein.

Frau Linke, sichtlich erschrocken über diesen heftigen Wortschwall, räuspert sich mit einer Spur von Unsicherheit. Allerdings sieht sie Felix fest in die Augen, als sie ihm antwortet: „Sie haben vorhin sicherlich mitbekommen, dass ich Janna angesprochen habe und ihr auch angeboten habe, sich der Gruppe mitzuteilen. Sie wollte nicht, und niemand wird dazu gezwungen.“ Ihre Stimme ist ruhig, aber bestimmt.

„Ja, aber ihr geht es sehr schlecht, wir können sie doch nicht einfach so sitzen lassen. Wir müssen ihr irgendwie helfen." Felix ist nicht zu beruhigen. Ich kann es nicht fassen, dass er mir helfen will.

„Wenn Janna unsere Hilfe braucht, wird sie es uns mitteilen. Sie weiß, dass wir immer für sie da sind. Und irgendwann wird sie mit uns reden, da bin ich mir sicher", erklärt Frau Linke.

„Na, da wäre ich mir nicht so sicher", murmelt Felix. „Meiner Meinung müssten Sie sich als Therapeutin darum kümmern."

Frau Linke zieht die Augenbrauen hoch. Verblüfft habe ich dem Dialog zugehört. Hier geht es gerade um mich, und ich bekomme keinen Ton heraus. Unbeteiligt hocke ich zusammengekauert auf der Couch und muss im Stillen zugeben, dass ich Felix anscheinend falsch eingeschätzt hatte. Er ist viel sympathischer und einfühlsamer als ich gedacht hatte. Ich kann immer noch nicht begreifen, dass sich da jemand für mich einsetzt. Auch, wenn ich eigentlich gar nicht reden wollte, tut es gut, dass sich jemand um mich kümmert.

Nach der Gruppe bleibe ich vor dem Therapiehaus stehen und warte auf Felix. Es tut mir Leid, dass ich ihm gegenüber solche Vorurteile hatte.

Als er aus der Tür kommt, lächelt er mir warmherzig zu, und ich erwidere sein Lächeln. Er stellt sich neben mich und zündet sich eine Zigarette an.

„Das war echt nett von dir", sage ich verlegen und wippe von einem Bein auf das andere. Ich sehe ihm nicht in die Augen.

„War doch klar", meint er. „Ich habe mich über die anderen mit ihren Furzproblemen aufgeregt." Er lacht spöttisch. „Wenn es einem mal wirklich schlecht geht, kümmert sich niemand darum."

Dann schlendern wir langsam in Richtung Haupthaus hoch.

„Sag mal, tut das Schneiden denn nicht weh?" Er verzieht schmerzhaft das Gesicht.

„Nö", erwidere ich nur.

„Mensch, Mädchen!" Er legt mir seinen Arm um meine Schultern.

Während wir den Weg entlang trotten, steigt in mir die Vorahnung auf, dass sich zwischen uns so etwas wie eine Freundschaft anbahnen könnte.

Nachmittags telefoniere ich mit Katja, wir haben uns lange nicht mehr gesprochen.

„Ich habe heute morgen wieder geritzt", gestehe ich niedergeschlagen.

Ich höre ein Seufzen am anderen Ende der Leitung. „Mach dir da nichts draus,

Janna. Es war doch klar, dass du die Traumatherapie nicht so ohne weiteres verarbeiten kannst. Ich denke, es ist daher normal, dass du wieder einen Schritt zurückgehst. Wie sollst du sonst mit den Bildern von früher fertig werden? Es hätte mich gewundert, wenn du das so einfach durchstehen würdest. Verlang nicht zu viel von dir."

„Ja, wahrscheinlich hast du Recht, aber weißt du, wie frustrierend es ist, sich nach Wochen wieder zu schneiden?" Erneut schleicht sich in mich das Gefühl, absolut versagt zu haben und schwach geworden zu sein. Plötzlich macht sich eine bodenlose Verzweiflung in mir breit.

„Ich schaffe das nicht, Katja", jammere ich. „Ich werde immer ritzen, das kann man bestimmt nicht heilen."

„So darfst du nicht reden", versucht mich Katja zu beruhigen. „Du hast es so lange ohne Ritzen ausgehalten. In der Therapie wird nun das Schlimmste aufgedeckt, was dir je passiert ist. Warte mal ab, bis die Therapie vorbei ist. Ich bin stolz auf dich, dass du so viel Kraft hast."

Ihre Worte tun mir gut, aber richtig aufheitern können sich mich nicht. Sie denkt, dass ich Kraft habe, aber ich weiß, dass ich keine mehr habe.

„Vielleicht kann ich dich mit meiner Neuigkeit ein wenig aufheitern", spricht sie auf einmal geheimnisvoll.

„Was für eine Neuigkeit?" frage ich wissbegierig.

„Ich bin schwanger", platzt es aus ihr heraus.

„Waass?" Habe ich mich verhört?

„Ja, ich bin schwanger", sagt sie überglücklich. „Aber behalte es vorerst für dich. Es ist noch ganz früh, und ich …"

„Das ist ja der Wahnsinn! Nein, wie geil. Etwas Schöneres hättest du mir nicht erzählen können." Ich freue mich wie ein Schneekönig. Katja wird Mutter, ich kann es nicht glauben.

„Du bist eine der wenigen, der ich es erzähle, also sag es nicht weiter", Ihre Stimme klingt so unbeschreiblich glücklich. Ich könnte vor Rührung heulen.

„Ich schweige wie ein Grab, darauf kannst du dich verlassen", schwöre ich ihr.

Nachdem wir uns verabschiedet haben, werfe ich mich auf das Bett und freue mich einfach nur. Katja bekommt ein Baby. Sie wird bestimmt die beste Mama auf der Welt. Hoffentlich geht alles gut. Doch plötzlich steigt in mir ein schlechtes Gewissen auf. In Katjas Bauch entsteht ein neues Leben, und ich labere sie mit meiner Selbstzerstörung voll, zwei so gegensätzliche Dinge. Das kann nicht mein Ernst sein … Gegen Abend schaut Dr. Fock noch einmal bei mir vorbei. Ich bin gerade mit Puzzlen beschäftigt.

„Na, Herzchen, alles klar?“ Er beugt sich über den Tisch und wühlt im Kasten nach passenden Teilen.

„Ja“, antworte ich grinsend. Wie gerne würde ich ihm von Katjas Schwangerschaft erzählen, aber ich habe ja versprochen, nichts zu sagen. Eher würde ich mir die Zunge abbeißen.

„Ich bin ab nächsten Montag zwei Wochen im Urlaub“, spricht er beiläufig an, als ob es das Normalste auf der Welt wäre.

Ich sehe ihn an. „Das ist nicht Ihr Ernst, oder?“

„Doch, ich muss mich von dir erholen“, lacht Dr. Fock.

„Sehr witzig“, fahre ich ihn an. „Und was soll ich dann machen? Sie können mich doch nicht allein lassen.“ Wie soll ich zwei Wochen ohne ihn klar kommen?

„Du bist nicht allein, wir werden eine Vertretung für dich finden.“

„Und wen, bitte schön?“ Ich werde richtig wütend. Der kann mich doch jetzt nicht einfach im Stich lassen.

Dr. Fock lacht. „Wir werden schon jemand geeigneten für dich finden …“

„Ich mag hier sonst aber keinen“, unterbreche ich ihn trotzig.

Dr. Fock wirft sich bald weg vor Lachen, er hält sich den Bauch. „Jetzt sei doch nicht so stur“, gluckst er. „Kennst du Frau Dr. Siebeler? Sie ist eine sehr nette Ärztin und würde sich so lange um dich kümmern. Sie ist wirklich total …“

„Kenn ich nicht, mag ich nicht!“ Jetzt muss ich allerdings selber lachen.

„Herzsche“, stöhnt Dr. Fock theatralisch. „Jetzt mach es mir doch nicht so schwer. Ich muss diesem grauen Novemberwetter einfach mal zwei Wochen entfliehen. Lern sie doch wenigstens kennen, vielleicht wirst du Dr. Siebeler ja mögen, auch wenn du dich innerlich dagegen wehrst.“

Und so sitzen wir am nächsten Tag zu dritt in meinem Zimmer und unterhalten uns über mich. Das heißt, Dr. Fock und Dr. Siebeler unterhalten sich über mich. Ich sitze zum größten Teil schweigend dabei und nicke hin und wieder. Dr. Siebeler ist eine junge Ärztin, vielleicht Mitte dreißig. Sie hat schulterlanges blondes Haar und ein bildhübsches Gesicht. Sie lacht viel und macht auch ansonsten einen ziemlich lockeren Eindruck. Ich muss zugeben, dass sie mir sympathisch ist, aber das muss ich ja jetzt nicht so zeigen. Dr. Fock soll ruhig mit einem schlechtem Gewissen in den Urlaub fahren. Schließlich lässt er mich während der harten Traumatherapie im Stich. Er hätte den ganzen Sommer verreisen können.

„Übrigens, Janna hasst es, gesiezt zu werden“, meint Dr. Fock schmunzelnd und sieht Dr. Siebeler an.

„Das ist kein Problem für mich.“ Die Ärztin wirft mir einen freundlichen Blick zu und lächelt. „Ich denke, wir kommen schon miteinander klar, meinst du nicht?“ Sie legt ihre Hand auf meinen Rücken und strahlt voller Wärme.

„Wenn ich ritze, hat das nichts mit Ihnen zu tun. Also, Sie müssen sich dann keine Schuld einreden, von wegen Sie seien eine schlechte Ärztin oder so“, lautet mein Einverständnis zur Freundschaft. Ich glaube, ich könnte sie mögen, auch wenn ich es eigentlich ja gar nicht wollte.

„Die Traumatherapie ist sehr hart, da können ein paar Schnitte schon mal vorkommen“, pflichtet mir Dr. Fock bei. Dr. Siebeler nickt verständnisvoll, was sie mir gleich noch ein Stück sympathischer macht.

„Apropos Traumatherapie, hast du nicht jetzt einen Termin bei Frau Grünert?“ Dr. Fock wirft einen Blick auf die Uhr. „Es ist kurz vor zehn!“

Oh Scheiße, das hatte ich total vergessen. Schon wieder Traumatherapie, erneut in die Abgründe der Kindheit. Hoffentlich habe ich es bald geschafft, denn so langsam verlässt mich die Kraft …

Die Traumatherapie ist hart, sehr hart sogar. Ich könnte beinahe behaupten, sie sei eine der schwierigsten Prüfungen in meinem Leben. Allerdings ist sie eine wiederholte Prüfung, die ich schon damals viele Jahre durchstehen musste. Nach zwei Stunden intensiver Therapie bin ich jedes Mal durch die aufkommenden lebendigen Bilder von früher derartig erledigt, dass ich den Rest des Tages im Bett verbringen kann und ruhig gestellt werde. Sie macht mich fertig und kraftlos. Die erschreckenden gefühlsnahen Bilder sind drauf und dran, mich in den Selbstmord zu treiben. In solchen Momenten versuche ich mir dann immer zu sagen, dass es nur Erinnerungen sind, die in meinem Kopf umherschweben, und nicht mehr Wirklichkeit sind. Damals waren sie Wirklichkeit, und damals habe ich mich nicht umgebracht. Ich hatte dieses Martyrium überlebt, also werde ich diese paar Bilder, die davon übrig geblieben sind, doch auch noch überleben. Heute sind es schließlich nur noch Filme, die sich vor meinen Augen abspielen. Frau Grünert ist bei mir, Dr. Fock und die Schwestern, Onkel Albert ist ganz aus meinem Leben verschwunden, mir kann nichts passieren. Ich werde im Gegensatz zu früher nicht mehr mit dem Problem allein gelassen. Es ist immer jemand da, der mich im Notfall beschützen und so etwas nie mehr zulassen würde. Eigentlich müsste ich über diese Aspekte doch glücklich sein und mich befreit und aufgehoben fühlen, doch trotzdem schaffe ich es nie, mich selbst zu überzeugen und zu ermutigen. Dabei könnte es so einfach sein. Das, was passiert ist, liegt immerhin Jahre zurück. Ich war ein Kind, es war fast wie in einem anderen Leben. Jetzt bin ich beinahe erwachsen und müsste doch eigentlich stärker sein als ein Kind. Wenn ich aber ehrlich bin, fühle ich mich momentan schwächer als ein Embryo. Noch viel lieber wäre ich natürlich so ein unschuldiges kleines Wesen, das sich im Mutterleib verstecken könnte und das Leben noch einmal von vorne beginnen könnte; ohne den ganzen Stress, der mich bald in den Wahnsinn treiben wird, wenn er mich nicht schon längst dorthin getrieben hat. Ich weiß einfach nicht, wie ich mit diesen hoch kommenden Bildern von früher klar kommen soll. Sie bombardieren mein Gehirn, meine Seele und meinen ganzen Körper. Sie rasen durch mich hindurch und hinterlassen schmerzhafte Spuren. Es ist der reinste Horrortrip. Wie muss es mir als kleines Mädchen dreckig gegangen sein, als diese schlimmen Dinge noch zum Alltag gehörten und meinen Körper zum Aushalten zwangen. Nicht auszudenken, heute raste ich allein nur bei den Erinnerungen schon aus. Mir wird von Mal zu Mal deutlicher bewusst, welch wichtige Bedeutung Nelly früher für mich hatte. Sie hat mir das Leben gerettet. Sie half mir, ein relativ gesundes Mädchen zu bleiben, das trotz allem Freude am Leben hatte. Wenn ich diese quälenden Gefühle, die heute nach all den Jahren auftauchen, damals hätte durchleben müssen, wäre ich mit Sicherheit vor die Hunde gegangen. Ich habe sie zwar durchlebt, aber auch gekonnt verdrängt, nämlich auf Nelly abgeladen. Ich weiß nicht, was ich ohne sie gemacht hätte.

Frau Grünert sagt immer zu mir: „Das Wichtige ist nicht, dass du die Erinnerungen hoch holst, sondern dass du die Gefühle zu diesen Erinnerungen herauskramst. Das ist das Entscheidende, denn nur so kannst du das Trauma verarbeiten.“

Und so sitze ich nun ganz tief drin in meiner Schuld, in meinem eigenen Dreck und in meiner Scham.

„Jannachen, du bist nicht Schuld“, tröstet mich Frau Grünert. „Auf keinen Fall!“

„Aber ich hätte damals doch weggehen können, oder ich hätte etwas sagen können“, schluchze ich verzweifelt. Mein Oberkörper vibriert, zittrig wische ich mir eine herunterlaufende Träne ab.

„Wem hättest du etwas sagen sollen? Deiner Mutter vielleicht?“ Frau Grünert lacht verächtlich auf.

„Alle anderen trifft die Schuld, denn die hätten etwas merken müssen. Du als kleines Kind kannst dich doch noch nicht wehren, du weißt nicht, was richtig ist. Dich trifft überhaupt keine Schuld. Dein Onkel hat dich so sehr in seinen Bann gezogen, da kamst du ohne Hilfe gar nicht mehr raus.“ Frau Grünert greift sanft nach meiner Hand.

„Aber warum habe ich ihn so geliebt?“ Ich kann mich einfach selber nicht verstehen, es geht nicht in meinen Kopf, verdammt noch mal.

„Weil *du* dich geliebt gefühlt hast und zu klein warst, den Betrug zu erkennen. Du hattest keine Chance.“

Ich wäre als Kind nie auf die Idee gekommen, etwas auszuplaudern, Onkel Alberts und mein Geheimnis preiszugeben, denn ich war süchtig nach seiner Zuneigung; nach der Zuneigung, die andere Kinder von ihren Eltern bekamen. Onkel Albert konnte nämlich auch lieb und nett sein, er war nicht immer nur brutal. Diese natürliche Zuneigung, an die ich mich so krampfhaft geklammert hatte, war mir anscheinend zum Verhängnis geworden. Sie versöhnte mich immer wieder und ließ mich das Schlechte, das gerade vorher passiert war, vergessen. Onkel Albert musste alles genau geplant haben, um mich in solch einen Teufelskreis zu bannen. Er nutzte die Situation zwischen mir und meinen Eltern gnadenlos aus, um mich ganz für sich gewinnen zu können. Und ich war blind; blind vor Freude, endlich jemanden zu haben, bei dem ich mich angenommen fühlte.

Aus diesen Gründen habe ich damals wahrscheinlich niemandem von unserem Geheimnis erzählt, aus purer Angst, dann alleine dazustehen. Dennoch habe ich unbewusst Signale von mir gegeben …

…Brutal schlug ich auf den kleinen Max ein. Meine Fäuste prasselten nur so auf sein Gesicht nieder, die Nase begann heftig zu bluten. Dann Tritte in Magen und Rippen. Max weinte und wimmerte, doch ich hörte nicht auf. Ich zog ihm die Hose hinunter und begann an seinem Penis zu ziehen. „Den reiß ich dir ab, du dreckiges Stück Scheiße“, brüllte ich ihn an. Und wieder saß eine Ohrfeige.

Fast jeden Tag drangsalierte ich den kleinen Jungen hinter irgendeinem Gebüsch am Rande des Kindergartengeländes. Ich hatte Spaß am Quälen, ich liebte es, diesen Jungen fertig zu machen. Max hatte große Angst vor mir, dennoch schaffte ich es immer wieder, ihn in ein Gebüsch zu zerren und zu demütigen.

Als sich Max nur noch winselnd auf dem Boden wälzte und sein Gesicht rot und angeschwollen war, riss ich ihn an seinen Kleidern hoch und zischte ihm ins Ohr: „Wenn du es erzählst, bringe ich dich um, verlass dich darauf!" Und Max wusste, dass ich es ernst meinte.

Dann nahm ich ihn an der Hand und ging mit ihm zur Erzieherin. „Max ist hingefallen, ich habe ihm geholfen. Er blutet überall."

Es kam nie heraus, dass ich so brutal zu anderen Kindern war. Ich war doch immer der blonde Engel, der niemandem etwas zu Leide tat …

Das kleine Mädchen

Das kleine Mädchen sieht so lieb und unschuldig aus.
Doch das ist es nicht.
Das zarte Lächeln und die großen Augen bezaubern die Erwachsenen.
Das Mädchen aber ist böse.
Es schlägt andere Kinder, bis sie bluten.
Das kleine Mädchen klaut, egal was.
Alles, was nicht fest ist, wird mitgenommen.
Zuhause werden diese Dinge dann nicht mehr beachtet.
Keiner weiß, warum die Kleine so etwas tut.
Es wird geschimpft, doch das hilft nichts.
Nachts zieht das kleine Mädchen die Decke bis zum Kinn,
damit das Teufelchen, das unter seinem Bett sitzt, nicht zwischen seine Beine kann.

Ich war ein äußerst brutales und aggressives Kind. Ich hatte Spaß am Quälen anderer Kinder, ich war beinahe süchtig danach. Es war ein Weg, meine Wut, meine Verletzung und Enttäuschung herauszulassen. Ich *musste* es tun. Ich litt, also sollten die anderen auch leiden. Es wäre unfair gewesen, wenn die Dinge nur mit mir passierten, ich wollte nicht die einzige sein. Fast alle Kinder hatten Angst vor mir, und ich genoss es. Ich bedrohte jeden, der mir schwächer erschien, es war eine Wonne. Niemandem fiel auf, was mit mir los war. Weder den Erzieherinnen, meinen Eltern, noch anderen Eltern. Ich war für alle der blonde Engel. Selbst meine Mutter merkte nicht, dass mit mir etwas nicht stimmte. Eigentlich spürt doch jede Mutter, wenn ihr Kind Probleme hat. Vielleicht wollte es meine Mutter nicht spüren. Sie ignorierte meine Brandverletzungen und meine Angst vor nächtlichen Monstern. Es war alles nichts so schlimm. Aber sie war ja eh noch nie sonderlich an uns Kindern interessiert gewesen. Kinder waren schließlich keine ernst zu nehmenden und vollständige Menschen. Ich wäre nie auf die Idee gekommen, ihr von Onkel Alberts schlechten Seiten zu erzählen. Entweder hätte sie mir nicht geglaubt oder aber sie hätte mir die Schuld daran gegeben, wie sie es immer tat. Ich glaube, sie wollte alles nicht wahrhaben …

… Ich stand mit meiner Mutter in einer Umkleidekabine, und sie zog mir Hose und Unterhose aus, bis ich unten herum völlig nackt war. Ich wusste nicht, was dies zu bedeuten hatte und fragte lieber nicht weiter nach.

Schweigend legte sie meine Wäsche zusammen und zog schließlich den Vorhang auf. Sie nahm mich auf den Arm und ging mit mir zu einem merkwürdigen Gestell, das ich vorher in meinem Leben noch nie gesehen hatte. Sie legte mich darauf und spreizte nicht gerade sanft meine Beine. Ich zitterte am ganzen Körper und hatte furchtbare Angst, doch ich fragte immer noch nicht, was los war. Beschämt und schützend hielt ich meine Hände vor meine Genitalien. Mir war die Situation äußerst unangenehm.

Als schließlich noch ein Mann im weißen Kittel hereinkam, fing ich an zu weinen. Ich wollte mich an meiner Mutter festklammern, doch die stand auf und begrüßte den Mann. Sie gaben sich die Hand und begannen sich leise zu unterhalten. Ich verstand kein Wort, somit wurde mein Angst immer größer.

Als sie das Gespräch beendet hatten, setzten sich beide direkt vor mich und begannen mich anzustarren. Meine Mutter nahm meine Hände zur Seite und hielt sie fest, dadurch hatte der Mann meinen Unterleib genau vor seinen Augen. Ich begann zu schreien und um mich zu schlagen, doch ich hatte keine Chance. Die zwei Erwachsenen hatten mehr Kraft.

Als der Mann mit etwas Kaltem in mich eindrang, wurde ich ganz ruhig. Ich biss die Zähne zusammen und zwang mich, mich ja nicht zu wehren. Ich ließ alles über mich ergehen, bloß keinen Widerstand leisten. Das würde sonst wieder Ärger geben. Wo war Nelly heute nur? Ich hatte sie den ganzen Tag noch nicht gesehen.

„Der komplette Scheideneingang ist aufgescheuert und entzündet", sagte der Mann zu meiner Mutter.

„Janna spielt immer so heftig", lautete daraufhin die kurze Erklärung meiner Mutter. Der Mann schien ihr zu glauben, er sagt jedenfalls nichts mehr.

Ich drehte den Kopf zur Seite und versuchte, an etwas Schönes zu denken. Es gelang mir nicht. Meine Mutter erlaubte einem Mann, mich anzufassen. Sie schaute auch noch dabei zu. Das war das Allerschlimmste. Ich wusste damals mit meinen vier Jahren nämlich nicht, dass der Mann in dem weißen Kittel ein Gynäkologe war …

An diesen ersten Besuch beim Frauenarzt kann ich mich noch genau erinnern. Es war eines der schlimmsten Erlebnisse, weil meine Mutter auch noch zuschaute. Von da an dachte ich, es sei normal, dass erwachsene Männer kleine Mädchen anfassen und Dinge in es hineinsteckten. Ich glaubte, allen Kindern passierte so etwas, und ich muss es einfach akzeptieren. Ich fühlte mich schlecht und schuldig, weil mir solche Dinge keinen Spaß machten. Onkel Albert hätte mich wahrscheinlich nicht mehr geliebt, wenn er gemerkt hätte, dass ich keinen Spaß an unseren Spielchen fand. Also gab ich mir immer die größte Mühe, dabei glücklich zu wirken.

Heute denke ich, dass ich bei dieser Untersuchung näher an Hilfe war, als mir bewusst war. Dennoch wollte niemand darauf aufmerksam werden. Neun lange Jahre haben alle weggeschaut …

28

Mir geht es überhaupt nicht gut, ich bin total depressiv. Die Tage gehen an mir vorüber wie nichts. Die Zeit rennt, und ich habe das Gefühl, keinerlei Fortschritte zu machen. Im Gegenteil, mir geht es von Tag zu Tag schlechter. Die Kindheitserinnerungen brodeln in mir wie die glühend heiße Lava in einem Vulkan. Bald drohen sie, aus mir herauszubrechen. Wie das jedoch endet, weiß ich nicht. Vielleicht drehe ich durch, vielleicht werde ich verrückt. Und davor habe ich panische Angst. Ich weiß nicht mehr, was ich noch tun soll, damit es mir besser geht. Ich will nicht leiden, ich will glücklich sein und Spaß am Leben haben. Warum gelingt mir das nicht?

Ich sehe keinen Sinn im Leben. Das Leben ist für mich nur ein einziger Kampf, den ich offenbar nie gewinnen werde. Ich bin eine elendige Versagerin, die nichts zustande bringt. Ich bin nichts wert. Außerdem fühle ich mich einsam, obwohl ich weiß, dass ich mich in Wirklichkeit gar nicht einsam fühlen muss. Ich bin nämlich nicht allein. Auch wenn Dr. Fock im Urlaub ist, habe ich immer noch Dr. Siebeler. Überraschenderweise habe ich relativ schnell Vertrauen zu der jungen Ärztin aufgebaut. Jeden Morgen, punkt halb neun, sitzt sie an meinem Bett und weckt mich. Sie ist immer so nett zu mir, ich habe sie echt in mein Herz geschlossen. Man kann mit ihr gut reden, denn sie ist total verständnisvoll. Mit ihr spreche ich viel über die Traumatherapie. Sie scheint mich zu verstehen. Gestern Nachmittag hat sie mich einfach geschnappt und ist mit mir zu einer Burgruine im nahegelegenen Wald gewandert. Wie zwei Freundinnen sind wir eingehakt nebeneinander hergelaufen. Obwohl es mir kurz zuvor äußerst dreckig ging, fühlte ich mich in dem Moment auf einmal prächtig. Ich genoss es, mit ihr durch den nebeligen Herbstwald zu spazieren und zu plaudern.

Neben Dr. Siebeler sind natürlich auch noch Katja, Pia und Julia für mich da. Sie besuchen mich oft, auch wenn nicht telefonieren wir täglich. Zu Felix, den ich Anfang so gehasst habe, entwickelt sich eine zunehmend innigere Freundschaft. Fast jeden Abend gehen wir zusammen aus. Meistens sitzen wir dann in einer Kneipe, trinken Cola und unterhalten uns. Es sind teilweise so tolle Gespräche, dass es uns schwer fällt, pünktlich um zehn wieder in der Klinik einzutreffen. Meistens reden wir über uns und unser Leben, unsere Träume und Ängste. Mir kommt es vor, als ob ich Felix schon eine Ewigkeit kennen würde. Er kann so gut zuhören und ist unheimlich verständnisvoll. Mit ihm kann ich sogar über die Traumatherapie sprechen. Er ist mit Dr. Fock der einzige Mann, dem ich wirklich vertraue.

„Wenn ich deinen Onkel in die Finger bekommen würde, würde ich ihn kalt machen“, sagt Felix immer. In seinen Augen spiegelt sich dann der blanke Hass, und er schüttelt fassungslos den Kopf.

„Wenn dir irgendjemand wehtut, sag mir sofort Bescheid. Ich lasse alles stehen und liegen und komme zu dir. Dir darf niemand mehr wehtun.“

Bei Felix fühle ich mich wohl und aufgehoben. Es ist erstaunlich, dass ich ein derartiges Vertrauen zu einem Mann aufbauen kann. Er ist ein toller Freund, und ich weiß, dass er mich nie anfassen würde. Ich kann gar nicht mehr verstehen, dass ich zu Anfang ihm gegenüber eine solche Abneigung empfunden habe. Da sieht man mal wieder, dass man Menschen erst kennen lernen muss, um sich ein Urteil zu erlauben. Aber Felix und ich sind richtige Freunde geworden.

Eines Abends sitzen wir wieder in unserer Stammkneipe an einem kleinen runden Tisch, nur wir beide. Ich bin voll auf Tavor, das Sprechen fällt mir schwer. Es ist ein Wunder, dass ich mich überhaupt hierher geschleppt habe. Ich bin total benebelt. Lustlos nippe ich an meiner Cola. Es hat alles keinen Sinn.

„Janna, ich mache mir Sorgen um dich“, meint Felix und streichelt mir über den Rücken. Ich schenke ihm ein müdes Lächeln.

„Mir geht es nicht sonderlich gut“, antworte ich nur. Von den Selbstmordgedanken, die unaufhaltsam in mir wachsen, erzähle ich nichts. Ich möchte ihm keine Angst machen und schon gar nicht Aufmerksamkeit erregen. Akute Suizidgedanken behalte ich immer für mich. Sie belasten andere nur. Seit zwei Tagen quälen sie mich nun schon. Ich kann an nichts anderes mehr denken, alles dreht sich nur noch um den Tod. Es ist wie vor drei Jahren bei meiner letzten Tablettenvergiftung.

„Du machst aber keinen Scheiß, oder?“ Felix sieht mich misstrauisch von der Seite an.

Ich lehne mich an ihn und schließe die Augen, mit Mühe halte ich die Tränen zurück. Eine Antwort gebe ich ihm nicht auf seine Frage.

Der Selbstmord steht fest. Nächsten Dienstag, bis dahin sind es noch gut fünf Tage, werde ich von einem 80 Meter hohen Turm springen, der im Nachbarort am

Waldrand steht. Eigentlich wäre mir eine Tablettenüberdosis lieber gewesen, aber meine Sammlung wurde vor ein paar Tagen von den Schwestern gefunden. Ich war stinksauer, was haben sie schließlich an meinen Schubladen zu suchen? Jedenfalls muss ich seitdem die Medikamente unter Aufsicht schlucken. Das kotzt mich tierisch an, obwohl mir das eigentlich egal sein kann. Bald bin ich ja eh weg, dann kümmert mich nichts mehr. Das einzige, was ich will, ist tot zu sein, sonst nichts. Ich denke nicht an die anderen, und dass sie vielleicht traurig sein könnten, ich denke nur noch an den Tod. Ich stehe wie unter Hypnose. Niemand weiß von meinen Plänen, außer vielleicht Felix, der bestimmt etwas ahnt. Er ist nicht blöd, und mittlerweile durchschaut er mich ganz gut. Ihm kann ich so leicht nichts vormachen. Er merkt genau, wenn mit mir etwas nicht stimmt. Eigentlich kann ich ihm auch alles erzählen, aber über Selbstmordideen schweige ich immer. Darüber gibt es nichts zu erzählen. Heute Abend kommt Katja zu Besuch. Innerlich habe ich mich darauf eingestellt, dass ich sie heute wahrscheinlich das letzte Mal sehen werde. Komischerweise macht mir das gar nicht viel aus. Der Todeswunsch übertrifft einfach alles, die restlichen Gefühle sind wie weg geblasen. Katja kann mich vom Leben auch nicht mehr überzeugen. Sie hat es zwar schon oft geschafft, doch dieses Mal wird sie es bestimmt nicht schaffen. Ich bin mir in meiner Sache sicher. Im normalen Zustand würde ich mich jetzt vor mir selber ängstigen, aber mein Verstand ist ausgeschaltet. Ich bin nicht mehr ich. Offenbar ist Nelly wieder ich. Sie will mich umbringen. Aber warum? Vielleicht, damit sie leben kann? Ich weiß nicht, was mein Gehirn so lähmt. Ist ja auch egal, der Termin steht fest, und bis dahin heißt es Abschied nehmen.

Als Katja am Abend kommt, laufe ich ihr torkelnd entgegen, so sehr bin ich mit Tavor vollgestopft. Es ist eisig kalt und zarte Schneeflocken rieseln aus der Dunkelheit, als ich mich in Katjas Arme fallen lasse. Wir stehen mitten auf der Klinikauffahrt und halten uns fest.

„Komm, lass uns hoch in dein Zimmer gehen, es ist kalt“, sagt sie und stützt mich am Arm. Schleppend lasse ich mich von ihr hinterher ziehen. Der Boden unter meinen Füssen dreht sich. Mittlerweile mag ich dieses Weggetretensein. Es ist angenehm, sich so abgeschossen zu fühlen und diesen leichten Schwindel im Kopf zu spüren. Die Welt wird schwerelos, alles ist unwichtig. Ich kann verstehen, wenn Menschen drogenabhängig werden. In meinem Zimmer setzen wir uns auf mein Bett, und Katja drückt mich von ganzem Herzen.

„Ach, Jannalein, wenn ich dir doch nur helfen könnte", flüstert sie und knuddelt mich.

„Du hilfst mir schon, indem du da bist", erwidere ich lahm. Ich schmiege mich an sie.

Ich bin nicht in der Lage, größere Gespräche zu führen. Die meiste Zeit erzählt Katja, und ich höre dankbar zu, auch wenn ich ihren Worten nicht richtig folgen kann. Allein ihre Stimme zu hören, hilft mir ein wenig. Allerdings reicht es nicht, um meine Selbstmordgedanken zu verringern. Katja spürt, dass es mir schlecht geht. Sie spürt immer alles sofort, was mich betrifft. Ich kann heute Abend nur an die weiße Wand starren, und ihr nicht einmal in die Augen schauen. Wenn sie mich etwas fragt, gebe ich ihr nur halbe Antworten, so geistesabwesend bin ich. Katja nimmt mich fester in den Arm und schweigt nachdenklich. Dann fragt sie plötzlich, als ob sie meine Gedanken lesen könnte: „Hast du Selbstmordgedanken?"

Ich werde stutzig und antworte ihr nicht. Stattdessen starre ich weiterhin ins Leere.

„Wenn du dich umbringst, bekomme ich eine Fehlgeburt", sagt sie in vollem Ernst.

Dieser Satz sitzt! In meinem Kopf legen sich sämtliche Schalter um, meine Gedanken rotieren, es rappelt und arbeitet. Und ich starre immer noch ins Leere. Wenn ich mich umbringe, erleidet Katja eine Fehlgeburt! Das Kind, was sie sich so sehr gewünscht hat, stirbt dann durch meine Schuld. Was Schlimmeres könnte ich Katja nicht antun, was Schlimmeres könnte ihr keiner antun. Katja müsste für meinen Wahnsinn büßen. Eine Ungerechtigkeit, die ich mir selbst nach dem Tod nicht verzeihen könnte.

„Ich werde mir nicht das Leben nehmen", sage ich schließlich und sehe sie fest an. Und ich meine es ernst. Ich habe Katja noch nie angelogen. Ich darf nicht sterben. Ich muss leben, und wenn es erst einmal für Katja und ihr Kind ist. Also ist von nun an Kämpfen angesagt.

Katja ist einfach der Wahnsinn. Sie schafft es immer wieder, mich aus dem Sumpf zu ziehen. Mit einem einzigen Satz hält sie mich vom Selbstmord ab. Mit einem Satz, der es in sich hat, der mir sagt, dass ich leben *muss*! Es geht nicht nur um mich. Es sind zwar immer nahestehende Menschen davon betroffen, aber wenn dadurch das Leben eines ungeborenen Kindes betroffen ist, darf man nicht mehr an sich denken. Es ist eine schreckliche Vorstellung, wenn Katja ihr Baby meinetwegen verlieren würde. Das könnte ich nicht verantworten. So einen tiefen Schmerz dürfte ich ihr nicht zufügen. Da quäle ich mich lieber weiterhin durch das Leben.

Katja hält mich zwar vom Selbstmord ab, doch hat sie mir noch nicht die notwendige Lebensqualität wiedergegeben. Meine Suizidgedanken sind nicht mehr vorhanden, was aber noch lange nicht heißt, dass es mir besser geht und ich Spaß am Leben habe. Mir geht es immer noch genauso beschissen wie vorher. Hoffentlich trägt die Traumatherapie bald zur Besserung bei. So langsam müsste sie doch mal anschlagen.

Ich habe mir jetzt vorgenommen, von nun an zu kämpfen. Und zwar so lange, bis es mir besser geht, bis ich wieder neuen Lebensmut gefunden habe. Ich *muss* leben!

29

Es ist Vorweihnachtszeit. Jedes Schaufenster ist mit Nikoläusen und Schneebällen aus Watte dekoriert. Überall stehen geschmückte Tannenbäume und an den Vordächern hängen blinkende Lichterketten. Von irgendwoher ertönt leise Weihnachtsmusik. Ich schlendere langsam Grünwalds Fußgängerzone entlang, vorbei an den hetzenden Menschen, vorbei an der Weihnachtsstimmung. Die Leute tun gerade so, als würde schon morgen der Heilige Abend vor der Tür stehen, dabei sind es bis dahin noch gut zwei Wochen Zeit. Ich hasse diesen Stress jedes Jahr. Warum können die Leute nicht in Ruhe ihre Geschenke besorgen? Eine Mutter steht mit ihrer kleinen Tochter an der Hand an einem Brezelstand. Das Mädchen singt *Schneeflöckchen Weißröckchen* vor sich hin. Als ich es anlächle, versteckt es sich schnell in dem Mantel seiner Mutter. Geniert lugt es hinter dem Saum hervor und schaut mich beinahe ängstlich an. Ich lächle ihm noch immer freundlich zu. Ich frage mich, wie es dem Mädchen in diesem Moment geht. Was geht gerade in seinem kleinen Gehirn vor? Ob es auch eine imaginäre Zwillingsschwester hat? Ich hoffe nicht …

Da ich es aber nicht erfahren werde, gehe ich weiter und sehe mir gedankenverloren die Auslagen der Schaufenster an. Die meisten Geschenke, wie bemalte T-Shirts und Seidentücher, habe ich schon in der Beschäftigungstherapie angefertigt. Selbstgemachte Geschenke sind eh die schönsten, sie kommen wirklich von Herzen und sind sehr persönlich. Für Dr. Fock habe ich endlich ein T-Shirt mit Ernie bemalt. So eines wollte er doch unbedingt haben. Mein größtes Weihnachtsgeschenk wäre dieses Jahr, dass ich gesund werde, und dass die Traumatherapie bald zu Ende ist. Ich wünsche mir nichts sehnlicher, als wieder lebensfroh zu sein. Das wäre mein schönstes Geschenk.

Heute Vormittag hatte ich Traumatherapie. Ich kann nicht sagen, wie viele Sitzungen ich bisher schon hatte. Man kann sie gar nicht mehr zählen. Heute morgen war sie allerdings anders als sonst. Es kamen zwar wie immer schreckliche Bilder hoch, aber sie waren plötzlich nicht mehr so belastend. Ich spürte sogar nach der Stunde eine gewisse Erleichterung. Die Bilder traten in den Hintergrund, sie waren nicht mehr so greifbar nah. Ich musste anschließend keine Tavor einnehmen und musste mich auch nicht hinlegen. Mir ging es nach der Therapie sonderbar gut, und ich fühle mich auch jetzt noch fit. Seit langem bin ich mal wieder so etwas wie ein Mensch. Ich kann nicht behaupten, dass ich glücklich bin, doch diese bodenlose Verzweiflung hat sich ein wenig verdünnisiert.

Schlägt die Traumatherapie vielleicht an? Das wäre zu schön, um wahr zu sein. Wenn es wirklich so wäre, hieße das nun, dass es von jetzt an nur noch aufwärts ginge? Das Elend hätte ein Ende? Ich könnte es wahrscheinlich gar nicht glauben.

Ich habe heute, während der Traumatherapie das erste Mal Hass meinem Onkel gegenüber verspürt. Das erste Mal ist mir wirklich klar geworden, was er mir eigentlich angetan hat, dieses verdammte Schwein. Wie konnte ich mir nur die ganzen Jahre einbilden, dass er mich liebt? Warum habe ich ihn immer so in den Schutz genommen? Dieses elendige Arschloch hat mich kaputt gemacht. Er ist dafür verantwortlich, dass ich meinen Körper hasse, dass ich ihn als dreckig bezeichne und ihn verletzen muss. Er hat mir mein positives Körpergefühl geraubt.

Bei Frau Grünert habe ich heute morgen meine ganze Wut herausgelassen. Ich habe geschimpft und geschimpft, ich war nicht mehr zu bremsen. Die übelsten Wörter habe ich in den Mund genommen, doch Frau Grünert war begeistert, sie hat mich sogar angefeuert. Und sie hat meine Fortschritte gelobt!

Endlich sehe ich ein, was damals wirklich gelaufen ist, endlich kapiere ich es. Es fällt mir wie Schuppen von den Augen. Mein Onkel hat mich jahrelang missbraucht. Das hat er getan und nichts anderes. Die vorgeheuchelte Liebe war alles nur eine Lüge; eine Lüge, die ich als Kind nicht durchschauen konnte.

Dicke Schneeflocken rieseln jetzt vom Himmel, ich ziehe meinen Schal fest um die Ohren. Neben mir steht ein Mann mit einer Drehorgel. Er spielt Weihnachtslieder und grüßt die vorbeihetzenden Menschen freundlich. Ich werfe ihm ein Zweimarkstück in sein Schälchen und gehe weiter. Er bedankt sich und wünscht mir frohe Weihnachten. Ich kann es noch gar nicht richtig fassen, dass dieses Fest schon vor der Tür steht. Nach meiner inneren Uhr bin ich ungefähr erst im Oktober. Ich habe das Gefühl, als fehle mir ein ganzes Stück Zeit in meinem Leben, als ob ich was versäumt hätte. Ein halbes Jahr bin ich nun in Arnsberg. Ob ich draußen etwas verpasst habe? Was wäre gekommen, wenn ich zu Hause geblieben wäre? Damals, bei meiner Aufnahme dachte ich im Leben nicht daran, dass ich um diese Zeit noch in der Klinik sein würde. Wenn ich das gewusst hätte, wäre ich wahrscheinlich auch nie nach Arnsberg gegangen. Damals war ich im Glauben, mit sieben Wochen wäre die Sache erledigt, doch da habe ich mich wohl geirrt.

Aber was soll dieses ganze *wäre* und *hätte.* Nun ist es Winter, und ich bin immer noch da. Wenn die Traumatherapie weiterhin so gut verläuft und ich stabil bin, werde ich Anfang Januar entlassen. Ich denke, das ist ein günstiger Zeitpunkt, denn Dr. Fock hat zum Jahresende gekündigt. Er möchte sich selbständig machen und eine eigene Praxis auf die Beine stellen. Er könne mich dann ambulant therapieren, hat er mir angeboten. Dieses Angebot habe ich natürlich sofort angenommen. Trotzdem wage ich es nicht, an den Abschied zu denken.
Ich bleibe vor dem Schaufenster von Kaisers Drugstore stehen und schaue mir die kleinen Porzellanweihnachtsmänner an. Eigentlich könnte ich mein Zimmer ein wenig dekorieren, vielleicht würde dann etwas Weihnachtsstimmung in mir aufkommen und ich würde endlich kapieren, dass wir schon Dezember haben.

Ich bin auf der Suche nach Felix. Er war eben nicht beim Abendessen gewesen und auf seinem Zimmer habe ich ihn auch nicht angetroffen. Ihm geht es sehr schlecht heute. In der Gruppentherapie deutete er an, nicht mehr leben zu wollen, was alle, besonders mich, stark betroffen machte. Seitdem habe ich ihn nicht mehr gesehen, und ich bin äußerst besorgt.

Eilig laufe ich durch die Kneipenstraße und schaue in jedes Lokal hinein, in der Hoffnung ihn zu finden. Er wird sich doch nichts angetan haben?!

Schließlich, als ich die Suche schon fast aufgegeben habe, entdecke ich ihn im *Hermes,* einer griechischen Kneipe. In sich zusammengesunken sitzt er dort an der Theke, sein Bierglas fest umklammernd. Er bemerkt mich zunächst nicht, erst als ich mich neben ihn setze, dreht er mir langsam den Kopf zu.

„Janna", sagt er leise und lächelt müde. „Willst du etwas trinken?"

„Ich habe dich überall gesucht und mir ernsthafte Sorgen gemacht. Was ist los mit dir?"

Ich ziehe meine Jacke aus und bestelle mir eine Cola.

Felix stöhnt und nimmt einen kräftigen Schluck aus seinem Bierglas.

„Das Leben ist so scheiße, ich sehe keinen Sinn darin. Mir geht es beschissen, und ich kann nicht mehr." Seine Worte klingen lallend, er ist stink besoffen.

„Wie viel hast du getrunken?" möchte ich wissen. Meine Frage ist keineswegs vorwurfsvoll gemeint.

„Zwei, drei Bier vielleicht. Aber was soll's? Ist doch egal!"

Ich lege einen Arm um seine Schultern. Er sitzt auf diesem Barhocker wie ein trauriges kleines Kind, das sich nach Schutz sehnt. Ich weiß, dass er mehr getrunken hat als diese paar Bier, aber ich nehme ihm diese Lüge nicht übel.

„Der Alkohol macht nichts besser, im Gegenteil. Morgen wird es dir noch beschissener gehen“, versuche ich ihm ins Gewissen zu reden, doch Felix lässt sich davon nicht beeindrucken.

Er lächelt mich liebevoll an und nimmt meine Hand.

„Weißt du eigentlich, dass du der einzige Mensch bist, der mir wirklich etwas bedeutet? Du kannst so gut zuhören und bist so einfühlsam. Du bist meine beste Freundin. Ich liebe dich wie eine Tochter. Wenn dir irgend jemand weh tut, den mache ich kalt, darauf kannst du dich verlassen.“

Er starrt ins Leere, als ob er solch eine Situation genau vor Augen sehen würde. „Den mache ich fertig“, wiederholt er leise.

„Ich weiß, Felix. Das schätze ich auch an dir. Bei dir fühle ich mich richtig aufgehoben“, sage ich und streichle seine Wange. Ich fühle mich im Moment noch mehr mit ihm verbunden als sonst.

„Ich bin immer für dich da, du kannst mir alles erzählen“, füge ich noch hinzu und sehe ihm fest in die Augen.

Felix legt seinen Kopf auf meine Schulter. „Ich vertraue dir“, sagt er. „Du bist der einzige Mensch, der mir etwas bedeutet. Außer dir habe ich niemanden. Wie gesagt, du bist für mich wie eine Tochter.“

Ich bin von seinen Worten gerührt. So was Liebes hat noch keiner außer Katja zu mir gesagt.

„Du weißt nicht, warum ich eigentlich in Arnsberg bin, aber das will ich dir jetzt erzählen.“ Wieder nimmt er einen großen Schluck Bier. „Du darfst es aber niemandem verraten, hörst du?“

Verdattert verspreche ich es ihm. Was kommt jetzt? Ist er nicht in der Klinik, um den Tod seines Vaters und seines Bruders zu verkraften?

„Ich bin von Beruf Polizist“, beginnt er allmählich und bestellt sich nebenbei ein neues Bier. „Ich arbeite schon viele Jahre in diesem Beruf und habe schon einige Erfahrungen gesammelt. Ich habe viele schreckliche Dinge diesbezüglich erlebt und verkraftet, doch vor einem halben Jahr habe ich einen Menschen erschossen.“ Er hält inne und spielt an seinem Feuerzeug. Ich starre ihn ungläubig an.

„Ich habe einen Menschen umgebracht.“ Er lässt den Kopf auf seine Brust sinken und umklammert das Bierglas noch fester. Ich bin regelrecht bestürzt über sein Geständnis und bringe nur einen einzigen Satz über die Lippen: „War es Notwehr?“

Felix nickt aufstöhnend. „Wir sind zu einem Amoklauf alarmiert worden. Ein Mann hat wild um sich geschossen und auch einige Leute tödlich verletzt. Wir sind in diese Kneipe, wo sich das Drama abspielte, hineingestürzt, und mein Kollege ist sofort niedergeschossen worden. Ich konnte in diesem Bruchteil einer Sekunde nicht mehr nachdenken und habe die Pistole gezückt und auf den Amokläufer gezielt. Ein Schuss in den Kopf, und er war sofort tot.“ Felix fährt sich zittrig über die Wangen. Wir schweigen ein paar Minuten.

Ich nippe gedankenverloren an meiner Cola. In mir muss sich diese Neuigkeit erst einmal setzen. Ich kann noch immer nicht ganz glauben, was er mir da erzählt hat. Wie furchtbar seine Geschichte ist. Was muss das für ein Gefühl sein, einen Menschen getötet zu haben, auch wenn es Notwehr war. Der Ärmste, seine Schuldgefühle werden wohl nie vergehen.

„Ich denke, dass du das Richtige getan hast“, versuche ich ihn aufzumuntern. „Dieser Amokläufer hätte bestimmt noch mehr Leute erschossen, wenn du nicht eingegriffen hättest. Wahrscheinlich auch dich. Jeder hätte in dieser Situation so gehandelt. Es war Notwehr, verstehst du?“ Eindringlich sehe ich ihm in die Augen. „Du hast anderen Menschen damit das Leben gerettet!“

„Das weiß ich ja auch alles, aber dennoch habe ich einen Menschen getötet. Ich habe jemanden erschossen, und das geht mir nicht mehr aus meinem Kopf!“ Seine Worte werden lallender.

Ich nehme ihn in den Arm und sage nichts. Mir fällt nichts Sinnvolles ein, was ich ihm sagen könnte.

„Erzähl es bitte nicht weiter. Hier in der Klinik hat bisher niemand davon erfahren, nicht einmal mein Therapeut. Also behalte es für dich, okay?“

„Natürlich behalte ich es für mich, aber du musst mit deinem Therapeuten darüber reden. Das ist ein großes Problem, das kannst du nicht alleine verarbeiten. Du gehst daran kaputt. Vertraue dich deinem Therapeuten an. Ich kann dir da auch nicht weiterhelfen, du brauchst professionelle Hilfe, die ich dir nicht geben kann. Ich bin zwar immer für dich da, aber ich allein bin zu wenig. Nutze die Chance, dass du in einer Klinik bist. Hier kannst du darüber reden.“

Felix nickt stockend, doch an seinem Gesicht sehe ich, dass er von meiner Idee nicht gerade begeistert ist.

„Ich kann das mit mir nicht mehr vereinbaren. Meine Schuld frisst mich auf.“ Dann hält er plötzlich meine Hand, als ob er mir einen Heiratsantrag machen wollte. „Wollen wir uns heute Nacht gemeinsam umbringen?“ Sein Gesichtsausdruck hat etwas Feierliches und Endgültiges an sich. „Ich habe genug Tabletten für uns beide …“

„Felix! Ich will davon nichts hören!“ Ich schreie ihn beinahe an. Die anderen Leute im Lokal drehen sich schon nach mir um. „Du bist total besoffen. Komm, wir gehen jetzt in die Klinik, und du schläfst deinen Rausch aus!“

Ich lege dem Kellner Geld auf die Theke und versuche, Felix vom Barhocker zu ziehen, doch er hält gegen. „Du kommst jetzt sofort mit!“

Felix schüttelt grinsend den Kopf. „Ich trinke noch ein Bier und dann …“

„Wenn du jetzt nicht mitkommst …“ drohe ich ihm energisch. Ich befürchte, dass ihn die sanfte Tour nicht mehr berührt, bei dem Alkohol.

„Wir können uns doch gemeinsam das Leben nehmen. Wir passen nicht hierher auf diese Welt!“

Er tickt völlig aus. Ich glaube, er weiß nicht mehr, was er sagt.

„Ich gehe jetzt und möchte davon nichts hören! Und du kommst mit, sonst rede ich nie wieder ein Wort mit dir!“

Das hilft, denn Felix zieht zittrig seine Jacke über und steigt unbeholfen vom Hocker. Als er schließlich wackelig auf den Beinen steht, hake ich ihn unter und schleppe ihn mit nach draußen. Er kann sich kaum auf den Beinen halten. Torkelnd schleppen wir uns in Richtung Klinik. Dauernd schwärmt er mir davon vor, wie schön es wäre, wenn wir beide gemeinsam sterben würden. Ich höre gar nicht richtig hin. Felix ist momentan nicht er selbst.

Viel mehr überlege ich, wie ich ihn jetzt, möglichst ungesehen, in sein Zimmer bringe. So besoffen kann er unmöglich den Schwestern unter die Augen treten.

„Du kannst es dir ja noch mal überlegen. Wenn du nicht mehr leben willst …“ Er hat heute Abend scheinbar nur ein Gesprächsthema.

„Jetzt lass mich in Ruhe mit so einem Scheiß. Ich will nicht sterben, und damit basta. Wenn du nicht sofort damit aufhörst, lasse ich dich hier stehen und du kannst zusehen, wie du in die Klinik kommst.“

Als wir nach einer halben Stunde endlich die Klinik erreichen, ist kein Mensch mehr auf dem Hof. Es ist auch schon kurz vor zehn, die meisten liegen schon im Bett.

Außer Puste schiebe ich Felix vorsichtig durch die Haupttür. Unser Glück, dass niemand mehr hinter der Glasscheibe sitzt.

Möglichst leise schleichen wir die Treppe hinauf. Es kostet mich Mühe, diesen erwachsenen Mann die Stufen hoch zu schleppen. Vor allem muss ich ihn immer dazu ermahnen, leise zu sein.

Gott sei Dank hat uns niemand bemerkt, als wir endlich Felix' Zimmer erreichen. Er lässt sich sogleich auf das Bett fallen und schläft auf der Stelle ein. Ich decke ihn noch bis zum Kinn zu, damit die Nachtschwester keinen Verdacht schöpft. Schließlich geht nicht jeder mit Jeans und Pullover ins Bett.

„Tschüss, Felix! Schlaf gut, morgen geht es dir bestimmt besser", flüstere ich ihm noch zu, ehe ich auf leisen Sohlen sein Zimmer verlasse.

Draußen auf dem Gang atme ich vor Erleichterung erst einmal auf. Das war eben keine einfache Aufgabe. So habe ich Felix noch nie erlebt. Der Zustand war ja schon beängstigend. Wenn dieser Scheiß-Alkohol nicht gewesen wäre. Das hat die Sache nur noch schlimmer gemacht. Dass sich Männer immer besaufen müssen. Onkel Albert war auch Alkoholiker …

Später liege ich im Bett und kann nicht einschlafen. Ständig muss ich an Felix und seine Geschichte denken. Natürlich bin ich stolz, dass er sie mir anvertraut hat, aber auf Dauer kann ich ihm nicht helfen, sie zu verarbeiten. Ich bin zwar immer für ihn da und höre ihm auch jederzeit zu, doch ich bin kein Psychologe. Was muss hinterher in einem Menschen vorgehen, wenn die Situation ihn gezwungen hat, einen anderen zu töten? Felix hatte keine Wahl, er musste diesen Amokläufer erschießen, um selbst zu überleben. Allerdings scheint es Felix nicht so zu sehen. Ich kann selber nicht sagen, wie ich mich an seiner Stelle fühlen würde. Der Verstand sagt einem, dass man nicht anders handeln konnte, und dass man sein Bestes getan hat, doch wie sieht das Emotionale aus? Verstand und Seele sind zwei völlig unterschiedliche Dinge, die nicht immer gleich funktionieren. Armer Felix, hoffentlich kann ihm bald geholfen werden.

30

„Wo hat er dich angefasst, Janna?“

„Zwischen den Beinen.“

„Was hast du dabei gefühlt?“

Dreckig habe ich mich gefühlt, richtig dreckig. Seine großen Finger waren schmierig. Ich hasste es, wenn er sie an mir rieb, es tat weh. Jeden Abend kam er zu mir, um mich für sich zu haben, um sich zu befriedigen an meinem kleinen Kinderkörper. Er liebte mich, und er brauchte mich. Und ich suchte das, was ich in Wirklichkeit nie bekam.

Ich liebte Onkel Albert abgöttisch, was ich heute nicht mehr nachvollziehen kann. Allerdings liebte ich nur die gute Seite an ihm, denn die schlechte existierte für Nelly.

Bastian und ich hingen sehr an unserem Onkel, und wir genossen die Zeit, die er mit uns verbrachte. Er war den ganzen Tag für uns da, spielte mit uns und hatte immer ein Ohr für Probleme. Ab und zu heckte er mit uns sogar Streiche aus, die er, wenn es hinterher Ärger gab, auf seine Kappe nahm. Wir hatten eine Menge Spaß zusammen. Unsere Freunde beneideten uns um so einen Onkel und kamen in der Zeit, wenn er da war, gerne zu uns nach Hause. Alle liebten ihn.

Onkel Alberts gute Seite verkörperte den Vater, den ich mir immer gewünscht hatte.

Wenn ich mit ihm einkaufen ging und die Verkäuferinnen ihn für meinen Vater hielten, war ich mächtig stolz. „Das ist mein Papa“, sagte ich dann mit erhobenem Kopf und war selig. Ich vergötterte ihn und war beinahe süchtig nach seiner Zuwendung.

„Janna, du bist mein besonderer Liebling“, versicherte mir Onkel Albert oft und legte seinen Arm zärtlich um mich. Ich merkte, dass er mich mehr mochte als meinen Bruder. Ich spürte eine große Liebe zu mir und genoss sie, wenn er mit mir spielte oder mir kleine Geschenke brachte. In diesen Momenten fühlte ich mich geborgen, und alles war gut. Er war meistens in meiner Nähe und ließ mich selten aus den Augen.

Wenn er allerdings nachts zu mir ins Bett kam, fühlte ich mich plötzlich nicht mehr so geborgen. Er legte sich dann dicht neben mich und erzählte mir, wie sehr er mich liebe und dass ich der einzige Mensch sei, der ihn glücklich machen könnte. Dabei ließ er die Hand unter die Bettdecke gleiten und streichelte mich. Mir war das unangenehm, zumal es meistens weh tat. Er liebte mich eben, das glaubte ich zumindest. Ich ekelte mich davor, wenn ich ihn anfassen und küssen musste und hinterher klebriges weißes Zeug an meinen Händen oder im Mund verspürte. Ich hatte das Gefühl, mein Körper wurde übersät mit Schmutz und Dreck, der nie mehr abzuwaschen ging. Ich hasste diese Augenblicke, die übrigens nicht nur in der Nacht geschahen. Oft holte er mich auch tagsüber zu sich in den Keller und schloss die Tür ab, damit keiner hereinkommen konnte. Die Hände, die auch liebevoll sein konnten, wurden dann hart und grob. Sein Gesicht entwickelte erschreckende Züge und er gab komische Geräusche von sich. Zuerst dachte ich, ich täte ihm weh, doch schon bald wusste ich, dass dies nicht der Fall war. Er begehrte meinen Körper, und ich gab mich ohne mich zu wehren hin. Versuchte ich mich aus seinem festen Griff zu befreien, wurde er sehr böse und schlug mich, bis ich mich nicht mehr traute, den kleinsten Mucks von mir zu geben. Ich hatte kein Recht zu denken, dass das, was wir hinter der Tür trieben, nicht in Ordnung war. Es hatte wohl alles seine Richtigkeit und die Hauptsache war, dass mich Onkel Albert lieb hatte. Warum sollte ich dann nicht Dinge tun, die ihm gefielen? Ich war immerhin sein kleines Mädchen.

Selbst wenn er in mich eindrang, was mich jedes Mal zu zerreißen drohte, gewöhnte ich mir mit der Zeit das lautlose Weinen ab. Irgendwann spürte ich sogar nichts mehr.

Er konnte mit mir machen, was er wollte. Nichts ließ mich an seiner Liebe zu mir zweifeln. Ich habe ihm völlig vertraut, er war doch fast wie mein Vater, der bestimmt nur das Beste für mich wollte. Er hätte mir nie einen Schaden zugefügt. Mich plagten ständig Schuldgefühle, weil ich keinen Spaß an der Sache fand. Mit mir musste etwas nicht stimmen, anscheinend war ich wertlos.

Onkel Albert durfte nicht wissen, dass ich sein „Ding“ nicht mochte. Vielleicht hätte er mich dann nicht mehr geliebt. Ohne ihn wäre ich allein gewesen.

Da Onkel Albert zwei Seiten an sich hatte und ich so sehr an ihm hing, teilte ich mich auch in zwei Seiten auf, in Nelly und mich. Mit Nelly geschahen die schlimmen Dinge, nicht mit mir.

Erst jetzt, im Laufe der Therapie, in der Nelly und ich langsam zu einer Person zusammenwachsen, kommen die ganzen Erinnerungen hoch und die Gefühle von damals werden greifbar. Nellys Gefühle werden allmählich meine Gefühle. Auch wenn es sehr schwer ist, weiß ich, dass es das Beste für mich und meine Gesundheit ist. Und ich weiß, dass ich Onkel Albert von ganzem Herzen hasse!

Was ist Liebe?

Angst vor der Dunkelheit,
traurig vor Einsamkeit.
Vertrauter Schatten steht im Raum,
doch man merkt und fühlt es kaum.
Freude darüber, nicht allein zu sein,
doch wahrlich trügt der Schein.
Das Gefühl, endlich einmal geliebt zu werden,
warum dann noch Beschwerden?
Vergessen werden Schmerz und Pein,
nur um etwas Besonderes für ihn zu sein.
Die Liebe verdeckt das Schlechte,
verwirrend sind die Nächte.
Zu klein, um zu erkennen den Betrug,
er bekommt einfach nie genug.
Niemand will es beachten,
wenn geile Augen den kleinen Körper betrachten,
wenn große Hände diesen befassen,
die mich dazu zwingen mich selbst zu hassen.
Sein Körper platzt vor Gier,
doch bloß kein Zeigen von Zier.
Du ersehnst dir schließlich Liebe
und keine Hiebe!

Ich sitze im Zug und die Bilder rasen an mir vorbei. Ich bin geschützt in meinem Abteil, mir kann nichts passieren. Die Bilder kommen nicht an mich heran, sie befinden sich hinter dem Glasfenster und sind ganz weit weg. Der Zug fährt immer schneller, immer schneller, vorbei an der Vergangenheit auf dem Weg in die Zukunft …

„Wie geht es dir?“ Frau Grünert lässt die Finger sinken.

Ich sehe sie an und lächle erschöpft. „Ganz gut“, antworte ich ihr und reibe müde meine Augen. Das ständige Augenwackeln macht mich fertig.

„Wie belastend sind die Bilder, die hochgekommen sind?“ fragt sie vorsichtig nach.

„Nicht mehr so belastend wie sonst. Sie treten so langsam in den Hintergrund, glaube ich.“

Frau Grünert strahlt mich an, sie sieht richtig glücklich aus.

„Du bist aus dem Gröbsten heraus, die Traumatherapie zeigt ihre Wirkung, sie schlägt allmählich an. Wenn du so weiter machst, kannst du bald entlassen werden. Wie ist es mit dem Ritzen? Hast du noch Verlangen danach?“

„Momentan eigentlich nicht mehr.“ Es ist das erste Mal seit langem, dass ich kein Verlangen danach habe. Zwar habe ich schon Wochen ausgehalten, ohne zu schneiden, doch die Lust war immer da gewesen, während ich jetzt nicht mal mehr Lust darauf habe.

„Sehr gut“, lobt mich Frau Grünert. „Ich glaube, es geht echt aufwärts. Du kannst stolz auf dich sein.“

Ich grinse sie an und fühle mich richtig gut. Endlich geht es mir besser, endlich sehe ich einen Lichtblick. Es gibt wieder einen Grund zu leben. Zwar bin ich mit meinem Körper noch nicht ganz einig, doch ich kann mich mit meinen Piercings, meinen schwarzen Haaren und den dunklen Klamotten nun schon ein wenig besser leben.

An meinem äußeren Erscheinungsbild sieht man mir an, dass Nelly und ich uns schon ein Stück weit verbunden haben. Wir kommen immer näher zusammen.

„Was hast du an den Weihnachtsfeiertagen vor?“

„Ich bin für zwei Nächte beurlaubt und feiere mit meinen Eltern und meinem Bruder. Das wird bestimmt super“, lache ich ironisch. Ich habe jetzt schon Horror davor, aber ich werde es irgendwie überleben. Dafür werden die zwei Nächte in meiner neuen Wohnung sicherlich schön, darauf freue ich mich. Schließlich muss ich schon mal üben, wenn ich bald entlassen werde.

Als die Stunde vorüber ist, nimmt mich Frau Grünert in den Arm, sie drückt mich ganz fest.

„Ach Janna, ich freue mich so für dich! Endlich geht es dir besser, du weißt gar nicht, wie glücklich mich das macht. Ich habe extra die Ausbildung zur Traumatherapeutin gemacht, um dir zu helfen."

Ich drücke sie ebenfalls. „Vielen, vielen Dank!"

Ich werde von Tag zu Tag stabiler. Mir geht es blendend. Ich verspüre nicht mehr den Drang zu schneiden und werde nicht mehr von Selbstmordgedanken geplagt. Die Belastung der Erinnerungen lässt nach und ich fühle mich wieder wie ein Mensch, der sein Leben in den Griff bekommt. Ich habe neue Kraft und Hoffnung.

Wir haben den Entlassungstermin auf den 7. Januar gesetzt, das sind noch gut drei Wochen bis dahin, in denen ich noch weiter Stabilität aufbauen kann. Ich freue mich auf das Leben da draußen und darauf, endlich wieder frei zu sein. Katja hat mir angeboten, bei ihr in der Tierarztpraxis zu arbeiten. Mein Alltag ist nun schon gesichert. Ich habe eine Wohnung, eine Arbeit, die Beschäftigung mit meinen Tieren und liebe Menschen um mich herum, die mir helfen. Da kann doch eigentlich nichts schief gehen. Ich habe beschlossen, die Ausbildung zur Erzieherin nicht weiter zu machen. Ich habe die nämlich die Schnauze voll von Psychologie. Außerdem leuchtet mir immer mehr ein, dass ich die Ausbildung nur angefangen habe, um mich selbst besser zu verstehen und mich selbst ein Stück weit analysieren zu können. Da ich mich und mein Verhalten jetzt verstehe, brauche ich die Ausbildung nicht mehr. Während ich bei Katja arbeite, kann ich mir in Ruhe überlegen, welchen Beruf ich ausüben werde.

Felix geht es auch besser. Er bearbeitet sein Problem nun mit seinem Psychologen und ist guter Dinge. Wir glucken immer noch so aufeinander und sind ständig zusammen unterwegs. Ich kann sagen, dass Felix mein bester Freund geworden ist. Er ist mir fast so wichtig wie Katja, aber auch nur fast.

Felix ist neben Dr. Fock der einzige Mann, dem ich vertrauen kann. Ich bin stolz darauf, einem Mann vertrauen zu können. Es ist wie ein Geschenk für mich, dass ich vor zwei Männern keine Angst zu haben brauche. Das Leben ist einfach herrlich!

31

Es ist Heilig Abend. Mit aufgesetzten fröhlichen Gesichtern sitzen wir, meine Eltern, Bastian und ich im Wohnzimmer vor dem Weihnachtsbaum. Jeder hat ein Sektglas in der Hand, und wir prosten uns feierlich zu. Bastian umarmt mich und wünscht mir alles Gute. Ich weiß nicht, wie ich das aufnehmen soll, denn er hat sich in dem halben Jahr, seit ich in Arnsberg bin, nicht ein einziges Mal bei mir gemeldet. Mittlerweile traue ich keinem mehr aus meiner Familie, sie sind doch alle gleich, oberflächlich und einfach gestrickt. Es hat mich die ganze Jahre immer belastet, „anders" zu sein als sie, und ich fühlte mich nie richtig dazugehörig, was mich immer traurig machte. Nun ist es mir egal, ich bin sogar eher stolz darauf, ein „schwarzes Schaf" zu sein. Schließlich will ich nicht so sein wie sie.

„Na, wie hast du in deiner Wohnung heute Nacht geschlafen?" fragt mein Vater und packt nebenbei ein Päckchen aus.

„Gut", antworte ich nur und versuche möglichst überzeugend zu klingen. Eigentlich habe ich beschissen geschlafen. Ich habe mich nach meinem Bett in Arnsberg gesehnt. Die ganze Nacht habe ich mich einsam gefühlt und kein Auge zugetan. Anke war ziemlich schweigsam zu mir, woraus ich schloss, dass sie meine Anwesenheit störte. Als ich sie darauf ansprach, sagte sie nur: „Ich bin es halt gewöhnt, alleine zu wohnen. Aber besser du ziehst mit mir zusammen, als irgendjemand anderes."

Da ich zur Zeit eigentlich ziemlich stabil bin, hat mich diese Äußerung nicht weiter gestört. Wenn ich es nüchtern betrachte, bin ich momentan nämlich in einer euphorischen Phase, in der mich nichts umhauen kann. Ich habe vor zwei Tagen sogar heimlich meine Medikamente abgesetzt, weil es mir so gut geht. Da ich sie nicht mehr unter Aufsicht nehmen muss, ist das gar kein Problem, sie einfach nicht zu nehmen. Warum sollte ich sie auch schlucken? Ich bin doch total glücklich.

Entsprechend verläuft auch der heutige Heilige Abend. Ich bin super drauf und verstehe mich auch mit meinen Eltern bestens. Die Einsamkeit von letzter Nacht ist längst vergessen und ich freue mich auf die nächste Nacht in meinem neuen Zuhause. Anke soll doch denken, was sie will. Ich bin ihre Mitbewohnerin und fertig, daran muss sie sich eben gewöhnen.

Ich unterhalte mich seit langem mal wieder blendend mit meiner Familie, wobei beachtet werden muss, dass Arnsberg und mein Befinden nicht ein einziges Mal erwähnt werden. Aber das ist auch gut so, schließlich rede ich mit meinen Eltern nicht über Gefühle.

Nachdem wir gegessen und anschließend noch vor dem Weihnachtsbaum gesessen haben, verabschiede ich mich und fahre zur Party einer alten Schulfreundin. Ich muss heute Abend noch unbedingt unter Leute, sonst platze ich vor Energie. Die Party ist bereits in vollem Gange, als ich eintreffe. Die Leute, die auf Sofa und Fußboden verteilt sitzen, sind mir zum größten Teil fremd, doch das ist mir egal. Ich kann sie ja kennen lernen.

„Janna, cool, dass du gekommen bist!“ Meine Freundin Kim fällt mir freudestrahlend um den Hals. „Musst du heute Abend noch in die Klinik zurück, oder hast du Ausgang?“

„Nein, ich habe heute frei“, erwidere ich mit Stolz. „Ich kann so lange bleiben, wie ich will!“

Kims Freunde entpuppen sich als äußerst merkwürdig. Sie beachten mich kaum und zeigen keinerlei Interesse an mir. Ich unterhalte mich die ganze Zeit mit einem Mädchen, das ganz nett ist, aber so richtig erfüllend ist das Gespräch nicht. Die Leute scheinen eine eingeschweißte Clique zu sein, die mit Fremden offenbar nichts anfangen können. Solche Verschlossenheit hasse ich wie die Pest. Ich komme mir vor wie der letzte Außenseiter.

Um dieses unangenehme Gefühl nicht länger ertragen zu müssen, ziehe ich ein paar Male an dem herumgereichten Joint. Früher, als ich vielleicht 16 war, habe ich häufiger Hasch geraucht. Allerdings fand ich die Wirkung nie so berauschend, deshalb habe ich es irgendwann gelassen.

Ich rauche aus Langeweile fast den ganzen Joint weg, und ich kümmere mich nicht darum, ob es mir anschließend eventuell schlecht gehen könnte. Ich möchte einfach nur meinen Kopf benebeln, vielleicht würde ich dann die Stimmung hier ertragen.

Als nach einer halben Stunde immer noch keine Wirkung eintritt, verabschiede ich mich und steige in mein Auto. Auf die Party habe ich echt keine Lust mehr. Bevor ich den ganzen Abend allein zwischen dem Haufen sitzen muss und mich blöd anstarren lasse, fahre ich lieber nach Hause.

Ich kurve mein Wagen durch die gähnend leeren Straßen und frage mich, wo überhaupt mein Zuhause ist. Wohin kann ich jetzt fahren, um mich geschützt und wohl zu fühlen? In meiner Wohnung wäre ich sicher wieder einsam, außerdem, wenn ich ganz ehrlich bin, kann ich mich noch nicht richtig mit ihr anfreunden. Bei meinen Eltern bin ich nicht mehr zu Hause, worüber ich auch sehr froh bin, und die Klinik ist eigentlich auch nicht mein Zuhause. Schließlich werde ich ja auch bald entlassen.

Wo zum Teufel kann ich nun also hinfahren? Wo kann ich mich zu Hause fühlen? Katja und Philipp sind über Weihnachten zu ihren Eltern nach Hamburg gereist, zu ihnen kann ich also auch nicht.

Verdammte Scheiße, ich fahre durch die dunklen Straßen und weiß nicht wohin. Ich glaube, ich habe im Moment kein richtiges Zuhause.

Also fahre ich zurück in die Klinik und muss mir eingestehen, dass ich mich dort am wohlsten fühle. Ich will mich dort aber nicht am wohlsten fühlen, schließlich werde ich bald entlassen und kann mich dann nicht mehr in mein geliebtes Zimmer und zu den vertrauten Schwestern flüchten.

Der Nachtportier staunt nicht schlecht, als ich nachts um halb eins vor der Tür stehe und herein will. Er bringt mich ohne große Worte in mein Zimmer, wo ich mir gleich meinen Pyjama anziehe und mich zitternd ins Bett lege. Ich bin total aufgewühlt und kann nicht eine Sekunde ruhig liegen bleiben. Ständig wälze ich mich von einer Seite zur anderen. Irgendwann wird die Tür sachte geöffnet und Schwester Nina kommt ins Zimmer.

„Du bist ja wiedergekommen“, sagt sie leise und setzt sich zu mir ans Bett. Ich richte mich auf und strahle sie an. Schön, dass sie da ist.

„War es nicht schön?“

„Doch total“, erwidere ich eifrig und mit einem Strahlen im Gesicht. „Es war ein wunderschöner Abend. Ich habe mich prima mit meinen Eltern verstanden. Die sind so nett, das kannst du dir nicht vorstellen. Die sind wirklich so lieb.“ Ich rede wie ein Wasserfall und kann kein Ende finden.

„Das sind die besten Eltern, die man haben kann. Sie haben mir tolle Sachen geschenkt. Ein Telefon habe ich bekommen und Bettwäsche! Ich liebe meine Eltern abgöttisch, sie sind wunderbare Menschen.“ Ich lache hysterisch auf und fuchtele mit den Armen in der Luft herum. Das Lächeln in Schwester Ninas Gesicht verschwindet, sie sieht besorgt aus, doch mein Redefluss ist nicht zu stoppen. „Ich habe sie so lieb. Kannst du dir das vorstellen? Meine Eltern sind die besten Eltern. Sie meinen es nur gut mit mir, und ich habe es nie gesehen. Ich habe sie nie geschätzt.“ Ich will aufstehen und ein wenig im Zimmer umherlaufen, doch Schwester Nina drückt mich sanft aber bestimmt in die Kissen zurück.

„Ich denke, es ist besser, wenn du jetzt mal schläfst. Morgen …“

„Nein“, rufe ich aufgebracht. „Du darfst nicht gehen, lass mich nicht allein. Bitte!“ Ich flehe sie an. Sie kann mich jetzt nicht allein lassen. „Ich kann nicht schlafen, das war doch so schön heute Abend, wirklich. Es war das schönste Weihnachtsfest in meinem Leben. Ich habe die tollsten Eltern der Welt, nur ich Dreckstück habe das nie gesehen!“ Ich sehe sie bestimmt an. Sie muss mir glauben.

„Ich hole dir etwas zum Schlafen, und dann bleibe ich bei dir, bis du schläfst, okay?“

„Okay.“ Meine Antwort kommt wie aus der Pistole geschossen.

Während sie die Schlaftablette unten aus dem Schwesternzimmer holt, nutze ich die Gelegenheit und renne ein wenig durch mein Zimmer. Ich muss meine Energie abladen, denn ich koche bald über. Sie muss raus! Ich laufe im Kreis und trete heftig mit den Füßen auf. Dass die Patienten unter mir davon wach werden könnte, daran denke ich nicht.

„Janna, leg dich hin!“ Schwester Nina ist wieder da.

Ich gehorche ihr sofort, und mit einem Satz bin ich wieder im Bett und ziehe die Decke bis ans Kinn.

Schwester Nina sitzt neben mir und gibt mir das Schlafmittel, das ich sofort schlucke.

Dann kuschele ich mich in Ninas Arm und schließe die Augen.

„Ich liebe meine Eltern …“

Nina legt mir die Hand auf den Mund. „Pst … Jetzt rede nicht mehr und versuche zu schlafen.“

Doch ich höre nicht auf sie. Meine Gedanken sind schon wieder ganz woanders.

„Dr. Fock ist nur noch ein paar Tage hier“, werfe ich in den Raum.

Sie nickt nur, und an ihrem Gesichtsausdruck sehe ich, dass sie ein erneutes Gespräch nicht anfangen will.

„Ich will nicht, dass er geht“, murmele ich und bin schon fast eingeschlafen.

Ich fahre mit meinen Fingern über seinen fleischigen Rücken. Die Nägel bohren sich in seine Haut, Blut quillt zwischen meinen Händen hervor. Er stöhnt lustvoll auf. Ich weiß nicht, wer da unter mir liegt, ich kann sein Gesicht nicht erkennen.

Wer ist das nur?

Total verschlafen stehe ich am nächsten Morgen eine Stunde lang unter der Dusche. Ich fühle mich dreckig und beschmutzt. Die Nacht war verwirrend für mich gewesen. Ich muss völlig wirres Zeug geredet haben, so weit ich mich erinnern kann. Ich habe die ganze Zeit von meinen Eltern erzählt, und nur Blödsinn. Warum bin ich nur so ausgeflippt? Und dann war da wieder dieser merkwürdige Traum. Ist er etwa der Grund dafür, dass ich mich wieder so eklig fühle? Was hat dieser Traum zu bedeuten?

Ich schrubbe meine Hände wie verrückt, sie sind dreckig. Ich bin so widerlich, der Schmutz will gar nicht abgehen. Oh Mann, die Scheiße wird doch wohl hoffentlich nicht wieder von vorne losgehen? Mir ging es in letzter Zeit so gut, und in zwei Wochen werde ich entlassen. Dann muss ich schließlich fit sein. Ich habe mir überlegt, dass ich mich deshalb in meiner neuen Wohnung nicht wohl fühle, weil sie noch ungewohnt für mich ist. Wenn ich erst einmal zwei Wochen konstant in ihr schlafe, werde ich sie bestimmt als mein Zuhause betrachten. Außerdem ist ja auch noch Katja da. Und sie ist meine größte Hilfe. Es wird schon alles gut werden. Vielleicht sollte ich meine Medikamente wieder nehmen. Wahrscheinlich war es zu früh, sie abzusetzen und dann auch noch heimlich. Am besten fange ich gleich wieder an, sie zu schlucken. Bestimmt geht es mir damit bald besser.

Wenn sich nur der Schmutzfilm von meiner Haut lösen würde …

„Na, Herzchen, wie hast du Weihnachten überlebt?"

Ich liege auf dem Bett und lese, als Dr. Fock zu mir ins Zimmer kommt.

„Och, ganz gut", sage ich und lege das Buch zur Seite. Ich lächle ihn an und richte mich auf.

Er setzt sich seufzend zu mir ans Bett.

„Du weißt, dass ich heute den letzten Tag arbeite", spricht er von selbst dieses heikle Thema an.

„Was? Könnten Sie bitte noch einmal wiederholen, was Sie eben gesagt haben?"

„Ja, ich bin heute den letzten Tag da."

Ich greife mir fassungslos an die Schläfe und starre ihn an.

„Aber wieso? Ich dachte, Silvester wäre Ihr letzter Arbeitstag. Bis dahin sind es doch noch drei Tage." Ich verstehe die Welt nicht mehr.

„Ich habe noch Resturlaub", erklärt er. „Entschuldigung, ich glaubte, du wüsstest es."

Ich schüttle nur den Kopf und streiche meine schwarze Bluse glatt. Mir verschlägt es die Sprache, der Abschied kommt so plötzlich. Ich bin zum Abschiednehmen noch nicht richtig bereit.

Betretene Stille herrscht nun zwischen uns. Ich beiße mir auf die Lippen und fixiere den Lichtschalter. Es ist das letzte Mal, dass wir zusammen auf meinem Bett sitzen und reden. Wir werden uns erst im Januar wiedersehen. Jetzt bloß nicht heulen.

Dr. Fock zieht mich zu sich und nimmt mich in den Arm. Da kann ich meine Tränen nicht mehr zurückhalten. Ich schmiege mich an seine Brust und fange an herzzerreißend zu heulen. Ich presse die Fäuste auf die Augen und lasse meine Tränen fließen. Ich hasse Abschied. Was soll ich denn jetzt machen? Frau Dr. Siebeler ist für die nächsten anderthalb Wochen im Urlaub.

„Ihr könnt mich doch nicht alle im Stich lassen", schluchze ich schniefend.

Dr. Fock wiegt mich nun leicht hin und her.

„Du wirst doch bald entlassen", versucht er mich zu trösten. „Außerdem ist Frau Grünert auch noch da."

„Und welcher Arzt ist dann für mich zuständig?" Ich heule mir bald die Seele aus dem Leib.

„Frau Dr. Hut betreut dich, solange Frau Dr. Siebeler im Urlaub ist. Sie ist auch sehr nett."

Meine Welt droht mal wieder zusammenzubrechen. Mein Dr. Fock geht, ich werde ihn hier nicht mehr wiedersehen. Keine lockeren Sprüche mehr, kein schützendes In-den-Arm-nehmen mehr, alles ist vorbei. Er lässt mich im Stich.

„Wenn du zuhause bist, machen wir ambulant weiter. Du kommst zu mir in die Praxis …"

„Ich werde Sie so schrecklich vermissen", weine ich und klammere mich an ihn. Ich will ihn nie mehr loslassen. Er darf nicht gehen.

„Ich kann mich nicht schon wieder an eine neue Ärztin gewöhnen."

„Aber Herzchen, in zwei Wochen bist du doch auch schon entlassen", beschwichtigt er mich.

„Wer weiß, was bis dahin noch passiert. Ich habe solche Angst, dass ich es nicht schaffen werde."

Mit Dr. Fock bricht ein Stück aus meinem Leben. Die Zeit mit ihm hier ist beendet. Ich komme mir ohne Ende kindisch vor, aber ich bin so unsagbar traurig.

Dr. Fock hält mich noch lange im Arm und wir schweigen. Er lässt mich richtig ausheulen. Ich drücke mich wie ein kleines Kind an ihn und spüre zum letzten Mal die Nähe zu ihm. Er wird mir so sehr fehlen. Wenn Dr. Siebeler wenigstens keinen Urlaub hätte und da wäre, dann wäre die ganze Situation vielleicht nur halb so schlimm. Aber dass beide weg sind, macht mir zu schaffen. Frau Grünert sehe ich nur einmal am Tag. Sie kann ich nicht anpiepen lassen, wenn es mir schlecht geht. Sie sitzt nicht morgens an meinem Bett und weckt mich.

Ich weiß, dass ich Dr. Fock bald wiedersehen werde, doch das ist irgendwie anders. Ich kann mir nicht vorstellen, dass ich nie wieder in seinem kleinen stickigen Zimmer sitzen werde. Dr. Focks Zeit in Arnsberg ist beendet, und somit ist die Zeit auch für mich auf eine Art beendet. Und das tut weh! Vielleicht wird mir langsam bewusst, dass ich bald auf eigenen Füßen stehen muss und nicht mehr unter dem Klinikdach geschützt und zuhause bin.

Nachdem ich mich von meinen heftigen Weinkrämpfen beruhigt habe, setze ich mich auf und wische meine Tränen mit dem Handrücken ab und bringe ein gequältes Lächeln hervor. Dann lege ich Dr. Fock ein Geständnis ab: „Wissen Sie eigentlich, dass ich zu Anfang ganz schön verknallt in Sie war?“

Ich lache beschämt und schaue in eine andere Richtung. Oh Gott, wie peinlich.

Dr. Fock überlegt kurz und nickt schließlich. „Ja, das habe ich gemerkt.“ Er grinst fast ein wenig stolz. Er tut zwar jetzt so cool, doch ich spüre, dass er ziemlich gerührt ist. Ich nehme ihm nicht ab, dass er mein Verliebtsein bemerkt hat. Aber ist auch egal, ich habe es ihm gesagt, und das ist die Hauptsache. Eigentlich kann er ja auch stolz auf sich sein, denn ich verliebe mich so gut wie nie.

„Ach Herzsche, es hat schon Spass gemacht, mit dir zu arbeiten“, sagt er und zerzaust meine Haare. „Wir werden uns im neuen Jahr bei mir in der Praxis sehen und weiter machen, okay?“

Frau Grünert wirft mir einen sorgenvollen Blick zu, als ich mit hängenden Schultern vor ihr auf dem Stuhl sitze. Ich bin sehr schweigsam und würde am liebsten losheulen.

„Dir geht der Abschied von Dr. Fock sehr nahe, stimmt’s?“

Ich nicke und spiele an meinem Nasenring herum. Dr. Fock ist weg, er arbeitet nicht mehr hier. Nun ist er nicht mehr für mich zuständig. Jetzt muss ich die letzten Wochen allein klar kommen, und davor habe ich Angst.

„Hilft es dir denn nicht zu wissen, dass du ihn bald wieder siehst?“ fragt Frau Grünert einfühlsam und aufmunternd.

Doch ich schüttle den Kopf. Das ist etwas anderes. Ich kann aber nicht genau sagen, was daran anders ist.

Vielleicht ist es die Vorstellung, nur einmal die Woche eine Stunde von ihm therapiert zu werden, und nicht mehr spazieren zu gehen, nicht mehr zusammen zu puzzlen und ihn einfach nicht mehr täglich zu sehen. Dr. Fock war in der Klinik mein Lebenselixier, der immer für mich da war. Er war mein ständiger Begleiter, der mir in allen Situationen half.

„Komm, wir schauen mal, wie es deinem inneren Kind heute geht“, schlägt Frau Grünert schließlich vor. Ich verdrehe die Augen. Seit Ewigkeiten haben wir keinen Kontakt mehr zu dem kleinen Mädchen aufgenommen. Ich hasse dieses Kind. Wahrscheinlich wird es wieder weinend vor mir sitzen, und ich kann nichts für es tun. Solchen zusätzlichen Frust brauche ich heute nicht auch noch. Doch ich gebe keine Widerworte und lasse mich auf die Tranceübung ein. Vielleicht existiert das kleine Mädchen ja nicht mehr, und wir können wieder aufhören.

Allerdings gibt es das Kind noch. Immer deutlicher erscheint es vor meinen Augen, immer klarer wird seine Gestalt.

Wie vor ein paar Monaten sitzt es in sich zusammengesunken in einer Ecke und zittert. Der Kopf ist in seine Arme vergraben, das Gesicht ist verdeckt.

„Kannst du auf das Kind zugehen?“

Ich schüttle den Kopf. „Nein, das kann ich nicht.“

Eine innere Kraft hindert mich daran, das kleine Mädchen anzufassen. Ich ekle mich vor ihm. Es ist so verdreckt und heruntergekommen.

„Kannst du ihm etwas Nettes zurufen, was es aufheitern könnte?“

Wieder schüttle ich den Kopf. Es geht nichts, rein gar nichts. Ich kann es noch nicht mal richtig anschauen, dieses Miststück.

Es entsteht Stille zwischen Frau Grünert und mir. Sie scheint nachzudenken. Ich muss ein zäher Brocken sein, der sich so schnell nicht erweichen lässt.

„Könntest du dir vorstellen, dass Katja das Mädchen in den Arm nimmt?“ fragt sie nach einer Weile. Auf diese Frage war ich nicht gefasst. Ich zögere, vielleicht könnte es aber gehen. Vielleicht ekelt sich Katja nicht vor dem Kind.

Und plötzlich sehe ich vor meinem inneren Auge, wie Katja langsam auf das verängstigte Mädchen zugeht. Vorsichtig nähert sie sich ihm und kniet sich vor es.

Das Mädchen starrt sie schweigend an. Man merkt deutlich, dass es Angst hat. Katja redet sanft mit ihm; was sie sagt, kann ich jedoch nicht verstehen. Dann nimmt sie das Kind in den Arm. Sie hält es fest und wiegt es wie ein Baby. Dabei legt sie schützend eine Hand auf seinen Kopf. Ihre Lippen berühren seine Haare.

Ich kann dieses Bild nicht fassen. Katja ekelt sich nicht vor dem Kind? Sie hält es einfach in ihren Armen, wo es geborgen und geschützt ist. Sie scheint es lieb zu haben. Sie nimmt es an, so wie es ist. Wahnsinn!

„Kannst du dir das vorstellen?" fragt mich Frau Grünert noch einmal.

Ich nicke langsam. „Ja", schluchze ich und fange im selben Moment an zu weinen.

Mitten in der Nacht erwache ich wieder aus demselben Traum. Es ist der Traum, in dem ich einem unbekannten Mann den Rücken blutig kratze. Ständig träume ich davon, und ich habe nicht die leiseste Ahnung, was dies zu bedeuten hat.

Jedenfalls bin ich schweißgebadet und zittrig. Ich fühle mich bodenlos allein, ich sehne mich nach Katja. Dieser Traum macht mir Angst. Wenn doch nur jemand hier wäre. Scheiße, jetzt fange ich auch noch an zu heulen. Ich komme mir in dem Moment vor wie ein kleines Baby, das sich nach seiner Mutter sehnt.

Ich setze mich auf und lehne mich an die Wand. Innerlich bebend streiche ich mir eine schwarze Strähne aus dem Gesicht. Auf einmal bin ich hellwach. Dicke Tränen laufen über meine Wangen. Warum zum Teufel muss ich weinen? Ich habe doch gar keinen Grund, traurig zu sein. Wenn ich nur nicht so einsam wäre. Diese Stille in der Klinik macht mich verrückt. Wie viel Uhr ist es überhaupt?

Mit verquollenen Augen knipse ich die Nachttischlampe an und schaue auf die Uhr. Es ist viertel vor zwei. Was mache ich denn jetzt? Ich fühle mich wie das kleine innere Kind, das ich gestern bei Frau Grünert vor Augen hatte. Genauso fühle ich mich, wie ein kleines verdrecktes und schmuddeliges Mädchen. Außerdem empfinde ich eine tiefe Machtlosigkeit. Ich bin machtlos gegen mich und das Leben. Scheiße!

Ich klingle nach der Schwester. Diese Einsamkeit kann ich nicht länger ertragen. Irgendjemand muss jetzt bei mir sein. Und nach ein paar Minuten erscheint Schwester Nina. Sie findet mich in einem zusammengekauerten und aufgelösten Zustand. Ich weine, was das Zeug hält.

„Janna, was ist los?" fragt sie mitfühlend und setzt sich an die Bettkante.

„Ich bin einsam", sage ich stockend.

Sie legt einen Arm um mich. „Ich bin bei dir, du musst dich nicht allein fühlen!"

Ich lege mich in ihren Schoß und kuschle mich an sie. „Ich hatte eben wieder diesen Albtraum. Ich weiß nicht, was er bedeutet. Er macht mich kaputt."

„Es war nur ein Traum", beruhigt mich Nina. „Er ist vorbei. Dir kann nichts passieren."

„Kannst du Katja anrufen? Sie soll kommen." Ich richte mich abrupt auf und wische mir zittrig eine Träne ab. Dass gleich darauf neue kommen, registriere ich nicht.

„Es ist mitten in der Nacht, ich kann Katja nicht anrufen", erklärt Nina sanft aber bestimmt.

„Bitte, bitte", flehe ich. „Ich möchte sie so gerne sehen."

Doch Nina schüttelt den Kopf. „Du kannst sie morgen früh anrufen", versucht sie mich zu trösten.

Daraufhin werde ich wieder von einem Weinkrampf geschüttelt. Ich vermisse Katja so sehr. Warum kann sie jetzt nicht hier sein?

32

Felix und ich schlendern durch den Wald. Eingehakt laufen wir den schneebedeckten Weg entlang. Diese Nacht hat es heftig geschneit, die ganze Landschaft ist in einem stillen und friedlichen Weiß untergetaucht. Es ist ganz ruhig im Wald, nur unsere Schuhe sind im Schnee zu hören.

Heute ist der letzte Tag des Jahres. Es ist ein Abschied; ein Abschied von meinem alten Leben. Zu Beginn des neuen Jahres werde ich entlassen. Dann bin ich für mich selbst verantwortlich und werde meine Vergangenheit hoffentlich hinter mir lassen können. Es wird viel passieren. Ich ziehe in meine erste eigene Wohnung, ich werde mir einen anderen Ausbildungsplatz suchen und auf eigenen Füßen stehen. Diese Dinge stehen schon alle fest, doch die Frage ist, wie es mir damit gehen wird. Werde ich es schaffen? Und was wird noch auf mich zukommen?

„Wollen wir heute Abend zusammen Silvester feiern?“ fragt mich Felix.

Ich bleibe stehen und muss kurz überlegen. Dann schüttle ich den Kopf. „Nein“, antworte ich. „Ich will gar kein Silvester feiern. Ich lasse mir heute Abend zwei Schlaftabletten geben und gehe früh ins Bett.“ Ich sehe ihn unsicher an. „Bist du jetzt sauer?“

Felix lächelt und legt seinen Arm um meine Schultern. „Warum sollte ich sauer sein? Das ist doch deine Entscheidung, und ich kann dich verstehen. Vielleicht sollte ich heute Abend auch zeitig schlafen gehen. Denn eigentlich habe ich auch keine Lust auf Silvester.“

Wir gehen Arm in Arm weiter und schweigen. Felix ist ein Mensch, mit dem man gut schweigen kann. Wir brauchen nicht immer Worte, um uns zu verstehen.

Meine Entscheidung steht fest. Ich werde heute Abend früh ins Bett gehen und den ganzen Neujahrstrubel verschlafen. Mir ist nicht nach feiern zumute und schon gar nicht nach Abschied. An Silvester denkt man immer daran, was das kommende Jahr wohl einem bringe und man wirft noch einmal einen Blick auf das vergangene. Über beides will ich nicht nachdenken. Beide Vorstellungen jagen mir Angst ein. Ich möchte gar nicht wissen, was das neue Jahr für mich bereit hält. Ich habe panische Angst davor. Vielleicht schaffe ich es nicht, für mich selbst verantwortlich zu sein, vielleicht schaffe ich es nicht, ohne Klinik zu sein. Was ist, wenn ich wieder rückfällig werde, wenn ich wieder anfange zu ritzen? Daran darf ich gar nicht denken. Das wäre die größte Niederlage für mich. Ich möchte als geheilt entlassen werden. Ich weiß, dass ich auf dem besten Wege bin, doch die Angst bleibt da. In acht Tagen darf ich nach Hause gehen. Bis dahin habe ich noch fünf Mal Traumatherapie. Frau Grünert ist sehr zuversichtlich und meint, ich wäre aus dem Gröbsten heraus. Sie glaubt nicht, dass ich rückfällig werde, denn dafür hätte ich zu viel an mir gearbeitet. Ihre Worte machen mir wirklich Mut. Sie kennt mich nun immerhin sehr gut.

Was mir jetzt halt immer noch ein wenig fehlt, ist der Glauben an mich selbst. Ich vertraue mir eben noch nicht ganz, ich weiß nicht, wo meine Stärken liegen. Doch eines weiß ich, und zwar, dass ich mein Leben in den Griff bekommen muss. Ich muss lernen, in die Zukunft zu schauen und die Vergangenheit hinter mir zu lassen. Und das lerne ich nur, wenn ich draußen wieder im richtigen Leben stehe. Hier in Arnsberg kann man nur Stabilität aufbauen, aber ob man wirklich gesund ist, merkt man erst, wenn einen der Alltag wieder hat. Ich glaube, wenn man den ohne große Probleme meistert, kann man von Gesundheit sprechen. Ich muss mich einfach trauen, diesen Schritt nach draußen zu wagen, auch wenn er mir schwer fallen wird. Ich muss ihn gehen, denn sonst erfahre ich nie, ob ich stabil genug bin.

Wie geplant nehme ich am Silvesterabend also zwei Schlaftabletten ein. Scheiß auf das Prost Neujahr- Gehabe. Ich will mit keinem über meine guten Vorsätze für das neue Jahr und meine Wünsche reden. Ich möchte diesen Abend verschlafen und am nächsten Morgen weiter machen wie bisher.

Kaum habe ich die Tabletten eingenommen, bin ich auch schon hundemüde. Ich schlafe elf Stunden traumlos durch. Als ich am nächsten Morgen aufwache, fühle ich mich fit und frisch. Keinen dicken versoffenen Kopf und keine Raucherstimme. Mir geht es prima, und ich freue mich auf den siebten Januar, wenn ich entlassen werde. Bis dahin sind es noch fünf Tage, und ich bin schon ganz schön nervös.

Am zweiten Tag nach Neujahr machen Frau Grünert und ich weiter mit den letzten Traumatherapiesitzungen. Der Countdown läuft. Mittlerweile will ich hier unbedingt hinaus und mein eigenes Leben führen. Ich habe keine Lust mehr auf die tägliche Therapie, keine Lust mehr auf den morgendlichen Frühsport, und auch keine Lust mehr, jeden Abend um zehn auf dem Zimmer sein zu müssen. Ich möchte endlich wieder frei sein. Auch die regelmäßigen Mahlzeiten gehen mir auf die Nerven. Ich will mich in meine neue Wohnung eingewöhnen und glücklich sein.

Heute Nacht hatte ich allerdings wieder diesen merkwürdigen und quälenden Traum. Ich bin aufgewacht und musste kotzen. Ich spreche diesen Traum bei Frau Grünert an.

„Vielleicht liegt noch irgendetwas in dir verborgen, woran wir noch nicht gekommen sind", meint sie daraufhin. „Ich denke, wir fahren nun in den letzten Tagen mit der Traumatherapie fort, damit die Geschehnisse von damals noch weiter in den Hintergrund treten."

Damit bin ich einverstanden. Die Sitzungen sind nämlich in letzter Zeit von Mal zu Mal befreiender geworden. Nach jeder Stunde habe ich mich besser gefühlt. Somit beginnt Frau Grünert wieder mit der Übung. Durch ihre ruhigen Sätze gelange ich allmählich in eine Trance, und mit der Zeit treten wieder Bilder vor meine Augen. Sie sind im Vergleich zu vorher nicht mehr so scharf wie früher. Ich sehe sie mit Abstand und weiß, dass ich in einem geschützten Zug sitze, und die Bilder wie ein Film an mir vorüberrasen. Ich bin sicher, mir können diese Filme nichts tun.

Frau Grünert pendelt ihre Hand vor meinen Augen hin und her, und ich folge ihr. Doch ganz plötzlich …

…Ich saß rittlings auf ihm und kratzte seinen Rücken. Tief drückte ich meine Fingernägel in das weiße verschwitzte Fleisch. Er stöhnte und wand sich genussvoll unter mir. Mir lief ein Schauer von Ekel über den Rücken. Ich hasste es, mich widerte es an. Seine unreine Haut erweckte in mir einen Würgreiz, doch ich musste weitermachen. Ich kratzte so lange, bis der ganze Rücken von tiefen und roten Striemen übersät war. Irgendwann drehte sich der Mann um und sah mich grinsend an. Dann griff er mir in die Hose …

Ich habe sein Gesicht gesehen …

„Janna, was ist los mit dir?" Frau Grünert umfasst sorgenvoll meine Schultern.

Ich starre durch sie hindurch und antworte nicht. Ich glaube, ich bin im verkehrten Film.

… Er erzählte mir ein Märchen, während er mich zwischen den Beinen befummelte …

„Janna, bist du noch da?" Frau Grünert klingt äußerst besorgt. Sie nimmt meine

Hand. Ich sage nichts. Es ist, als ob ich nicht mehr reden könnte. Meine Lippen sind fest aufeinander gepresst.

„Was hast du gesehen?"

Ich schüttle den Kopf, davon kann ich ihr nicht erzählen.

„Bitte, sag es mir!" Frau Grünert fleht mich beinahe an.

Ich fange an zu weinen, mein ganzer Körper bebt. Ich will hier raus. Mein Kopf soll frei sein. Es kommt immer mehr hoch, ich ertrage das nicht. Ich schlage mir vor die Stirn, um diese Gedanken, diese Erinnerungen loszuwerden. Das darf doch nicht wahr sein.

Frau Grünert kommt zu mir und nimmt mich in den Arm. „Mäuschen, du musst es aussprechen, mir kannst du es doch sagen", sagt sie liebevoll.

Ich lehne mich zitternd an sie. So eine Scheiße! Es war dieses Mal nicht mein Onkel gewesen. Es war …

„Sag es mir", flüstert Frau Grünert und hält mich fest.

Dann nehme ich meinen ganzen Mut zusammen und sage unter Tränen: „Es … es war … nicht mein Onkel!"

Diese Scheiß Traumatherapie! Sie macht mich kaputt. Ich bilde mir das doch alles ein. Es war noch jemand an der Sache beteiligt? Ich bin als Kind von zwei Männern missbraucht worden?!

Aus Wut trete ich an den Schrank. Ihr könnt mich alle mal am Arsch lecken. Ich knalle meinen Kopf an die Schranktür und lasse mich anschließend auf den Boden sinken. Ich schlage die Hände vor das Gesicht und fange an zu heulen. Dabei stampfe ich laut und schnell hintereinander mit den Füßen auf. Ich raste gleich aus. Diese Erinnerungen müssen vernichtet werden. Ich kann sie nicht in meinem Kopf behalten, sonst werde ich verrückt! Nein, nein, nein!

Plötzlich beginne ich zu schreien. Ich sitze auf dem Fußboden meines Zimmers und brülle mir die Seele aus dem Leib. Ich kann diese Vorstellung nicht verkraften, dass noch ein Mann, dessen Namen ich nicht einmal gedanklich zulassen kann, damals beteiligt war. Wo sind nur Dr. Fock und Dr. Siebeler? Irgendeinen von ihnen bräuchte ich nun dringend. So langsam dämmert mir, was damals passiert ist. Dieser Mann hat mich angefasst, und das nicht nur einmal. Ich kann mich jedoch nicht erinnern, ob ich ihn wie Onkel Albert auch sexuell befriedigen musste. Das weiß ich nicht mehr, aber ich will es auch gar nicht wissen.

Ich schreie und schreie. Meine Fingernägel verkrampfe ich in meine Wangen.

Ich halte es nicht aus, ich brauche Hilfe. Wenn nicht, springe ich gleich aus meinem Fenster.

Wankend raffe ich mich auf und gehe ins Schwesternzimmer. Ich bin nicht mehr bei mir, sondern nur noch eine leere Hülle. Ich beobachte mich, wie ich aufgelöst und heulend mit den Schwestern rede. Ich erzähle nur wirres Zeug, von den soeben hochgekommenen Erinnerungen sage ich natürlich nichts. Das darf niemand wissen.

„Ich bringe mich um“, sage ich immer wieder mit einer besorgniserregenden Unkontrolliertheit. „Ich kann nicht mehr, ich brauche ganz viele Tabletten“, kreische ich. „Mein Gehirn platzt, da ist so viel drin, was ich nicht verarbeiten kann, ich drehe durch!“

Schwester Margit stürzt auf mich zu und hält mich im Arm, während Schwester Barbara nach dem Hörer greift.

„Dr. Bierbach? Schwester Barbara hier. Wir haben einen Notfall. Könnte ich Janna eben zu Ihnen bringen?“

Nein, bitte nicht einer der Chefärzte. Die hassen mich doch alle, die werden mich in eine Geschlossene einweisen. Dann werde ich sicher noch kranker. Ich will nicht, ich will nicht.

Ich heule mir die Augen aus und bekomme schon beinahe keine Luft mehr. Alle hassen mich, die Schwestern auch, und Katja auch. Und ich hasse sie auch alle.

Schwester Barbara nimmt mich an der Hand und geht mit mir ins Haupthaus hinüber, wo Dr. Bierbach sein Zimmer hat. Vielleicht bilde ich mir das alles nur ein. Vielleicht werde ich verrückt.

Dr. Bierbach, ein Mann Ende 40, öffnet seine Zimmertür und bittet mich herein, bei Schwester Barbara bedankt er sich. Er bietet mir einen Sessel an, auf den ich mich gleich erschöpft fallen lasse. Die sonstige Einrichtung nehme ich nicht wahr. Ich werde noch immer von heftigen Weinkrämpfen geschüttelt und kann kaum reden.

„Ihnen geht es schlecht, nicht wahr?“

Ich nicke laut schluchzend. „Ich drehe durch, ich bin nicht mehr ich selbst. Da ist Wahnsinn in meinem Kopf.“ Ich haue mir gegen die Schläfen.

Von der heutigen Traumatherapie verliere ich kein einziges Wort.

„Was soll ich jetzt mit Ihnen machen?“ Dr. Bierbach sieht ratlos aus.

Ich zucke die Schultern. Warum muss Dr. Siebeler ausgerechnet jetzt im Urlaub sein?

„Schätzen Sie sich als selbstmordgefährdet ein?“ fragt er mich.

Ich zucke wieder nur mit den Schultern. Ich weiß rein gar nichts.

„Mir wäre es am sichersten, Sie in die Geschlossene einzuweisen.“

„Nein, nein, nein“, schreie ich und trete wild um mich. „Bitte, bitte nicht. Ich will da nicht hin. Tun Sie alles mit mir, nur das nicht.“ Ich bin kurz davor, dem Arzt vor die Knie zu fallen.

„Dann wird mir nichts anderes übrig bleiben, als Ihnen ein Beruhigungsmittel zu spritzen.“ Er stutzt.

„Wie alt sind Sie?“ fragt er leise nach.

„Zwanzig“, antworte ich ihm müde.

Dr. Bierbach legt einen Arm um meine Schultern und begleitet mich auf mein Zimmer. „Mensch Mädchen, Sie sind doch noch so jung.“ Er seufzt.

Mit meinem Schlafanzug bekleidet liege ich nachmittags im Bett und halte Dr. Bierbach meinen vernarbten Arm entgegen. Ich drehe den Kopf zur Seite, mir ist mittlerweile alles egal. Von mir aus kann er mich tot spritzen, das wäre wahrscheinlich das Beste.

Wo ist Dr. Siebeler? Mit ihr würde ich jetzt gerne reden. Sie könnte mich in den Arm nehmen, und vielleicht würde es mir dann besser gehen. Am liebsten wäre mir natürlich, wenn Katja hier wäre. Sie würde mich verstehen, sie würde mich lieb halten. Dann bräuchte ich auch keine Spritze. Was liegt noch in meiner Seele vergraben, wovon ich nichts weiß? Warum konnten wir die Traumatherapie nicht schon beenden? Mir ging es doch so gut. Das ist alles zu viel für mich. Ich werde verrückt, ich drehe durch.

Dann ein Stich in meiner Armbeuge und wenige Minuten später verwandelt sich mein Zimmer in farbenfrohe Wellen. Ich fühle mich plötzlich so schwerelos, als ob ich fliegen könnte. Die Möbel verschwimmen vor meinen Augen und lauter blaue Punkte schweben durch die Luft. Mein Kopf ist merkwürdig leicht, alle belastenden Gedanken schwirren aus ihm heraus. Meinen Körper spüre ich nicht mehr, ich bin ein durchsichtiger Geist. Ich kann nicht mehr denken, wie schön. Alles ist so weit weg, selbst ich. So muss sich wohl das Sterben anfühlen.

Zwei Tage bin ich regelrecht ausgeschaltet. Ich bekomme weder mit, wie ich zur Toilette gehe, noch wie ich esse. Ich merke nicht, ob ich Besuch bekomme und wann die Schwestern oder ein Arzt mein Zimmer betreten. Ich lebe in meiner eigenen Welt, die aus bunten Farben und abstrakten Formen besteht. Ich kann mich nicht bewegen, doch das stört mich nicht. Realität und Träume kann ich nicht auseinander halten. Ob der Engel, der eben durch mein Zimmer flog, wohl Wirklichkeit war? Ich kann es nicht sagen. Ist ja auch egal. Ich bin völlig weg getreten. Das Leben kann so herrlich sein, wenn man nichts fühlen und an nichts denken kann.

Als ich nach zwei Tagen allmählich wieder zu mir komme, will ich unbedingt nach Hause. Ich möchte hier raus aus der Klinik. Ich möchte mit der ganzen Psychologie, vor allem mit der beschissenen Traumatherapie nichts mehr zu tun haben. Das macht mich alles krank. Umso mehr in mir hoch kommt, desto kranker werde ich. Ich will zu Katja.

Frau Dr. Hut, eine freundliche junge Ärztin, war vorhin bei mir und sagte, es sei besser, wenn ich noch eine Woche länger hier bleiben würde. Ich müsse bis zu meiner Entlassung noch stabiler werden. Ich hoffe, Frau Grünert hat ihr nichts von meinem Vergangenheitsausbruch erzählt. Es darf auf keinen Fall jemand davon erfahren.

Ich muss damit alleine fertig werden. Darüber reden möchte ich auch nicht mehr. Vielleicht bilde ich mir nur ein, dass mich dieser andere Mann zusätzlich missbraucht hat, vielleicht stimmt es ja nicht und meine Psyche hat mir nur einen Streich gespielt. Kann doch sein, oder?

Ich weiß nicht, wie ich mit diesen Erinnerungen fertig werden soll. Warum nur mussten sie hochkommen? Die Traumatherapie hatte mir zum Schluss doch so geholfen. Ich kann nicht weitere Monate hier bleiben, um diese neuen Erinnerungen richtig zu verarbeiten. Ich muss nach Hause, ich will nach Hause. Ich bin jung und möchte nicht die ganze Zeit in der Klapse verbringen. Das Leben da draußen wartet auf mich. Verdammte Scheiße, ich weiß nicht, wie ich das auf die Reihe bekommen soll. Warum hat er es getan?

Ich muss alles vergessen, sonst kann ich nicht weiterleben. Ich *muss* es vergessen! Und vor allem darf ich es mir nicht anmerken lassen. Mein Vater darf nie erfahren, dass ich nun weiß, was damals passiert ist. Ansonsten geht alles kaputt.

„Meinst du nicht, das reicht jetzt?“ Felix wirft mir einen sorgenvollen und zugleich mahnenden Blick zu.

„Lass mich in Ruhe“, fauche ich ihn an und bestelle mir meinen vierten Cocktail. „Mit viel Gin, bitte“, rufe ich dem Kellner noch hinterher. Ich lalle schon ein wenig.

„Ich trinke, soviel ich will. Außerdem hast du gut reden. Du säufst doch selber wie ein Loch!“

Kaum steht der Drink vor mir, habe ich ihn auch schon fast in einem Zug wieder geleert. Und ich bestelle mir noch einen.

„Janna, was ist los mit dir?“ fragt Felix geduldig. „Vor drei Tagen spritzen sie dich fast ins Koma, und heute betrinkst du dich maßlos. Was ist denn passiert, dass es dir so schlecht geht? Du kannst mir doch alles sagen.“ Er nimmt meine Hand und schaut mir in die Augen. „Wir sagen uns doch immer alles.“

Ich fixiere mein leeres Glas und antworte ihm nicht. Bisher konnte ich Felix immer alles sagen, doch ob ich ihm von meinem Vergangenheitsausbruch erzählen kann? Ich traue mich nicht. Wenn das raus kommt ..., nicht auszudenken. Dann kann ich mich gleich von der nächsten Brücke stürzen, und dann würde Katja eine Fehlgeburt bekommen.

Ich kann nicht sagen, was mir solche Angst macht. Wenn es rauskäme ..., es ist ja eigentlich nicht meine Schuld. Ich habe nichts getan, mit *mir* wurde etwas getan. Nicht ich müsste mich schämen, sondern die anderen. Mittlerweile ist mir mit der Therapie immerhin klar geworden, dass ich keine Schuld habe, sondern dass andere schuldig sind. Soviel habe ich nun schon gelernt. Dennoch bleibt die altbekannte Angst, als Lügnerin abgestempelt zu werden, und dass keiner mehr ein Wort mit mir reden würde. Vielleicht würde mir nicht einmal Katja glauben. Alle wären gegen mich, sie würden mich hassen.

Mir bleibt nichts anderes übrig, als alles zu vergessen. Sonst gehe ich an der Sache kaputt. „Komm, wir gehen zurück in die Klinik“, schlägt Felix vor und bezahlt.

Ohne Widerworte stehe ich auf und hänge mich bei ihm ein. Ohne Hilfe kann ich nicht mehr gehen. Alles dreht sich um mich. Ich bin total voll.

Wankend laufen wir durch den kalten Januarabend nach Arnsberg. Felix stützt mich, und wenn ich hinfalle, hilft er mir wieder hoch. Die Leute, denen wir auf der Straße begegnen, werfen uns erschrockene Blicke zu. Mir ist das gleichgültig, ich will nur noch ins Bett.

Als wir endlich in der Klinik ankommen, halte ich mich im Treppenhaus am Geländer fest und schreie: „Scheiß- Laden ist das hier! Ihr könnt mich am Arsch lecken!“ Dann lache ich unkontrolliert.

Felix hält mir den Mund zu und bringt mich in mein Zimmer, wo ich mich sofort auf mein Bett fallen lasse. Ich bekomme nicht mal mehr mit, wie Felix mein Zimmer verlässt. Ich will nur noch schlafen.

Irgendwann steht eine Schwester vor meinem Bett. Sie rüttelt sachte an meiner Schulter.

„Was ist?“ fahre ich sie an und drehe mich auf die andere Seite.

Schwester Andrea, eine Frau Anfang 40, mit langen schwarzen Haaren, lässt sich durch mein unwirsches Verhalten nicht beirren.

„Willst du dich nicht wenigstens ausziehen, bevor du einschläfst?“

Ich blinzle ihr aus zusammengekniffenen Augen entgegen. „Was?“ lalle ich verständnislos.

„Bist du betrunken?“ Sie setzt sich zu mir ans Bett.

„Ja“, gebe ich zu und richte mich auf. Stöhnend lehne ich mich an die Wand. Ich sehe in Schwester Andreas freundliche Gesicht und fange an zu heulen. Ich schlage die Hände vor mein Gesicht.

„Was ist los?“ fragt sie und streichelt mein Knie.

Ich schüttle mit einer Spur von Fassungslosigkeit den Kopf. Ich kann alles selber noch nicht glauben. Zuerst verschlägt es mir die Sprache, doch dann sprudeln die Sätze nur so aus mir heraus.

„Er hat mich angefasst“, schluchze ich. „Er hat mich angefasst. Ich weiß nicht, wie ich es beschreiben soll. Es ist alles …

„Wer hat dich angefasst?“ erkundigt sich Schwester Andrea liebevoll.

„Das kann ich nicht sagen, das darf niemand wissen. Ich bin seit sieben Monaten hier, warum kommt das in den letzten zwei Wochen erst hoch? Ich werde bald entlassen und muss mit dieser unverarbeiteten Wahrheit fertig werden. Ich verstehe das alles nicht. Vielleicht bilde ich mir das alles auch nur ein. Wissen Sie, es war nicht nur ein Mann damals, es waren zwei …“

Ich bin so betrunken, dass ich nicht mehr kontrollieren kann, was ich von mir preisgebe. Ich kann mich nur gerade noch beherrschen, dass ich diesen zweiten Mann nicht beim Namen nenne.

„Ich kann nicht mehr, ich habe solche Angst. Es tut so weh.“ Verwirrt streiche ich mir mit den Händen über meine Augen. Wieder schüttle ich den Kopf. „Ich glaube, ich werde verrückt. Wie soll das in meinen Kopf hineingehen?“

Schwester Andrea seufzt und sieht mich mitfühlend an. Ich presse mein Gesicht auf die Knie. Die ganze Welt um mich herum ist zerstört. Ich will nach Hause … oder vielleicht doch nicht. Ich weiß nicht mehr, was ich überhaupt noch will. Was wird noch alles auf mich zukommen?

Ich stehe auf, um mich auszuziehen und meinen Schlafanzug überzustreifen. Die Schwester muss mir ein wenig helfen, weil ich wie Espenlaub zittere. Jetzt spüre ich den Alkohol in meinem Blut. Das ganze Zimmer dreht sich.

Als ich es endlich geschafft habe, meinen Schlafanzug überzuziehen, lege ich mich wieder ins Bett. Zähneputzen schenke ich mir heute mal.

Während ich mich in meine Decke kuschle, sagt Schwester Andrea plötzlich leise: „Möchtest du mir wirklich nicht sagen, wer es war?“ Ihre Augen haften starrend auf die Bettdecke.

Ich antworte ihr nicht und schließe die Augen. Das Zittern hat etwas nachgelassen.

„Ich kann es nicht fassen“, sage ich nach einiger Zeit und möchte allein sein, um zu schlafen.

33

Es ist schon spät am Abend, als ich an der Praxistür klopfe. Von weitem habe ich Licht brennen sehen, also schließe ich daraus, dass Katja noch im Büro arbeitet.

„Ja?“ höre ich Katja von drinnen rufen.

Leise öffne ich die Tür und trete ein.

„Hallo, Janna“, begrüßt mich Katja erfreut. Sie sitzt hinter dem Schreibtisch und ist gerade dabei, Rechnungen auszudrucken. „Bald ist das dein Job“, lacht sie und deutet mit dem Finger auf den Stapel Rechnungen.

Ich gebe ihr ein müdes Lächeln zur Antwort und setze mich ihr gegenüber. Schweigend und gedankenverloren schaue ich mich suchend im Büro um. Ich suche eigentlich gar nichts, nur weiß ich nicht wohin mit meinen Augen. Hier werde ich bald arbeiten. Ich werde hinter dem Schreibtisch sitzen, Telefongespräche annehmen, Termine vereinbaren, und was sonst noch so an Arbeit anfällt. Ich freue mich schon darauf.

„Wie geht es dir?“ fragt mich Katja und sortiert nebenbei den Stapel Rechnungen.

„Nicht so gut“, erwidere ich bedrückt. Unsicher spiele ich an den Knöpfen meines langen schwarzen Wintermantels. Ich verspüre das dringende Bedürfnis, ihr von der Traumatherapie zu erzählen.

„Ist in der Traumatherapie noch einiges hochgekommen?“ spricht sie von selber an und beißt sich auf die Unterlippe.

Ich nicke langsam und weiß nicht, wie ich die richtigen Worte finden soll. Es ist für mich sehr schwierig, dieses Thema anzusprechen.

„Willst du es mir erzählen?“ fragt sie vorsichtig nach.

„Es war nicht nur mein Onkel …“ Nur ein Stück bricht aus mir heraus, doch Katja versteht es sofort.

„Nein“, sagt sie erschrocken. Aus ihrem Gesicht weicht die Farbe. Sie ist plötzlich ganz blass und fragt glücklicherweise nicht weiter nach.

„Das darf doch nicht wahr sein!“ Sie steht auf und kommt zu mir, um mich in den Arm zu nehmen. Sie hält mich fest und drückt ihre Lippen an meine Wange.

Eine ganze Zeit lang verweilen wir in dieser Position und keiner spricht ein Wort. Wir schweigen. Ich schließe die Augen und lasse mich in ihrer Umarmung versinken. Es tut gut.

Ich lehne meinen Kopf an ihre Schultern.

Ich schüttle den Kopf. „Ich möchte einfach von diesen Erinnerungen in Ruhe gelassen werden. Ich weiß nur nicht, wie ich damit fertig werden soll. Bald werde ich entlassen, und dann?! Dann geht alles von vorne los!?“ Ich lasse resignierend die Schultern hängen.

Katja setzt sich wieder hinter den Schreibtisch und hält nachdenklich die Hände vor den Mund.

„Nein, ich glaube nicht, dass es wieder von vorne losgeht. Du hast schon so viel geschafft.“

Sie sieht mich an.

„Früher wusstest du nicht, was in dir vergraben liegt. Du hattest alles verdrängt, und das hat dich krank gemacht. Schau mal, jetzt ist alles draußen und wieder in dein Bewusstsein getreten. Nun müssen wir nur einen Weg finden, diese Sache zu verarbeiten, und ich denke, dass schaffen wir auch ohne Klinik. Es sind schreckliche Dinge, die da hochgekommen sind, aber sie sind da! Sie schlummern nicht mehr unterbewusst in dir und fressen dich innerlich auf. Sie sind nun gegenwärtig und du hast die Möglichkeit, sie am Schopfe zu packen und dagegen anzukämpfen. Wenn du von den Erinnerungen immer noch nichts wüsstest, hättest du nicht die Chance, sie zu verarbeiten. Dir würde es weiterhin schlecht gehen, ohne zu wissen, warum.

Sieh es mal so: Wenn die verborgenen Ereignisse weiterhin in dir tief vergraben lägen, dann würde wieder alles von vorne losgehen.“

Ich sehe Katja intensiv und nachdenklich in die Augen. Damit könnte sie Recht haben.

„Du brauchst nicht die Klinik, um diese Erinnerungen zu verarbeiten. Du hast doch Dr. Fock und mich. Wir werden diese Ereignisse zur Ruhe kommen lassen und aufpassen, dass sie nicht wieder verdrängt werden. Eines Tages wirst du sagen können: Die Geschehnisse sind passiert und vorbei, ich kann damit leben und in die Zukunft schauen.“

Sie hält meine Hand. „Wir werden diesen Weg finden. Du bist nicht allein. Jetzt müssen wir eine Möglichkeit finden, dich wieder aufzubauen. Du brauchst nicht mehr in der Vergangenheit zu wühlen, denn du kennst sie jetzt, du weißt alles. Nun müssen wir dich da herausholen und dir ein beschwerdefreies Leben ermöglichen. Bald bist du entlassen, und du hast alles für ein schönes Leben. Du bist beschäftigt mit der Arbeit hier und mit deinen Tieren.“ Sie wirft mir einen aufmunternden Blick zu.

Ich schenke ihr einen Hauch von einem Lächeln. „Deine Vergangenheit wird immer wieder hochkommen, aber dann bin ich für dich da. Du kannst jederzeit auf mich zählen", fährt sie fort.

„Die Klinik hat genug für dich getan, den Rest müssen *wir* schaffen. Es wird nicht einfach sein, aber das packen wir." Sie drückt zuversichtlich meine Hand und schenkt mir ein Lächeln zurück.

Als ich um kurz vor zehn auf dem Weg in die Klinik bin, fühle ich mich um einiges besser. Das Gespräch mit Katja hat mir gut getan. Sie hat mir neue Hoffnung gegeben. Und sie hat wirklich Recht. Ich muss die Geschehnisse in mir ruhen lassen und sie akzeptieren. Ich kann mich nicht ständig in den Schutz der Klinik flüchten, ich muss die Ereignisse im wahren Leben verarbeiten. Es sind schlimme Erinnerungen, die da aufgetaucht sind, doch sie sind kein Grund aufzugeben. Ich weiß jetzt, dass mich zwei Männer missbraucht haben. Es ist nicht leicht, mit diesen Erinnerungen fertig zu werden, aber ich muss sie auf Dauer zur Ruhe kommen lassen. Ich möchte nicht mit Anzeigen und Veröffentlichungen für Aufruhr sorgen. Das einzige, was ich will ist, damit fertig zu werden. Mehr nicht!

Katja hat Recht, die Klinik bringt mir nun nicht mehr viel. Sie hat alles aufgedeckt, was es aufzudecken gab. Die eigentliche Therapie findet draußen im Leben statt, denn da muss ich zurecht kommen. Katja ist die größte Hilfe, die ich mir nur vorstellen kann. Und mit Dr. Fock werde ich ambulant weiter machen. Bessere Voraussetzungen könnte ich nicht haben. Außerdem glaube ich, dass mir etwas Ablenkung gut bekommen wird. Ich muss etwas tun, ich kann nicht den ganzen Tag über mein Leben und was darin schief gelaufen ist nachdenken. Mittlerweile habe ich gelernt, dass es noch so schöne Momente im Leben gibt, und dass ich sie nutzen sollte. Es gibt Menschen, die mich lieben und die mir helfen. Ich habe viele schreckliche Erlebnisse hinter mir, aber ist das ein Grund aufzugeben? Ist das ein Grund, sich auf die positiven Ereignisse nicht zu freuen? Man muss lernen, Abschied zu nehmen, sowohl von den schlechten als auch von den guten Dingen. Mein größtes Problem, dass ich hoffentlich mit Katjas Hilfe meistern werde, ist zu lernen, nach vorne zu schauen und in die Zukunft zu blicken.

Was ich auch bedenken muss, ist, dass ich heute liebe Menschen um mich herum habe, die mich unterstützen, während ich damals als Kind ganz auf mich selbst angewiesen war. Nun muss ich nicht mehr allein mit meinen Problemen fertig werden. Ich habe viele Menschen, die mir helfen, und vor allem Katja – meine große Schwester!

Nachwort

Der Abschied von Arnsberg fiel mir nicht leicht. Mit den Schwestern, den Patienten und meinem geliebten Zimmer verlor ich ein Stück Zuhause. Sieben Monate hatte ich in der Klinik gelebt, und von einem Tag zum anderen musste ich sie verlassen. Es war ein sehr schmerzvoller Abschied, den ich mir innerlich natürlich nicht eingestehen wollte. Schließlich freute ich mich ja auch auf mein neues Zuhause und das Leben da „draußen". Zu Anfang kam ich mit dem Alltag überhaupt nicht zurecht. Ich konnte mich schlecht daran gewöhnen, nun mehr oder weniger für mich selbst verantwortlich zu sein. Die leichte Büroarbeit in Katjas Praxis strengte mich sehr an und die einfachsten Aufgaben bekam ich nicht geregelt. Nichts ging in meinen Kopf, und sobald mir etwas beauftragt wurde, hatte ich es im nächsten Moment wieder vergessen. Katja schrieb mir für jede Kleinigkeit große Merkzettel. Wahrscheinlich hing meine Unkonzentriertheit auch mit der hohen Medikation zusammen, die ich erst mit der Zeit nach und nach absetzen durfte.

Kurze Zeit später fiel ich erneut in ein so tiefes Loch, dass ich mich von Dr. Fock freiwillig in eine geschlossene Psychiatrie einweisen ließ. Ich hatte ernstliche Selbstmordgedanken und somit Angst vor mir selbst. Nach ein paar Tagen war diese unkontrollierbare Todessehnsucht soweit überstanden, dass ich wieder entlassen werden konnte. Von da an ging es langsam, aber konstant bergauf. Einmal die Woche ging ich zu Dr. Fock, und ansonsten war Katja rund um die Uhr für mich da. Sie half mir, wo sie nur konnte.

Allmählich hatte ich das Gefühl, mein Leben wieder in den Griff zu bekommen. Die Arbeit machte mir solchen Spaß, dass ich im Sommer nach meiner Entlassung bei Katja eine Lehre als Tierarzthelferin begann. Im Sommer kam auch Katjas Tochter Katharina zur Welt. Ein bezauberndes Baby, das ich seit seiner Geburt wie eine kleine Schwester liebe. Der Kontakt zu meinen Eltern starb langsam ab, ich hatte ja eine „neue" Familie. Auch Dr. Fock und ich zerstritten uns, und bald ging ich nicht mehr zu ihm in Therapie. Frau Dr. Siebeler machte von da an ambulant mit mir weiter.

Mit Felix blieb ich seit meiner Entlassung in regelmäßiger Verbindung. Wir telefonierten mindestens ein Mal pro Woche, und dann gleich zwei Stunden. Im Oktober ergab es sich dann endlich, dass wir uns wiedersehen konnten. Ich fuhr über ein Wochenende zu ihm, um ihn zu besuchen. Der Besuch entpuppte sich allerdings als zutiefst verletzend. Mein angeblich bester Freund war in den Monaten, in denen wir uns nicht gesehen hatten, zu einem Psychopathen geworden. Ich erkannte die Situation leider zu spät. Er hielt mich in seiner Wohnung gefangen, vergewaltigte mich, bedrohte mich mit einem Messer und würgte mich letztendlich. Durch großes Glück konnte ich ihm nach drei Tagen entfliehen. Seit diesem Vorfall ging es mit meiner psychischen Verfassung wieder rapide bergab. Depressionen, Angstzustände und Schlaflosigkeit wurden die ständigen Begleiter meines Alltages. Weil die Zustände immer bedrohlicher und gefährlicher wurden, wies mich Frau Dr. Siebeler bald erneut in die Arnsbergklinik ein. Ich kam wieder auf die gleiche Station wie damals zu meinen geliebten Schwestern. Obwohl meine Verfassung miserabel war, war die Wiedersehensfreude groß. Frau Grünert, Frau Dr. Siebeler und der Rest der Arnsbergklinik waren sehr um mich bemüht und hatten mich innerhalb von vier Wochen weitgehend stabilisiert, so dass ich mein alltägliches Leben schon bald wieder aufnehmen konnte.

Und heute? Heute hat mich nicht mehr die Borderline-Störung im Griff, sondern *ich* habe *sie* im Griff. Es gibt zwar immer wieder Einbrüche, die mich in dunkle Löcher stürzen lassen, aus welchen ich aber meistens mit Katjas und Frau Dr. Siebelers Hilfe jedes Mal erneut emporklettern kann. Ich lerne, diese Löcher zu meistern und mit ihnen zu leben. Sie gehören zu mir, und damit habe ich mich abgefunden. Für mich ist es wichtig, jeden einzelnen Tag zu genießen, an dem es mir gut geht. Und diesen dann genießen zu können, sehe ich als ein großes Geschenk an. Somit sieht man das Leben auch schon mit ganz anderen Augen. Man muss den Moment leben, das habe ich mittlerweile gut gelernt. Dank der psychologischen und medizinischen Fähigkeiten von Seiten der Arnsbergklinik, habe ich es geschafft, ein eigenständiger Mensch zu werden, der sich im Alltag zurecht findet und mit den „normalen“ Höhen und Tiefen fertig wird. Alle Mitarbeiter dieser Klinik haben mir mit ihrer Geduld und ihrer liebevollen Zuwendung ein neues Leben geschenkt, ein Leben ohne *Schneiden.*

Mein innigster Wunsch war es immer, diesen massiven Druck loszuwerden, und er ist wahr geworden. Nun lasse ich meine Wut und Verzweiflung auf gesundem Wege heraus, nämlich da, wo sie hingehört. Und mir geht es damit viel besser. Katja unterstützt und fördert mich, wo sie nur kann. Sie ist der wichtigste Mensch in meinem Leben, der mir in allen heiklen Situationen zur Seite stand und auch immer noch steht. Katja habe ich meine ganze Kraft und meinen Mut zu verdanken. Ohne sie hätte ich das alles nicht durchgestanden. Sie gibt mir die Liebe, die ich mein Leben lang vermisst habe, und sie hat mir eine neue Familie gegeben.

Endlich habe ich eine Familie, in der ich mich aufgehoben und geborgen fühlen kann.

Endlich habe ich eine Familie gefunden, in der mir nichts mehr passieren kann.

Zweites Nachwort

Als ich Janna zum ersten Mal bewusst sah, hatte ich den Reitstall, in dem ihre Stute stand, bereits einige Wochen in Pacht. Wahrscheinlich war sie mir unter den ganzen neuen Gesichtern bei der einführenden Stallversammlung nicht aufgefallen und kam später zu Tageszeiten in den Stall, an denen ich auf Praxistour war. Ihre hübsche Stute kannte ich natürlich, auch dass vor ihrer Box ein großes Chaos an Decken, Halftern und leeren Brottüten herrschte, das meinem Aufräumtick in diesem vom Dreckloch zum Schmuckstück verwandelten Stall widerstand, hatte ich schon mit einem ärgerlichen Stirnrunzeln bemerkt.

An einem Frühlingstag sah ich dann ein strahlend lächelndes, stark geschminktes, blondes Mädchen im Siebziger-Jahre-Look mit langen Schritten durch den Hof eilen, nach allen Seiten grüßend, einen nett aussehenden jungen Mann im Schlepptau. Sie verschwand im Stall und tauchte nach kurzer Zeit mit ihrem Pferd am Halfter wieder auf. Das ist also Janna, dachte ich und weil ich sowieso gerade in die Richtung musste, wies ich sie auf ihre Unordnung vor der Box hin und das sie auch bitte ihr Spind ausräumen möge, es kämen in den nächsten Tagen neue, größere. Freundlich lächelnd und etwas abwesend versprach sie dies und war gleich schon wieder in ihr Gespräch mit diversen anderen Mädchen vertieft. Ich glaube, es ging um Kinofilme oder Klamotten. Ihr Freund stand etwas abgemeldet geduldig daneben. Das war mein erster Eindruck von Janna, anscheinend eine „Tochter" von Beruf, bei der zur Zeit Pferd und Freund gleichzeitig vorhanden sind und noch nicht ganz feststeht, wer von beiden wohl den Kürzeren zieht.

Einige Wochen später registrierte ich immer wieder, wie schlecht und steif die Stute lief und wie schmerzhaft sie auf Druck am Rücken reagierte. Ich sprach Janna darauf an und sie willigte in eine gründlichere Untersuchung mit Röntgen ein. Leider war das Ergebnis niederschmetternd, auch wenn ich versuchte, es Janna vorsichtig beizubringen. Ihre verständliche Reaktion war ja schon zu lesen. Eines Abends in dieser Zeit saßen wir nebeneinander vor dem Stall. Anuschka döste angebunden vor uns in der Abendsonne und wir sprachen über den kaputten Rükken der Stute. Ich berichtete, dass ich sie immer öfter mit gesenktem Kopf in der Box stehen sähe, zu Futterzeiten lange zögernd, bevor sie mit leisem Stöhnen die Futterkrippe aufsuchte. Wir sprachen über Tierliebe und Verantwortung und was einem als Tierarzt noch so einfällt, wenn man vor unheilbaren Krankheiten und deren Endlösung steht. Plötzlich holte Janna tief Luft und erzählte, sie sei als Kind missbraucht worden. Ich nahm sie sprachlos in die Arme, und sie erzählte unter Schluchzen, ein Onkel, der jahrelang bei ihren Eltern wohnte, habe das getan. Ich hielt sie im Arm, bis sie endlich weinen konnte. Wir saßen dann noch bis spät in die warme Nacht vor dem Stall und staunten die entstehende Freundschaft an.

Danach und erst recht nach dem Tod ihres Pferdes nahm ich Janna oft mit auf Praxistour und wir führten tolle Gespräche über Gott und die Welt. Einzelheiten zu dem Missbrauch wusste Janna nicht, aber mehr und mehr berichtete sie von einer immer öfter auftretenden düsteren Stimmung, die sie nicht mochte, aber auch nicht abstellen konnte. Irgendwann begann sie mir auch vom Ritzen zu erzählen, zeigte Narben und erzählte von der Todessehnsucht, die sie manchmal überkommen würde. Ganz plötzlich, aber sehr mächtig, alles wäre dann schwarz um sie herum, alles wäre sinnlos, nichts würde mehr Spaß machen. Nachdem dann Blut geflossen wäre, ginge es wieder bergauf. Meine anfängliche Sprachlosigkeit wich der Gewissheit, das das mit dem Missbrauch zusammenhängen müsste, Janna schien das so massiv verdrängt zu haben, das sie keine Einzelheiten mehr erzählen konnte, sondern nur diese dunkle Grundstimmung übrig blieb.

Auf meine Frage nach therapeutischer Hilfe regte sie sich furchtbar auf, hätte sie alles schon gehabt, brächte nichts, man würde ihr nur wieder Drogenmissbrauch vorwerfen, dabei hätte sie noch nie welche genommen. Zu einem Seelenklempner ginge sie nie wieder. Und die restliche Familie? Herrje, darüber spricht man nicht, die Nachbarn könnten es ja merken, dass bei ihnen zuhause was nicht stimmt, wie peinlich. Der Vater hat erlassen, in seinem Hause würde nicht geweint, außerdem sei sie auch nicht ordentlich genug gekleidet und mehr interessiere die nicht. Vor einiger Zeit hätte sie nach einem Selbstmordversuch ins Krankenhaus gemusst und hätte danach niemandem etwas erzählen dürfen und zuhause wurde der Vorfall nie wieder erwähnt.

Mein Gedanke war immer nur, diese Geschichte bedient sämtliche Klischees, die man sich denken kann, als Film auf einschlägigen Privatsendern bekäme sie den „Daumen-Quer-Kommentar“: zu überladen. Nun, das Leben selbst schreibt wohl immer noch die irrsten Geschichten.

O.K., also weiter mit auf Tour nehmen, aus der Reserve locken, reden lassen. Als sie dann aber eines Tages lachend (wie immer, wenn es um sie selber ging) erzählte, hey, ich hätte Glück, dass sie heute mitkäme, sie hätte nämlich gestern auf dem Turm im Wald gestanden, um runterzuspringen, wurde mir doch ganz flau. Auf meinen ungläubigen Blick ergänzte sie nur, doch, doch, so wär's gewesen, sie hätte schon ein Bein über der Brüstung gehabt. Dann hätte sie aber an mich gedacht und an ihren Welpen Elmo und an ihr jetziges Pferd und wäre wieder runtergeklettert. Die schwarze Stimmung habe sich aber nicht wirklich verflogen danach.

Wir einigten uns dann darauf, dass sie mich in solchen Situationen sofort per Handy anruft (Tierärzte sind ja immer erreichbar ...) und ich sie raushole, wo immer sie ist. Ein paar Wochen später rief sie dann an. Weinend und mit zittriger Stimme, aber sie konnte sich melden. Sie säße am (zum Reiterhof gehörigen) Löschteich und hätte ein Messer dabei. Glücklicherweise war ich am Hof und konnte sie auch gleich finden. Ich nahm sie in den Arm, bis sie weinen konnte und die Spannung sich löste. Es ist so einfach. Wie oft habe ich das auch später noch gedacht, wenn ich das kleine Mädchen Janna, das in solchen Momenten nur äußerlich so groß ist wie ich, im Arm hatte. Warum hat sie denn nur nie jemand in den Arm genommen, es ist doch so einfach.

Nach dieser Geschichte konnte ich sie überreden, doch noch einmal über therapeutische Hilfe nachzudenken, denn ich bin „nur" mit gesundem Menschenverstand ausgerüstet, aber kein Psychologe und mir wurde die Verantwortung langsam zu groß. Einerseits konnten wir auf den Praxistouren (als Pferdetierarzt legt man oft weite Strecken zwischen den Ställen zurück) vieles ihrer Vergangenheit besprechen, wir bewegten damit auch etwas, aber mir schwante, dass wir doch nur an der Oberfläche kratzen konnten. Gleichzeitig bewirkte aber auch das schon eine Verschlimmerung der dunklen Stimmung und mir wurde das langsam zu heikel. Was, wenn sie in dieser Stimmung nicht mehr zum Handy greifen konnte oder wollte, oder ich bei einem Anruf zu weit weg wäre, um sie rechtzeitig zu finden? Sie sah das schließlich ein, sprach auch mit ihren Eltern, die lehnten mit den oben genannten Argumenten jedoch ab.

Wochen später, nachdem Janna zuhause einen solchen Anfall von Todessehnsucht hatte, waren sie dann zu meiner großen Erleichterung doch erschrocken genug, um einzuwilligen und Janna wurde in Arnsberg angemeldet.